"十二五"职业教育国家规划教材

主 编 陈广胜 王翠

中国历史
CHINESE HISTORY

副主编 刘坚 宋艳萍 李国伟 耿雪芬

全1册

河南大学出版社

图书在版编目（CIP）数据

中国历史/陈广胜，王翠主编.—郑州：河南大学出版社，2013.8（2016.7重印）
ISBN 978-7-5649-1182-9

Ⅰ.①中… Ⅱ.①陈…②王… Ⅲ.①中国历史—职业教育—教材 Ⅳ.①K20

中国版本图书馆CIP数据核字（2013）第079897号

责任编辑　朱春华
责任校对　余建国　朱春华
封面设计　王四朋

出版发行	河南大学出版社
	地址：郑州市郑东新区商务外环中华大厦2401号
	邮编：450046
	电话：0371-86059712（高等教育出版分社）
	0371-86059715（营销部）
	网址：www.hupress.com
经　　销	河南省新华书店
制　　版	郑州市今日文教印制有限公司
印　　刷	郑州印之星印务有限公司
版　　次	2013年8月第1版
印　　次	2016年7月第4次印刷
开　　本	890mm×1240mm　1/16
印　　张	21.75
字　　数	570千字
定　　价	33.00元

前 言

《中国历史》（全一册）作为职业教育和幼儿师范学校教育教学用书，以现行国家教育部颁布的教学大纲为依据，兼顾到与九年制义务教育初中历史的衔接，并在内容和呈现形式上强调其教学的针对性、指导性和可操作性，这是本教材编著的基本宗旨和特色所在。

本教材采用时序加主题编写体例，总体呈现了中华民族辉煌的文明及伟大的复兴历程。全书共分为古代、近代和现代三大部分，每部分按学习主题分为若干单元，单元之下设若干课。全书共包含18个单元主题，其中，古代部分包括8个单元23课，分别介绍了中国古代的政治文明、农耕经济、传统文化与主流思想、杰出人物、对外交往、科技成就、文学、史学和艺术及古代的社会风貌；近代部分包括6个单元18课，主要介绍了民族危机、民族解放，中华民族自求进步的探索，民族经济的发展及近代社会生活的变迁；现代部分包括4个单元9课，主要介绍了新中国的政权建设，道路探索，新中国外交及现代化建设之成就。

本教材坚持"以学生全面发展为本"，注重培养学生实践探究意识，锻炼学生自主合作学习与实践创新能力，在每个学习单元之后，根据该单元主题均设有一个"实践活动课"，并对活动提出了实施建议、操作方案和具体要求。

本教材内容充实生动，文字表述活泼，叙述具体形象，头绪相对集中。课文内容按必学（大字）与选学（小字）编排相间。选学内容生动，可读性强，紧密配合必学内容，主要以补充历史故事、考古发现、历史研究前沿介绍等为主，资料翔实、形式活泼，并对较难理解的概念配以注释。全书图文并茂，每课均精选有代表性的文物图片、资料图表、历史地图等，目的是通过视觉审美激发学生学习历史的兴趣，进而培养学生观察与探究历史问题的能力。

本教材在版式结构上呈现多样化形式，根据教师教学和学习者的心理需要，每单元均设有"导语"部分，主要总括本单元内容和目标要求；在每课的文中，围绕教学目标还设有若干学习板块，如"我读历史"、"我讲历史"、"我看历史"、"我演历史"、"本课小结"等，新颖活泼的版块既体现了内容的重、难点，还通过资料的拓展补充和多样化的训练形式，激发学生参与学习的积极性，有助于培养学生实践探究、分析史料与解决问题的能力，同时，也便于教师教学活动的组织与安排。

《中国历史》（全一册）由河南大学出版社陈广胜副社长和河南大学历史文化学院王翠副教授担任主编。陈广胜总体策划了本书的编写任务并负责书稿的最后审定和出版，王翠具体负责全书的编写和统稿工作，并拟订了本书的整体框架、编写体例、纲目结构和前言部分。参加本书内容编写的人员有古代部分：王翠、宋艳萍、曹永霞、李国伟；近代部分：刘坚、梁彩霞、张洁、史艳艳、赵玉英；现代部分：白冰、李凤军、耿雪芬。本教材是集体智慧和劳动的结晶，倾注了所有工作人员，特别是编著者的心血，从大纲拟订到内容撰写和资料图片的筛选，从统稿审稿到编辑制作和排版，在整个编制过程中，大家都能群策群力、精益求精、通力协作，为本书顺利出版作出了积极的贡献，在此向各位同仁深致谢意！

本书在编写中吸收了大量相关研究成果，恕不能一一注明，敬希见谅并致谢！

囿于编者水平有限，书中难免有不足之处，祈望专家及广大读者批评斧正。

编　者

2013年6月

目 录

古代部分

第一单元　中国古代的政治文明 ··· 2
- 第一课　华夏文明的起源 ·· 3
- 第二课　"封邦建国"的奴隶制度 ·· 8
- 第三课　专制主义中央集权制度的形成与巩固 ······································ 12
- 实践活动课 ··· 20

第二单元　中国古代的农耕经济 ··· 22
- 第一课　大河农业文明 ·· 23
- 第二课　农耕时代的手工业 ·· 30
- 第三课　农耕时代的商业与城市 ·· 37
- 实践活动课 ··· 43

第三单元　中国古代的传统文化与主流思想 ······································ 46
- 第一课　春秋战国：中国文化的"轴心时代" ······································ 47
- 第二课　汉朝"罢黜百家，独尊儒术" ··· 51
- 第三课　宋明理学和明清之交的思想 ·· 54
- 实践活动课 ··· 60

第四单元　中国古代灿若群星的杰出人物 ·· 61
- 第一课　雄才大略的政治家 ·· 62
- 第二课　推动历史进步的改革家 ·· 68
- 第三课　运筹帷幄的军事家 ·· 73
- 第四课　不让须眉的女性 ·· 79
- 实践活动课 ··· 83

第五单元　中国古代的对外交往 ··· 85
- 第一课　秦汉——对外交往的开端 ·· 86
- 第二课　唐宋——对外交往的繁荣 ·· 92
- 第三课　元明清——由开放走向闭关 ·· 96
- 实践活动课 ··· 101

第六单元　中国古代发达的科学成就 ……… 104
第一课　辉煌的科学成就 ……… 105
第二课　卓越的技术成就 ……… 112
实践活动课 ……… 118

第七单元　中国古代瑰丽的文学、史学和艺术 ……… 119
第一课　辉煌璀璨的文学、史学和戏剧 ……… 120
第二课　魅力永存的书画、乐舞和雕塑 ……… 129
实践活动课 ……… 136

第八单元　中国古代独具魅力的社会风貌 ……… 137
第一课　丰富多彩的古代服饰和美食 ……… 138
第二课　风格多样的古代民居和发达的交通 ……… 144
第三课　独具一格的宗教文化和风俗节令 ……… 150
实践活动课 ……… 155

近代部分

第一单元　近代西方工业文明对中国传统文明的冲击 ……… 158
第一课　鸦片战争 ……… 159
第二课　甲午战争 ……… 166
第三课　八国联军侵华战争 ……… 172
实践活动课 ……… 176

第二单元　近代中国追求民族解放与民主的探索 ……… 178
第一课　戊戌变法 ……… 179
第二课　辛亥革命 ……… 185
实践活动课 ……… 190

第三单元　近代中国民族工业的艰难发展 ……… 192
第一课　洋务运动和民族工业的艰难发展 ……… 193
第二课　民国时期民族工业的曲折发展 ……… 200
实践活动课 ……… 205

第四单元　中国特色的新民主主义革命道路 ……… 207
第一课　新民主主义革命的兴起 ……… 208
第二课　"打倒列强，除军阀"的国民大革命 ……… 212
第三课　土地革命与中国共产党的成熟 ……… 217

- 第四课　中华民族的抗日战争 ··· 222
- 第五课　新民主主义革命的胜利 ·· 227
- 实践活动课 ··· 232

第五单元　近代中国的思想解放潮流 ··· 234
- 第一课　顺乎世界之潮流 ··· 235
- 第二课　新文化运动 ··· 239
- 第三课　孙中山与三民主义 ·· 244
- 第四课　毛泽东与马克思主义的中国化 ······························ 248
- 实践活动课 ··· 252

第六单元　近代社会生活的变迁 ·· 253
- 第一课　物质生活和社会习俗 ··· 254
- 第二课　交通和通讯 ··· 264
- 实践活动课 ··· 270

现代部分

第一单元　现代中国的政治建设与祖国统一 ·································· 273
- 第一课　现代中国的民主政治建设 ···································· 274
- 第二课　"一国两制"和祖国统一 ······································ 280
- 实践活动课 ··· 285

第二单元　中国特色社会主义道路的探索 ····································· 286
- 第一课　社会主义经济体系的初步建立 ······························ 287
- 第二课　社会主义市场经济体制的建立 ······························ 293
- 实践活动课 ··· 299

第三单元　新中国的外交 ·· 300
- 第一课　建国初期的外交 ··· 301
- 第二课　新时期的外交 ·· 307
- 实践活动课 ··· 314

第四单元　社会主义时期文化的发展和社会生活的巨变 ··················· 315
- 第一课　建设中国特色的社会主义理论 ······························ 316
- 第二课　文化、科技与教育成就 ······································ 324
- 第三课　经济腾飞与生活巨变 ··· 333
- 实践活动课 ··· 337

古代部分

第一单元

中国古代的政治文明

> 导语：中国是世界文明古国，是人类的发源地之一。早在夏商周时期，中国就出现了璀璨的青铜文明，推动了中华文明的勃兴。王位世袭制、等级森严的分封制和父系血缘关系维系的宗法制，构成了古代中国早期政治制度的主要特征。秦朝一统天下，结束了春秋战国的诸侯纷争，建立起统一的多民族封建国家，专制主义中央集权制度确立起来。从此，君权与相权之争，中央与地方之争，贯穿了整个封建时代。到明废丞相，清设军机处，君主专制中央集权的政治制度发展到顶峰。明清以后，高度集权的专制主义制度严重阻碍了资本主义萌芽的发展，成为近代社会变革的桎梏。政治文明是人类社会发展到一定阶段的产物，中国古代政治制度的形成与发展同样具有历史的必然性，它对中国古代的治世和盛世起了重要作用，同时也对后世产生了深远的影响。

第一课　华夏文明的起源

一、我国境内的远古人类

我们伟大的祖国，幅员辽阔，历史悠久，是世界文明古国、人类的发源地之一。中华民族的祖先，从远古时代起，就在华夏大地上劳动、繁衍、生息，他们的足迹由南至北遍布神州。

人类是由古猿进化而来的。大约在300万年前，古猿进化成最早的人——猿人。我国是目前世界上发现远古人类遗址最多的国家，其中具有代表性的是处于旧石器时代的云南元谋人、陕西蓝田人[1]、北京人、山顶洞人，以及形成于新石器时代的河姆渡文化、半坡文化、大汶口文化及良渚文化等。

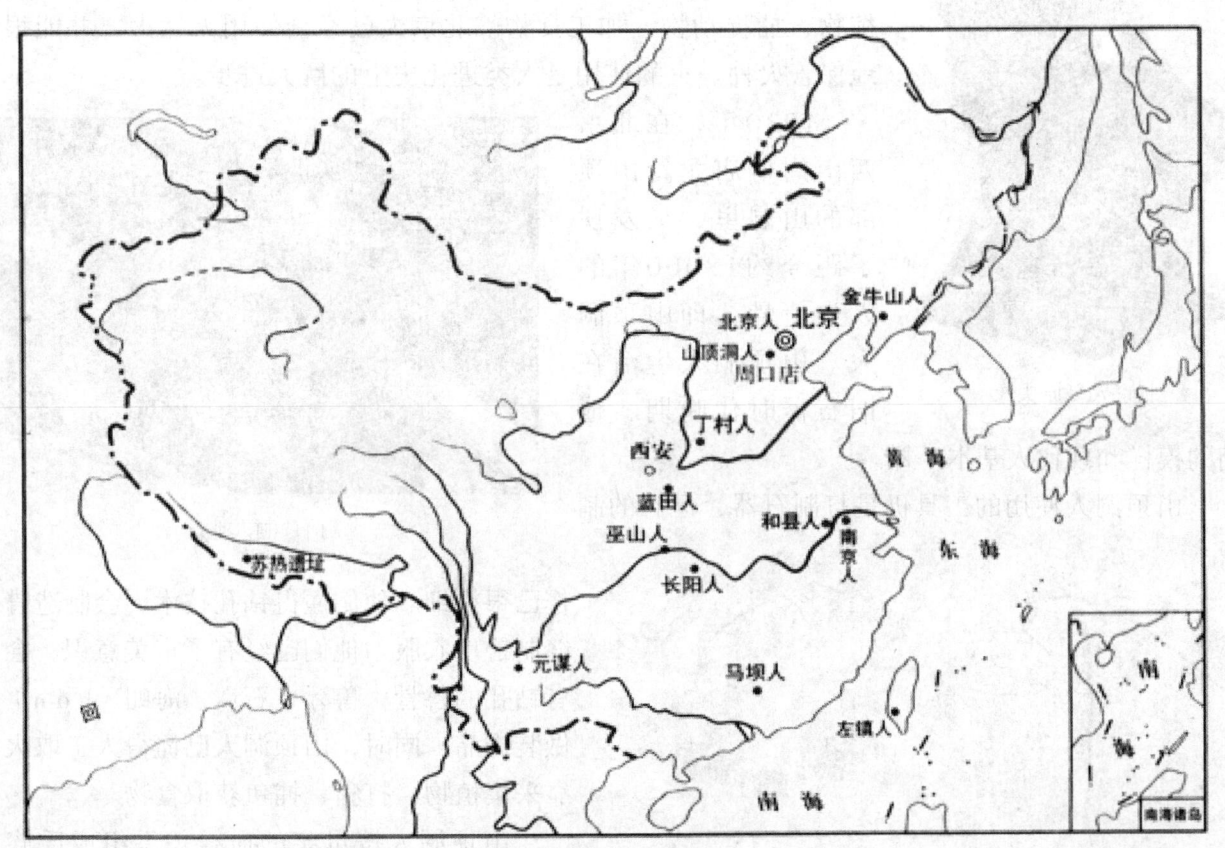

我国远古人类主要遗址

1965年5月，在云南元谋县发现两枚元谋人门齿化石和一些粗糙的石器。元谋人化石距今约170万年，是目前我国境内公认的已知最早人类。

1929年12月2日下午，在北京西南周口店龙骨山，我国著名的古人类学家裴文中教授发现了

---

[1] 1964年发现于陕西省蓝田县公王岭，处于旧石器时代早期，距今110万年前到115万年前。

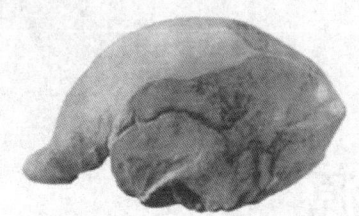

第一个完整的北京人头盖骨化石。这一划时代的发现轰动了中外学术界,揭开了人类发展史上的重要一页。北京人生活在距今约70万至20万年前。

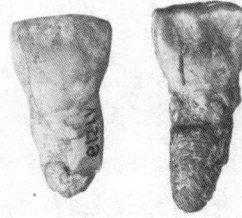

北京人头盖骨化石

元谋人门齿化石

我读历史

失落的国宝

1937年,由于日本全面发动了侵华战争,周口店遗址的发掘工作被迫中断。1941年,经当时国民政府批准,决定将"北京人"化石移交给即将离开北京的美国海军陆战队,转移到美国。同年12月5日,该部队所乘火车驶往秦皇岛。随后珍珠港事件爆发,日本军队俘虏了北京、天津等处的美国兵,"北京人"化石从此下落不明。

北京人过着以狩猎、采集为主的穴居生活,能够使用工具劳动,会把石块敲打成粗糙的石器,还会把树枝砍成木棒,用来采集植物,捕捉动物,加工食物。北京人已经会使用天然火,并能很好地保管火种。火的使用是人类进化史上的巨大进步。

1930年,在北京西南周口店龙骨山顶部的山洞里,又发现了距今约18000年的人类遗骨,即山顶洞人。山顶洞人生活在旧石器时代晚期,他们的模样和现代人基本一样。

北京人复原头像

山顶洞人遗址

山顶洞人使用的工具仍是打制石器,但有的制作已很精细。他们懂得钻孔技术,会制造骨针缝制兽皮衣服。他们已经有了审美意识,会用有钻孔的兽骨、兽牙、石珠、海蚶(hān)壳做装饰品。同时,山顶洞人已懂得人工取火,靠采集植物、打猎、捕鱼获取食物。

山顶洞人按母亲的血缘关系组成氏族,共同劳动,共享劳动成果。

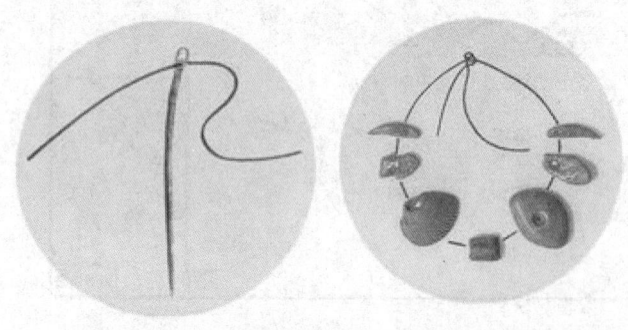

山顶洞人的骨针、饰品

我看历史

劳动创造了人本身。

——恩格斯《劳动在从猿到人转变过程中的作用》

你怎样理解恩格斯的这句话?

距今六七千年前,长江流域下游地区的河姆渡文化和黄河中游地区的半坡文化进入到母系氏族公社的繁荣时期。

河姆渡人掌握了制陶技术,烧制的黑陶是河姆渡陶器的一大特色。他们会人工栽培水稻,饲养猪、狗、水牛等牲畜。

半坡文化属于仰韶文化[1]的一个类型,是北方农耕文化的典型代表。

半坡人以农业和渔猎生活为主,种植粟和蔬菜,掌握了熟练的纺织技术,会纺麻制衣,会烧制彩陶。彩陶是半坡文化的典型代表,红底黑彩,花纹简练朴素,常绘有人面、鱼、鹿、植物枝叶及几何形纹样。在陶器上发现了二十多种类似文字的符号,考古人员推测这可能是中国文字的萌芽。

半坡出土的人面网纹盆

半坡原始居民的房屋复原图

我读历史

"家"

浙江余姚河姆渡遗址的干栏式建筑,一般是用竖立的木桩或竹桩构成高出地面的底架,底架上有大小梁木承托的悬空地板,其上再用竹木、茅草等建造住房。干栏式建筑可以上面住人,下面饲养牲畜。这样的建筑就被远古先民称之为"家"。

"家",造字本义是蓄养生猪的稳定居所。早期甲骨文 ⌂(宀,房屋)+ 豕(豕,猪),像屋里养着一头大腹便便的猪。猪是温顺、繁殖力旺盛的动物。对古人来说,圈养的生猪能提供食物安全感,因此蓄养生猪便成了定居生活的标志,直到现在南方少数客家人还在居所内圈养生猪。

河姆渡的干栏式建筑遗址

四五千年前,黄河下游的大汶口文化中晚期和长江下游的良渚文化相继进入父系氏族公社阶段。

大汶口文化中晚期,人们主要从事农业生产,辅以畜牧业和渔猎,劳动工具仍以石器为主,兼有一些骨器,出现了铲、斧、锄、镰、镞、凿、矛、刀、匕首等多种工具。制陶技术有了较大提高,出现了白陶,它是后世瓷器的雏形。

良渚文化的最大特色是玉器,因此又被称为"玉文化",挖掘自墓葬中的玉器分为人体配饰、礼仪用玉,包含有璧、琮、璜等。良渚文化的陶作生产相当发达,制作的黑陶也很具代表

---

[1] 仰韶文化是黄河中游地区重要的新石器时代文化,于1921年在河南省三门峡市渑池县仰韶村发现。仰韶文化以彩陶为主要特征,又称彩陶文化。

性。在大汶口文化和良渚文化一些陶器、玉器上均出现了不少单个或成组的具有表意功能的刻划符号，学者们称之为"原始文字"。

我演历史

历史的洪荒中，原始先民们在生产力水平低下的背景下，对抗着自然灾害和野兽的侵袭，辛勤劳作，繁衍生息。

请大家在所学的基础上，分小组讨论后推选一位或几位代表，尝试还原出大汶口文化中后期居民的一天生活。可以采用语言描述、短剧表演等多种方式。

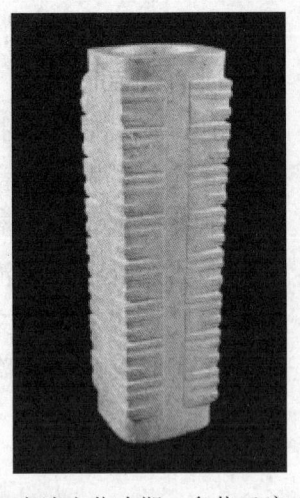

良渚文化晚期　多节玉琮

二、神话传说的上古文明

追溯上古时代，我国有许多今人耳熟能详的神话传说。既有追寻生命起源的盘古开天和女娲造人，也有体现中华民族聪明才智的燧人氏钻木取火、有巢氏构木为巢、神农氏教民稼穑，还有歌颂自强坚韧精神的精卫填海、夸父逐日、后羿射日，更有反映父系氏族公社部落情况的大禹治水、炎黄之战等。

我读历史

传说最初天地混沌，像一个巨大的鸡蛋，盘古就生存在中间。他用神斧劈开天地，劈向四方，使天空高远，大地辽阔。盘古力竭而亡，死后身躯分化为日月、江河、风云、草木。

"民食果蓏（luǒ，果实）蚌蛤（bàng gé，水产），而伤害腹胃，民多疾病。有圣人作，钻燧取火，以化腥臊，而民悦之，使王天下，号曰燧人氏。"

我读历史

文明与神话

孙中山曾说过："中华开国五千年，神州轩辕自古传。创造指南车，平定蚩尤乱。世界文明，唯有我先。"世界上有众多文明，我们中华文明是名列前茅的。而文明的起源总以瑰丽的神话传说作注解。

神话是古代人民对自然现象、文化的解释和想象，是一种原始的、幻想性很强的、不自觉的艺术创造，它间接反映了社会生活的面貌。上古时期的神话指的是夏朝以前直至远古时期的神话和传说，这个时代又被称作"神话时代"。

我讲历史

谈谈你所知道的有关原始社会时期的神话故事或民间传说。讨论一下远古传说与历史事实有什么联系和区别。

大约在父系氏族公社末期，在黄河流域和东南地区出现了黄帝[1]、炎帝、蚩尤三大部落。黄帝部落、炎帝部落与以蚩尤为首的南方九黎部落战于涿鹿之野，蚩尤战败，炎黄部落势力壮大。之后，炎、黄双方为争夺盟主之位，激战于阪泉之野，最后黄帝落部获胜，炎、黄部落合并。这一系列战争，打破了氏族之间狭隘的界限，促进了相互间的交流和融合，为华夏族的形成奠定了基础。

炎黄二帝被尊为华夏始祖，炎黄部落构成了后来华夏族的主体。我们通常说中华文明上下五千年，就是从中华文明的始祖黄帝算起的。

距今约四千年前，黄河流域先后出现了尧、舜、禹三位部落联盟领袖。三人的部落联盟领袖之位禅让相传，禹之后禅让制被破坏。传说中的尧、舜、禹阶段，是我国原始社会向奴隶社会过渡的时期，国家即将诞生。中国先民迎来了文明的曙光。

陕西省黄陵县黄帝陵

我读历史

禅让制

禅让制，是统治者更迭的一种方式，指在位君主生前便将统治权让给他人。一般多指中国原始社会部落联盟根据"选贤与能"的原则，民主推选首领的制度。

远古时代生产力极为落后，人类必须依靠集体的力量才能生活下去，因此需要选举出贤能、公正的人当首领，以带领大家抵御外来的侵袭，进行生产劳动和平均分配食物。

中国上古时期的禅让制度，最早记载于《尚书》之中，但其真实性一直存在争议。后来中国的王朝更替，也有以禅让之名行夺权之实的。

◎ 本课小结

我国是人类的发祥地之一，中华远古文明源于长江流域与黄河流域。原始社会末期的部落联盟，成为氏族公社瓦解的开始和华夏族出现的前提。黄帝是中华文明的"人文初祖"。

---

[1] 相传黄帝发明了车战法。打仗时，将士都站在战车上；停战休息时，战士围成一圈，将领立在中间，只留一个空当做出入的门，起到保护将领的作用。古人把有布幕的战车叫做"轩"，两车中间空当称为"辕"。发明这种车战法的黄帝，又称为轩辕氏。

第二课 "封邦建国"的奴隶制度

一、从"公天下"到"家天下"

公元前2070年，我国历史上第一个奴隶制王朝——夏朝建立。

禹是夏王朝的开创者。禹传位给儿子启，改变了原始部落选贤任能的禅让制，开创了中国近四千年王位世袭制的先河。原始社会的"公天下"被"家天下"所取代，国家成为帝王的私产，王权在一姓中世袭，宗族关系从此成为基本的政治关系，中国出现了早期国家政治制度。夏朝的建立标志着我国由原始社会过渡到奴隶社会。夏朝作为中国历史上的第一个王朝，拥有较高的历史地位，后人常以"华夏"代称中国。

南宋《夏禹王像》

我读历史

二里头文化遗址

有关夏朝，流传至今的史料十分匮乏，有些学者对历史上是否有夏朝存在质疑。

1899年甲骨文的发现和1928年安阳殷墟的发掘，证实了殷商的存在。对《史记·殷本纪》的肯定，必然引发出《史记·夏本纪》也为信史的认识。由此，20世纪50年代考古界提出了夏文化探索的课题。

1959年夏，我国著名考古学家徐旭生率队在豫西进行"夏墟"调查

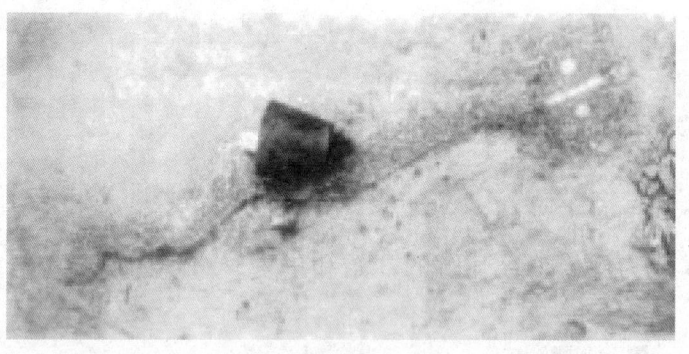

2002年二里头遗址出土的嵌粘绿松石龙形器

时，发现了二里头遗址，从此拉开了夏文化探索的序幕。

二里头文化遗址位于河南偃师市二里头村，距今大约3800～3500年，相当于中国历史上的夏、商时期，属于探索中国夏朝文化的重要遗址。1960年考古学家在遗址的上层发现了一处规模宏大的宫殿基址，为中国迄今发现的最早的宫殿建筑遗址。这一发现为研究华夏文明的渊源、国家的兴起及其特点、城市的起源、王都建设、王宫定制等提供了最原始的研究资料，具有重要的考古价值。

二里头文化遗址被学术界公认为我国最引人瞩目的古文化遗址之一。

夏朝延续了四百多年，公元前1600年，商汤灭夏，建立商朝。

商朝是处于奴隶制的鼎盛时期，奴隶主贵族是统治阶级，形成了庞大的官僚统治机构和军队。商代贵族以血缘关系为纽带，实行宗法制，各个宗族都是政治实体。奴隶主对奴隶既可以买卖，也可以随意杀死；奴隶主死后还要由奴隶殉葬。从商朝帝王显贵们的陵墓中可以看到，殉葬的奴隶少则几十人，多则上千人。奴隶还常常被作为祭祀祖先和神灵的"人牲"。奴隶反抗奴隶主的斗争，构成了商朝社会阶级关系的特点。商朝政治的另一特点是王权与神权相结合，商王朝的一切政治事务都通过占卜进行决策，以占卜理解天命，主宰国政。

商朝末年，纣王残暴，建鹿台，造酒池，悬肉为林，使用炮烙等酷刑，导致社会矛盾激化。公元前1046年，周武王伐纣灭商，建立周朝，定都镐京(今西安西北)，史称西周。

我讲历史

你知道武王伐纣的故事吗？请讲出来与大家分享。并谈谈夏、商、周的王朝更替对你有什么启示。

二、等级森严的分封制

为了对被征服地区进行有效的统治，周武王实行了"分土列侯"，即分封制。他把土地、人口和对封地内的控制权，分别授予王族、功臣、谋士和古代先圣后裔，把他们分封到各地做诸侯，建立诸侯国，以拱卫周王室，史称"封建亲戚，以蕃（藩）屏周"。这里所说的"封建"，是封邦建国的意思。西周初年分封的诸侯，大多数是同姓王族，他们多被分封到重要地区。

分封制规定，诸侯必须服从周天子的命令，要为周天子履行镇守疆土、随从作战、交纳贡赋和朝觐述职的义务。同时，诸侯在自己的封地内，又对卿大夫实行再分封。卿大夫在自己领地内，又对士进行再分封。卿大夫和士也要向各自的上级承担作战、纳贡等义务。这样层层分封下去，形成了统治阶级内部森严的"天子—诸侯—卿大夫—士"等级制度。

在分封制下，周天子具有至高无上的权威，国家政权也逐渐由松散趋向严密。同时，西周通过分封制，不但巩固了对广大被征服地区的统治，而且不断扩展了它的势力和影响，密切了同周边少数民族的关系，进而也推动了边远地区的经济开发和文化的发展，使西周成为强盛的东方大国。

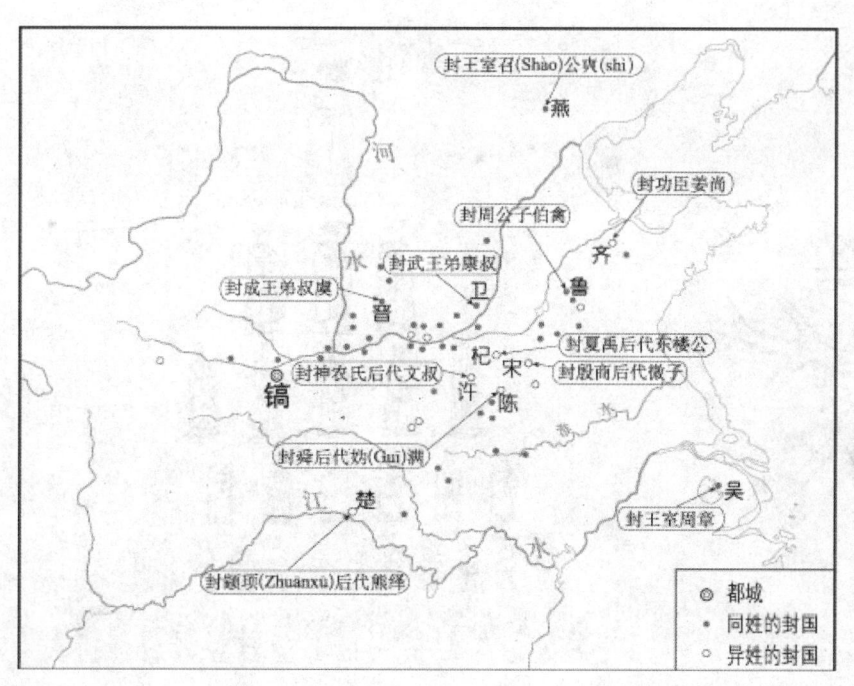

西周分封示意图

我讲历史

追溯中国姓氏的起源，有的以官职为姓，如司马、司徒、司空等；有的以排行为姓，如孟、叔、季等；有的以技艺为姓，如陶、屠、巫、卜等。中国人以祖先的封地、封国为姓氏的，在汉字姓氏中亦占有很大比重。你能说出有哪些姓氏是来源于封地、封国吗？

三、血缘维系的宗法制

宗法制是西周巩固分封制的重要手段。宗法制是按照父系血缘宗族关系分配政治权利，维护政治联系。其特点是规定了嫡长子继承制和其余诸子分封制。在宗法制度下，宗族分为大宗和小宗。周天子由嫡长子世代继承，为全天下的大宗，政治上的共主。其余诸子分封为诸侯。诸侯国附属于周王室为小宗，在本国则为大宗，其爵位也由嫡长子继承。诸侯的其余诸子被封为卿大夫，他们相对诸侯是小宗，但在本领地为大宗，其地位也由嫡长子继承，其他诸子则被封为士。士对卿大夫是小宗，而在本家为大宗。大宗统领小宗，小宗必须服从大宗。

我看历史

诸侯国有一定的世袭统治权说明了什么？

西周宗法制下的大宗和小宗是一种等级从属关系，它巧妙地将政权和族权结合起来，成为巩固分封制和加强奴隶主贵族统治的有效工具。

我讲历史

宗法制在此后的长时间里，对中国社会结构产生了重大影响，其内涵直至今日仍体现在我们的日常生活和观念中。请从生活中举例说明这一影响。

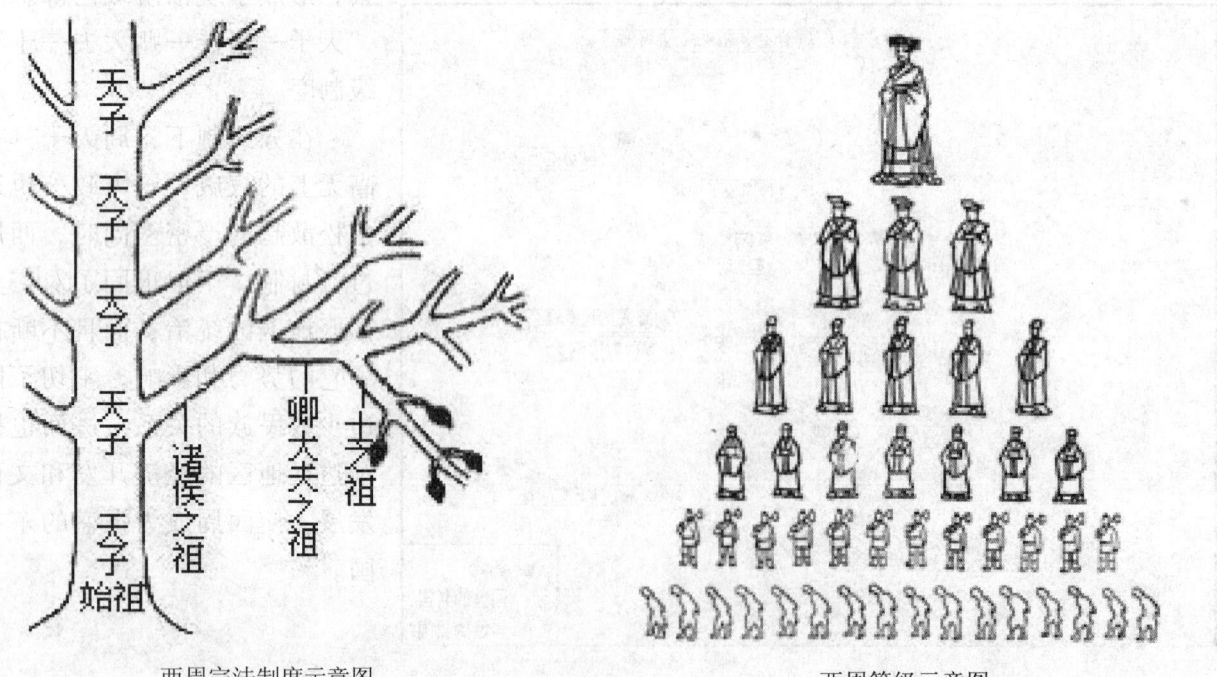

西周宗法制度示意图　　　　　　　　西周等级示意图

我读历史

礼乐制度

为了更好地维护分封制和宗法制,西周还制定了各种礼乐制度。周武王死后,13岁的成王继位,武王之弟周公旦辅政。周公在"分邦建国"的基础上"制礼作乐",系统地建立了一整套完整的"礼"、"乐"制度。曹操在《短歌行》中以"周公吐哺,天下归心"来赞扬他在"制礼作乐"方面的贡献。

礼乐制度是以乐从属礼的思想制度,以"礼"来区别宗法远近等级秩序,同时又以"乐"来调和"礼"的等级秩序,两者相辅相成。周礼规定"天子八佾(yì,古代舞队的行列,八人为一行,叫一佾。按周礼,天子的舞队用八佾,即六十四人,诸公六佾,诸侯四佾,士二佾),诸公六,诸侯四",借此向人们灌输等级秩序思想。

礼乐制度首先是为巩固等级制社会,其次也是吸取商代灭亡的教训,反对"淫乐"。礼乐制的实施巩固了奴隶主阶级的社会地位,促进了音乐的发展,但它也使乐成了礼的附庸。

西周还有名目繁多的礼仪仪式,如冠礼(贵族男子成年礼,并授予其种种特权)、祭礼、军礼、婚礼、丧礼等。周礼成为维护等级秩序、防止僭越行为的工具,有利于统治秩序的稳定。

周公辅佐成王　画像石

◎ 本课小结

夏、商、周三代的政治制度表现为神权与王权相结合,具有延续性和稳定性;王位世袭制、分封制、宗法制构成了我国早期政治制度的主要内容和特征,为中国古代中央集权制度的产生和发展奠定了基础,对后世影响深远。

第三课 专制主义中央集权制度的形成与巩固

一、从诸侯争霸到"六王毕，四海一"

西周末年，西部少数民族来犯，幽王被杀，西周灭亡。公元前770年，周平王东迁洛邑，史称东周。历史上将东周分为春秋和战国两个时期。春秋时期处于奴隶社会向封建社会过渡阶段，宗法制、分封制遭到破坏，各诸侯国相互混战。战国时期是中国封建社会的开端，一些强大起来的诸侯国为了进一步扩充势力，开始进行政治、军事改革或变法，力图在兼并战争中统一天下。

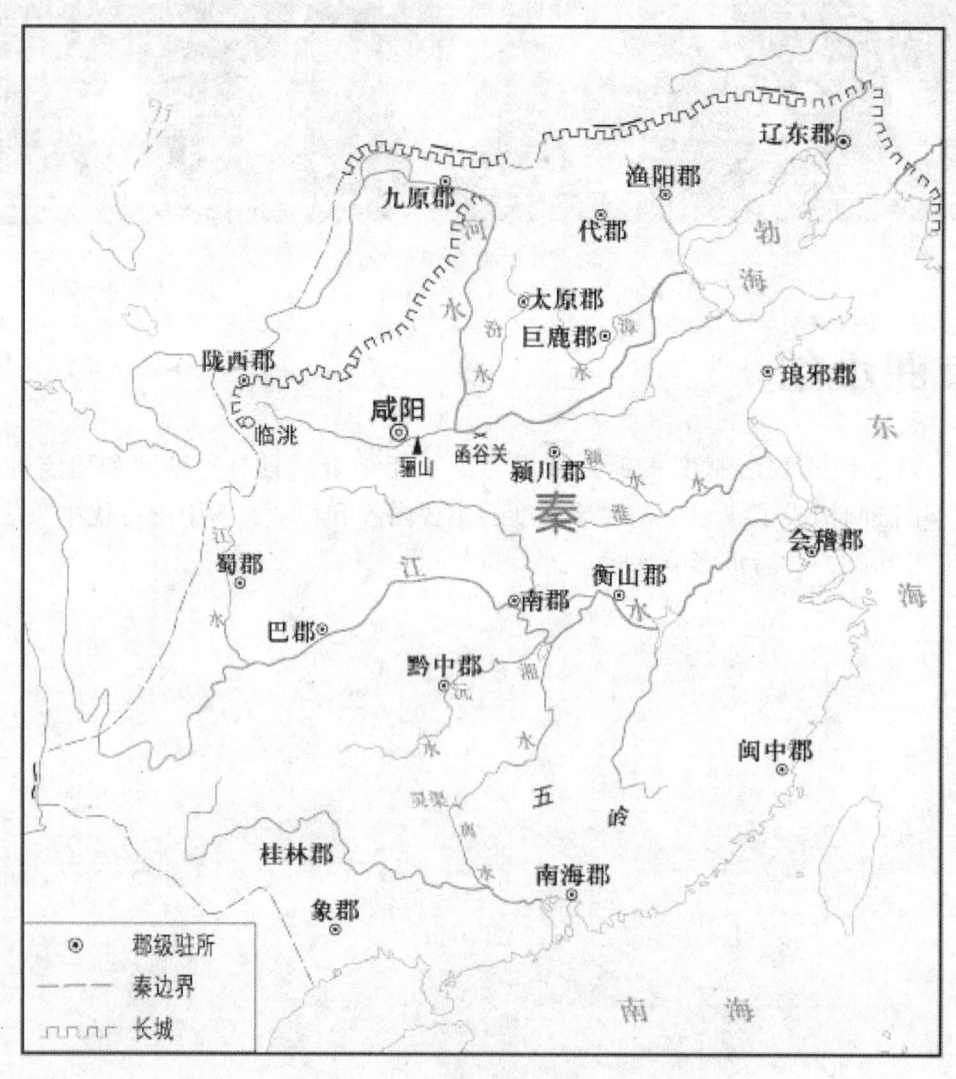

秦朝疆域图

人民经受长期分裂和混战后，也渴望统一。

秦国经过商鞅变法，政治、经济、军事实力大增，先后灭掉韩、赵、魏、楚、燕、齐六国。公元前221年，秦王嬴政一统天下，中国历史上第一个以华夏族为主体，包括诸多少数民族在内的中央集权的专制主义封建王朝——秦朝建立，定都咸阳（今陕西咸阳市）。

一统天下的秦王嬴政，认为自己德高三皇、功过五帝，过去的"君"、"王"称号不足以显示自己的尊崇地位。因此，他将"三皇五帝"[1]名称中的"皇"和"帝"两字合并起来，创立了"皇帝"称号定作自己的尊号，嬴政自称"始皇帝"，希望后代子孙万世传承，永掌政权。自此，"皇帝"成为中国古代大一统国家最高权力的象征，为历代封建王朝所沿用，之后两千余年，割据政权无论所占地区大小，多称"王"少称"帝"。

秦始皇
（前259年至前210年）

秦始皇为了显示自己至高无上的独尊地位，还规定只有皇帝一人才能称"朕"；皇帝的命令称"制"或"诏"；皇帝所用的玉印称"玺"。此外，还制定了各种尊君卑臣的朝仪和等级森严的舆服制度。秦始皇首创的皇帝制度，成为中国古代君主专制制度的重要特征。

秦始皇统治时期，建立了一套完整的从中央到地方的官僚机构体系，其官员都由皇帝任命，废除了以往的世卿世禄制度。

在中央，设置三公，即丞相、御史大夫、太尉。丞相为百官之首，辅佐皇帝处理全国政

我读历史

"陛下"的由来

"陛下"是封建时代臣民对皇帝的称谓。"陛下"本来是指宫殿的台阶，又特指皇帝座前的台阶。皇帝临朝时，"陛"的两侧要有近臣执兵刃站列，以防不测和显示威严。群臣常常不能直接对皇帝说话，而要由站在"陛下"的侍卫者转达，以示皇权的崇高。"陛下"这一称呼最早见于司马迁的《史记》。《史记·秦始皇本纪》中有这样的记载："今陛下兴义兵，诛残贼，平定天下，海内为郡县，法令由一统，自上古以来未尝有，五帝所不及。"后来，人们就用"陛下"作为对皇帝的直接称呼，表示自己虽然是在对皇帝说话，但在礼仪上不敢忘记自己本来无此资格。

事；御史大夫为丞相的助手，掌图籍章奏，下达皇帝诏令，监察百官，是皇帝的耳目；太尉，协助皇帝掌管全国军务，军队的调动以"虎符"为凭据，虎符由皇帝控制、发给。三公之间互不统属，直接隶属于皇帝，便于皇权集中。三公之下又设九卿，分别掌管皇帝私事或国家公务。"三公九卿"[2]均有自己的机构处理日常具体事务，是中央政府的职能部门，大事总汇于丞相，最后由皇帝裁决。

---

[1] "三皇五帝"指的是上古时代部落或部落联盟的首领，有多种说法，这里仅采一种。三皇：伏羲、神农、黄帝；五帝：黄帝、颛顼、帝喾、唐尧、虞舜。

[2] 秦汉的中央官制习惯上被概括为"三公九卿"。实际上秦朝并无"三公"，那时，太尉是虚设；汉代始有三公。秦汉时期的卿，也不一定是九个人。

我读历史

虎符

阳陵虎符

"虎符"是古代帝王调动军队的信物。授予地方官吏或者统兵将领以兵权时,一同授予虎符的左半边。待要调动军队时,即派使臣持虎符的右半边前往驻地。地方官吏或统兵将领两半虎符对合,验明无误,即应发兵。

虎符盛行于战国、秦、汉。阳陵虎符为秦代之物。虎颈至胯间左右各有错金篆书铭文两行十二字,书曰:"甲兵之符,右才(在)皇帝,左才(在)阳陵"。阳陵为秦之郡名,即今陕西高陵县。

此件虎符为铜质,是秦始皇授予驻守阳陵将领的。因年代已久,对合处生锈,现左右不能分开,整体形成一件艺术品。伏虎卧地,昂首前视曲尾上翘。虎符字体谨严浑厚,风格端庄,笔法圆转,具有很高的艺术性。

秦统一后,统治区域空前扩大。秦始皇采纳了廷尉李斯的建议,在全国范围内推行郡县制。秦始皇分天下为三十六郡,郡内设置若干县。后来,随着边境的开发和郡治调整,又陆续增置到四十八郡,一千余县。郡的最高长官为郡守,对上承受中央命令,对下督责所属各县,掌管全郡的军民政务。县的长官在人口万户以上的称作县令,万户以下的称县长。县之下又有乡、亭、里等基层机构。郡守、县令和县长都由皇帝直接任命。年终,各郡、县的长官,必须亲自或派人向皇帝呈报所管辖地方的各项政务,皇帝据此对地方官进行考察,决定其升降。秦朝通过郡县制,实现了中央政权对地方直接而有效的控制。

我读历史

郡县的由来

春秋时期已有县、郡的设置。战国时期,县的设置已较为广泛,出现了作为地方行政区划而实行官僚制度的县制。县令为一县之长,由国君任免。县之下有乡、里等作为国家对居民进行控制的基层组织单位。郡的设置要较县为晚,地位比县低,与县之间并无相统属的关系。随着边防设郡之地逐渐繁盛,内地的县逐渐增多,需要建立起更加系统的管理机构。于是就形成了郡、县两级制的地方管理体系。郡守为郡之最高长官,多由武官充任,有征兵领军之权。至战国末年,各国郡县的设立已很普遍。

甘肃临洮秦朝长城西端遗迹

秦灭六国后,采取了一系列巩固国家统一的措施。中央颁布秦律,以法为教,以吏为师;统一度量衡、货币和车轨;统一文字;修筑抵御匈奴的长城;修建都城通达各地的驰道;统一百越,开通灵渠;移民戍边等。这些措施促进了封建社会经济文化的发展,巩固了国家统一,推动了以华夏族为主体的中华民族的形成。

我读历史

"书同文，车同轨，统一度量衡"，这一举措众所周知，流传至今。在史料文献中亦多有记载，最早出现在春秋时期成书的《礼记·中庸》里，最后真正形成和实施却在秦朝。它是古人留给后人的宝贵财富，"统一度量衡"成为中华民族灿烂文化和国家经济法律的标准基石。

秦朝建立的以皇帝专制独裁为主要特征的专制主义中央集权制度，奠定了中国两千多年政治制度的基本格局，被历代王朝沿袭，并得到不断加强和完善，对后世封建专制政治制度产生了极其深远的影响。

二、从郡国并行到行省制

汉承秦制，但是汉初，地方上却是郡县、封国并存。这些封国往往利用地理、经济优势，发展到与汉朝中央政权相抗衡。西汉自文、景两帝起，限制和削弱日益膨胀的王国势力一直是皇帝面临的严峻问题。景帝采纳晁错的建议"削藩"，曾引发七国之乱。平定叛乱后，景帝采取了一系列措施，使诸侯王的势力受到很大的削弱。但至汉武帝初年，王国问题仍然威胁着中央集权的巩固。于是，汉武帝颁布"推恩令"，分封诸侯王的支庶为列侯，隶属郡统辖。由此，王国越分越小，中央集权得到加强。汉武帝还将全国分为十三州，各置刺史一名，巡行郡县，监察地方官员。

唐朝，中央设立了节度使一职，名为朝廷藩镇，实则掌管地方军政大权。节度使初置时，作为军事统帅，主要掌管军事、防御外敌，并无管理地方政务的职责，但后来逐渐成为总揽地方军政财大权的割据势力。"安史之乱"后，形成的藩镇割据局面长达一百多年，严重削弱了中央集权。

北宋初年，宋太祖赵匡胤"杯酒释兵权"，重文轻武。地方上设路、州，中央派文官担任州的长官，称为知州，同时设通判监督知州。地方赋税除小部分作为地方开支，其余全部由中央掌控。朝廷选派文臣担任提刑官[1]，负责地方刑狱、诉讼。这些措施把军政财权收归中央，有效改变了藩镇割据、武将专权的局面，强化了中央集权。

北宋文官石像

我读历史

北宋文人汪洙写下了"天子重英豪，文章教尔曹。万般皆下品，唯有读书高"的诗句。这正是北宋王朝重视读书人的真实写照。"重文轻武"是宋朝重要的制度创新，它奠定了两宋文官政治的基础。

---

[1] 宋代特有的一种地方司法官职，主要掌管刑狱之事，并总管所辖地区的刑狱诉讼、核准死刑等，也有权对本地方的其他官员和下属的州、县官员实施监察。

我读历史

混战割据的五代十国,武将专权乱政,文臣只是其陪衬,整个社会存在着重武轻文的风气。宋太祖赵匡胤"陈桥兵变",也以武将夺权的方式登上了帝位。随着五代十国动乱局面的结束和专制主义中央集权的加强,宋太祖认识到武将专权、地方割据的危害。为了有效解决中央与地方的关系,宋太祖制定出了"稍夺其权,制其钱谷,收其精兵"的原则,有计划、有步骤地收夺了地方权力,彻底改变了唐末五代以来所形成的地方权力过重、威胁中央的局面。但其措施,逐渐导致官僚机构和军队的膨胀。官僚和军费开支巨大,形成了"冗官"、"冗兵"和"冗费"的局面,为北宋埋下了积贫积弱的祸根。

北宋《大驾卤簿图卷》局部

卤簿指的是古代皇室专用于郊祀大礼的仪仗。北宋绘制的《大驾卤簿图卷》表现了皇帝祭祀天地的庄严、宏大场面。整个仪仗规模浩大,有官兵5481人、车辇61乘、马2873匹、牛36头、象6只、乐器1701件、兵杖1548件,队伍的组织十分严密,每一个人的位置和穿着、道具都有明确规定,多而不乱,庞而不杂。

元朝在地方上实行行省制度。除河北、山西、山东由中央直接管辖外,各地方分设行中书省(简称行省或省)管辖。行省长官由朝廷任命,行省拥有行政、经济、军事大权,但又受到中央的节制。行省之下分设路、府、州、县。行省制度的实行对中央集权的加强和统一多民族国家的巩固起到了重要作用。它的创立,是我国古代行政制度的一次重大变革,是中国省制的开端,对今天我国的行政区划产生了重大影响。

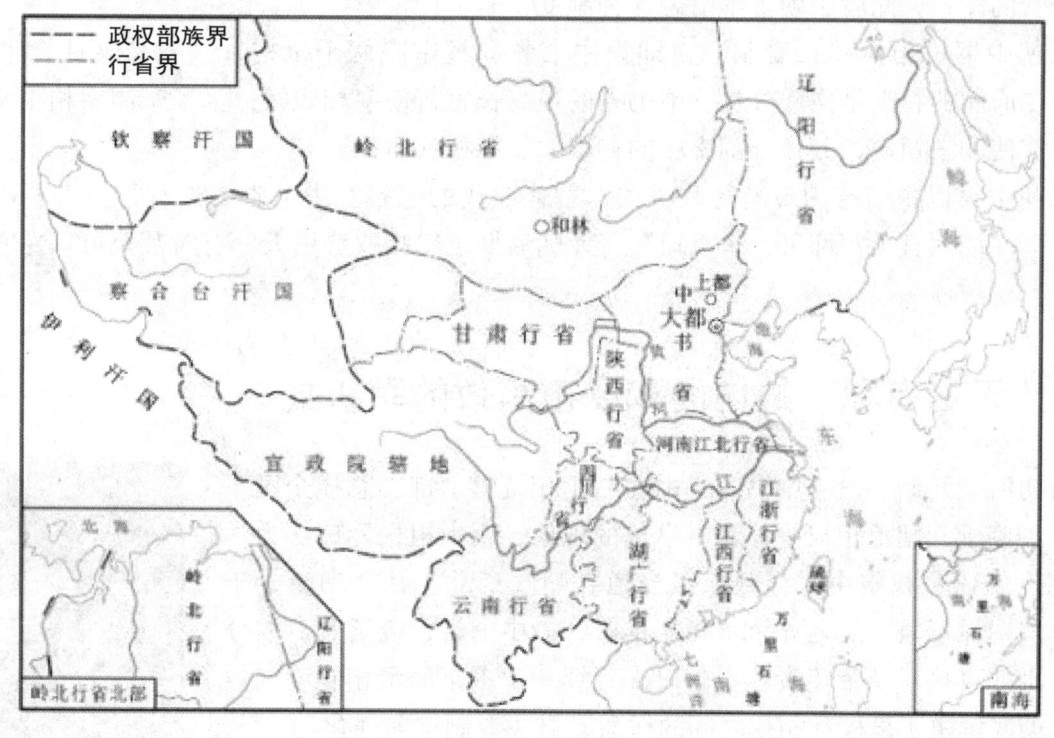

元朝行省图

明朝初年，废除元朝的行省制，地方上"三司分权"，进一步集地方权力于中央。由布政司、都指挥司、按察司分管行政、军政和财政，并各自隶属于中央相关部门，使地方权力集中到中央。

三、三省六部制

自秦朝开始的丞相制度虽然有利于辅佐皇帝处理军政要务，却形成了皇权和相权之间长期的矛盾。这就推动了三省六部制的产生。

三省六部制，是在西汉内朝[1]制度的基础上，历经东汉尚书台、魏晋南北朝尚书省等制度的长期发展，至隋朝正式确立，唐朝进一步完善的中央政治制度。三省六部成为隋唐时期的中央最高行政机构。"三省"指中书省、门下省、尚书省；"六部"指尚书省下辖的吏部、户部、礼部、兵部、刑部、工部。

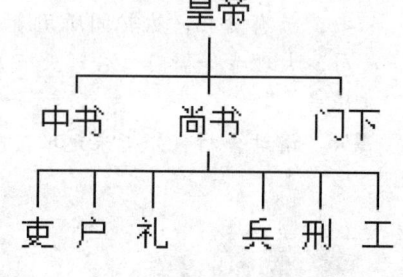

三省六部制示意图

三省六部制使相权一分为三，三省长官的品级较低，削弱了相权，加强了皇权，有利于解决皇权、相权之争；同时扩大了参政议政的人数，集思广益；各部职责有明确的分工，有利于皇帝的集权与政令的贯彻，提高了行政效率，充分发挥了国家机构的效能。

三省六部制是中国官制史的重大变革，它标志着封建政治制度的成熟，使封建官僚机构形成

---

[1] 西汉武帝重用亲信参与军国大事，形成"内朝"，以削弱相权。

完整严密的体系，此后历朝基本沿袭这种制度。

宋朝中枢机构为"二府制"，即设中书省和枢密院两个机构，"对持文武二柄，号为二府"，二府制的特点是文武分权。中书省的最高长官行使宰相职权，为了牵制宰相，又设参知政事、枢密使和三司使，分别分割宰相的行政权、军权和财权。

元朝中央以中书省为最高行政机关，替代前代的三省。中书省的长官行使宰相职权，上承天子，下"统六官（六部），率百司"。元朝后期，宰相权势熏天，有时甚至可以左右皇位的继承。

四、"无名有职"的内阁和秘密高效的军机处

明初沿袭元制，设立中书省，由左右丞相统辖六部，总揽全国军政要务。鉴于元朝丞相权重，左右皇权的现象，明太祖朱元璋认为，丞相制度妨碍皇权集中，导致权臣当道，朝政紊乱，社会动荡，于是，以"图谋不轨"之名诛杀丞相胡惟庸，撤中书省，废丞相，权分六部，六部直接对皇帝负责。秦朝以来延续一千多年的丞相制度宣告终结，彻底解决了皇权和相权之间的矛盾，君主专制空前强化。

朱元璋
（1328～1398年）

我看历史

丞相又名宰相，是辅佐专制君主处理政务的最高官职。汉朝名相陈平论说丞相"上佐天子理阴阳、顺四时；下抚万民、明庶物；外镇四夷诸侯，内使卿大夫各尽职务"。丞相管辖朝廷内外的诸多事宜，权势极大。由于丞相直接管理朝中百官，容易形成率领百官对抗皇帝、架空君主甚至谋权篡位的严重后果。

洪武十三年(1380年)，朱元璋处死大权独揽、专擅朝政的左丞相胡惟庸。之后朱元璋下诏书说："自古三公论道，六卿分职，不闻设立丞相。自秦始置丞相，不旋踵而亡。汉、唐、宋因之，虽有贤相，然其间所用者中多有小人，专权乱政。今罢丞相，设五府、六部、都察院、通政司、大理寺等衙门，分理天下庶务，彼此颉颃(xié háng，抗衡)，不敢相压，事皆朝廷总之，所以稳当。"

请结合材料分析朱元璋废除丞相的原因。

我看历史

朱元璋废除丞相之后，全国政务的处理使他不堪重负。洪武十七年（1384年）九月十四日至二十一日，各机关奏事文书达一千六百六十件之多。

对于上述问题出现的原因，谈谈你的看法。你有什么解决之道呢？

明朝内阁大堂所在地

朱元璋仿宋代制度，设殿阁大学士，其职责是"侍左右、备顾问"，成为皇帝的侍从顾问。明成祖时，大学士开始参与机要重务，阁臣之权渐重，逐步形成了殿阁大学士之制，称为"内阁"，阁臣称为"阁老"。大学士位列六部尚书之上，成为事实上的宰相。首席大学士称为"首辅"，权力最大。阁臣的任免、职权的大小皆由皇帝决定，始终只是非正式的官方机构。内阁的出现使君权进一步得到加强。

我读历史

票拟和批红

内阁出现后，明朝中央和地方官员上报皇帝的奏章，一般不直接呈交皇帝手中，而是先报往内阁。内阁大臣根据法律典章和具体情况，将自己处理该事项的建议写在一张纸上，贴在奏章上面，叫做"票拟"。而皇帝用红字做批示，称为"批红"，批红成为皇帝决策权的象征。但是明朝的皇帝往往不勤于政务，将批红的权力交由司礼监的太监行使，并且不加限制，于是宦官专权的现象在明朝中后期十分严重。

清军入关后，仿照明朝设内阁和六部，但军国要务由满洲贵族组成的议政王大臣会议定夺，皇权也受它的牵制。康熙年间，为了加强君权，设南书房，挑选翰林院学士参与国家政务，替皇帝起草谕旨。由此，中枢机构形成了议政王大臣会议、内阁与南书房三分局面，互相制约，最终大权集于皇帝手中。

雍正时期，为了办理西北军务，又在宫内设置军机处，因是临时机构，最初办公条件十分简陋，仅板屋数间，后来才改建瓦屋。军机大臣既无品级，也无俸禄，其任命也无制度上的规定可供遵循，完全出于皇帝的自由意志。官员"跪受笔录"互不统属，直接隶属于皇帝，军国大事均由皇帝一人裁决。军机大臣按皇帝的意旨拟写诏书，"只供传述缮撰，而不能稍有赞画于其间"，经皇帝审批后，传达给中央各部和地方官员执行。

故宫现存清朝军机处所在地

军机处自成立之日起就机构精简，保密性强，提高了行政效率，而且全国的军政大权完全集中到皇帝手中，使君主专制加强，中央集权进一步得到巩固。军机处的设立，是清代统治者在中央行政制度方面的又一重大变革。皇帝通过军机处，实现了"乾纲独揽"的绝对君权，君主专制达到顶峰。

我演历史

乾隆四十一年（1776年），乾隆命和珅"在军机处上行走"。乾隆五十八年（1793年），英国使节马戛尔尼来华，请求通商。

请结合历史知识，分角色扮演乾隆、和珅等人，用历史短剧的形式重现乾隆召见军机大臣和珅处理英使来华事宜的场景，体会清朝皇帝与大臣的关系，感受皇权的威严。

◎ 本课小结

秦始皇确立的专制主义中央集权制度为历代王朝沿袭，成为中国封建社会政治体制的基本模式。

中国封建社会政治发展历程中，一直存在着君权和相权的矛盾，中央和地方的矛盾。其总体趋势是——君主权力不断强化，中央对地方的控制不断加强。

专制主义中央集权制度保障了封建经济的发展，有利于多民族封建国家的巩固，推动了民族的融合及各地区的经济文化交流。但皇权专制容易形成暴政、腐败、钳制思想，在封建社会末期阻碍了资本主义生产关系萌芽的发展。

实践活动课

追寻自己姓氏的来源

"赵钱孙李，周武郑王……"汉字姓氏灿若星河。每一个姓氏都有自己的渊源，每一个姓氏都有说不完的故事。现代中国人的姓氏，大部分是从几千年前代代相传下来的。比如"宋"姓就来源于西周封国。

秦汉以前，姓和氏是两个不同的概念。"姓"起源于母系社会，用来表示母系的血统；"氏"起源于父系社会，为同姓衍生的分支，本来为同姓各部落的名称，后来则专指部落的首领。国家产生以后，不少封国和官职也成了氏的名称。在古代，封国和官职可以世袭，氏也就随之可以世袭了。一旦封国和官职失去后，氏就开始演变成家庭的标志。所以那时只有贵族才有姓氏，平民和奴隶是没有姓氏的。一般女子称"姓"是用来"别婚姻"，男子称"氏"则用来"明贵贱"，两者的作用不同。

《百家姓考略》书影

姓氏与我们的血缘、家族、生活区域等有着密切的关联，也加盖着宗法制印迹。了解自己姓氏的来源，对于理解母系氏族和父系氏族的区别，认识宗法制在今天所余留的痕迹，了解人口迁移等问题有着现实意义。

活动任务：

请同学们在了解中国人姓、氏的来源和区别的基础上，搜集尽可能多的与自己姓氏有关的资料。资料的形式不限。同学们可以以相同的姓氏分成若干研究小组，分工合作，整理资料，最终拿出自己姓氏来源的结论（对没有相同姓氏的同学，鼓励独立完成研究，也可指导其加入感兴趣的姓氏小组）。

活动目的：

1. 了解中国人姓、氏的来源和区别，形成基本的理论认识。

2. 以追寻姓氏来源为切入点，理解母系氏族、父系氏族的特点和区别，并把握宗法制的特点及影响,特别是对今天的影响。

3. 通过对姓氏来源的追问,认识中国长期以来的人口迁移问题。

4. 体验自主研究的过程,学会利用图书馆、网络等多种检索资料。

5. 在同学们协同完成研讨任务过程中,感悟合作精神,分享合作快乐。

活动形式:

1. 同学们课余搜集资料,并完成初步的交流。

2. 教师进行指导,对材料进一步筛选总结。

活动成果:

形成1000字左右的小组总结报告。

活动过程:

1. 根据姓氏,自由组成研究小组,确定小组负责人和组内分工(如记录员),拟定研究计划。教师要注意适时指导。

2. 各小组课余搜集资料,简单分类整理,进行初步交流。

3. 在教师指导下,针对活动目的,对资料作进一步的筛选、分析。

4. 各小组选举代表在课堂上作研究报告,介绍自己姓氏的来源和在研究过程中的心得、经验。

5. 以小组为单位,形成1000字左右的小组总结,并在全班展示。

活动延伸:

每个同学对所有报告进行综合归纳,写出姓氏反映的有关氏族、宗法制、人口迁移问题的小论文。鼓励同学们将自己的研究成果上传至本人的微博、学习论坛、教育网站等。

第二单元

中国古代的农耕经济

导语：古代中国以农立国，中华文明实质上是建立于农业文明基础上的。长期以来，农耕作为最基本的经济形式，支撑着中国古代的社会生产和生活。中国古代的重大文明成就，都是在农业经济发展的基础上取得的。

中华文明是典型的大河农业文明，中国的原始农业很早就在黄河流域、长江流域一带出现。这些地区较为适中的温带气候、肥沃的土地，为农业发展提供了良好的自然条件。中原地区的农业生产率先达到较高水平，形成了以精耕细作、自给自足为基本特征的农业生产模式。

在农耕经济的基础上，中国古代的手工业、商业高度发达。手工业生产技术曾经长期领先世界，商业一度空前繁荣，对外贸易发展迅速。但古代中国政府长期贯彻的重农抑商政策严重阻碍了资本主义萌芽的发展，抑制了手工业、商业乃至农业的发展，使中国在近代世界发展的大潮中落伍了。

第一课　大河农业文明

一、从刀耕火种到精耕细作

中国农业历史悠久，是世界农业起源地之一。农业起源最早可追溯到距今一万年左右。传说中的神农氏被尊奉为中国农业的始祖。

原始人类最初主要以采集野生植物为生。大约一万年前，我国境内的先民们开始种植农作物，我国是世界上最早培植粟和水稻的国家。西周时期，农作物种类更加丰富，有粟、稻、黍、稷、麦、菽、桑、麻等，后世的主要农作物多已具备。随着农业生产的发展，人们的生活也由频繁迁徙开始走向定居。

我读历史

西周时期，中国后世常见的主要农作物多已出现。

粟，中国古称稷或粟，在北方俗称谷子。原产于黄河流域，是中国古代的主要粮食作物。中国最早的酒就是用小米酿造的。

稻，栽培历史悠久，早在神农时代就有种植。浙江河姆渡出土的稻谷，证实了中国在约7000年前已栽培水稻，夏商时代黄河流域中下游地区已广泛种植水稻。

河姆渡遗址已炭化稻谷遗存

尝百草的神农氏

我看历史

农业始祖——神农氏

古之人民皆食禽兽肉。至于神农，人民众多，禽兽不足，于是神农因天之时，分地之利，制耒（lěi）耜（sì），教民农耕，神而化之，使民宜之，故谓之"神农氏"。

包牺氏（即伏羲）没，神农氏作，斫木为耜，揉木为耒，耒耨（nòu，除草工具）之利，以教天下。

——《易·系辞下》

神农作，树五谷淇山之阳，九州之民乃知谷食，而天下化之。

——《管子·轻重戊》

神农教耕生谷，以致民利。

——《管子·形势解》

问题：你能根据材料说出那时候人们的生产特点吗？

原始农业的主要耕作方式是刀耕火种。先民们主要使用石制、木制、骨制的农具，如石斧、石刀、木耒、骨耜、石镰等。商周时期，虽出现了冶炼青铜的技术，但青铜较珍贵，在农业生产中很少使用。

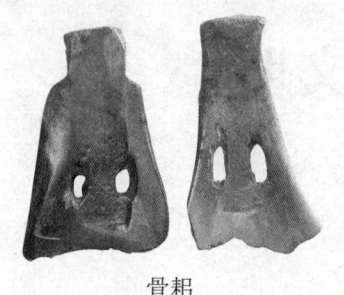

骨耜

我读历史

耒耜

耜，古代农具，原始翻土农具，形状像木叉。耒也是翻土的工具，下端的主要铲土部件可以装在犁上，形状像今的铁锹和铧，用以翻土，最早是木制的，后用金属制。耒耜的发明开创了中国农耕文化。

春秋战国时期，冶铸水平提高，铁制农具代替了过去的石制、骨制等农具，出现了铁犁和牛耕为代表的耕作方式，极大地提高了当时的农业生产效率。铁制农具的使用是我国农业技术史上划时代的重大变革。牛耕的出现成为农用动力的一次革命。在此基础上，精耕细作的农业生产模式逐步确立，构成了古代中国农耕经济的基本特点。

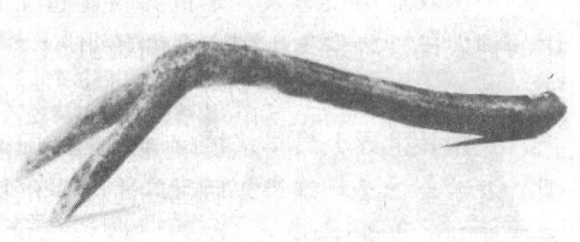

双尖木耒

东汉牛耕　画像石

春秋后期，牛耕开始出现；战国中后期，铁犁用于牛耕，从东北到中原再到湖广，铁犁牛耕的使用地区相当辽阔。

西汉时期，农学家赵过发明了播种工具"耧车"，推广二牛三人的"耦犁"，提高了劳动生产率。这一先进的耕作方法在东汉时已传播到了珠江流域，推动了南方的开发和农业的发展。西汉后期又出现了二牛一人的牛耕方式。自汉代以后，铁犁牛耕成为我国传统农业的主要耕作方式。

隋唐时期，在长江下游一带已出现了曲辕犁。曲辕犁的发明，是自汉代之后农具改革的又一次突破，标志着中国传统耕犁的基本定型。

我读历史

曲辕犁和以前的耕犁相比，有重大改进。它将直辕、长辕改为曲辕、短辕，并在辕头安装可以自由转动的犁盘，这样不仅使犁架变小变轻，而且便于调头和转弯，操作灵活，节省人力和畜力。这种犁还可调节犁耕深浅，适应不同的土壤耕作要求。

曲辕犁

随着农业生产力的发展，耕作技术也在不断提高。春秋战国时期已经出现了当时世界上最先进的"垄作法"。西汉赵过又将其发展为"代田法"。它是将田地开成一条条垄和沟，第一年将庄稼种在沟里，出苗后，逐渐把垄上的草和土培到苗根上。第二年在原来的垄上如法开沟栽种。这种合理利用地力、保苗抗旱的栽培方法，至今对我们仍然有很高的使用价值。

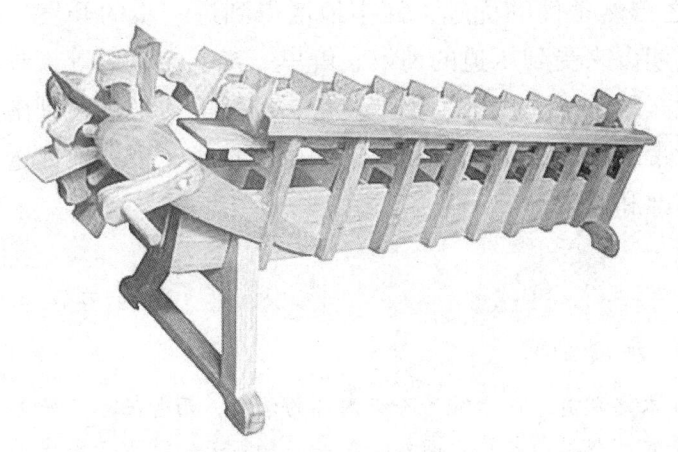
古代抽水用的翻车复原图

元代《农书》所绘高转筒车图

二、男耕女织

随着春秋战国铁犁和牛耕技术的推广，农业生产力大大提高，致使大量私田产生，封建土地私有制逐步确立，以一家一户的个体劳动为基础的小农经济出现了。由于是以家庭为生活单位，农民的生产通常是农业和家庭手工业相结合，以"男耕女织"为表现，以满足自己衣食为基本生活需要，具有自给自足的自然经济特色。

小农经济下，农民不同程度地拥有一定数量的生产资料，有一定的生产自主权，能支配一部分劳动产品，具有较高的生产积极性。他们的经营规模小，农民在有限的土地上精耕细作，努力提高单位面积粮食产量，他们还要向国家缴纳赋税和负担徭役。小农经济十分脆弱，土地兼并、暴政、战乱、自然灾害往往成为破坏小农经济的重要因素。

我演历史

田园牧歌的男耕女织生活是古代社会的生动写照。"你耕田来我织布，我挑水来你浇园"又成为多少纯朴的农民夫妻的美好愿望。

请以"男耕女织"为主要背景，同时关注小农经济的特点，自选历史上的任一封建时代，分角色展现古代农民或富或贫、或喜或悲的生活场景。

南宋《耕织图》

三、经济重心的南移

早在春秋战国时期，南方经济就有了一定发展，但全国的经济重心仍在黄河流域。

三国时期，由于统治者的重视，加之自然条件的优越，江南地区得到进一步的开发。西晋后期王室分裂，国力空虚，民生凋敝，长期以来受到压迫的匈奴、鲜卑、羯、羌、氐等族趁机起兵，大举进攻中原地区。而原先在中原地区的士族、农民、手工业者、商贾等纷纷逃亡到南方，他们与当地的少数民族融合，为南方地区带来了大量劳动力和先进的生产技术，极大地促进了当地经济、文化的发展，使江南地区日渐富庶和繁华。

我读历史

永嘉南渡

"永嘉"是晋怀帝司马炽的年号。在永嘉之前，由于统治阶级内部的矛盾，西晋王朝开始走向分崩瓦解，中原地区发生了长达十六年的"八王"之乱。匈奴、鲜卑、羯、羌、氐五族乘虚而入，出现了"五胡乱华"的分裂格局。北方社会动荡不安，汉族人民为逃避战乱和民族冲突，纷纷举族南迁，大量人口从中原迁往长江中下游，史称"永嘉南渡"。中原人民南渡者超过百万，其中相当一部分是士大夫阶层和贵族，南迁时间持续了两个世纪之久。中国古代出现了第一次人口南迁的高潮。永嘉南渡在很大程度上促进了长江中下游地区的经济发展，为江南一带以及整个南方的大开发奠定了基础。

安史之乱后，北方经济遭到破坏，我国古代经济重心开始南移，最终在两宋时期，南方取代中原而成为全国的经济重心，有"苏湖熟，天下足"之誉。经济重心的南移也推动了文化重心的南移，南方一时人文荟萃，此格局延续至今。

四、发达的水利工程

水利灌溉技术的发展是农业生产力提高的重要标志。这首先包括建筑堤防，其次是水利工程的兴修。

黄河是中华民族的母亲河，长期是中国农耕经济的命脉。黄河水患严重威胁着两岸人民的生命财产安全，影响着国家的财政收入，危机到社会的安定。从战国开始，历代均沿河修筑长堤以防水害。西汉明帝时期的水利家王景治理黄河，取得了显著成效。

社会生产力的提高，不断推动了水利工程建设的发展。春秋时期楚国的芍陂(què bēi，今安徽境内)、秦国的都江堰和郑国渠（今陕西境内）；西汉关中地区[1]的漕渠、白渠，龙首渠[2]等著名水利工程陆续建成。

西汉时，中原的井渠技术经丝绸之路传入西域。经当地人民结合自然地理条件，兴建了富有地方特色的坎儿井[3]，有效地防止了地表水的渗透和蒸发。在今天新疆吐鲁番和哈密一带的干旱地区非常流行这种水渠。

我国古代的灌溉技术也不断进步，推动着古代农业生产的发展。古代中国人民发明了众多的

---

[1] 渭河平原一带。

[2] 龙首渠的开凿采用了"井渠法"，即竖井法施工，除了从两侧开挖外，在渠线中途多打几个竖井，增加施工工作面，加快施工速度，改善洞内通风和采光的条件。龙首渠是中国古代劳动人民高度智慧的结晶，它为世界水利事业提供了宝贵的经验。

[3] 坎儿井借鉴了西汉龙首渠的开凿技术。它是干旱、半干旱地区利用隧洞引导地下潜流，实现地表灌溉的暗渠工程，能够有效地防止地表水的渗透和蒸发。

灌溉工具，具有代表性的主要有三国曹魏时期马钧改进的翻车[1]、唐朝时期发明的筒车、北宋时期出现的水力驱动高转筒车、明清时期出现的风力水车等。

古代的水利建设、灌溉技术与农业发展密切相关，保证了农业的正常生产。

我读历史

都江堰

都江堰位于成都平原西部的岷江上，在今四川省都江堰市。公元前3世纪，秦国蜀郡守李冰父子在前人治水的基础上，带领民众完成了这项综合性的防洪灌溉水利工程。

岷江从山口流入平原，流速骤减，易淤易决，既常泛滥，又常因缺水引发旱灾。都江堰建成后，可控制岷江激流，既利排洪，又"可行舟，有余则用浸灌"。都江堰灌溉广袤农田达300万亩。从此，成都平原"水旱从人，不知饥馑，时无荒年，谓之天府"。2000多年来，都江堰在防洪、灌溉、运输方面一直发挥着巨大作用。

五、土地私有与赋役征发

原始社会，由于生产力水平的极端低下，农业尚处于刀耕火种和石器锄耕时期，人类过着原始共产主义的生活，土地属于氏族公社所有，公社成员集体耕种，平均分配劳动产品。

商周时代，"普天之下，莫非王土；率土之滨，莫非王臣"。商周时期的井田制是一种土地国有制度，商时有文字记载，西周时盛行。那时，道路和渠道纵横交错，把土地分隔成方块，形

甲骨文中的"田"字多写作"𠛬"

状像"井"字，因此称作"井田"。井田属周王所有，分封给诸侯，诸侯只能使用井田，不得买卖和转让，还要向周天子缴纳一定的贡赋。西周的奴隶主贵族以井田制为基础，驱赶奴隶在土地上进行集体劳动，并无偿占用奴隶的劳动果实。这种劳动方式在生产力较低的时代是可以提高劳动效率的。

我看历史

《诗经·大田》中说："有渰（yǎn，阴云密布的样子）萋萋，兴雨祁祁。雨我公田，遂及我私。"

这段材料反映了春秋晚期的什么社会现象？它又是如何出现的？

春秋战国铁犁和牛耕技术出现后，封建土地私有制逐步取代井田制，成为中国古代土地制度的基本形态。

---

[1] 又名龙骨水车，木制，带脚踏或手摇，以人力驱动。可以将水从低处汲向高处，即可灌溉，亦可排涝。我国古代链传动的最早应用就是在翻车上，是农业灌溉机械的一项重大进步。

我讲历史

《国语·晋语》记载，（春秋年间）晋惠公允诺赐一人"汾阳之田百万"，赐另一人"负蔡之田七十万"。赵简子赠给名医扁鹊"田四万亩"。

私田出现，这些人才可以随意地处分自己的土地。再后来战国时期秦国的一场著名变法中，有一位伟大的改革家更是提出了一项彻底废除井田制的措施。

你能说出这位改革家的名字和这项措施的具体内容吗？

在中国传统社会中，地主阶级和农民阶级是两个最基本的阶级。地主占有大量土地，通过地租的方式剥削农民。农民在土地上艰辛劳动，只能获得耕作收获的很少一部分。土地高度集中，"富者田连阡陌，贫者无立锥之地"，是中国古代经济生活中普遍的现象。

古代中国赋税名目繁多，田亩税和人丁税是主要形式。"征发无度"、"无有定准"的赋税征收，使得农民承受着沉重的负担。农户缴纳的赋税，是专制王朝财政收入的主要来源。农户除了交纳赋税外，还承受着沉重的徭役负担。徭役是古代封建王朝强制民众承担的无偿劳动。劳动者服事徭役，使许多大型土木工程得以成功营造。这些工程包括水利、交通、国防、城市建设工程，也包括统治者的宫室、陵墓的修建。服役者劳动强度大，生活条件恶劣，劳役者死亡率很高。参加秦长城修筑的劳役者中，死亡率高达三分之二。历代各种繁重的赋税杂役，常常使农民无法忍受，而由此引发的社会动乱，也往往成为王朝覆灭和社会经济文化凋残的直接原因。

清朝实行的"摊丁入亩"是封建社会后期赋税制度的一次重要改革。政府将历代相沿的丁银并入田亩征收，使赋役一元化，在一定程度上减轻了农民的负担，促进了社会生产力的发展。

我看历史

唐代诗人李绅作《古风二首》（又名《悯农二首》）。其一为："春种一粒粟，秋收万颗子。四海无闲田，农夫犹饿死。"其二为："锄禾日当午，汗滴禾下土。谁知盘中餐，粒粒皆辛苦。"

读这些诗句，你怎样理解古代农民的生活境况和社会贡献？

我读历史

摊丁入亩

中国古代的赋税长期同时征收人丁税和资产税，尤其是人丁税对无地或少地农民来说是沉重的负担。

清朝乾隆年间将丁银摊入田赋征收，废除了以前的"人丁税"，史称"摊丁入亩"。它最终结束了中国历史上人丁、田亩的双重征税标准，使赋役一元化。所以无地的农民和其他劳动者摆脱了千百年来的丁银负担；地主的赋税负担加大，也在一定程度上限制或缓和了土地兼并；而少地农民的负担则相对减轻。同时，政府也放松了对户籍的控制，农民和手工业者从而可以自由迁徙，出卖劳动力。有利于调动广大农民和其他劳动者的生产积极性，有利于农业的稳步发展，促进了社会生产力的进步。

中国古代的统治者出于保护农业生产、保证赋税来源和地租征收的考虑，在经济上长期推行"重农抑商"政策。重农抑商政策是自给自足的自然经济的必然产物，促进了农业的发展，保证了封建国家的社会稳定，但明清时期的对工商业的限制和搜刮，既阻碍了工商业的进步，也阻碍了资本主义萌芽的发展，使中国在近代错失了由农耕文明向工业文明过渡的良机。

◎ 本课小结

中国是人类农业发祥地之一，以精耕细作为特点，长期领先世界。男耕女织的小农经济是中国古代农业社会的基本特征。封建土地私有制是中国古代土地制度的基本形态。中国以农立国，重农抑商是自然经济的必然产物，也是古代重要的经济政策，在保护经济发展，巩固封建制度的同时，又阻碍了工商业的发展。

第二课　农耕时代的手工业

一、发达的纺织和制瓷业

中国是世界上最早养蚕缫丝的国家，约在四五千以前，黄河流域和长江流域就出现了丝绸生产。

商代，人们已经在室内饲养家蚕，养蚕和丝织业成为妇女重要的副业。最初，养蚕、缫丝、织造的全部生产过程，均在农户家庭中完成。

西周以后，丝织工艺有了突飞猛进的发展，品种增加，花色精美，能够生产斜纹提花织物。战国时期，丝织业的分工变细，出现了绢、罗、纱等丝织品。

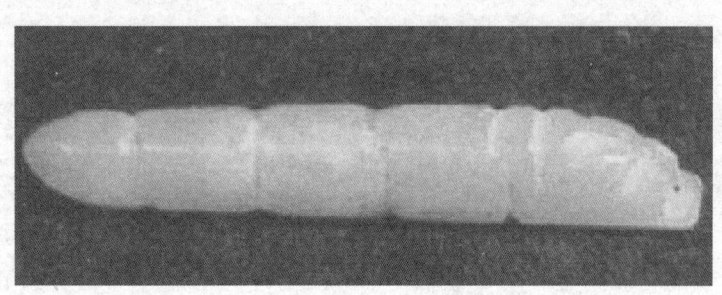

1953年在河南安阳殷墟出土的一件雕琢成形态逼真的玉蚕

清　《耕织图册页》之采桑

我读历史

《诗经》中有不少篇章反映了养蚕缫丝的情况。如《诗经·小雅·隰桑》，"隰（xí）桑有阿，其叶有难。既见君子，其乐如何！隰桑有阿，其叶有沃。既见君子，云何不乐？"低田里桑树多美，桑叶儿多么丰满。见着了我的人儿，我的心多么高兴！低田里桑树多美，桑叶儿嫩绿汪汪。见着了我的人儿，怎么不心花怒放？

这首诗把爱情和桑树联系起来，反映了蚕桑在人们心目中的地位。

秦汉以后，我国蚕业丝织生产进入兴盛时期。汉代丝织技术成熟，出现绫、锦、绮等二十多个花色品种，官方还设置了专门的丝织机构"织室"。丝绸之路开辟后，中国丝绸远销欧洲，中国被西方誉为"丝绸之国"。

1972年在湖南省长沙马王堆汉墓一号墓出土的素纱禅衣，是国家一级文物，现藏于湖南省博物馆。

该衣由上衣和下裳两部分构成，衣长128厘米，通袖长190厘米。面料为素纱，边缘为几何纹绒圈锦。素纱丝缕极细，共用料约2.6平方米，重仅49克，还不到一两，"薄如蝉翼"、"轻若烟雾"。它代表了西汉初养蚕、缫丝、织造工艺的最高水平。

素纱禅衣

我演历史

丝绸的国度

中国是"丝绸之国"。缫丝技术的发明和丝绸的制作，是中华文明的见证。西方很晚才学会养蚕缫丝技术。公元3世纪时（约中国魏晋时代），古罗马一位叫保萨尼亚斯的学者说，丝是从一种比金龟子大两倍的小动物体中取得的，中国人用小米把它们饲养四年，从它们死后的残骸中获取丝。

在古罗马，恺撒大帝曾身穿来自中国的丝绸长袍去看戏，引起轰动。后来贵族不惜用相等重量的黄金去购买丝绸，导致上等丝绸每磅竟值12两黄金。

从这段材料中，我们看到了一个令当时的世界沉醉、疯狂的"丝绸国度"。请你以一个古罗马贵族的视角，用生动的语言，塑造出"丝绸国度"的辉煌。

唐代丝织业重心南移，南方丝织业水平逐渐超过北方，生产分工更细，品种更多，吸收了波斯等地的风格，出现了缂（kè）丝[1]技艺，使纹饰更加绚丽，极具艺术神韵。

我讲历史

唐代诗人张籍《凉州词》

边城暮雨雁飞低，芦笋初生渐欲齐。

无数铃声遥过碛，应驮白练到安西。

诗歌中的"白练"指的是一种白色熟绢。中国古代丝绸纷繁的品种足以让后人眼花缭乱。除了书上介绍的几种外，你还知道哪些丝绸品种？

宋元之交，棉花种植面积扩大，棉纺织业成为新兴的手工业部门。元代黄道婆推广先进的棉纺织技术。她发明的脚踏纺车，能同时纺出三根纱。先进技术的推广，使江苏的松江迅速崛起为全国的棉纺织业中心。物美价廉的棉布日益流行，到明代后期已取代丝、麻，成为老百姓的主要衣被原料。

我看历史

"今棉之为用，可以御寒，可以生暖，盖老少贵贱无不赖之。其衣被天下后世，为功殆过于

---

[1] 中国最传统的一种经纬交织的丝织品，其成品正反两面如一，极富立体感，与苏绣双面绣有异曲同工之妙，古有"织中之圣"、"一寸缂丝一寸金"之誉。

蚕桑矣，而皆开自黄婆一人，是不当尸而祝之，社而稷之，与先蚕同列祀典乎？"

——清·王应奎《柳南续笔》

比较各种衣被原料，思考棉花和棉布后来居上、盛行一时的原因。

明清时期，丝织业的发展进入鼎盛时期。丝绸生产进一步发展，产区扩大，江浙地区蚕丝业繁荣，涌现了一批生产丝绸的专业城镇。苏州、杭州、南京成为最著名的丝织业中心，南京的云锦闻名天下，湖丝畅销全国。明清时设有官局如江南织造，专门生产供皇室使用的丝织品。

瓷器是古代中国的伟大发明。中国陶瓷的历史要比欧洲早1700多年。在陶器发明的基础上，商代开始出现原始瓷器。东汉瓷器生产技术成熟，南北朝时期，中国出现了青瓷和白瓷。

我读历史

瓷、陶的区别

瓷器源于陶器，但二者有本质区别。瓷器只能用瓷土即高岭土作胎，胎的表面必须施用玻璃质釉，经1200℃以上高温烧制成形。烧成的器皿质地坚硬，敲击声清悦，成品吸水率低。陶器一般为黏土做胎，器表无釉或施有低温釉，烧制温度不超过1000℃，胎质没有完全烧结，不透明，敲击声沉闷，有吸水性。

隋唐时期，瓷窑遍布南北，陶瓷工艺日臻成熟，制瓷业成为独立的生产部门，瓷器进入百姓日常生活。同时，出现了作为陶器高超工艺代表的唐三彩。唐朝晚期，烧制出了秘色瓷，堪称青瓷中的珍品，有"夺得千峰翠色"的美誉。

唐代邢窑白瓷执壶

唐代秘色瓷荷花托盏

宋代是我国瓷业发展史上的一个重要阶段，景德镇成为"瓷都"，全国出现了各具特色的五大名窑（汝窑、定窑、钧窑、官窑、哥窑）。元代承前启后，开启了彩瓷生产。明清之际创造出更丰富多样的瓷器品种，青花瓷、彩瓷、珐琅彩交映生辉。

宋 孩儿枕

我读历史

宋代定瓷孩儿枕，长23.5厘米，高14.5厘米。造型俊秀端庄，线条流畅，孩儿形神兼备，栩栩如生。釉色乳白、釉质莹润，质感细腻柔和悦目，是定瓷中的精品。

瓷器与丝绸一样，是中华文明的代表，长期行销海外。自唐代起，我国瓷器通过丝绸之路远销欧非。直到15世纪，瓷器在欧洲还被视为稀世之珍，17世纪时价尚高于黄金，仅在西班牙、法国等大国宫廷中才较多见，贵族家庭亦以摆设中国瓷器为荣。

瓷器的外销热潮带动了制瓷技术的外传。我国制瓷技术先后传到波斯、阿拉伯等地。17世纪下半叶，传至意大利，欧洲开始瓷器生产。

二、领先的冶铸和造船业

原始社会末期，先民们掌握了冶铜工艺。夏商周三代是我国的青铜时代，夏商周的文明也被称为璀璨的青铜文明。考古发掘到的夏代青铜器数量较少，商代青铜器以王室贵族使用为主，周代青铜器开始进入到平民的生活中。

商周时期青铜铸造技艺最为成熟，是青铜器发展的鼎盛时期。铸造的器物数量多，种类齐，工艺高，造型生动，有鼎、酒器、食器、水器、乐器、兵器、量器、铜镜及杂器等。司母戊鼎、四羊方尊、三星堆青铜立人像和青铜面具都是青铜器的杰出代表。

世界上没有任何一个文明的铜器可以与中国古代的青铜器相媲美。

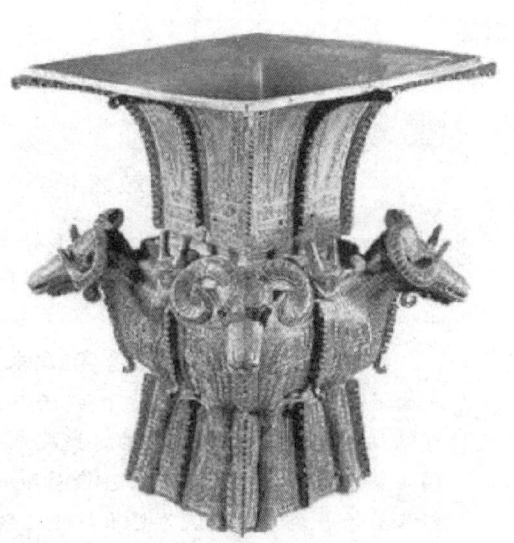

商代四羊方尊

我读历史

是"司母戊鼎"还是"后母戊鼎"？

2011年3月6日，央视《新闻30分》主持人在播报新闻时，将"司母戊鼎"读成"后母戊鼎"，引发国人质疑。那么这件中国国家博物馆的镇馆之宝到底该怎么读呢？

司母戊鼎是商代后期（约公元前16世纪至公元前11世纪）王室祭祀用的青铜方鼎，是商朝青铜器的代表作。一直以来，人们都称之为"司母戊鼎"。该鼎是商王为祭祀其母"戊"而作，造型厚重典雅，气势恢宏，纹饰美观，铸造工艺高超，也是现存最大的商代青铜礼器。鼎腹内壁铸有"后母戊"三字。商代的字体较自由，可以正写也可反写，所以"司"和"后"字形一样，而意思上此处更接近"商王之后"。随着一些考古学家对商代文明研究的深入，认为应改名为"后母戊鼎"。

司母戊鼎

春秋战国至秦汉，青铜冶铸开始采用鎏金、镶嵌技术，铜器工具越来越少。

中国开始使用铁器的年代，最迟不晚于春秋时期。

春秋时期人们发明了以木炭为燃料，用皮囊鼓风冶铁的技术，生产出了硬度高、性能好的钢，比西方早了一千七百多年。这是我国古代冶金技术的重大成就，也是世界冶铁史上划时代的一页，极大地推动了社会生产力，中国进入了铁器时代。

战国时期发明了淬火及铸铁柔化处理技术，冶铸农具和少数手工工具。

西汉采用煤为燃料，出现了炒钢法，生产铁制兵器、生活器皿和杂用工具，如灯、炉、剪等。东汉杜诗发明水排，利用水力鼓风冶铁。

南北朝时期有灌钢法，唐朝出现了切削、抛光、焊接技术。北宋时，用煤冶铁已相当普遍，南宋后期开始使用焦炭冶铁。至明清时期，冶铁的规模和产量进一步提高[1]。

元代《农书》所绘水排图

我读历史

千年不锈的"越王勾践剑"

1965年在湖北武汉出土的越王勾践剑历经2400余年，仍然纹饰清晰精美，被世人誉为"天下第一剑"。一把古剑千年不锈，依然寒气逼人，这到底是怎样一件宝物呢？

该剑全长55.6厘米，剑身宽5厘米，剑身满饰黑色菱形暗花纹，剑身正面和反面还分别用宝石嵌成图案，剑柄以丝线缠缚，剑首向外翻卷成圆箍形，内铸有精细的11道同心圆。此剑剑身寒光夺目，毫无锈蚀，其合金成分主要有铜、锡、铅、铁和硫等，可以将20余层纸一划而破。剑身一面有铭文两行8字。后经郭沫若等著名学者确认为越王勾践之剑。

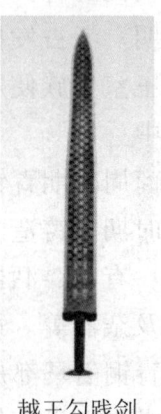
越王勾践剑

我国的造船技术发展较早，取得了辉煌成就。古书记载夏代已"水行乘船"。

秦汉时期，中国迎来了古代造船史上的第一个高峰期。汉代发明并广泛使用操纵方向的"舵"。舵的发明是中国对世界造船史的巨大贡献，比欧洲早了1000多年。12世纪末至13世纪初，舵的技术经阿拉伯传入欧洲，成为开创15世纪人类大航海时代的技术条件之一。汉朝建造了具有多层建筑和攻防设施的楼船。

唐朝时，造船业采用钉接榫合的连接工艺，提高了船的强度，比欧洲早了500年。发明了水密隔舱技术，提高了海上航行的安全性，比欧洲早1000多年。

宋元时期，是造船技术发展的第二个高峰期。

宋朝在海船中普遍采用车船[2]制造工艺。车船被公认为现代轮船的始祖。宋朝使用船坞造船、修船，工匠依据船图施工，船壳采用"鱼鳞式"搭接结构，紧密不易漏水。南宋时，海船舱大者可载五六百人，舱内生活条件比较舒适，船上可以饲养

车船

---

[1] 在公元14～15世纪之际，铁的产量曾超过2000万斤，折合约为1.2万吨。西方最先开始工业革命的英国，约晚两个世纪，才达到这个水平。

[2] 车船是一种战船，船体两侧装有木叶轮，一轮叫做一车，人力踏动，船行如飞。它是原始形态的轮船。

家畜、种菜、酿酒。

元朝漕运[1]和海外贸易发达，大量建造各类船只，数量与质量远超前代，中国的航海船舶居于世界首位。

宋元时期，中国海船蜚声中外，几乎垄断了中国到南洋之间的航线，使阿拉伯人的远洋航行逐渐衰落。元朝造船业的大发展，为明代建造多桅船创造了条件。

明朝，造船业的发展达到了最高峰。明朝造船工场分布广、规模大、配套全，达到了古代造船技术的最高水平。雄厚的造船业基础，造就了郑和七次下西洋[2]的远航壮举。

随着欧洲资本主义的兴起和现代机动轮船的出现，我国在造船业上享有的长久优势逐渐丧失。

三、先进的酿酒和制盐业

人类历来有猿猴造酒的说法，上古传说中又存在杜康造酒、仪狄造酒之说。酒的起源经历了从自然发酵酒到人工酿造酒的过程。"清酿美酒，始于耒耜。"酿酒业与农业发展密切相关，中国酿酒的原料主要是粮食。

新石器时代中期我国就出现了酒，考古发掘到了陶酒杯、滤酒缸、细颈壶等酒具。夏代酿酒技术进一步发展，出现仪狄、少康两位酿酒大师。酒在夏代人生活中的地位较重。商代中晚期，社会上产生饮酒的高潮，出现很多青铜酒器。

两汉魏晋南北朝是我国酿酒业发展的一个重要阶段，广泛用曲酿酒，改进工艺，酒的度数提高，品种迅速增多，涌现大量酒名，如"忘忧"、"梨花春"等。

我读历史

1973年，河北藁(gǎo)城台西村的商代遗址中，发现了商代酿酒作坊、酒器。而河南罗山天湖晚商息族墓葬出土了一个密封良好的青铜卣（yǒu，酒器），内装古酒，有果香味。

1974年在河北平山县战国中山王墓中发掘出两壶酒，距今约2200多年，也是当今世界上发现的最古老的酒之一。

唐代出现纯度更高的蒸馏酒，又称"烧酒"，这一技术在元代大为推广。

明清酒业在工艺、规模、品类、理论方面，超越历代，形成南北两大体系。南酒以江、浙、皖一带最负盛名，形成以"女儿红"等绍兴酒为首的黄酒系统；北酒产地主要在京、冀、晋、鲁、豫、陕等，以烧酒等白酒为盛。

金代黄铜蒸馏器，俗称"烧酒锅"，河北省青龙县出土。

我读历史

曹操有"慨当以慷，忧思难忘，何以解忧，唯有杜康"的名句。

《淮南子》中记载西汉的制酒方法是："用粗米二斛，曲一斛，得成酒六斛六斗。"其配方与今天黄酒的配方比例比较接近。

---

[1] 漕，原指以水道运粮。漕运，指中国古代从内陆河流和海路运送官粮到朝廷和运送军粮到军队的系统，包括开发运河、制造船只、征收官粮及军粮等。

[2] 郑和下西洋所用"宝船"，最大的长44丈余，宽18丈，载重800吨，规模宏大，前所未有。

我看历史

远古时代，粮食产量不稳定，影响了酒的生产。在奴隶社会，有资格酿酒和饮酒的都是有身份、有地位的上层人物。这种情况一直延续到汉朝前期。

历代统治者对于酒，实行了种种管理政策。由于用粮食酿酒，且酿酒业一般获利甚丰，在历史上常常发生酿酒大户大量采购粮食，与民争食的现象。

阅读材料，思考当酿酒原料与口粮发生冲突时，国家应该怎样处理？

盐，在人类文明演进中有着特殊的贡献。

传说远在五千年前的炎黄时代，山东半岛上的夙沙部落首创了煮海为盐的方法，后世尊崇其为"盐宗"。商周之际，当地推广、普及了海水煮盐技术。

我读历史

中国制盐业历史悠久，可以上溯至原始氏族社会时期和传说中的"三皇五帝"时代。《尚书·禹贡》中记载："海岱惟青州，厥贡盐……"

先民最先发现的是海盐，五帝时代发现了分布于今山西、陕西、宁夏等的"盐湖"所产之池盐，战国末期发现了四川及云南境内的井盐。

海南洋浦半岛的千年古海盐田

春秋时期管仲相齐，开食盐官营先例，为历代统治者所重视。西汉武帝为了掌握全国经济命脉，从经济上加强封建中央集权，打击地方割据势力，推行盐铁官营。

唐宋时期，食盐专卖制度由直接专卖向间接专卖过渡。前代的海盐制造，主要采用煎炼，费工费力，从北宋开始，出现晒盐法。北宋井盐开采技术有了很大发展，包括凿井、汲卤、煎制等工序。

明代海盐生产在盐业体系中居于主导地位，晒盐技术得到了进一步的发展和推广，井盐的钻井工艺出现突破，盐的产量不断提高。清代盐业一片繁荣景象，盐业成财政收入重要的支柱。

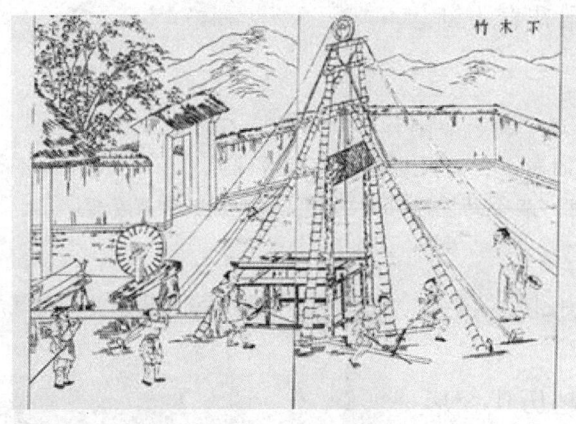

《天工开物》所绘安装井盐架图

我讲历史

中国古代手工业技术领先，工艺精湛，门类齐全。你还知道我国古代哪些具有代表性的手工业技术吗？

◎ 本课小结

中国古代手工业历史悠久，源远流长，很多行业长期领先世界，产品行销海外。中国古代手工业与生产生活密切相关，为农耕经济服务，且门类齐全，技术不断进步，劳动分工越来越细。官营手工业与民营手工业同时并存，官营手工业成就高。

第三课 农耕时代的商业与城市

一、商业的兴起与发展

商品经济在原始社会末期就已经出现。中国的商业兴起于先秦时期。商朝建立前，其祖先就开始做生意。西周建立后，商代遗民继续经商为生，形成固定的职业，后世就将做生意的人称为"商人"。

我看历史

神农氏作……日中为市，致天下之民，聚天下之货，交易而退，各得其所。

——《易经·系辞》

殷人"肇牵车牛，远服贾用，孝养厥父母"。

——《尚书·酒诰》

从上面两则史料中，你能发现先秦中国古代商业呈现怎样的状况？

商周人使用的货币是贝类。西周形成"工商食官"制度，商业由国家垄断。春秋战国时期，农业和手工业的发展，物资丰富，官府控制商业的局面被打破，各地出现许多商品市场和大商人。战国时期各国铸造流通的铜币各异，有铲形币、刀币、蚁鼻币、圆形方孔币等。货币的丰富，反映了商业较过去发达。商品经济的发展，也促进了封建城市的繁荣。

我读历史

春秋战国时期的大商人

陶朱公：春秋末期人，即助越王勾践灭吴的范蠡。他能根据市场的供求关系，判断价格的涨落；并指出了气候变化对农业的影响、农业对市场的影响。《史记》中载其"累十九年三致金财聚巨万"。

子贡：春秋卫国人，孔子高徒，经商致富的能人。

白圭：战国初期周人，最早的经商理论大师。"人弃我取，人取我与"即是他首创的经商名言。

吕不韦：战国时期大商人，史载其"往来贩贱卖贵，家累千金"，后结识秦流亡公子并资助其回国即位，成功实现由商从政的历史性转变。

范蠡

秦汉时期我国商业初步发展。战国时期，各国货币的样式、重量、价值多不相同，换算不便。秦始皇统一中国后，把原来秦国流通的圆形方孔钱定为国家唯一的法定货币，上书"半两"，"重如其文"。秦朝圆形方孔的钱式，在我国封建社会沿用了两千多年，直到清末民国初年才被圆形无孔的钱式取代。

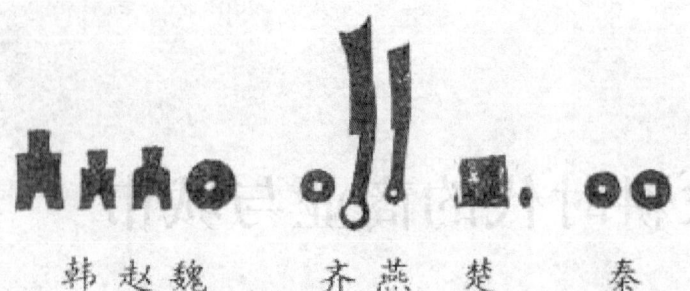
战国货币

秦半两

秦朝统一度量衡，修建驰道，推动了商业发展和国家统一。

西汉初年，推行重农抑商政策。由于休养生息之下国力恢复，山泽禁令松弛，丝绸之路开通，商业有了初步的发展，"富商大贾周流天下"。

隋唐是封建社会的繁荣时期，农业、手工业发展，政治统一，民族政策、对外政策开明，大运河开通，陆上和海上丝绸之路空前繁荣，推动了商业贸易蓬勃发展。边远农村出现了定期举行的草市、墟市。政府在广州设置市舶使，专管对外贸易。

我读历史

唐朝的辉煌是全方位的，其经济高跻当时世界之巅。

唐代出现了为商业服务的邸店、柜坊和飞钱。邸店，又称邸舍，是兼营旅店、货栈、商品交易的场所。柜坊是从邸店中分离出来的，专营货币的存放和借贷的场所，是我国最早的银行雏形，比欧洲地中海沿岸出现的金融机构要早六七百年。飞钱，又叫变换，类似于后世的汇票。邸店、柜坊和飞钱的出现是商品经济发展的结果，它们的出现又促进了商业的便利与发展。

请结合唐朝的邸店、柜坊、飞钱等知识，以一名盛唐时代西域胡商的身份"梦回大唐"，用语言或表演展现唐朝商业的繁荣和商品贸易的便利。

宋代政府逐渐放松对商品交易的限制，海外贸易发达，外贸税收成为国家财政重要来源。

四川出现世界上最早的纸币——交子，各地集镇、夜市兴盛，商品的种类繁多，许多农副产品和手工业品流向市场，商业全方位繁荣。

交子

我读历史

北宋时期的商标

北宋时期，山东济南"刘家功夫针铺"使用了"白兔儿商标"，商标上印有白兔图案，并注明"济南刘家功夫针铺，认门前白兔儿为记。收买上等钢条，造功夫细针，不误宅院使用，客转与贩，别有加饶，请记白"。珍藏至今的"济南刘家功夫针"商标铜版，为现存中国最早的商标，反映了当时济南工商业的发达。

商标铜版

元代国家空前统一，疆域空前辽阔，更广泛流通纸币，元大都成为国际性大都会，古代商业发展步入了一个新的高峰。

明清时期，统治阶级调整税收政策，农产品商品化程度提高，棉花、茶叶、蚕桑、甘蔗、油料、染料等经济作物普遍种植，白银成为主要流通货币，区域间长途贩运增多，城镇经济空前地繁荣。北京和南京成为全国性的商贸城市，汇集了四方特产。

明清时期涌现出一批以血缘乡谊为纽带的地域性商人群体，称为"商帮"。其中人数最多、实力最强的是徽商和晋商，有"无徽不成镇"，"凡有麻雀飞过的地方，就有山西商人"之说。

河南开封山陕甘会馆

徽商胡雪岩创办的"庆余堂"药铺

我读历史

晋商和徽商

"晋商"居明清时期十大商帮之首，商号曾遍及全国各地并远及日本、阿拉伯、东南亚，他们雄霸国内商界五百年之久，山西一度成为全国的首富省份。在重农轻商、学而优则仕的明清时代，山西人却以经商为荣，重利轻名。当地的谚语称"买卖兴隆把钱赚，给个县官也不换"，"家有资财万贯，不如一爿小店"。这种"以商致财，用财立本"的立业思想，是山西商业发达、富甲天下的思想基础。

"徽商"，自明中叶至清中叶，活跃于大江南北、黄河两岸，乃至南洋、东瀛，引领了中国商品经济潮流，保持了三四百年的鼎盛辉煌。徽商发祥地徽州素称"东南邹鲁"，是儒学风气较浓厚之地。徽商受到较深的儒学熏陶，掌握了一定的文化知识，在经商活动中，善于运用心计，精于筹算，审时度势，决定取予，成为明清商界中的翘楚。其商业资本之巨、从贾人数之众、活动区域之广、经营行业之多、经营能力之强，都是除晋商之外的其他商帮无法匹敌的。

我看历史

西汉武帝时的大司农桑弘羊主张盐铁官营，剥夺商人利益。汉武帝把他的主张推行天下，后世王朝多有沿用。你对此有何看法？

二、城市的兴起与发展

城市发展是商业繁荣的缩影。

我读历史

中国古代的城市

"城市"是由"城"和"市"连称而来。城是指城墙及城墙所包围的地区，是统治者居住的地方，是政治中心。"市"则指城墙内的商品交换场所。"城以盛民也"，筑城主要是为了保护人民。为此,中国古代的城修筑得相当雄伟，有深广的护城河，有些还修有瓮城，城内有大片府衙官邸、居民住户、农田园圃等。城遍及全国，数量惊人。一个城市的重要性取决于它在行政区划中的级别。自都城、省城、府城至县城，城市的建筑规格和面积依次减小。最初，市只是城内很小的区域，而且在时空上受到官府的严密控制。随着商业的发展，古代城市的功能与格局悄然发生着变化。

自先秦到隋唐，官方在县以上的城中设市。官府设置市令或市长等专职官员进行管理，按时开市、闭市，管理物价。这期间的城市以政治中心、军事重镇居多，城中商业贸易规模有限，市场地域狭小。

由于社会经济发展，人口增殖，汉代的都城长安和洛阳等大城市成为著名的商业中心。临淄、邯郸、宛、成都等封国的王都，商业也非常发达。当时城市中设有专供贸易的"市"。长安城就有东、西二市，后来发展为九个市，且市与坊（住宅区）严格分开。

我演历史

东市买骏马，西市买鞍鞯，南市买辔头，北市买长鞭。——北朝《木兰辞》

假如你是木兰，请选择一种表现形式重现木兰在各处购物的情景，并思考：木兰为什么不在一个地方把东西买齐？

隋唐时期，大运河开通，经济重心开始南移。除北方的长安、洛阳外，南方的扬州、益州也成为繁荣的商业城市，出现了"扬一益二"的局面。唐代长安城内有东、西二市，布局严谨规整，市坊分离，还设有波斯馆。"凡市，以日午击鼓三百声，而众以会；日入前七刻，击钲三百声，而众以散。"

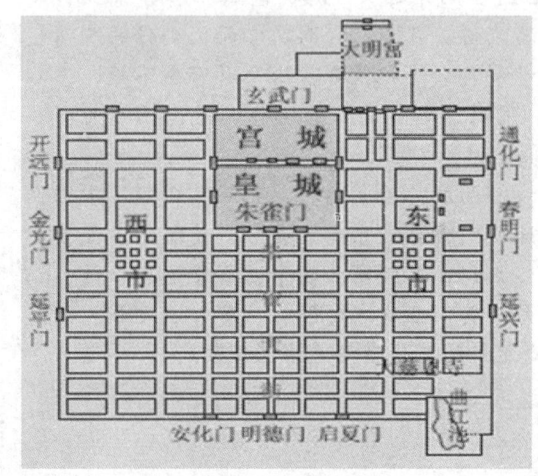
唐朝长安城平面图

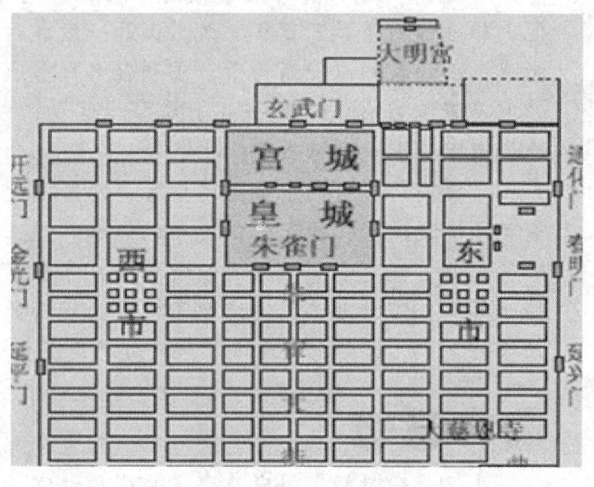
北宋东京城平面图

宋代，随着商品经济的发展，市坊界限被打破，交易不受时间限制，出现了夜市、晓市、草市等，商业呈现空前繁荣的景象。城市的经济功能不断凸显，出现了纯粹经济性质的工商业市镇，如佛山镇、汉口镇、景德镇、朱仙镇四大名镇。

北宋《清明上河图》局部

我看历史

两宋商业的繁荣首先表现为城市商业的繁荣。繁荣的大都会首推北宋都城开封和南宋都城临安（今杭州）。开封自五代开始日益繁华兴盛。北宋画家张择端的《清明上河图》形象地反映了开封城内商业的繁华景象。在古代的开封城内店铺林立，贸易兴隆，早市、夜市昼夜相连，酒楼、茶馆、瓦肆(又称"瓦舍"、"瓦子"，是随着宋代市民阶层的兴起而形成的一种商业娱乐场所，聚集了众多百戏杂技艺人)等鳞次栉比、错落有致。

"在公元11世纪，人口已超过了100万，可谓盛世盛都，相比之下，那时伦敦的人口只有15000人。""大街上的行人川流不息，摩肩接踵，骆驼队从丝绸之路带来各种货物，茶馆和餐馆生意兴隆。开封那时吸引了来自世界各地的人们。"——美国《纽约时报》

想一想，与唐代长安城相比，北宋开封有哪些不同？导致这种变化的原因是什么？

元代大都商贾云集，交通发达，是国家的政治文化中心，也是繁华的国际商业大都会。在唐宋海外贸易兴盛的基础上，元代沿海港口城市繁荣起来，广州、泉州、明州(今宁波)、杭州、扬州、登州(今蓬莱)等都繁盛一时。泉州成为元代对外贸易的重要港口，是当时世界第一大港，元政府在此设置市舶司，严密控制对外贸易。

明清时期，江南工商业发达地区和交通枢纽地区兴起了两百多个工商业市镇，这些市镇人口稠密，商业繁荣，推动了区域经济交往。

三、资本主义萌芽

明清时期是中国封建社会的衰落时期，也是封建经济继续发展的时期。这一阶段国家放松了对农民的人身控制，农民的劳动时间得以保证，劳动积极性增加，富余劳动力不断向手工业部门流动，小生产者两极分化严重。从国外传来的玉米、甘薯、马铃薯等高产农作物提高了粮食产量，推动了人口的增殖，使劳动力更为充足。

我读历史

甘薯传入中国

甘薯，又称番薯、地瓜、红薯、白薯，原产于南美洲。明朝万历年间（16世纪末）从南洋引入中国福建、广东，而后向长江、黄河流域及台湾省等地传播。

据清《金薯传习录》记载，万历二十一年（公元1593年）福建长乐华侨陈振龙在吕宋（菲律宾）经商，发现甘薯好种好吃，打算将甘薯带回国内种植，却被当时统治吕宋的西班牙人所禁止，他设法将甘薯藤苗置于水桶中，历经海路七昼夜，至农历五月下旬抵达福州。翌年，福建大旱，陈振龙之子陈经纶向巡抚金学曾递禀，述说甘薯的好处，巡抚下令种植，获得丰收，救活大量民众，"以得自番国故曰番薯"。清乾隆二十年前后，甘薯渐次在浙江传播，之后遍及全国。

甘薯的传入，对中国粮食与人口的增长影响极大。目前中国的甘薯种植面积和总产量均占世界首位。

我读历史

明嘉靖(1522~1566年)年间，苏州丝织业中出现了"机房"，到了清代，机房专指有雇工的丝织作坊。机房的所有人称为"机户"，机房的雇工称为"机手"或"机工"。

明朝时期苏州"东北半城皆居机户,郡城之东皆习机业"。到万历(1573～1619年)时,机户、机工的数量大增,有纱工、织工、缎工、染工等细致的分工。杭州很多人以纺织业为生",出现"有力者雇人织挽;贫者皆自织"的局面。清乾隆至嘉庆年间,江宁(今南京)的丝织业规模更大。

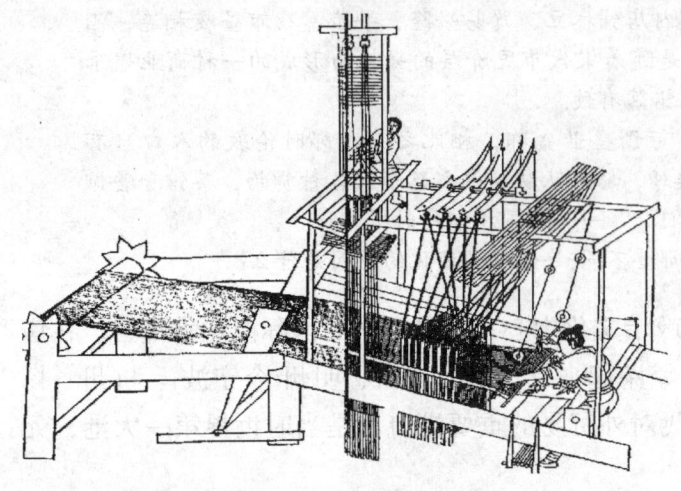

明朝《天工开物》中所绘的花楼机是我国古代织造技术最高成就的代表

明朝中叶以后,社会经济持续繁荣。江浙经济发达地区的纺织业部门,其生产已具备一定规模,率先出现了资本主义萌芽。"机户出资,机工出力"。在这些纺织业的手工工场中,拥有资金、原料、织机的"机户"就是早期资本家。"机户"雇佣具有自由身份的"机工"出力劳动,按照市场需求进行生产,"机工"成为早期雇佣工人。

我看历史

明朝苏州"郡城之东,皆习机业……工匠各有专能。匠有常主,计日受值……无主者,黎明立桥以待……若机房工作减,此辈衣食无所矣"。
　　　　　　　　　　　　　　　　　　　　　　　　　　　——《苏州府风俗考》

明朝苏州"家杼轴而户纂组。机户出资,机工出力,相依为命久矣";"浮食奇民,朝不谋夕,得业则生,失业则死。臣所睹记,染坊罢而染工散者数千人,机户罢而织工散者又数千人,此皆自食其力之民也"。
　　　　　　　　　　　　　　　　　　　　　　　　　　　——《明神宗实录》

清前期"苏城机户类多雇人工织。机户出资经营,机匠计工受值,原属相需,各无异议"。
　　　　　　　　　　　　　　　　　　　　　　　　　　　——《永禁机匠叫歇碑》

根据上述史料,请总结明清手工业发展的突出特点。

"机户"、"机工"间形成的雇佣关系,是资本主义性质的生产关系。雇佣关系的产生反映了资本主义萌芽的出现。

我读历史

明人小说中有关于江南名镇盛泽的一段描写:"嘉靖年间,镇上有一人,姓施名复","家中开张绸机……一日,已积了四匹"。"人看时光彩润泽,都增价竞买","几年间就增上三四张绸机,家中颇为饶裕","欲要又添张织机……恰好间壁邻家,住着两间小房,连年因蚕桑失利……正凑了施复之便"。"夫妻依旧省吃俭用,昼夜营运。不上十年……开起三四十张绸机。"

这段描写中的施复原是小生产者,随着商品的扩大再生产,发展为拥有三四十张织机的手工业主。他的发展伴随着其他小生产者的失利、破产,是乘人之急积累资本的。这正是早期资本家发展起步的生动写照。

到清朝,中国的资本主义萌芽继续缓慢而艰难的发展,但它分布的区域和行业部门增多了,手工工场的规模不断扩大,行业间分工和行业内分工更细致。北京的采煤业,景德镇的制瓷业,云南的采矿业,江南的制茶、制酒、印刷、浆染业等均出现了资本主义萌芽。

不过资本主义萌芽还只是在江南等局部发达地区的一些生产部门中徘徊发展。男耕女织、自给自足的自然经济在全国范围仍居主导地位。加之重农抑商政策的长期推行，工商业赋税负担沉重，手工业规模发展受限；农民极端贫困、购买力极其低下；闭关锁国导致海外市场狭窄等因素，阻碍了商品经济和新经济因素的成长。

◎ 本课小结

中国古代商业起源早，在历代重农抑商政策的压制下，艰难的发展、繁荣。城市商业活动的发展状况与政治局势、农业繁荣等有密切联系。古代商品经济在封建社会中不占主导地位，始终是自然经济的补充。

实践活动课

"重农抑商"与商业的繁荣——史料的探讨和分析

长期以来，由于受传统的儒家思想的影响，以农业立国似乎已成为中华民族祖祖辈辈亘古不变的原则。"重农抑商"是封建自给自足的自然经济的必然产物，在促进农业发展，保证封建国家稳定的同时，又阻碍了工商业的发展，也阻碍了明清资本主义萌芽的发展。但我们也应当看到，在很多时期，商业依然繁荣发展，商人地位得以提高。

为了更好地理解古代重农抑商政策之下商业繁荣的原因，必须从历史中寻找答案。有鉴于此，史料的探讨、分析尤显意义重大了。

活动任务：

通过对古代有关史料的探讨、分析，得出重农抑商政策之下商业繁荣的原因。同时，提高同学们的史料阅读、分析能力。

活动目的：

1. 理解我国古代重农抑商政策提出的原因，古代商业发展的原因，特别是重农抑商之下商业发展繁荣的原因。

2. 为准确认识农业、手工业和商业的关系，形成更直观更确切的印象。

3. 使同学们领悟"以史为镜，可以知兴替"，总结出今天商品经济发展要注意的问题。

4. 使同学们在本次研读史料的过程中，把握基本史料（特别是文言文史料）的阅读技巧，提升对史料的理解，对有效信息的获取，以及对史料价值甄别的能力。

5. 体验自主研究的过程，学会利用图书馆、网络等多种检索资料，在协同完成研讨任务的过程中，感悟合作的精神，分享合作的快乐。

活动形式：

1. 学生认真阅读课本提供的相关史料。

2. 教师指导下，同学们搜集更多的相关史料。

3. 课堂上分组讨论交流。

活动成果：

形成不少于1000字的小组总结报告，归纳总结重农抑商之下商业发展繁荣的原因及当今发展经济要注意的问题。

活动过程：

1. 教师提出研讨的问题，激发研究兴趣。并要求同学们课前认真复习"农耕时代的商业与城市"一课，加深知识印象。

2. 教师指导同学们搜集更多的相关史料。

3. 同学们认真阅读课本提供的相关史料，教师提出研读史料的基本方法和技巧。

4. 进行分组讨论交流，对材料进行归纳总结，并有专人记录。

5. 各小组选举代表在课堂上作阅读讨论报告，阐述重农抑商之下商业发展繁荣的原因及当今发展经济要注意的问题。

6. 教师进行简明、系统的总结。

相关资料：

1. 商周时期，国家曾采取鼓励政策，支持商业发展。后来社会上出现日益严重的商业与农业争夺劳动力，影响农业生产等危机政权统治等问题。战国时代，各国强调耕战、加强中央集权，于是出现了重农抑商的思想。

2. 西汉初年，经过长期战乱，民生凋敝，商人却囤积牟利。汉高祖"乃令贾人不得衣丝乘车，重租税以困辱之"，并严禁商人购置土地。这些政策有效地避免了因商人非法牟利对恢复经济造成的阻碍。汉武帝推行货币官铸、盐铁酒专卖、官营贩运、物价管理以向工商业者及加重征税等措施，在一定程度上抑制了富商大贾的势力。

3. "生之有时而用之无度，则物力必屈……今背本而趋末，食者甚众，是天下之大残也……今驱民而归之农，皆著于本，使天下各食其力。末技游食之民转而缘南亩，则畜积足而人乐其所矣。"
——贾谊《论积贮疏》

"世儒不察，以工商为末，妄议抑之。夫工固圣王之所欲来，商又使其愿出于途者，盖皆本也。"
——黄宗羲《明夷待访录》

4. 汉代农业生产是自给生产和商品生产的结合，汉代农业生产的主体包括经营专业户、地主和小农，其生产都不同程度地含有商品生产的因素。汉代小农的生产是自给性生产和商品性生产的统一，在小农生产中商品生产的存在具有必然性，离开商品性生产，自给性生产也将无法维持。

汉代园圃业出现的区域化特点，不仅是气候等自然因素作用的结果，而且与汉代转运贸易的发展有很大关系。汉代"周流天下"的富商大贾和小商小贩很多，他们经营的长途贩运的商品，就包括一些园圃商品，其中最明显的就是柑橘。……大约在汉代以前，柑橘尚是中原地区稀罕的珍贵果物，由于转运贸易的发展，至汉代，柑橘已成为富贵人家常食之物。
——李恒全《试论汉代农业领域中的商品生产问题》

5. 我国前秦时期商业发展缓慢，秦朝在法家思想的主导下采取"重农抑商"的国策，商业受到沉重打击，但是商业活动毕竟是人类不可或缺的社会活动，在艰难的环境中缓慢而延续的发展……唐朝是我国古代强盛的历史时期，政治、经济、文化空前繁盛，人们对于物质生活有了更多的需求，商业亦相应繁荣发达，唐政府也随之制定出一系列适应社会需要的商业法律规范，这些商业立法是传统法文化的单元，也是商业文化的宝贵财富，在现代化商业的今天，回顾经典文化，汲取合理的内质，对于现代社会商业的发展应有裨益。
——孙英伟《刍议唐代商业立法》

6. 宋代是我国古代经济、科技文化发展最繁荣的时期，尤其是商品经济发展速度加快。传统的重农抑商政策从宋朝开始松动，宋朝商业的发展与政府的扶持密切相关，是宋朝经济繁荣的一个重要原因。宋朝开始实行了农商并重的政策，并对通商实施了有效的管理，提高了商人的政治地位，其结果是商人纳赋富国，也为明代资本主义萌芽的出现打下了一个良好的基础。

——邓晓影《宋代商业发展与商人地位的提高》

7. 从农业社会大一统帝国的政治利益出发，商人是难以被信任和依赖的社会力量。因为统治者的财政收入主要来自农村和农业生产，其兵员也来自乡村，城市和商业只是奢华消费的代名词和小农经济的潜在侵蚀者。其次，追逐私利的商人被认为会与国家争夺社会财富，从而损害公共利益。再次，职业性质决定了商人的高度社会流动性，与"地着"的农民相比，他们的经济行为和社会行为则可能常常脱离国家和社会机制的控制，从而成为政治稳定的一大隐患。无论从政治、经济、文化和社会地位上看,传统社会中的"商"都处在以小农经济为主体的农业社会的边缘地位，"唯利是图"、"贪得无厌"成为描写商人的专用语，商人在"士、农、工、商"的社会结构中处于最底层……随着晚明商品经济和贸易的活跃，出现资本主义经济的萌芽，以农致富的人逐渐减少了，而以商业、贸易致富的人逐渐多了起来，至此，商人才受到了文人的关注。

——方明《明代文学作品中对商人地位上升的表现》

商业的发展不只受到政策的影响，也还有其他影响因素，最重要的就是生产力的发展，社会的进步影响。商品经济的活跃是由社会生产力的发展决定的，这是经济发展的客观规律，是不容改变的。商业是古代农耕经济的补充，是人类生产生活必不可少的经济方式。

第三单元

中国古代的传统文化与主流思想

> 导语：世界四大文明古国，只有中国历数千年从没有中断，而一直绵延到现代，这其中的一个重要原因是中华传统思想文化的优越性。中国古代的传统思想既源远流长，又丰富多彩，是具有高度原创性和独特性的思想系统。1988年，巴黎诺贝尔奖获得者的聚会上，瑞典的汉内斯·阿尔夫说："人类要生存下去，就必须回到2500年以前，去汲取孔子的智慧。"如今，全世界已建立400所孔子学院、500多家孔子课堂，注册学员65万人，为各国人民开启了认识中华文化和当代中国的窗口，对促进不同文明间的交流互鉴发挥了重要作用。本单元扼要介绍了中国古代传统思想的兴起、演变、派别、观念形态和价值信念等丰富内涵[1]。

---

[1] 此数据来源于2012年12月刘延东在第七届全球孔子学院大会开幕式上的讲话。

第一课　春秋战国：中国文化的"轴心时代"

一、道家学派与儒家思想的出现

道，本意为道路，引申为规律或宇宙本源。以"道"为学说核心内容的学派称为"道家"，创始人为老子，其思想言论在战国时代经过后学搜集、修订成《道德经》（后来又称《老子》）。

老子的社会政治和人生主张是"无为"，认为"无为"方可"无不为"。其战略观是"柔弱胜刚强"；道家以"自然"为最高范畴，"人法地，地法天，天法道，道法自然"，主张"绝圣弃智"，复归于人的本性，走向"自然"。老子认为世界万物和人类总在不停地运动，各种事物都有对立面，对立的双方互相依存、互相变化，这是朴素的辩证法思想。

我读历史

老子

老子，又名老聃，姓李名耳，字伯阳，春秋末期楚国苦县（今河南鹿邑）人。司马迁对老子及其思想评价极高，认为其"光耀天下"。

《道德经》一共五千言，在世界上的译本仅次于最多的《圣经》，在中国也是被注解最多的著作之一。它是一部集"治国"和"治身"于一体的智慧宝鉴，许多文句以其深湛的智慧和精义成为人们乐诵的格言。

我读历史

道可道，非常道；名可名，非常名。
有无相生，难易相成，长短相形，高下相倾，音色相和，前后相随。
金玉满堂，莫之能守。富贵而骄，自遗其咎。
功遂身退，天之道。
曲则全，枉则直；洼则盈，敝则新；少则得，多则惑。
飘风不终朝，骤雨不终日。
人法地，地法天，天法道，道法自然。
知人者智，自知者明。胜人者有力，自胜者强。
大直若屈，大巧若拙，大辩若讷。
祸莫大于不知足，咎莫大于欲得。
知者不言，言者不知。
祸兮，福之所倚；福兮，祸之所伏。

合抱之木，生于毫末；九层之台，起于累土；千里之行，始于足下。

天网恢恢，疏而不失。

——选自《老子》

儒家，创始人为孔子。其学说记载于由其弟子及再传弟子整理的言论集《论语》中，要旨在"礼"与"仁"。"礼"指宗法制度下的行为规范，孔子要求人们以"礼"约束自己，"非礼勿视、非礼勿听、非礼勿言、非礼勿动"，并自我克制，以达到"礼"的要求，即所谓的"克己复礼"。如果说，"礼"是外在规范，"仁"便是思想内核，只有礼的外形，而无仁的实质，则毫无意义。"人而不仁，如礼何？"孔子从西周已出现的"仁"这一概念，发挥出多重含义，如"仁者爱人"，"孝弟也者，其为仁之本与"等等。总之，从思想深处强化宗法血缘纽带，是"仁"的精义所在。

孔子又是伟大的教育家。他主张"有教无类"、"学而优则仕"，注重因材施教，进行启发式教育，培养德才兼备的人才等。

孔子晚年编订和整理了《诗》、《书》、《礼》、《易》、《乐》、《春秋》六种教本，后人统称为"六经"，对保存中国古代文化典籍起了重要作用。

孔子

我读历史

孔子，名丘，字仲尼，春秋末期鲁国陬邑（今山东曲阜）人，其先世是宋国没落贵族家庭。孔子年轻时，在鲁国做过司寇。由于鲁国统治腐败，被迫离开鲁国，周游列国十多年，推行自己的治国主张，但都遭到冷遇。孔子晚年潜心办学和著述，先后传授弟子三千多人，优秀者七十二人，称为"七十二贤人"。孔子被后世尊称为"至圣"。

我读历史

学而时习之，不亦说乎？有朋自远方来，不亦乐乎？

人不知而不愠，不亦君子乎？

吾日三省吾身：为人谋而不忠乎？与朋友交而不信乎？传不习乎？

不患人之不己知，患不知人也。

吾十有五而志于学，三十而立，四十而不惑，五十而知天命，六十而耳顺，七十而从心所欲，不逾矩。

君子周而不比，小人比而不周。

学而不思则罔，思而不学则殆。

成事不说，遂事不谏，既往不咎。

见贤思齐焉，见不贤而内自省也。

朽木不可雕也，粪土之墙不可圬也。

知之者不如好之者，好之者不如乐之者。

发愤忘食，乐以忘忧，不知老之将至云尔。

三人行，必有我师焉。择其善者而从之，其不善者而改之。

不在其位，不谋其政。

三军可夺帅也，匹夫不可夺志也。

人无远虑，必有近忧。

——选自《论语》

我看历史

孔子"学而优则仕"的观点历来受到批判，认为它是典型的"官本位"思想，对此你怎么看？和同学们一起讨论吧！

道家的"出世"与儒家的"入世"，共同构筑中国式的人生态度，士大夫进可"入世"，治国平天下，退可"出世"，归隐山林。统治者既可用儒家学说求得文治武功，又可用道家学说确保休养生息。儒道互补，组成中国文化的基本框架。

二、战国时期的"百家争鸣"

战国时期的文化辉煌，最根本的原因是社会大变革时代为各个阶级、集团的思想家们发表自己的主张，进行"百家争鸣"提供了历史舞台。同时，它也有赖于多种因素的契合。

首先，礼崩乐坏的社会大裂变，将原本属于贵族最底层的"士"[1]阶层从沉重的宗法制羁绊中解放出来，在社会身份上取得了独立的地位，而汲汲于争霸事业的诸侯对人才的渴求，更大地助长了士阶层的声势。士的崛起，意味着一个以"劳心"为务，从事精神性创造的专业文化阶层形成，中华民族的物质生活与精神生活注定要受到他们的深刻影响。

我读历史

作为有专业知识的人才，"士"为公卿大夫所倚重，齐桓公等春秋霸主都以招贤纳士著称。战国时期，公卿大夫更是竞相争取士人，形成所谓"养士"之风。最著名的"养士"贵族是战国"四公子"：齐国孟尝君田文、赵国平原君赵胜、楚国春申君黄歇、魏国信陵君魏无忌。因其四人都是王公贵族（一般是国家君王的后代），时人称之为"战国四公子"。他们都豢养门客数千，多为精于某种技艺的士人。

我演历史

请大家收集一些有关"战国四公子"与其门客的故事，并以小组为单位，以历史短剧的形式再现"战国四公子"礼贤下士之风。

其次，激烈的兼并战争打破了孤立、静态的生活格局，文化传播的规模日盛，多因素的冲突、交织与渗透，为文化重组提供了机会。

再次，竞相争霸的诸侯列国，尚未建立一统的观念形态，学术环境宽松活泼，使文化人有可能进行独立的、富于创造性的精神劳动。

最后，随着周天子"共主"地位的丧失，世守专职的宫廷文化官员纷纷走向下层或转移到列国，直接推动了私家学者集团的兴起。

正是以上种种条件的聚合，为中华民族的精神文明发展创造了一个千载难逢的契机。气象恢宏盛大的诸子"百家争鸣"，正是在这样的文化背景下应运而生的。

我读历史

商朝和西周是"官学"时代，此时学在官府，典籍文献以及天文历法、医药学、历史、预卜等专门知识均藏于王室，由巫、史、祝、卜等专门文化官员世袭掌管，秘不示众，实行文化垄断，谓之"王官之学"。巫、史、祝、卜是第一批较正式的文化人，他们从事卜筮、书史、星历、教育、医药等多种文化活动，并参与政治。中国文化，尤其是精神、意识领域的许多门类，

---

[1] 士，春秋时属贵族下层、庶人之上，他们多受过礼、乐、射、御、书、数等六艺之教，春秋末期后，士逐渐成为知识阶层的通称。

其起源都与之有关。我们可以从甲骨文、金文和各种先秦典籍中见到他们席不暇暖的忙碌身影，他们对中国文化的早期发展有着特殊贡献。

战国时期，参与争鸣的学派主要有儒、道、墨、兵等诸家，他们纷纷著书立说，发表自己的政治主张和哲学看法。

战国时期"百家争鸣"简表

学源	代表人	主要主张
墨家	墨子	"兼爱"、"非攻"；节约；选举贤能。
儒家	孟子	"仁政"说；"民为贵、君为轻"；"劳心者治人，劳力者治于人；治于人者食人，治人者食于人"。
	荀子	人力能够征服自然，应该利用自然为人类服务。
道家	庄子	鄙视富贵利禄，痛恨社会不公平现象；"有用"不如"无用"好。
法家	韩非子	历史是向前发展的；"法治"；建立君主专制中央集权的封建国家。
兵家	孙膑	集中兵力，分散敌人兵力，以少胜多，以弱胜强。

我读历史

晏子使楚

战国时期，齐国晏子曾出使楚国。晏子身材矮小，楚王嘲讽他说："难道齐国没有人了吗？"晏子说："齐国首都大街上的行人，一举袖子就能把太阳遮住，流的汗像下雨一样，怎么会没有人呢？"楚王继续揶揄道："既然人这么多，怎么派你这样的人出使呢？"晏子回答说："我们齐王派最有本领的人到最贤明的国君那里，最没出息的人到最差的国君那里，我是齐国最没出息的人，因此被派到楚国来了。"几句话说得楚王面红耳赤。在这个故事中，面对楚王的嘲讽，晏子并没有针锋相对地和他辩论，而是顺着他的话，故意贬低自己。晏子这种以退为进、以柔克刚的方法，使楚王侮辱晏子不成，反受奚落。

创立诸子学派的孔、墨、老、庄等，都是中国文化史上第一批百科全书式的渊博学者，他们以巨大的热情、雄伟的气魄和无畏的勇气，开创学派，并对宇宙、人生、社会等无比广阔的领域发表纵横八极的议论。正是经由各具特色的诸子百家的追索和创造，中国文化精神的各个侧面才得到充分的展开和升华，中华民族的文化走向也才大致确定。有鉴于此，文化史家借用德国学者雅斯贝尔斯的概念，将春秋战国称为中国文化的"轴心时代"。

◎ 本课小结

春秋战国时代，中国思想和文化经历了一次伟大的"突破"。一批又一批思想家先后涌现并成为中国思想的象征或代表，如老子、孔子、孟子、庄子、墨子、韩非子等等。他们纷纷著书立说，成一家之言，使中国历史第一次享受了思想自由和争鸣的蜜果。纵观整个世界古代史，就学术人才出现的密集程度和水平之高而论，与中国春秋战国时期的士人群体可以并肩媲美的，或许只有古希腊的群哲。

第二课 汉朝"罢黜百家，独尊儒术"

一、汉初的"无为而治"

公元前202年，刘邦历经四年"楚汉战争"打败西楚霸王项羽，建立汉朝，定都长安，史称西汉。

汉高祖

汉文帝

汉景帝

我看历史

读读下面这段话，谈谈汉高祖刘邦的用人智慧对你有何启示？

刘邦论得天下之道：

运筹帷幄之中，决胜千里之外，吾不如子房（张良，字子房）；

镇国家，抚百姓，给馈饷（供给军饷），不绝粮道，吾不如萧何；

连百万之众，战必胜，攻必取，吾不如韩信。

三者皆人杰，吾能用之，此吾所以取天下者也。

——《史记·汉高祖本纪》

在反秦战争中建立起来的汉朝，为巩固君主专制，继续寻觅统治思想。秦王朝统治时期，战国商鞅、韩非以来的法家理论及其国家政体模式，经嬴政、李斯等人的推行实施，愈益走向极端。同时，秦朝二世而亡的历史证明，一味严刑峻法的法家思想，"严而少恩"的"急政"、"猛政"，确实只"可以行一时之计，而不可长用也"。

我读历史

道莫大于无为，行莫大于谨敬。……秦始皇设刑罚、为车裂之诛以敛奸邪，筑长城于戎境以备胡、越，征大吞小，威震天下，将帅横行以服外国，蒙恬讨乱于外，李斯治法于内。事逾繁而天下逾乱，法逾滋而天下逾炽，兵马益设而敌人愈多。秦非不欲治也，然失之者，乃举措太众、刑罚太极故也！

君子之为治也，块然若无事，寂然若无声，官府若无吏，亭落若无民，闾里不讼于巷，老幼不愁于庭，近者无所议，远者无所听，邮驿无夜行之吏，乡间无夜名之征，犬不夜吠，鸟不夜鸣……

——陆贾《新语》

汉初，百姓穷苦，经济凋敝，社会需要休养生息，主张自然无为的黄老思想提供了"与民休息"政策的理论基础。因此，从刘邦建汉到惠帝当政、吕后称制，再到文帝、景帝，汉初统治者在这六十年里始终采用"无为而治"的统治思想。统治者重视农业生产，多次减免田租赋税，开放山林川泽，鼓励农民进行副业生产，活跃商业市场；改革法律，废除一些肉刑，断狱从轻；提倡节俭，制约奢靡，减省财政支出。经过汉初几十年的统治，汉朝经济逐渐恢复发展，人口迅速增长，粮价降低，商业活跃，狱事减省，社会比较安定。中国封建社会迎来了第一个盛世"文景之治"。

我读历史

汉文帝即位前，曾在条件较差的北方边地做过17年的封王，吃过不少苦，对民间疾苦有所了解。他认为农业是立国之本，即位后时常提醒百官劝课农桑，减轻民众负担。他倡导无为而治，选官多忠厚长者，信任下属，不苛察细过。

汉景帝继续薄赋劝农。他即位之初，就下诏准许民户由耕地缺少的地方迁到耕地有余、水利条件好的地方；又下令减免百姓一半的田租，实行三十税一，这成为汉朝定制。后来，景帝下诏表明不接受郡国贡献锦绣等奢侈物品，也禁止官吏采买黄金珠玉，官吏如贪污，则予以严厉惩治。

我读历史

萧规曹随，无为而治

西汉开国功臣之一的丞相萧何临终时向汉惠帝刘盈推荐了曹参作为自己的接班人。曹参做了相国后全部按照萧何以前所制定的规矩来施政办事，一点都不更改。在国家选拔官吏方面，他大多选用那些老实可靠而且年龄偏大的人，概不录用华而不实的人。曹参则日夜饮酒，因此相府看似无所作为。惠帝以为是欺负他年轻，就让曹参的儿子去劝曹参，结果曹参将儿子打了二百大板。惠帝责问，曹参对惠帝说："陛下自认为德行比高祖皇帝如何？"惠帝说："我怎么敢跟先帝比呢？"曹参又问："那么陛下看我和萧何谁更贤能？"惠帝说："似乎你不如萧何。"曹参说："陛下所说极是。高祖皇帝和萧丞相安定天下，已经制定了完善的法令。现在陛下治国，臣等安分守职，遵照执行他们的法规就是了，这样不是很好吗？"惠帝说："我知道了，你就这么办吧。"曹参和惠帝的对话，实际是关于汉初统治政策的争论。就这样，曹参当政三年，在"无为"思想指引下，推行约法省禁，轻徭薄赋政策，收到了"天下俱称其美"的社会效果。

二、董仲舒与"罢黜百家，独尊儒术"

黄老之术完全存乎一心，用乎一念，"其辞难知"，而且它"以虚无为本，以因循为用"，对强化中央集权助力不显。因此，经汉初一番厉行之后，到汉武帝时期，它与专制集权的大一统帝国不相适应的地方渐渐显露出来。而这一阶段的儒家学说，为了适应社会、政治的发展，吸纳法家思想，并兼摄阴阳五行，神仙方术，已与孔子以来的原始儒学略有不同，更接近于

董仲舒

为专制政权赞划筹谋的帝王之术。

汉武帝时期，政治稳定，经济繁荣。一统帝国下统合文化、确立一统思想的时代要求更加紧迫。正当此际，有"汉代孔子"之称的董仲舒三次应诏上书，成《天人三策》，对战国以来人言人殊的古今治乱之道和天人关系问题，作了系统的阐述。

1. 以儒学为主宗，杂糅阴阳五行及法家的某些观念，以神学论证皇权和专制秩序的永恒性。

2. 提出"春秋大一统"和"罢黜百家，独尊儒术"的主张。

3. 宣扬"君权神授"以加强君权，提出了"天人合一"和"天人感应"学说，认为人和天一样，有喜怒哀乐，天子受命于天，地位不可动摇。但是，人君要爱护百姓，如果残暴，天将降灾祸于他。

4. 提出"君为臣纲"、"父为子纲"、"夫为妻纲"和仁、义、礼、智、信五种为人处世的道德标准，后人归纳为"三纲五常"。他大力提倡孝道，认为孝为"天经"、"地义"。

我读历史

董仲舒向汉武帝建议说："今师异道，人异论，百家殊方，指意不同，是以上亡以持一统……臣愚以为诸不在六艺之科、孔子之术者，皆绝其道，勿使并进。邪辟之说灭息，然后统纪可一而法度可明，民知所从矣。"

——《汉书》卷五六《董仲舒传》

三、儒学正统地位的确立

董仲舒以"六经"为指针，高举"崇儒更化"的旗帜，寻找到了与封建制经济、宗法与专制君主政体比较吻合的文化形态，其"罢黜百家，独尊儒术"的主张不仅被汉武帝采纳，推行于当世，使儒学取得了"定于一尊"的显赫地位，成为汉代文化思潮的主流，而且在汉至清的两千年间行之久远。原来并不专属儒家的"古之道术"渊薮——《诗》、《书》、《礼》、《易》、《春秋》也一变而为儒家独奉的经典并被正式尊为"五经"。

武帝以后，政治、思想、文化领域，都成为儒家经典的一统天下。西汉统治者既尊《诗》、《书》、《礼》、《易》、《春秋》为"五经"，复"立五经博士"，又推行"以经取士"的选官制度，天下学士多靡然风从，传经之学和注经之学成为专门学问。

◎ 本课小结

经过了春秋战国长达四百多年的政治大分裂和文化多元化发展，到秦汉之际，伴随着"六国毕，四海一"，中国封建王朝实现了政治上的大一统，随之，文化上也实现了大一统。秦汉王朝的统治者采取一系列具体措施，确立权威的思想意识，以保证人们从心理上认同、从精神上归附其万世一系的统治。正是这种"大一统"的文化模式，不仅在政治上、经济上结束了分裂割据的历史，而且在思想意识、风俗习惯等多方面抑制了文化的多元性，后者在封建社会后期表现得尤为明显。

第三课 宋明理学和明清之交的思想

一、儒学的危机

汉末董卓之乱[1]，犹如一股强劲的旋风，使久已摇摇欲坠的东汉王朝终于土崩瓦解。与军阀割据、王室贵族自相杀戮相推引，北方游牧民族如洪水一般从高原横冲直下，同农耕民族争夺生存空间。一场长达近四百年的战乱由此展开，政治舞台上角色更迭如走马灯般令人眼花缭乱。

战乱与割据打破了帝国的一元化政治与集权式地主经济体制，定型于西汉中期的以经学为主干、以儒学独尊为内核的文化模式崩解，取而代之的是文化生动活泼的多元发展局面。

玄学崛兴 玄学以《周易》、《老子》、《庄子》[2]为研究对象，以探求理学人格为中心课题，热衷于探讨思辨深邃的本体论。在"贵无"思想的深刻影响下，魏晋士人或徜徉山水，"琴诗自乐"，追求一种"萧条高寄"的生活；或"动违礼法"，"以任放为达"。陶渊明和"竹林七贤"便分别是以上两种行为方式的代表。在魏晋士人的推动下，老庄之学轻人事、任自然的价值观，以前所未有的规模占据中国知识分子的心灵世界，进而铸造了中国士人玄、远、清、虚的生活情趣。

我读历史

"有晋中兴，玄风独振。"玄学是魏晋时期崛起的一股新的文化思潮。玄学的产生是从两汉到魏晋思想上的一个重要变化。自从西汉后期儒学被定为一尊后，由儒家政治伦理学说与阴阳五行学说杂糅搭配而成的、包罗万象的宇宙论，成为大一统的汉王朝巩固其统治的理论基础。与此相辅而行的是对儒家经典进行种种烦琐解释的"经学"。随着东汉王朝的崩溃，这个包罗万象的宇宙系统论的神圣光圈黯然失色，经学也成了令人难以忍受的烦琐学问，统治阶级的腐败以及社会大动乱更有力地宣布了儒学的"不周世用"和思想的虚伪。在这样一种时代大背景下，玄学应运而生。

我读历史

竹林七贤中的刘伶性情旷达，不为礼教所拘束，常常喝醉了酒，把身上衣服脱光，裸体在屋里一边喝酒一边晃来晃去。一天，有人去访刘伶，见他如此模样，实在看不下去就讥讽他说："你也是礼教中人，似这等行径实在有失体统。"刘伶听了，醉眼一翻说："我以天地为房屋，

---

[1] 东汉中平六年（189年），地方军阀董卓率兵进入洛阳，废少帝，立陈留王刘协为帝，自为相国独揽朝政。次年关东诸侯推袁绍为盟主，讨伐董卓，卓败，挟持献帝西走长安，并驱使洛阳数百万口西迁长安。行前，董卓的士卒大肆烧掠，洛阳周围二百里内尽成瓦砾。192年董卓被王允、吕布所杀。董卓之乱历时3年，时间虽短，社会却经历了深刻的变革，基本决定了以后历史的走向，三国群雄在此期间先后登场，成为三国乱世的开端。

[2] 号称"三玄"。

以房屋为衣裳，你怎么跑到我裤子里来了？"客人哑口无言。

竹林七贤，莫不嗜酒。阮籍又是酒徒中巨擘之一。他为了逃避混乱政局的滋扰，便以酒避祸全身。据说，晋文帝司马昭为其子司马炎求婚于阮籍女，阮籍不敢直接回绝，只好一醉六十余天，天天酣睡，使司马昭始终找不到开口的机会而作罢。

竹林七贤[1]

道教创制与佛教传入 玄学的兴盛，体现出动乱时代人们对个体存在的意义和个体价值的关注，而这样一种社会心理也成为道教与佛教兴盛的土壤。

道教是中国的本土宗教，它酝酿于东汉，发展于魏晋，至南北朝时，北魏嵩山道士寇谦之、刘宋庐山道士陆修静藉政权之力清整民间道派，并首次使用"道教"一词统一各道派。与此同时，道教逐步形成一套完整的宗教仪式和斋醮程式、道德戒律。萧梁陶弘景更以"天子师"之尊构造道教神仙谱系，叙述道教传授历史，道教作为一个完整意义上的宗派至此基本定型。

作为宗教的一大流派，道教具有宗教的一般性特征，但作为中华民族创立的宗教，它又具有鲜明的民族性格。这就是在思想渊源上从道、儒、墨等哲学流派以及传统星相家、医方家、谶（chèn）纬家那里充分汲取思想资料；在教旨上，以长生成仙为目标，钻研追求不死的炼金服丹之术；道教最关心的是"人如何不死"，这一思想趋向正是中华民族重现世、重现实的民族性格在宗教观上的体现。

我讲历史

请收集资料，向同学们讲讲中国四大道教名山的名称、地点及相关情况。

与道教勃兴的同时，另一支宗教大军也气势日增地开进了魏晋南北朝文化系统，这就是来自南亚次大陆的佛教。由此形成二学（儒学、玄学）、二教（道教、佛教）相互对抗、相互融合的多元激荡的格局。

---

[1] "竹林七贤"指魏晋时期阮籍、阮咸、刘伶、王戎、山涛、嵇康、向秀七位名士。因七人常在当时的山阳县（今河南辉县、修武一带）竹林之下喝酒、纵歌、清谈而得名。

佛教，公元前6世纪诞生于古印度，创始人是乔达摩·悉达多，被尊称为"释迦牟尼"。其主要教义是宣扬"众生灵魂平等"、"世事轮回"、"因果报应"等，为苦难中挣扎的穷苦百姓指出了一条精神解脱的途径。佛教传播初期主要是下层百姓信奉它，后来统治阶级利用它作为麻醉人民思想的统治工具。公元前3世纪时，印度阿育王将其奉为"国教"。西汉末年，佛教传入中国；魏晋南北朝时，佛教在中国迅速传播。

我读历史

> 山西五台山、浙江普陀山、四川峨眉山、安徽九华山合称中国四大佛教名山。有"金五台、银普陀、铜峨眉、铁九华"之称。分别供奉文殊菩萨、观音菩萨、普贤菩萨、地藏菩萨。四大名山随着佛教的传入，自汉代开始建寺庙，修道场，延续至清末。

唐朝"有容乃大"的思想文化气派　　隋唐时期，中国的思想文化进入了气度恢弘、史诗般壮丽的隆盛时代。

隋末农民大起义给魏晋南北朝时期的门阀士族势力以摧枯拉朽般地致命打击，继之而来的是隋唐时期的"科举制"等一系列全面压抑门阀士族的改革措施。大批中下层士子由科举入仕途，参与和掌握各级政权，地主阶级的结构因之发生了深刻变化。唐代思想文化因为有强盛的国力为依据，有朝气蓬勃的世俗地主阶级知识分子为主体，从而体现出一种无所畏惧、无所顾虑的兼容并包的宏大气派。当时，唐朝统治者在意识形态上奉行三教并行的政策，即尊道、礼佛、崇儒；外来的宗教如伊斯兰教、景教、摩尼教等，唐朝也允许它们建寺传教；同时，唐朝还以博大的胸襟广为吸收外域思想文化。以上种种体现出唐王朝一种自信、包容的大国风范。

我读历史

> 当西方人的心灵为神学所痴迷而处于蒙昧黑暗之中，中国人的思想却是开放的，兼收并蓄而好探求的。
>
> ——英国学者威尔斯《世界简史》

唐朝时期的三教并存，不仅有力的促使儒、佛、道相互吸取，而且造成一种开放的文化心态，给中国文化带来一些新气象、新内涵，儒家思想受到挑战，其神圣独尊地位遭到动摇，人们不以一教为尊，亦不必以自己的信仰去屈从一尊意志。

我读历史

> 我本楚狂人，凤歌笑孔丘。——李白
> 儒生不及游侠人，白首下帷复何益。——李白
> 儒术于我何有哉，孔丘盗跖俱尘埃。——杜甫

二、程朱理学和陆王心学

宋代的哲学思想主要是理学。理学是以儒家思想为基础，吸收佛教和道教思想形成的新儒学。北宋时期代表人物是程颐、程颢兄弟，并称"二程"。南宋朱熹是理学的集大成者。

两宋理学，不仅将纲常伦理确立为万事万物之所当然和所以然，亦即"天理"，而且高度强调人们对"天理"的自觉意识，朱熹提出自觉认识天理的途径是"格物致知"，实质上将外在规

程颐　　　　程颢

范转化为内在的主动欲求，即伦理学上的"自律"。

理学是中国后期封建社会最为完备的理论体系，其影响至深至巨。由于理学家将"天理"、"人欲"对立起来，进而以天理遏制人欲，所谓"存天理，去人欲"，使带有自我色彩、个人色彩的情感欲求受到强大的约束。理学专求"内圣"、"尚礼义不尚权谋"，则将传统儒学的先义后利发展成为片面的重义轻利观念。

朱熹

但是，理学强调通过道德自觉达到理想人格的建树，也强化了中华民族注重气节和德操，注重社会责任与历史使命的文化性格。文天祥、东林党人在异族强权或腐朽政治势力面前，正气浩然，风骨铮铮，无不浸润了理学的精神价值与道德理想。

我读历史

朱熹的成就是多方面的。他的博学和严谨的学风对后世学者影响很大。朱熹的著作有《四书集注》以及后人辑录的《朱子语类》等。他的学说还被介绍到日本，广为流行。

我读历史

"古之欲明明德于天下者，先治其国；欲治其国者，先齐其家；欲齐其家者，先修其身；欲修其身者，先正其心；欲正其心者，先诚其意；欲诚其意者，先致其知；致知在格物。"

—— 朱熹

我看历史

"为天地立心，为生民立命，为往圣继绝学，为万世开太平"是宋代大儒张载的名言，请你谈谈对这句话的理解。

由两宋至明前期，程朱理学达到了炙手可热的程度。然而，朱学极盛之日，恰恰是朱学自身弊端大暴露之时。朱熹提倡"即物穷理"，主张广泛考察，其后学如果缺乏统御力，便会失之于支离破碎；主张穷尽天理，后学往往会放松自身修养，加之明代中后期，各种社会矛盾加剧，忧学之士对此陷入苦苦思索之中，一种力图抛弃朱学、另寻新义的要求在学术界酝酿着。正是在这种背景下，以"正心"，挽救衰世为目标的王阳明[1]"心学"应运而生。

王阳明

"心学"是王阳明在理学分支陆九渊的理论基础上发展而来。"知行合一"说与"致良知"是其颇有特色的学说。他肯定知行之间的相互联系、相互包含和动态统一，甚至把"一念发动处"的意念、动机都看成是"行"之开始。"良知"本是孟子所讲的辨别是非善恶之心，即人内在的道德判断与道德评价作用。良知是人所固

[1] 公元1472～1528年，明代思想家。字伯安，浙江余姚人，一度隐居绍兴阳明洞中，世称阳明先生。

有的，不需要向外求索。

王阳明的"致良知"即是扩充良知，一方面除去心中的自私念头和不正当欲望保持善良的心地；另一方面在现实生活中接受磨砺，切实践行，把心中的善意具体地表现出来，不能只是口头说说而已。良知不仅表现为"知是知非"、"知善知恶"的先验原则，同时又表现为"好善恶恶"、"为善去恶"的道德自觉与实践。王阳明教人要身体力行，在实践中追求自己的人生理想。

我读历史

> 一天，明朝的大哲学家王守仁和他的弟子们到南镇地方游山观景，一个弟子指着山中的花树问道："天下无心外物，如此花树在深山中自开自落于我心亦何相关？"这无疑是给主张"心外无物"哲学立场的王守仁提出了一个难题。王守仁面对弟子的诘难答道："你未看此花时，此花与汝心同归于寂，你来看此花时，则此花颜色一时明白起来，便知此花不在你心外。"王守仁的意思是说，当人未看花时，心不起作用，花也就没有，而当人观花时，花才显现出来。这就是王守仁"心外无物"哲学观点的生动表现。

如前所讲，宋明理学对培养气节操守、重视品德、讲求自我节制、发奋立志等建立主体意志结构方面起了重要的作用。但是，由于理学成为后期封建社会的官方意识形态，其末流，特别是被统治阶级所利用的部分，维护了封建专制主义的等级秩序，以一整套规范压制和扼杀人的本性，造成了伦理异化，给中国社会和中国人民带来了灾难。对于其负面效应，我们应当具体地、历史地加以分析。

三、离经叛道的李贽

明代后期思想家李贽[1]，勇于破除对孔子的迷信，认为时代变了，就不能再拿孔子过去的话作为今日衡量是非的标准。他揭露道学家的虚伪，说他们"被服儒雅，行若猪狗"。他称赞武则天是杰出的政治家，甚至肯定封建社会揭竿而起的农民，认为这是贪婪的统治者逼出来的。他倡言"人有男女之分，而见识高低没有男女之别"。他称赞司马相如和卓文君"善择佳偶"自由恋爱。李贽的思想在一定意义上反映了资本主义萌芽时代的要求，带有民主性的色彩。

李贽

四、黄宗羲、顾炎武和王夫之

明末清初，虽然理学和心学占据统治地位，但早期民主启蒙思潮也在兴起。黄宗羲、顾炎武和王夫之并称为具有民主色彩的三大进步思想家。

黄宗羲[2]生活在明清之际，他对封建专制制度进行强烈的批判。他揭露封建君主"以天下之利尽归于己、天下之害尽归于人"，得出君主专制是"天下之大害"的结论。他提倡"法治"，

---

[1] 公元1527～1602年，字宏甫，号卓吾，别号温陵居士，福建泉州府晋江县人。
[2] 公元1610～1695年，字太冲，号南雷，又号梨洲，浙江绍兴府余姚县人。明朝灭亡后黄宗羲曾举兵抗清，失败后回乡长期隐居。

反对"人治"。他反对"重农抑商",提出"工商皆本"的主张。黄宗羲的思想震动了当时的学术界,对晚清民主思想的兴起也有一定影响。

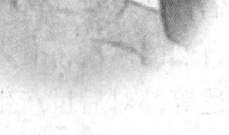

我读历史

"古者以天下为主,君为客;凡君之所毕世而经营者,为天下也。今也以君为主,天下为客,凡天下之无地而得安宁者,为君也。是以其未得之也,荼毒天下之肝脑,离散天下之子女,以博我一人之产业,曾不惨然。曰:'我固为子孙创业也。'其既得之也,敲剥天下之骨髓,离散天下之子女,以奉我一人之淫乐,视为当然。曰:'此我产业之花也。'然则为天下之大害者,君而已矣。"

——黄宗羲

黄宗羲

顾炎武[1],明末清初的著名思想家。他学识渊博,强调"经世致用"的实际学问,提出"天下兴亡,匹夫有责"。为扭转明末不切实际的学风,他身体力行,把书本知识和实际调查相结合,写出《天下郡国利弊书》等许多富有价值的著作。他反对君主专制政治,提出"以天下之权,寄天下之人",方能"天下治矣"。顾炎武脚踏实地的学风对清代学者影响很大。

我读历史

"人君之于天下,不能以独治也,独治之而刑繁矣,众治之而刑措矣。"

——顾炎武

顾炎武

王夫之[2],明清之际杰出的唯物思想家。他认为世界是由物质构成的,自然和社会都不断变化,政治也应有所改革,提出在政治上要"趋时更新"。王夫之的思想闪烁着革新的光芒。

我读历史

王夫之晚年隐居湖南衡阳石船山,潜心著述,后人称他为"船山先生"。他认为"气"是物质实体,"理"是客观规律,提出"气者,理之依也"和"天下惟器"的唯物观点。他还提出"静即含动,动不舍静",即运动是绝对的,静止是相对的朴素辩证法思想,否定理学主静的形而上学思想。

王夫之

◎ 本课小结

儒家思想从艰难开创到被统治者独尊,再被一些思想家所否定;从为统治者服务到为社会发展服务,儒家思想似乎走过了一个生命周期,又似乎在寻找又一个生命的春天。

---

[1] 公元1613~1682年,字宁人,号亭林,江苏苏州府昆山县人,明末清初著名思想家。
[2] 公元1619~1692年,字而农,号姜斋,世称船山先生,湖南衡州府衡阳县人。

实践活动课

读史明智
——用诸子百家的智慧指导我们的生活和学习

春秋战国时期，是我国古代思想、文化发生剧烈变化的历史阶段。儒家、法家、道家、兵家等"诸子百家"共同上演了中国历史上空前绝后的"百家争鸣"。儒倡仁义仁政，法说以法治国，道赞无为清净……在争鸣中，孕育着博大精深的思想。他们对宇宙自然的体悟，对人生世界的深刻认识，对治理国家的独到见解，对人伦天理的创造性的理解和阐述等都对后世产生了巨大的影响，成为历数千年而不衰的人类经典。

请同学们在诸子中任选一位，搜集他们的相关资料，深入了解他们的思想，并结合自己生活和学习举办一次思想交流会。

活动目的：

1. 进一步深入了解诸子百家，主要是儒家、法家、道家、兵家等的思想。

2. 从诸子智慧中悟兴衰之道，明进退之度，用千古流传的历史智慧指导我们今天的学习和生活。

3. 体验自主研究的过程，学会利用图书馆、网络等多种途径搜索、筛检有关资料，体验举办历史专题思想交流的实践活动。

活动准备：

1. 任选一位自己感兴趣的思想家，搜集、整理他们的相关资料。

2. 从自己搜集、整理的资料中，选择一些名言、故事、经典战例等。

3. 将所选资料做成演示文稿。

活动过程：

1. 进行分组讨论，对材料进行归纳总结。

2. 各小组选出自己的代表在课上阐述本组所选思想家的生平、主要思想等，本组其他成员结合自己的生活和学习谈感悟。

3. 教师进行系统、简明的总结。

活动成果：

每个小组形成800字左右的总结报告。

活动延伸：

各组代表对所有总结报告及演示文稿进行综合归纳，写出一篇关于"诸子百家智慧"的小论文，并配以相关的演示文稿。

史学指导：

1. 背景分析：要了解所选历史人物的思想，必先了解该历史人物所处的大的时代背景及其个人的生活经历。

2. 资料搜集：资料搜集的过程中要注意资料的真实性、可靠性和典型性。

第四单元

中国古代灿若群星的杰出人物

> **导语**：在我国古代历史上，出现了许多杰出的历史人物，他们以其突出的才能、高超的智慧在历史上浓墨重彩地留下了自己的痕迹，一定程度上推动了历史的发展。本单元我们将着重了解我国古代伟大政治家的治国方略，杰出改革家的开拓创新意识，著名军事家的战略战术，以及在男权社会里大放异彩的巾帼人物的相关事迹。

第一课　雄才大略的政治家

一、秦皇汉武

秦始皇嬴政　"秦王扫六合，虎视何雄哉"。公元前221年，秦王嬴政灭掉东方六国，以咸阳为都城，建立起中国历史上第一个统一的中央集权的封建国家。

秦的统一对我国历史的发展有着深远的影响。统一有利于社会经济文化的发展。实现全国统一，结束了长期割据混战的局面。因分裂割据而造成的攻城略地的屠杀，"以邻为壑"的纠纷，交通来往的障碍，以及许多制度的不同，文字的异形等都可以避免和消除。统一促进了多民族封建国家的形成。春秋战国以来，中原地区的华夏族与周边一些少数民族关系日益密切。秦的统一，是对长期以来民族融合的一个总结。在统一的地域里，戎族、狄族、夷族和华夏族进一步融合，形成最初的汉民族。同时，南方的蛮族、百越，也加快了同中原各族融合的步伐，陆续加入汉族的行列。北方的匈奴族与中原地区各族的联系也得到进一步加强。秦的统一，为我国统一的多民族的封建国家奠定了坚实的基础。

我读历史

秦王嬴政，公元前259年生于赵国邯郸，13岁继承王位，公元前238年，22岁的嬴政开始亲政。执政刚两年，就以卓越的才干和魄力，除掉了嫪毐和吕不韦两大敌对势力，稳定了国内的形势，掌握了国家大权。

秦王嬴政

我读历史

秦始皇读到韩非子的著作时，对韩非子建立专制主义中央集权封建国家的主张大为赞赏，感叹说："嗟乎，寡人得见此人与之游，死不恨矣！"秦统一后，在如何管理地方的问题上，发生过一场争论。有人认为应该采取西周以来的分封制度，分王建国；有人认为应当推行商鞅以来的县制。最后，秦始皇确定采取郡县制，从中可以看出韩非子等人思想对他的影响。

为巩固统一，秦朝颁布了一系列旨在加强中央集权的政策措施，主要内容包括以下几个方面。

政治方面：第一，确立皇权至高无上。秦王嬴政自称"始皇帝"，将国家大权总揽于一人之手。第二，建立从中央到地方的官制和行政机构。在中央，设立三公九卿；在地方，推行郡县制。三公、九卿和郡县长官，都由皇帝直接任免。第三，颁布推行全国的秦律。

经济方面：第一，扶植封建土地私有制的发展，实行按亩纳税。第二，统一全国度量衡。第三，统一全国货币，以秦国的圆形方孔钱通行全国。第四，统一车轨，建造驰道与直道。

文化方面：第一，统一文字，以秦国通行的文字为基础制定小篆，颁行全国。后来又出现书写更为简便的隶书。第二，为加强思想控制，接受李斯的建议，焚书坑儒。使晚周私学传统中

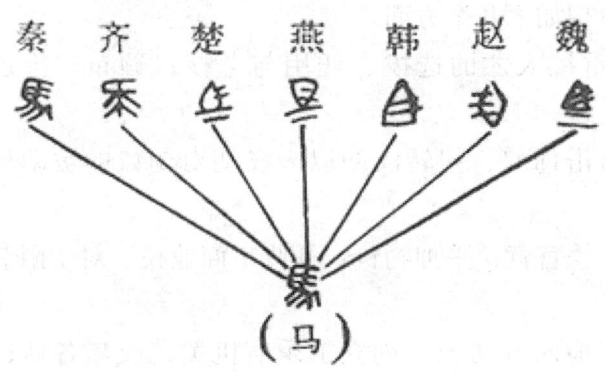

断，文化教育再度由官府垄断，思想原野上诸子并存、百家争鸣的生动局面变得万马齐喑。第三，以法为教，以吏为师。规定教育由官府举办，用法律条文约束百姓，基层的官吏来具体实施教导，严禁私学，实行愚民政策。

军事方面：派遣大将蒙恬率数十万军队北逐匈奴，大修长城。

我读历史

为了控制广大的国土，秦始皇下令修建了由都城咸阳通达全国各地的驰道，规定全国大车两轮之距为六尺。秦始皇在位期间，曾多次沿驰道巡游郡县，在很多地方刻石纪功，显示威强。

我看历史

如何看待"焚书坑儒"？以小组为单位和同学们一起讨论并说出你的看法。

我读历史

秦王朝在战国时期燕、赵、秦三国长城的基础上修筑了古代世界上最伟大的万里长城。它西起临洮（今甘肃岷县），东北沿着黄河从高阙（今内蒙狼山西）起利用赵国长城，沿着阴山经河套地区，包括九原、云中、雁门、代郡。再往东接燕国长城，沿燕山山脉北支，包括上谷、渔阳、右北平、辽西五郡。秦长城虽利用秦、赵、燕三国所筑长城的旧基，但向北扩展了不少，长度也远比战国时期秦、赵、燕三国长城长。秦长城较今长城偏北，至今许多地方仍保存秦长城的遗迹。如山西大同北的"紫塞"，因土呈紫色而得名；又如甘肃岷县县城西、开城县北均有秦长城的遗址。

秦朝的专制主义中央集权制度，为维护封建统一提供了条件，有利于封建经济的进一步发展。但是，这种制度下，地主阶级凭借皇帝的专制权威，大大加强了对人民的统治，使人民处境日益恶劣。

秦始皇是我国历史上杰出的政治家，他结束了长期割据战乱，奠定了我国统一的多民族的专制主义中央集权国家的基础，其贡献巨大。但是，秦始皇晚年居功自傲，拒谏饰非，统治残暴，徭役繁重，赋税沉重，留下亡国的隐患。

公元前210年，秦始皇死于第五次东巡途中，秦二世即位。

汉武帝刘彻 汉武帝是一位具有雄才大略的封建皇帝，在他统治之下，西汉统一多民族的封建专制主义中央集权国家得到巩固与加强，呈现经济发展、社会富庶、国力强盛的局面。

我读历史

汉武帝（公元前156至公元前87年），名刘彻，是刘邦的重孙。7岁时被立为太子。公元前141年，景帝死，刘彻继位，年仅16岁。22岁时亲自主持朝政。他在位的时间从公元前141年至公元前87年，长达五十三年之久，占了整个西汉王朝四分之一的时间。从他开始，皇帝使用自己专有的年号。

汉武帝

汉武帝一生中有许多建树，概括地说，主要表现如下几个方面。

政治方面：汉武帝改革官制，加强皇权；重视人才的选拔、任用与考核；颁布"推恩令"，削弱王国势力；强化封建法制。

军事方面：汉武帝建立侍从军和禁卫军；出击匈奴，扭转汉初以来汉朝对匈奴的被动局面；进军南越，设置南海等九郡。

经济方面：汉武帝改革币制，铸造五铢钱；盐铁官营；平抑物价，征收工商业税。对于限制富商大贾，增加国家财政收入，起了一定作用。

文化方面：汉武帝仿效古代的采诗制度，招揽四方文士，创立了乐府机关，收集各地民歌，对汉代乐府诗的发展起到了推动作用。

思想方面：汉武帝提倡大一统，采纳董仲舒的建议："罢黜百家，独尊儒术。"

对外交往：为联络西域[1]各国，反击匈奴，公元前138年和公元前119年，汉武帝两次派张骞出使西域，到达大宛、康居、大月氏等国，获得大量前所未有的西域资料，同时向西域各国宣传了汉朝，开启了西域各国与汉朝频繁交往的时代。张骞通西域之后，汉朝的使者、商人接踵西行，大量丝帛锦绣沿着张骞开辟的通道不断西运，西域的珍稀物品也陆续输入中原，这条要道就是著名的"丝绸之路"。通过丝绸之路，中国与中亚、西亚、南亚诸国建立起频繁的经济、文化联系。公元前60年，西汉设西域都护，管理西域军事、政治，保护商旅往来，这标志西域开始正式归属中央政权。

我读历史

汉武帝用人不论出身地位，只看是否有才，许多地位低微的人都得到重用。唐蒙原为县令，司马相如一介穷书生，汉武帝委派他们出使西南，开拓了四川、云南、贵州的疆土。张骞原为侍从，应募出使西域，后封为博望侯。汉武帝对少数民族大臣一视同仁，匈奴族的金日（mì）磾（dī）位高权重，汉武帝临终将其列为托孤重臣。通过直接对策，汉武帝发现了董仲舒的才能。有了这些英才的辅助，汉武帝才成就了他的大一统事业。

汉武帝上述措施固然体现了一个封建君王的雄才伟略，但是他敢于承认错误，革除弊政，更显得难能可贵。汉武帝统治后期，因为连年征战、剥削加重等弊政，导致社会动荡。公元前89年，汉武帝在轮台下罪己诏，公开承认错误，表示要停止用兵，禁止苛政，不随意加赋。随后，他采取了一些纠正错误的措施。正因如此，汉武帝才"有亡秦之失而免亡秦之祸"，西汉统治重新稳定下来。

二、唐宗宋祖

唐太宗李世民 唐太宗李世民，627～649年在位，是唐高祖李渊的次子，在唐王朝建立过程中，发挥了重要作用，被封为秦王。626年，李世民发动"玄武门之变"，杀死兄长太子李建成、弟弟齐王李元吉等，李渊被迫退位（为太上皇），李世民即帝位，次年改元贞观。唐太宗是我国历史上一位杰出的封建帝王。在他当政期间，政治比较清明，社会稳定，经济恢复发展，国力逐步强大，百姓生活有所改善，史称"贞观之治"。

唐太宗

---

[1] 汉朝把玉门关和阳关以西今新疆及其以西地区，称为西域。

唐太宗统治期间注意吸取隋亡的教训,为政"去奢省费,轻徭薄赋,选用廉吏,使民衣食有余";调整统治政策,完善三省六部制,发展自隋创立的科举制,减轻农民负担,实行建立在均田制基础上的租庸调制,休养生息,发展生产;知人善任,广开言路,虚怀纳谏,重用诤臣。

我读历史

唐太宗统治期间,励精图治,体恤百姓,注意不夺农时;主张轻刑宽治,废除了一些绞刑、死刑,强调审案定刑一定要求实公正。他在位期间编订的《唐律》是我国现存最早的一部完整的封建法典。

唐太宗"用人唯贤",很注意发现、使用人才,他甚至选拔奴仆出身的人为大将,如钱九陇、马三宝等。他曾说过:"为政之要,唯在得人,用非其才,必难致治"。

唐太宗重视纳谏,经常向臣下征求意见。大臣魏征一生进谏二百多次,唐太宗把他比作一面镜子,认为从他那里得到许多启示。由于唐太宗的鼓励,朝臣敢于进谏。这样,下情容易上达,弊政容易及时发现和纠正。

唐太宗对世界各国采取积极的开放政策。唐朝和70多个国家保持着友好往来,还设鸿胪寺接待各国使臣,设商馆招待外国商人。对外来优秀文化,唐太宗采取兼收并蓄政策。唐代乐舞、绘画、服饰等,吸收了许多外来艺术的有益成分。除佛教外,景教、伊斯兰教、摩尼教等也在中国得以传播。对国内的各民族,唐太宗基本能够做到平等对待。因而被少数民族首领尊称为"天可汗"。

宋太祖赵匡胤 宋太祖赵匡胤,960～976年在位,原为后周大将,通过"陈桥兵变",废去后周皇帝,登基称帝,建立宋朝,定都东京(今河南开封),历史上称为北宋。北宋建立以后,宋太祖和他的弟弟宋太宗进行了统一南北的军事行动,结束了五代十国的分裂局面。

为避免北宋成为继后周以来的第六个短命王朝,宋太祖采取了一系列措施,"强干弱枝",加强中央集权。主要有:"杯酒释兵权",削夺禁军大将的兵权;分割宰相的职权,中央大权由皇帝总揽;用文臣做地方高级官吏,防止武将专权;地方财政划归朝廷专设机构管辖。

宋太祖

我读历史

(太祖)数遣使者分诣诸道,择选精兵,凡其才力有过人者,皆收补禁军,聚之京师,以备宿卫,厚其粮赐……诸镇皆自知兵力、精锐非京师之敌,莫敢有异心者。

——《宋朝事实类苑》

宋太祖上述"强干弱枝"、加强中央集权的措施,彻底改变了唐中期以来藩镇割据的局面,有效维护了国家的统一和安定。但是,却导致中央权力过分集中,官僚机构过分膨胀,地方极度虚弱,是造成后来北宋"积贫积弱"局面的直接原因。

三、成吉思汗

成吉思汗(1162～1227年),名铁木真,蒙古族杰出首领,他"深沉有大略,用兵如神",

在十几年间用武力统一蒙古诸部。1206年,他在斡难河源召开部落王公大会,被推举为全蒙古的大汗,尊称"成吉思汗",蒙古汗国建立了。

成吉思汗制定了军事、行政、生产三位一体的领户分封制度,组建了以护卫为核心的军队,又制定并颁布法典,创立蒙古文字。

成吉思汗统一蒙古各部,建立蒙古汗国,结束了各部之间长期的割据、纷争状态,促进了蒙古各部相互间的经济文化联系和共同语言的形成,为蒙古民族共同体的形成奠定了基础,为蒙古社会生产力的发展创造了有利条件,促进了蒙古族的封建化。

蒙古汗国建立以后,以成吉思汗为首的蒙古统治集团,凭借强大的武装力量,发动了大规模的军事扩张行动。蒙古军队向西打到中亚、俄罗斯,向南到达印度河流域,为日后四大汗国的形成奠定了基础。在中原地区,成吉思汗统治了包括燕京在内的黄河北岸地区,为后来元朝的统一奠定了基础。他的军事活动沟通了东西交通,促进了中西交流,但同时也使人民深受战乱之苦。

成吉思汗

我读历史

四大汗国,指钦察汗国、察合台汗国、窝阔台汗国和伊儿汗国。钦察汗国位于今俄罗斯,察合台汗国位于今新疆西部和中亚地区,窝阔台汗国在今新疆、中亚及今俄罗斯、哈萨克斯坦一带,伊儿汗国在今伊朗、伊拉克、土耳其一带。

成吉思汗还把长期统治和压迫蒙古草原各部的金朝作为攻击目标,向南方发动进攻。1205~1209年,首先三次向西夏进军,迫使西夏统治者屈服,以解除西面的牵制,并掠夺了大量的物资。1211~1214年,成吉思汗连续发兵攻打金朝,女真统治者被迫放弃了中都(今北京市),迁到汴京(今河南开封市),金朝的统治已经到了山穷水尽的地步。加之北方农民起义军奋起抗金,大大加速了金朝的灭亡。

我看历史

请搜集相关资料,谈谈如何看待成吉思汗对金朝战争的性质?

四、康熙大帝

康熙帝,爱新觉罗·玄烨,1661~1722年在位,清朝定都北京后的第二任皇帝。

康熙八岁继承皇位,十四岁亲政。当时国内外形势严峻,首先是鳌拜集团的乱政。鳌拜以遗命辅政,大权独揽,倒行逆施。1667年,康熙帝亲政,锐意革新,遭到鳌拜集团的反对。1669年,康熙帝清除了鳌拜集团,为革新扫清了道路。接着平定"三藩之乱",两年后,又统一了台湾,在台湾设置一府三县,隶属福建省。台湾的统一,进一步巩固了东南海防。

康熙帝

抗击沙俄侵略，捍卫东北边疆，巩固西北、西南边防，是康熙帝统一多民族国家所作出的又一贡献。此外，康熙帝在位期间，还采取了一系列发展经济、文化的措施。他顺应历史潮流，废除圈地令，实行"更名田"，奖励农桑垦殖；进行赋役制度改革，减轻人民负担；注意兴修水利，重视治理黄河，促进了经济的发展；还重视吸收各民族的文化，重用汉族知识分子，与蒙藏等少数民族友好交往。这一系列政策和行动，使得幅员辽阔的多民族国家达到了空前的统一。

康熙帝的学识和才能在历代皇帝中首屈一指，他不但精通中国传统文化，通晓各民族语言，在位期间还命人编纂了一些文化典籍，包括《康熙字典》、《大清会典》等。康熙本人也十分好学，热心提倡学习西方文化，还向西方传教士学过天文、历法、数学、地理、哲学以及音乐、绘画等，尤其注意学习西方科学技术。

我读历史

康熙帝重视科举和人才。他以"博学鸿词"的考试方式，录用民间学行兼优、文词卓越的士人。他在位期间，涌现了一批科学家和学者，像数学家梅文鼎、明安图等，还有外国来的传教士南怀仁、张诚等，都受到康熙帝的礼遇。

康熙年间，农业、手工业都有较大发展。当时，全国共开垦土地一百四十多万顷，连边远地区都"人民渐增，开垦无遗"。长期为患的"无定河"得到大规模治理，变成在相当一段时间内安流无灾的"永定河"。广州出产的著名丝绸产品五丝、八丝、云缎和光缎等，畅销国内外。康熙帝统治期间，中国以一个强盛繁荣的形象屹立于世界民族之林。

康熙帝是一位具有雄才大略的政治家，在位期间取得了内政外交上的伟大成就，使国力达到封建时代的高峰。他思想开明，知识渊博，才能和品德都深孚众望，在历代君主中都是十分难得的。历史上将他与雍正、乾隆时期的统治合称为"康乾盛世"。

◎ 本课小结

秦皇汉武、唐宗宋祖、成吉思汗、康熙大帝都是我国历史上著名的政治家，他们在位期间为巩固统一的多民族封建国家所采取的措施，不仅对当时，而且对后世也产生了深远的影响。

第二课　推动历史进步的改革家

一、战国商鞅变法

商鞅，战国时期卓越的改革家。从公元前356年开始，商鞅在秦孝公的支持下，在秦国进行了两次大规模的变法。

我读历史

商鞅（约公元前395年至公元前338年），卫国人，名鞅。因在秦国变法有功，被封于商（今陕西商县东南），所以又称商鞅。"少好刑名之学"，"有奇才"，曾做魏相公叔痤的家臣。后适逢秦孝公下求贤令，决心刷新政治，复兴秦国。商鞅于是带着李悝的《法经》西行入秦，向秦孝公提出变法的主张。在秦孝公的支持下，商鞅在秦国成就了他一生的功业。

商鞅

第一次变法的主要内容有：

1. 废除世卿世禄制。商鞅针对"有罪可以得免，无功可以得尊显"的旧风俗，规定国君的亲属（宗室）没有军功的不能列入宗室的属籍；实行军功爵，共分二十级，按等级的不同分别占有土地、住宅、奴婢，以及享用车骑、衣服等等。没有军功的，虽然富有也不能享有尊荣。

2. 奖励军功，禁止私斗。为国立功的，依功劳大小分别授予爵位、田宅。规定在战争中杀敌一人赐爵一级，或授予五十石俸禄的官。杀敌军官一人，赏爵一级，田一顷，宅地九亩。私斗的按情节轻重，受不同的刑罚。

3. 实行编户制和"连坐"法。凡境内居民无论男女老少都登记在户籍簿上，以五家为"伍"，十家为"什"，互相监督。一家犯法，如别家不告发，则十家连坐，处以腰斩；告发的人，如同杀敌一人受奖，赐爵一级。藏匿坏人的，如同投降敌人受罚。旅店不能收留没有官府凭证的人住宿，否则店主连坐。

4. 奖励耕织、重农抑商。努力从事农业生产，使粮食和布帛超过一般产量的，可以免除本人的劳役和赋税；不安心务农而去从事工商业，或游手好闲而贫穷的，全家罚做官奴。

5. 鼓励个体小农经济。规定一户有两个儿子以上的，到成人年龄必须分家，各自独立门户，否则要出双倍的赋税。

商鞅的新法实行十年，取得了显著的成效，秦国开始富强起来。公元前350年，秦迁都咸阳，同时商鞅开始第二次变法。主要内容有：

1. 推行县制。合并乡村城镇为县，全国统一规划，设立三十一县，县设令和丞。

2. 废井田、开阡陌。废除奴隶制的土地制度——井田制，平毁井田之间的纵横疆界。奖励垦荒，承认土地私有，允许买卖土地，按土地多少抽税。

3. 统一度量衡，促进国内经济联系。

4. 制定秦律，颁行秦国。

5. 燔诗书，禁游学。

商鞅变法，适应了秦国社会经济发展的客观需要，削弱了奴隶主贵族的势力，新兴地主阶级地位巩固了。由于奖励耕战，大量的荒地被开垦，农业生产有了发展。同时，军队战斗力也大为加强。变法以后的秦国逐渐强盛，发展成为战国后期最为强大的封建国家，为最终统一六国奠定了坚实的基础。

我读历史

因商鞅变法触犯了秦贵族的利益，秦孝公死后，贵族对商鞅进行了残酷的报复，对他施行车裂之刑，并殃及其家人。商鞅虽死，但他变法的措施仍在秦国继续执行，他的法家思想也一直是秦国占统治地位的政治思想，商鞅为护法而甘愿牺牲自己生命的精神也为后世所传诵。

二、北魏孝文帝改革

5世纪后期，中国北方出现了民族大融合的契机。北魏孝文帝顺应历史的潮流，围绕政治经济和社会生活进行了一系列的改革。

孝文帝

我读历史

北魏孝文帝拓跋宏（467～499年），是北魏献文帝拓跋弘的长子，北魏第七位皇帝，初姓拓跋，后改姓元。是一位卓越的少数民族的政治家、军事家和改革家。

我读历史

北魏初定中原，平常交往、军中号令，都用鲜卑语。汉人在北魏王朝做官，往往也学习鲜卑语，否则要用翻译。但是，拓跋部的经济文化相对落后，鲜卑族人口又不多，这在很大程度上限制了北魏社会的进步。北魏孝文帝禁鲜卑语时，以30岁为界，30岁以上的人，允许经过较长一段时间再改，30岁以下的人，尤其是正在朝廷做官的人，必须在较短的时间内改说汉话。

除了整顿吏治、颁布均田令、迁都洛阳等措施外，他还广泛推行汉化改革，主要内容包括以下几个方面。

1. 仿照汉族典章制度和生活方式，要求鲜卑人学说汉话，以消除民族间交往的语言障碍，达到汉化的目的。

2. 定族姓。改鲜卑复姓为汉字单姓。魏孝文帝原姓拓跋，改为"元"姓。其他部落姓氏，也都改为不同的汉字单姓。改变迁居洛阳的鲜卑人的籍贯，拓跋氏的籍贯就改成了"河南"。

3. 禁胡服。禁穿夹领小袖的胡服，仿南朝服装制定官吏、妇女冠服。

4. 提倡与汉族通婚。魏孝文帝本人及其诸弟都娶了汉族女子。

5. 尊孔兴学，吸收汉族先进文化。

我读历史

鲜卑族的某些大贵族对孝文帝推行的改革，曾经加以阻挠和反对，甚至策动太子拓跋恂阴谋叛乱，贵族中的元老穆泰、陆睿等人在平城发动兵变，结果都被孝文帝严厉镇压下去，从而扫除了改革道路上的重重障碍。

北魏孝文帝为利用儒家学说维护统治，极力尊崇孔子，提倡儒学。他下诏在京城立孔子庙，兴建学校，传授儒学，采用汉族传统的礼乐制度。

北魏孝文帝是我国历史上有作为的政治家、改革家。他顺应历史潮流实行的一系列改革，促进了以鲜卑族为中心的北方各族的封建化和以汉族为主体的民族大融合，对于我国多民族国家的发展作出了杰出的贡献。

三、北宋王安石变法

北宋中期，土地兼并剧烈，吏治腐败，民不聊生；"势官富姓，占田无限"，丧失了土地的农民，无以为生，纷起反抗；与辽和西夏的防御战争中，连遭失败，财政陷入危机。面对内忧外患，宋神宗于1069年起用王安石开始变法。

王安石

我读历史

王安石（1021~1086年），字介甫，号半山，谥文，封荆国公，世人又称王荆公。北宋抚州临川人（今临川区邓家巷人），中国历史上杰出的政治家、思想家、学者、诗人、文学家、改革家，唐宋八大家之一。北宋丞相、新党领袖。欧阳修称赞王安石："翰林风月三千首，吏部文章二百年。老去自怜心尚在，后来谁与子争先。"传世文集有《王临川集》、《临川集拾遗》等。

新法的主要内容有以下几个方面。

1. 青苗法。各地政府在夏、秋未熟之际，借钱米给农民，收成之后加息十分之二，以限制高利贷盘剥，防止农户流亡，同时增加了政府财政收入。

2. 募役法。政府向应服役而不愿服役的人户，按田亩收取免役钱，雇人服役，官僚、地主也不例外。这就减轻了农民的差役负担。

3. 市易法。政府在京城等地设立市易务，以100万贯作为流动资金，收购或出售物资，控制商业贸易，调节物价，打击富商大贾对商业的垄断。

4. 农田水利法。鼓励各地开垦废田，兴修水利，建立堤防，扩大圩田和淤田，以利农业生产。

5. 方田均税法。重新丈量土地，核实每户占地数量，按土地多少及贫瘠收取赋税，以增加国家田赋收入。

6. 保甲法。政府把农村住户编成保甲，保丁农闲练兵，维持社会秩序，战时编入军队作战。这样，既可加强对人民的控制，又可减少军费开支。

王安石的新法在一定程度上限制、打击了大官僚地主、大商人的利益，减轻了中小地主和农民的负担，有利于社会生产的发展。同时政府财政收入大增，军事实力增强，在一定程度上扭转了北宋积贫积弱的局面。但是新法损害了大贵族官僚的经济特权，遭到了他们的强烈反对。由于守旧势力的反扑和宋神宗的动摇，革新派内部发生裂痕，王安石被迫辞去宰相职务。司马光上台后，新法全部被废。

我读历史

新法推行十几年，全国各地兴修了大的水利工程达1万多处，灌溉农田30多万顷，促进了农业生产发展；国家财政收入增加，北宋府库里储积了可供20年财政支出的钱物；军队的武器有所改善，军队的战斗力得以提高，国防力量增强，对西夏的作战也取得一些胜利；阶级矛盾得到缓和。说明这次变法是符合历史发展趋势的，王安石是地主阶级杰出的政治家，列宁称他为中国十一世纪的改革家。

四、明朝张居正改革

明中期后，政府的财政危机逐渐加重。一方面，土地集中，赋役不均，人口流移，地主买通书吏，隐匿赋税，政府收入锐减；另一方面，政府的支费却与日俱增。明政府的财政拮据到了可怕的地步。

我读历史

张居正（1525~1582年），字叔大，号太岳，湖广荆州府江陵县人。嘉靖二十六年（1547年）进士，隆庆六年（1572年）任内阁首辅。张居正看到大明江山如同"将圮而未圮"之室，亟待"振而举之"。

张居正

1572年，张居正任内阁首辅，指出当时存在的五大积弊："曰宗室骄恣，曰庶官瘝旷，曰吏治因循，曰边备未修，曰财用大匮。"可见，明王朝所患病症是综合性的。张居正针对上述存在的问题，进行全面的改革。

政治改革：加强官员考核，讲求工作成效。张居正根据事情的大小、缓急，定出时限，延误者受到究治。并对当时无视法纪，上下因循苟且、遇事推诿的腐败官场作风，进行了整顿。整治之后，取得了"一切不敢饰非，政体为肃"的效果。在用人上，注重才能，官员的"用舍进退，一以功实为准"。对疲软无能的冗官大加裁汰。

军事改革：加强备战措施，整顿军纪。张居正选派一批得力的将领在边境"积钱谷，练兵马，整器械，开屯田，理盐法"。重修边防要塞，在边境线加强了防御力量。为了防备北方鞑靼贵族的侵扰，张居正把抗倭名将戚继光调到北方镇守蓟州，以保首都的安全。还依靠武力为后盾，在边境通贡互市，发展民间贸易，开创了蒙汉人民友好往来的新局面。

水利整治：张居正推荐、起用先前总理河道都御史潘季驯治理黄河、淮河，并兼治运河。因而"田庐皆尽已出，数十年弃地，转为耕桑"。黄河得到治理，漕船也可直达北京。

经济改革：整顿赋役制度、扭转财政危机是张居正改革的重点。为此，在清查全国土地的基础上，针对当时赋役制度存在的弊病，张居正推行了"一条鞭法"：田赋、徭役折银征收，赋、役银合并后，直接交与地方官府，再由官府用银雇人应役。

我讲历史

一条鞭法的实施，是我国赋役制度史上的重大改革。请收集相关资料并说说一条鞭法的影响。

我读历史

张居正的全面改革，旨在解决明朝两百余年发展中所积留下的各种问题，以巩固明朝政权。改革不免触动相当数量的官僚、缙绅和既得利益者的利益，因此很自然地遭遇到了保守派的强烈对抗。再者，历史积弊太深，已是积重难返。万历十年（1582年），张居正积劳成疾，迅即病死，反对派群起攻讦。张居正成了改革的牺牲品，家产被没收，家属或死于非命。此后，某些改革的成果虽然保留了下来，而大部已废殆。

◎ 本课小结

中华民族从来就不乏改革精神。韩非子曾经说："圣人不期修古，不法常可"，认为"世异则事异"、"事异则备变"。孔子也说过"殷因于夏礼，所损益可知也，周因于殷礼，所损益可知也"，中华民族的历史正是在改革的过程中不断前行。

第三课　运筹帷幄的军事家

一、孙武和《孙子兵法》

孙武，春秋末年齐国人。他出身贵族，后流亡到南方的吴国，结识了吴王阖闾的谋臣伍子胥，经伍子胥推荐，孙武带着他著的兵法觐见吴王，得到吴王的赞赏，任他为将。著有《孙子兵法》一书，在世界上有"兵学鼻祖"之称。

我读历史

《孙子兵法》全书近6000字，分为"计篇"、"作战篇"、"谋攻篇"、"形篇"、"势篇"、"虚实篇"、"军争篇"、"九变篇"、"行军篇"、"地形篇"、"九地篇"、"火攻篇"及"用间篇"等十三篇，论述了战争的性质、特点及作战原则、作战方法等有关战争的一系列问题，为新兴地主阶级的军事理论奠定了良好的基础。《孙子兵法》问世后，历史上好评如潮，被誉为"兵经"、"百代谈兵之祖"。历代军事家多奉之为圭臬，并在具体的军事实践中加以应用，其卓异的军事智慧也在历次战争中被不断证实。《孙子兵法》传到国外后，很快又在世界范围内造成巨大影响。不少国外军事专家认为，《孙子兵法》不仅是世界军事史上第一部系统的军事专著，而且在当代战争中仍具有重要的实用价值。

孙子兵法

目前，《孙子兵法》已被翻译成数十种文字出版，人们不仅将它视为军事名著，而且将其运用到政治、外交、企业、管理、商战谋略等领域。

我读历史

吴王阖闾看了孙武的兵法后，召见了孙武。他从宫中选了180名宫女暂时当士兵，让孙武指挥操练。孙武把宫女分为两队，指定吴王最宠爱的妃子当队长，讲清楚操练要求和规矩后，就开始发布命令。没想到，擂起令鼓发布命令时，宫女们嘻嘻哈哈笑起来。孙武说："纪律没讲明，号令没讲清，这是将领的过错。"然后，又把纪律、号令反复申明了几次，宣布重新操演。可是宫女们仍然笑个不停，两个队长自恃有吴王的宠爱，更是带头哗笑，队伍一下乱了。于是，孙武传令把两个队长按军法治罪。吴王赶紧派人去阻止。孙武表示："将在外，君命有所不受。"还是把两人杀了。之后，又依次补了两个宫女当队长，继续操练。这一来，整个队伍面貌大为改观，整整齐齐，令行禁止。吴王很赏识孙武的才能，任命他为大将军。从此，吴军在孙武的训练下，成为一支纪律严明、勇敢善战的军队。孙武曾以3万军队打败了楚国20万大军，攻入楚国都城郢。从此，吴国"北威齐晋，显名诸侯"。

我读历史

兵无常势，水无常形，能因敌变化而取胜者，谓之神。

兵者，诡道也。故能而示之不能，用而示之不用，近而示之远，远而示之近。

不战而屈人之兵，善之善者也。

凡用兵之法，全国为上，破国次之；全军为上，破军次之；全旅为上，破旅次之；全卒为上，破卒次之；全伍为上，破伍次之。

攻其无备，出其不意。

故上兵伐谋，其次伐交，其次伐兵，其下攻城。

三军可夺气，将军可夺心。

知彼知己，百战不殆；不知彼而知己，一胜一负；不知彼，不知己，每战必殆。

主不可以怒而兴师，将不可以愠而致战。

——《孙子兵法》

二、孙膑

孙膑（约公元前380至公元前320年），战国时期齐国人，是著名军事家孙武的后代。孙膑少时孤苦，年长后在嵩山脚下的阳城从师鬼谷子学习兵法，因受过膑刑（挖去膝盖骨），所以人们称他为孙膑。

我读历史

青年时的孙膑曾与庞涓一起师从鬼谷子，庞涓下山后投奔魏国，被魏惠王拜为大将，他先后攻克了一些小国，后来把齐国也打败了，因此常常居功自傲。但庞涓知道师弟孙膑本领比他高强，也只有他才知道祖传《孙子兵法》的下落。庞涓自忖不及孙膑，害怕孙膑下山到魏国后影响自己的前程，更担心他到别国成为自己的对手，于是决定设计陷害孙膑。魏惠王也听说过孙膑，便叫庞涓派人把孙膑请到了魏国。不久，庞涓在魏惠王面前诬陷孙膑私通齐国，魏惠王把孙膑打入大牢，还在脸上刺字，同时挖下他双腿膝盖，造成了终身残废。孙膑深处险境，佯狂自晦，并设计归齐，得到齐国大将田忌的赏识；又通过著名的"田忌赛马"，显露出惊人的才华，得到齐威王的器重，被任命为齐国的军师，开始了自己的军事生涯。

《孙膑兵法》

后来，孙膑指挥齐军在围魏救赵、马陵之战中打败强大的魏国，屡立奇功，威名迅速传遍天下。马陵之战后，齐王要给孙膑加官晋爵，但他执意不肯，连军师一职也请求免除。不久，田忌遭到宰相邹忌的陷害，被迫流亡楚国，孙膑遂辞官归隐，潜心军事理论研究总结、研究早年所学兵法知识和自己的作战经验，终于写成了流芳千古的军事名著——《孙膑兵法》一书，提出弱可胜强、寡能敌众等战略思想。

孙膑所著兵法89篇，另附作战图4卷，大概在东汉末年失传。在很长一段时期内，人们分不清孙武和孙膑是否为同一个人。20世纪70年代，山东临沂银雀山汉墓同时发现了《孙子兵法》和《孙膑兵法》竹简，解开了这个千古之谜，弄清了孙膑是一位与孙武不同时代的著名军事家。

我读历史

围魏救赵：公元前353年，魏惠王派大将军庞涓率兵攻打赵国，赵国向齐国求救。孙膑当时是齐国的军师，他知道赵国不是魏国的对手，就假装要攻打魏国，并让齐军在魏国军队回来的必经之地设下了埋伏。庞涓果然中计，魏军大败。

逐日减灶与马陵之战：公元前351年，赵国为了报仇，就联合韩国攻打魏国。魏惠王集中兵力先打韩国，韩国连吃败仗，急忙向齐国求救。孙膑不去救韩国，却直接去攻打魏国的都城。庞涓听说国都危急，只好把军队从韩国撤回，加速追赶齐军。一路上，庞涓仔细察看齐国军队住过的营地：第一天，他发现齐军做饭用过的炉灶够10万人用；第二天，炉灶只够5万人用了；第三天，炉灶又大为减少，仅够3万人用。于是，庞涓认为齐军逃兵甚多，就舍弃了一部分军队，亲自率精兵日夜不停地追赶，一直追到地势险要的马陵（今河北大名县）。孙膑早就派人设下了埋伏，魏军果然猝不及防，被齐军打得大败，庞涓也被乱箭射死。齐军遂全歼魏军，俘虏太子申，取得了马陵之战的重大胜利。

我讲历史

你还知道哪些与孙膑有关的著名军事战例，给大家讲讲吧。

三、岳飞

岳飞（1103～1142年），字鹏举，谥武穆，后改谥忠武，相州汤阴（今河南省汤阴县）人，南宋著名抗金将领。曾提出"武将不怕死，文官不爱钱"，堪称封建社会官吏的行为典范。

我读历史

岳飞20岁从军，曾一度跟随八字军领袖王彦在河北抗金，后来投到抗金老将宗泽麾下，受到宗泽器重，提升为统制官。1130年，在宋高宗的允许下开始组建岳家军。岳家军纪律严明、作战勇敢，在岳飞的率领下，屡打胜仗。南宋主战派头号人物李纲称赞岳飞"年齿方壮，治军严肃，能立奇功，近来之所少得"，断言他"异时决为中兴名将"。

岳飞

1133年，金扶植的伪齐刘豫政权派军攻占襄阳（今属湖北）等郡。1134年，岳飞率岳家军自鄂州（今湖北武昌东）攻郢州，岳飞在江心对幕僚们发誓："飞不擒贼帅，复旧境，不涉此江！"最终克复襄阳等六郡。这是岳飞的第一次北伐，完成了自南宋开国八年以来第一次收复大片失地的目标。

1136年，岳飞第二次北伐，岳家军攻入河南，大败金朝傀儡刘豫的军队，一度收复了豫西、陕南大片失地。但壮志难酬，岳飞于武昌写下著名的《满江红》一词。1137年，岳飞乘金朝废除刘豫之机，提出举兵收复中原的主张，后多次上书反对与金议和，均遭高宗和宰相秦桧拒绝。

1140年，金朝派宗弼率兵大举南下，岳家军第三次北上抗金。在河南郾城、颍昌诸战中击败金军主力，攻克了颍昌府和淮宁府，岳飞也为捷报频传而高兴，很乐观地向部下说："直捣黄龙府，当与诸君痛饮！"

我读历史

宗弼的3000侍卫兵，个个身披加重的铠甲，戴铁兜，号称"铁塔兵"，作为先锋，后面跟着两翼骑兵，称"拐子马"，有一万多骑，列阵进攻。岳飞指挥其子岳云等人率战士手持刀斧，冲入敌阵，他们上砍敌兵，下砍马腿，杀死很多金兵。金兵乱了阵脚，大败而逃，互相践踏，损失惨重。

1140年7月，正当岳飞行将渡河时，高宗、秦桧诏令各路宋军回师。岳飞鉴于当时完胜的战局，写了一封奏章反对班师。隔了两三日，朱仙镇已克，宗弼已逃出开封，岳飞却在一天之内接连收到十二道用金牌递发的班师诏。岳飞悲愤泣下，叹曰："十年之功，毁于一旦。"但却不得不下令班师，百姓闻讯拦阻在岳飞的马前，岳飞无奈，含泪取诏书出示众人，说："吾不得擅留。"百姓哭声震野。岳飞决定留军五日，以便掩护当地百姓南迁，后来当岳飞听到中原传来宋军败讯，只能长叹："所得州郡，一朝全休！社稷江山，难以中兴！乾坤世界，无由再复！"岳飞的第四次北伐因为政治原因而失败。

我看历史

你如何看待在胜利在望的情况下，岳飞却被迫班师回朝？

1141年，岳飞父子被秦桧以谋反罪名逮捕。1142年1月，秦桧以"莫须有"的罪名将岳飞杀害于风波亭。岳飞被害前，在风波亭中写下八个绝笔字："天日昭昭，天日昭昭。"岳飞被害后，临安狱卒偷偷将其遗骨埋葬，直到高宗死后，岳飞的冤狱才得到平反昭雪。

岳飞一生精忠报国，廉洁奉公，严于律己，厚以待人，他领导的抗金斗争因符合广大北方人民的利益而受到人民的热烈拥护。斯人虽逝，但其"精忠报国"的精神却与日月同辉。

四、戚继光

戚继光（1528～1588年），山东东牟人，自幼痛恨倭寇[1]横行。16岁时曾慷慨赋诗："封侯非我愿，但愿海波平"，立志保卫海防。

我读历史

15世纪下半叶，日本进入各封建诸侯国林立的"战国时代"，各诸侯国争相来与明朝通商，经常为争夺勘合执照进行斗争，甚至为了争夺贸易而在中国土地上厮杀，发生所谓"争贡之役"。1523年，明朝政府采取闭关政策，禁止与日本通商。于是，日本海盗商人进一步与沿海一带土豪、奸商勾结，深入内地，进行抢劫。明嘉靖中期以后，倭寇更攻陷州县，烧杀淫掠，成了东南沿海的极大祸害。

1553年戚继光被调到浙江，镇守宁波、绍兴、台州三府。他见明朝军队腐败不堪，不顾反对意见，以"杀贼保民"相号召，到义乌去招募民兵，一些农民武装应募从军，一些战斗力较强的地主武装也参加了这支军队。戚继光组成了一支以农民和矿工为主体的4000多人的新军。

戚继光根据江南多沼泽的地形，又结合倭寇惯于以重剑、长枪作战的特点，创造了一种特别战阵——鸳鸯阵，以训练新军。这支新军经过戚继光严格训练，成为一支遵守军纪，精通战法，武艺高强的劲旅，被誉为"戚家军"。

戚继光

---

[1] 从14世纪开始，在日本内战中失败的溃兵败将，以及一部分浪人和商人，在日本西南部一些封建诸侯和大寺院主的资助和组织下，经常驾驶船只，对中国沿海抢掠，历史上称为"倭寇"。

76

我读历史

鸳鸯阵是与倭寇进行短距离肉搏战的战斗组合，其队形可以根据地形、敌情等变化，由一队分为两伍，叫两才阵；还可以再变为三才阵，以有效地杀敌。新军以火器、弓箭做掩护。遇倭作战，敌进入百步内，始发火器击敌。60步内，再发弩箭射敌。敌再进，便用鸳鸯阵冲杀。

我读历史

1561年4月，倭寇数千人，驾100多只战船，进犯台州地区大肆掳掠。戚家军闻讯，神速迎敌，在台州一带九战皆捷，全歼敌人，倭寇闻之丧胆。台州大捷对平定浙东倭寇起了关键作用。

1562年，戚继光奉命援助福建抗倭战争。戚家军自浙赴闽，乘潮水下落，每人带干草一捆，填壕而进，直扑倭寇老营，杀敌2600多人，一举击溃敌人主力。后又攻克倭寇60营，全歼敌人。到1564年，戚继光配合福建总兵官将侵犯东南沿海的倭寇全部消灭。

戚继光等抗倭将领在抗击倭寇的正义战争中，领导军民奋勇杀敌，为保卫东南沿海人民的生命财产做出了重要的贡献，其被尊为民族英雄，赢得了当时以至后世人民的广泛称颂。抗倭战争胜利后，福建等地日趋安定，商民出海贸易日渐增多，沿海工商业不断得到发展，有利于我国东南地区资本主义萌芽因素的成长。

五、郑成功

郑成功（1624~1662年），原名森，字大木，福建泉州南安县人。1647年至1659年的十多年间，郑成功以金门、厦门为根据地，进行了长期的抗清斗争。1661年，为了反抗荷兰殖民者对我领土台湾的侵夺，郑成功决计收复台湾，建立抗清根据地。

郑成功

我读历史

1661年3月，郑成功率二万五千大军分乘大小战舰数百艘，从金门向台湾进发。第二天到达澎湖，29日，在向导的引导下，趁着涨潮，从台湾鹿耳门登陆，受到台湾汉族和高山族人民的热烈欢迎，并迅速包围了赤嵌城。4月初，赤嵌城敌军宣布投降。郑成功军队进而包围台湾城，台湾城内荷兰军队负隅顽抗，在围困了8个月之后，城内弹尽粮绝，郑成功最后发动了强攻。

1662年2月1日，荷兰殖民头子揆一被迫在投降书上签字，狼狈地逃出台湾。至此，被荷兰殖民者侵占达三十八年之久的台湾重新回到了祖国的怀抱。

郑成功收复台湾后，加紧台湾政治经济建设。他制法律、兴学校、建立行政机构、大力发展农业。颁布屯田法令，寓兵于农，开垦了大量荒地，解决军粮民食问题。并帮助高山族人民提高了生产技术，使高山族地区农业生产有了飞跃发展。此外，大陆晒盐、制糖等手工业生产技术也传入台湾。

我读历史

台湾自古以来就是中国的神圣领土，是我国东南海防的前哨阵地。17世纪初，荷兰成为世界上最强大的殖民帝国，多次对我东南沿海、台湾、澎湖地区进行侵略。1624年，荷兰殖民者派兵侵入台湾西南的海港鹿耳门，修建台湾城（热兰遮城，今安平）。第二年，又在台南修筑了赤嵌城（普罗文查城），作为控制台湾的据点。1642年，荷兰殖民者又从西班牙殖民者手里夺取了台湾北部的鸡笼（基隆）和淡水，独占了台湾。侵占台湾后，荷兰殖民者为掠夺台湾地区丰富的资源，对台湾各族人民进行残暴的殖民统治，同时对台湾人民进行奴化教育，激起台湾人民的强烈反抗。

郑成功不仅是中国历史上伟大的民族英雄，同时，他为台湾大力发展农业生产，发展海外贸易，繁荣经济，提高台湾人民生产和生活水平立下了汗马功劳。

◎ 本课小结

中国古代有过无数次经典的战例，也涌现过众多杰出的军事家。他们或在君王争霸中立下汗马功劳；或在保家卫国方面堪称英雄。至今，他们的战争观、战略战术以及治军原则仍为世人津津乐道。

第四课 不让须眉的女性

一、昭君出塞

王昭君（公元前52年至公元前19年），名嫱，南郡秭归县宝坪村（今湖北省兴山县昭君村）人，与西施、貂蝉、杨玉环并称为"中国古代四大美女"。昭君天生丽质，聪慧异常，琴棋书画，无所不精，"娥眉绝世不可寻，能使花羞在上林"。公元前36年，汉元帝昭示天下，遍选秀女，王昭君为南郡首选进入汉宫。

公元前33年，北方匈奴首领呼韩邪单于主动来汉朝，对汉称臣，并请求和亲，以结永久之好，王昭君主动应诏。呼韩邪单于临别辞行，元帝赏赐锦帛二万八千匹及黄金美玉等贵重物品，并亲自送出十余里。昭君一行别长安、出潼关、渡黄河、过雁门，历时一年多，于第二年初夏到达漠北，受到匈奴人民的盛大欢迎，并被封为"宁胡阏氏"。

王昭君

我读历史

汉时宫女进宫后，一般都是由画师画了像，送到皇帝那里去听候挑选。许多宫女为得到皇帝召见的机会，就贿赂画师，以期能够被画得美一些。而王昭君自恃貌美，不肯贿赂画师毛延寿，毛延寿便在她的画像上做了手脚。从此，王昭君在后宫一待就是三年，无缘面君。

王昭君在匈奴期间，对维护汉匈的友好关系做了很多艰苦的努力。她劝呼韩邪单于不要发动战争，并把汉族先进文化传播到匈奴。此后的六十多年，汉匈两族团结和睦，国泰民安，"边城晏闭，牛马布野，三世无犬吠之警，黎庶忘干戈之役"，边城展现出一派欣欣向荣的和平景象。

我讲历史

公元前31年，呼韩邪单于亡故。请收集资料，给大家讲讲王昭君在呼韩邪单于死后的经历以及内蒙古呼和浩特市"青冢"的由来。

在人们的心目中，王昭君就是"民族团结友好的象征，是民族长期和睦的历史纪念塔"。

我读历史

昭君自有千秋在，胡汉和亲见识高。词客各抒胸臆懑，舞文弄墨总徒劳。

——董必武

二、文成公主入藏

吐蕃,藏族的祖先,是一个以游牧为主兼事农耕的民族,生活在我国青藏高原一带,素以性格彪悍,英勇善战著称。其强壮的男子称为"赞",成年的丈夫称为"普",部落首领称为"赞普"。公元七世纪前期,吐蕃族出现了一位杰出的领袖松赞干布。他年纪很轻就当了赞普,骁勇善战,足智多谋,用武力征服了青藏高原的许多部落,并以逻些(今拉萨)为中心,建立起强大的奴隶制政权,成为青藏高原各部落的霸主。其时,正是唐太宗贞观时期,国力强盛,万国朝宗。松赞干布又素慕唐朝的文化,景仰唐朝的文明,多次遣使来长安朝贡。贞观十四年(公元640年),松赞干布派遣其大相(职同宰相)送上黄金5000两,珠宝数百件到长安聘婚,唐太宗答应将宗室之女文成公主嫁给松赞干布。贞观十五年,唐太宗派江夏王礼部尚书李道宗护送文成公主入藏。

松赞干布

文成公主

我读历史

文成公主(625~680年),唐朝皇室远支,任城王李道宗之女。汉名无记载,在吐蕃被尊称甲木萨汉公主,吐蕃赞普松赞干布的第二位皇后(第一位皇后来自今尼泊尔)。她聪慧美丽,自幼受家庭熏陶,学习文化,知书达理。

我读历史

松赞干布率领侍从和卫队从拉萨前往柏海(今青海的鄂陵湖和扎陵湖区域)等待,然后再到河源(今青海兴海县一带)迎接。松赞干布拜见李道宗,恭敬地奉行子侄之礼,不断赞叹大国服饰礼服之美。与公主回到拉萨之后,举行了盛大婚礼。松赞干布对自己能娶文成公主为妻十分高兴,他说:我的父祖辈没有一个人能和上国通婚,我能娶大唐公主为妻,深感荣幸,当为公主筑一城以夸示后代。在公主到达西藏后,命人仿唐朝建筑模式修造了一座宫殿式的建筑给她住。

文成公主入藏时,带去了诗文、经史、农事、医药、天文、历法等书籍,还有谷物、蔬菜、果木种子以及各种精美的手工艺品。除此之外,还带去了各种技术工匠和一支宫廷乐队。文成公主是一个虔诚的佛教信仰者,所以还带去了一尊佛像。

文成公主入藏之后,在吐蕃生活了40年,唐朝的优秀文化和先进的生产技术随之传到了西藏。对加强汉藏两族的友好往来及西藏的经济文化发展做出了巨大的贡献。

我读历史

在文成公主的支持和帮助下,松赞干布派人进行专门研究,创造了30个藏文字母和拼音造句文法,结束了藏族无文字的历史。从此,汉文书籍可以译成藏文,对藏族文化的发展起了促进作用。

西藏过去没有完整的历法,以麦收的季节(约为夏历三月)作为一年的开始,文成公主入藏后推行夏历制,大大便利了藏族历史文化的纪年和记录。

文成公主带去的许多工匠使藏族人民深得其利,藏族人民从此掌握了汉族的先进工艺技术,推广了汉族的农业生产工具大大提高了藏族的农业生产力。

文成公主带去的各种植物种子,也在西藏的土地上生根、开花、结实,改变了藏族人民的食品结构,丰富了藏族人民的食物种类。

文成公主信佛,松赞干布在她的影响下,大力提倡佛教,还特地在拉萨修了大昭寺,这对西藏人民的精神生活影响深远。

在文成公主的倡导下,松赞干布不断派人到长安留学,学习汉族优秀的文化和先进的生产技术。此后,唐朝又不断地送去蚕种、酒曲,帮助西藏发展养蚕和酿酒事业;派专人传授碾磨、造纸、造墨等技术。文成公主本人还亲自传授了刺绣、纺织的技术。

藏族人民至今在布达拉宫里还安置有文成公主和松赞干布的塑像,保留着二人结婚时的洞房遗址。民间还广泛流传着歌颂文成公主的民歌,赞颂她为藏族经济文化的发展做出的巨大贡献。

三、女皇武则天

武则天(624~705年),名曌,人称"武媚娘",性巧慧,多权术。是唐太宗李世民的才人,唐高宗李治的皇后,唐中宗李显、唐睿宗李旦之母。她在协助高宗处理军国大事,佐持朝政三十年后亲登帝位,自称圣神皇帝,改国号为周,成为中国封建时代唯一的女皇帝。

从655年做皇后开始参决政事,直到705年退位,前后执政近半个世纪。在这期间,她实施了一系列政治经济措施,促进了社会经济发展,加强了中央集权的封建统治,维护和巩固了多民族的封建国家的统一,为促成盛唐的繁荣局面作出了重大贡献。诚如郭沫若所言"治宏贞观,政启开元"。武则天是封建时代杰出的女政治家,也是一位女诗人和书法家。

武则天

武则天在位期间,大开科举,破格用人。凡能"安邦国"、"定边疆"的人才,她都不计门第,不拘资格,一律量才使用。为了广揽人才,她发展和完善了隋以来的科举制度,还首创了殿试和武举制度,为发现和搜罗人才创造了有利的条件。

知人善任,容人纳谏。唐朝的一些名臣,如狄仁杰、姚崇、宋璟和张九龄等人,都是经武则天提拔起来的,且武则天勇于纳谏、善于纳谏。即使有人在谏诤中直言不讳,触犯她的隐私,甚至劝她退位,她也能大度包容,并不降罪,有的还受到奖赏。在她统治时期,很少有人因为直谏获罪,直言敢谏在朝廷中蔚然成风,对于改革弊政,促进政治清明起了很大作用。

奖励农桑,发展经济。她说:"建国之本,必在务农","务农则田垦,田垦则粟多,粟多则人富"。她规定,能使"田畴垦辟,家有余粮"的地方官升任;"为政苛滥,户口流移"的"轻者贬官,甚至非时解替"。

武周政权建立后,在抗击外来入侵,保护边境安宁,改善邻国关系方面,也做了很多努力。对吐蕃的入侵和骚扰,给予坚决的抵御和反击,恢复了安西四镇(碎叶、龟兹、于阗、疏勒)。702年为强化管理,武则天把天山以北地区从安西都护府划出来,另置北庭都护府。

当然,武则天在其统治期内也有很多过失。她重用酷吏,奖励告密,使不少污吏横行一时;他们刑讯逼供,滥杀无辜,使不少文臣武将蒙受不白之冤;她放任选官,使官僚机构膨胀;晚年好大喜功,生活奢靡,耗费大量财资和劳力。这些必然加重了人民的负担,不同程度地影响和延缓了生产力的发展。

四、词人李清照

李清照（1084～1155年），号易安居士，历城（今山东济南）人，宋代杰出的女词人。李清照生于书香门第，父亲李格非精通经史，长于散文，母亲王氏也知书能文。李清照受家庭的熏陶，小小年纪便文采出众，诗、词、散文、书法、绘画、音乐，无不通晓，而以词的成就最高。

李清照的词以委婉含蓄、风格清新著称，为婉约派的正宗。由于生活的巨大变化，她的词以宋室南渡为界，前期词多抒发少女、少妇的情怀，流露出她对爱情生活的向往和别离相思的痛苦，缠绵委婉；如《减字木兰花》、《凤凰台上忆吹箫》、《醉花阴》等。

李清照

后期词则充满着身世飘零、国家变故的浓重感伤情调。

我读历史

李清照十八岁时，与太学生、丞相赵挺之子赵明诚结婚。婚后夫妻俩志同道合、感情笃深。赵明诚经常负笈远游，这使得留住家中的李清照煞是愁苦郁结，因而也写下很多体现离愁寄寓思情的闺怨诗篇。1127年发生了"靖康之难"，李清照只好逃难南下，并于次年春抵达江宁，此时赵明诚正任江宁知府。初到江南，惊魂甫定，李清照抒述当时感受"南来尚觉吴江冷，北狩应知易水寒"，形象地概括了一个爱国流亡者的心情。

在战乱年头，凡是逃难到异乡的人，总是希望及早反攻，收复故土。李清照当时也抱有这样的希望。可她在金陵住了一个时期，一切都使她失望。于是她作诗述怀："南渡衣冠少王导，北来消息欠刘琨。"无疑是寓批判于咏史，借古事以讽今。

宋高宗赵构自靖康二年五月即位于南京，改元建炎后，不断南徙，驻跸扬州。到了建炎三年二月，金兵再次南犯，进逼淮扬，他更是不顾遗民死活，仓皇南渡，成为名副其实的孤家寡人。在这个历史阶段，李清照写了一首笔力千钧的《夏日绝句》"生当作人杰，死亦为鬼雄。至今思项羽，不肯过江东。"表面是在咏史，实为讽刺现实。

在江宁期间，李清照还在一些词作中抒发了对故乡的忆念和客居异地的郁闷。所抒之情早不是年轻时的娇嗔之态，饱含社会之哀。

1129年，赵明诚病逝，终年49岁。从此，李清照一身承受国破家亡的双重痛苦，流落江南，"飘零遂与流人伍"，开始了凄苦的晚年生活。

李清照的词能够运用优美通俗的语言、和谐流转地音韵与比、兴手法，极其细致地、富有创造性地塑造了个性鲜明的人物形象，并能将自己的感情融入自然景物，揭示生活中蕴藏的美质，创造出具有高度美学意境。

五、"布业始祖"黄道婆

黄道婆生活在宋末元初，松江乌泥泾（今上海县华泾镇）人，是我国古代著名纺织家。她年轻时因为受不了公婆的虐待，离开家乡流落到海南岛。海南岛盛产棉花，那里的黎族同胞很早就

黄道婆

从事棉纺织业。黄道婆和黎族姐妹一起生活，结下了深厚的友谊，也学到了一整套种植和纺织棉花技术。

30年后，两鬓斑白的黄道婆回到家乡。她把在海南岛学会的纺织技术教给松江的兄弟姐妹，同时还推广和改进了很多纺织机械，大大提高了劳动效率。据《辍耕录》记载，她在吸取黎族人民先进经验的基础上，结合汉族人民的优良传统技术，创造出一整套"擀、弹、纺、织"的生产工具。

我读历史

擀，就是轧棉去籽。黄道婆根据黎族的踏车，发明了一种搅车，就是把籽棉投入直径大的铁轴和直径小的木轴之间，利用不同的转速和方向，"籽落于内，棉出于外"，脱籽工效大大提高。据《农书》记载："凡木棉虽多，今用此法，即去籽得棉"，"不致积滞"。这就是世界上最早的轧棉机。

弹，就是开弹棉花。在弹花技术上，她把原来尺余长、弹力轻弱的线弦小弓，改制成四尺多长的绳弦大弓，大大增强了弓的力量。把用手拨小弓弹棉改为以檀木做的槌子击弦开棉，既提高了棉花的弹松能力，又能更好地清除杂质。

纺，就是纺纱。黄道婆在前人的基础上，制成了三锭三线的脚踏式纺车，使纺纱工效迅速提高，操作也更加省力，是我国纺织机械史上的一项重大成就。

织，就是织布。黄道婆发展了黎族人民的优良方法，创造出"错纱配色"、"综线挈花"等先进技术。

黄道婆善于学习、勇于探索、敢于创新的精神，永为世人所敬仰，人们为了纪念她的功绩，在乌泥镇给她修了一座祠堂，叫做"先棉祠"，还编了歌谣"黄婆婆，黄婆婆，教我纱，教我布，两只筒子两匹布。"来纪念这位平凡而伟大的古代巧妇。

◎ 本课小结

王昭君出塞、文成公主入藏对加强汉族和少数民族的关系以及促进少数民族的发展做出了突出的贡献；女皇武则天是中国历史上杰出的女政治家；李清照在词坛上占据着重要的地位；黄道婆对于中国的纺织业的发展功不可没。这些杰出的中国古代女性在不同的领域实现了自己的人生价值。

实践活动课

家事、国事、天下事，事事关心

——改革，中华民族发展的动力

中华民族历来具有积极进取、改革创新的精神。"天行健，君子以自强不息"，正是在这种坚忍不拔、与时俱进传统的推动下，中华民族以不断改革创新的实践彪炳人类制度创新史。历史上，政治改革有"商鞅变法"，军事变革有"胡服骑射"，赋税制度改革有"一条鞭法"等等，不一而足。许多改革家为了实现自己的人生价值，为了国家的发展，顶住种种压力，虽百死而无一悔。商鞅、孝文帝、王安石、张居正等都为改革付出了沉重的代价。历史上的改革是一个祭坛，而改革家则是这个祭坛上的祭品，这个祭坛因充满了悲剧色彩而变得异常凄壮。变法者身为悲剧虽不自知，但是他们不计较个人得失，勇往直前的精神却是可歌可泣，值得我们永远记忆。1978年中国实行改革开放以来，我国经济体制、政治体制、文化体制改革不断深化，使改革创新成为时代的最强音。然而，随着改革的逐步推进，改革遇到的阻力也日益增大。设计这节实践活动课，目的就是让同学们领略时代的主音符，所谓"家事、国事、天下事，事事关心"；通过历史上的改革认识改革历来不是一帆风顺的，谁也抵挡不住时代的洪流，从而认识到改革的必要性，坚定改革的信念。

活动目的：
1. 进一步深入了解中国古代改革家的生平、所处的时代背景及改革的内容。
2. 从古代改革家自身的结局领悟改革家舍己为国的崇高精神，从思想上认识到改革的艰巨性。
3. 从历史上改革的成效看改革的必然性，从而坚定改革的信念。
4. 增强"家事、国事、天下事，事事关心"的时代责任感，关心时事，关心国家的命运。

活动准备：
1. 搜集、整理中国古代改革家，主要是商鞅、孝文帝、王安石、张居正的相关资料。
2. 从自己搜集、整理的资料中，概括出改革家所处的时代背景。
3. 归纳总结出改革的内容及所取得的成效。
4. 介绍改革家所付出的代价。
5. 调查、了解当今社会制度存在的问题并提出自己的建议。
6. 将所选资料做成演示文稿。

活动过程：
1. 分成四个小组进行讨论，对材料进行归纳总结。
2. 各小组选出自己的代表在课上阐述本组所选改革家的生平、所处的时代背景、改革的内容及成效、改革家自身的结局等。
3. 围绕中国改革开放以来所取得的成果，自由讨论并发言。
4. 针对当今医疗卫生、教育、经济、政治、住房等体制改革自由讨论并发言。
5. 教师进行系统、简明的总结，并介绍目前"收入分配制度改革"因时机不成熟而暂缓的情况，从而引导学生们认识到改革目前已进入瓶颈时期，今后的困难将更多。

活动成果：
各组代表对所有总结报告及同学发言进行综合归纳，做成演示文稿。

活动延伸：
每个小组调查当今社会存在的问题并提出自己的建议，形成1000字左右的调查报告。

史学指导：
1. 背景分析，要了解所选改革家的思想，必先了解该改革家所处的大的时代背景及其个人的生活经历、价值取向。
2. 资料搜集，资料搜集的过程中要注意资料的真实性、可靠性和典型性。
3. 时效性，时事材料的搜集要注意针对性、时效性。

第五单元

中国古代的对外交往

导语：在人类古代史上，较早的形成了几个相对隔绝、独自发展的文明中心以及相应的文化圈，其中以中华文明为中心的东亚文明以其独有的魅力更是散发出瑰丽的光彩。随着国家、地域之间交往的不断发展，中华文明突破东亚文化圈的范围，开始与世界其他文明产生越来越多的联系。

中国古代对外交往活动开端于秦汉，繁荣于唐宋，衰退于元明清。从古代中外政治、经济、文化交往等的有关史实中可以看出：中国经济、文化对世界文明进程产生过重要影响，同时由于吸收其他文明优秀成果自身也获得了长足的进步。从中国古代对外交往的史实中我们也认识到，中华民族是爱好和平、崇尚友好的民族，和平友好交往是中国人民同外国交往的主流；政治稳定、经济繁荣是对外经济文化交流的重要条件；加强联系，互相学习，互相促进是世界历史发展的趋势；对外开放，对外经济文化交流才能促进社会进步，闭关锁国只能造成国家和民族的落后。总之，无论哪一个民族，适应历史发展趋势则发展进步，背离历史发展潮流者则落后挨打。

第一课　秦汉——对外交往的开端

古代中国对外交往，先是从周围的邻国开始。秦汉时期，主要往来的仅限于近邻的朝鲜、日本、越南等一些国家，以后逐渐扩展到印度、波斯、阿拉伯、东非和北非。直到东汉晚期才和欧洲有了直接往来。

一、秦汉与朝鲜、日本、越南的往来

朝鲜是中国东北邻，位于朝鲜半岛上。先秦时期，朝鲜就与中国有了较为密切的联系。秦末汉初，大批中原人为躲避战乱纷纷移居朝鲜。汉朝时，朝鲜半岛南部的三韩（马韩、辰韩和弁韩）多次派使臣赴汉，晋见汉朝皇帝，其中辰韩引进先进中国文化，其语言、称谓及婚嫁礼俗与秦相似，被称为"秦韩"。在朝鲜半岛北部，汉武帝时出兵在汉江以北地区建立了乐浪、玄菟、临屯和真番四郡。中朝双方经济贸易频繁，中国的铁工具、铜器、漆器传入朝鲜，朝鲜特产檀弓、文豹、果下马、班鱼等输入中国。中国的五经、三史等书籍以及医药、历法等先进文化也传入朝鲜，朝鲜的语言吸收了很多汉语词汇，不少人能背诵《诗经》、《书经》、《春秋》等中国典籍，甚至用汉语写作。

我读历史

"汉四郡的设置对朝鲜各部落的政治、经济和文化有巨大影响。"

——朝鲜国家科学院编《朝鲜通史》

"汉倭奴国王"金印

日本位于朝鲜半岛东南隔海相望的日本列岛上，岛上居民时称倭人。秦末汉初，倭人建立有一百多个小邦国。西汉时期，倭人就通过朝鲜半岛与汉朝进行交往。东汉时，双方的关系更为密切，公元57年（建武中元二年），倭奴国王派遣使臣与汉通好，汉光武帝刘秀遂以"汉倭奴国王"金印相赐。汉朝的铁器、铜器、丝帛等传入日本，丰富了倭人的物质文化生活。

三国以后，日本与中国的经济文化交流逐渐频繁。238年，邪马台倭国女王卑弥呼派遣难升米和都市牛利来到洛阳，魏帝曹丕封卑弥呼为"亲魏倭王"。此后，不少中国的纺织工、养蚕和缫丝能手、裁缝师、陶工以及

日本发现的汉代铜镜

厨师去到了日本，带去了中国的先进技术。《论语》、《千字文》也由百济人王仁带入日本，日本开始采用中国汉字。

我读历史

徐福东渡的传说

秦始皇统一中国，建立秦王朝。公元前219年，在封禅泰山之后，为求长生不老，东游海上希冀遇仙山而未得。方士徐福上书言"说得斋戒，与童男女求之"（《史记》）。于是秦始皇"遣徐福发童男女数千人，入海求仙人。"徐福先后在渤海、黄海一带寻觅"仙山"，而未得。公元前210年冬天，秦始皇南巡，丞相李斯、皇子胡亥随行，过钱塘江，"上会稽祭大禹"。徐福获悉，恐事泄遭戮，即离象山蓬莱山远航，转折至亶州，即今所谓日本。

徐福东渡开中日文化交流之先河，缔造了中日交流友谊，具有十分重要的意义。徐福把秦代文明传入日本，促进了日本社会由绳纹（原始）文化向弥生（用铁器耕作）文化的飞跃，徐福在日本被称为"农耕神"、"蚕桑神"和"医药神"。

在古代中国，把长江以南直至印度支那半岛北部广大地区的居民，统称为"百越人"，越南人的祖先原属百越的一支。公元前4世纪，一支百越人部落与南来的印度尼西亚人混合，形成了越族。

秦始皇统一六国后，在百越地区设置了闽中、南海、桂林以及象等郡加以管辖(此后越南直至宋朝以前一直处于中国封建王朝的直接管辖之下,是中国的郡县，称为"郡县时代"。到10世纪末才建立封建国家,开始了越南历史的新时期)。秦末，南海郡守赵佗自立为王，建立南越国，控制了云贵和越南北部地区。公元前111年，汉武帝灭南越，该地区重新被置于大汉帝国的直接统治之下，中原与越族的往来更加频繁。两汉时期，越南的犀牛、象牙、珍珠传入中国，中原先进的文化和生产技术、铁制工具也传到了红河三角洲。汉政权还在越南建立了学校，这些都为越南后来经济文化的发展奠定了基础。

据史载，汉九真郡太守"令铸作田器，教之以耕辟田畴"。马援经略越南时，整肃郡县制度，鼓励生产；"治城郭，穿渠灌溉，以利其民"。同时，他还制定了法律，加强了社会秩序。另外，丝绸、医药、汉字、造纸术、音乐、文学艺术等大多也都在这个时期传入越南。

二、张骞通西域和丝绸之路的开通

我读历史

中原王朝与匈奴的关系

秦汉以前,我国北方一直活跃着一支游牧民族——匈奴。秦汉之际，匈奴的杰出首领冒顿单于统一蒙古草原，建立强盛的奴隶制国家，并对中原王朝不断侵扰。秦始皇曾派大将蒙恬击退匈奴，取得河套地区，并修筑长城抵御其南下。秦末汉初，中原战乱，匈奴再夺河套。汉高祖率军亲征，遭"白登之围"，险些被俘。限于国力，西汉初年不得不对匈奴实行"和亲"政策，每年还送给匈奴大量谷物和纺织品，并开放边境与之贸易。但匈奴仍然年年挥师南下侵扰掠夺，威胁中原人民的生产与生活。西汉前期，匈奴已控制了西域，匈奴贵族残酷压迫和掠夺西域各族人民，甚至曾以大月氏国王头骨作为饮酒器，西域各族对匈奴统治者无比痛恨。到了汉武帝时，国力强盛，开始放弃和亲政策，采用武力战胜匈奴。他了解到西域情况后，决定派人联络大月氏，并和它们结盟东西夹击匈奴。

张骞通西域 西汉以来，玉门关、阳关往西，今新疆以及和新疆相邻的中亚各国，统称为西域。西域邦国林立，号称"三十六国"。这些国家大多人数很少，最多的乌孙人口才36万，少则几百人。这里的居民有的经营农业，有的从事畜牧业、各国语言不同、各自独立。

公元138年，张骞率堂邑父等100多人出陇西西行，途径匈奴时不幸遭截被俘。直到公元前126年，才回到长安。张骞这次出使历时十三年，受尽磨难，虽然没有达到原来的目的，但对于西域的地理、物产、风俗习惯有了比较详细的了解。他向武帝报告了西域的情况，为汉朝开辟通往中亚的交通要道提供了宝贵的资料，这就是《汉书·西域传》资料的最初来源。后来，张骞随卫青出征立功，被汉武帝封为"博望侯"。

张骞出使西域临行拜别图

公元前119年，为继续联络西域诸国打击匈奴，同时发展同西域各族的友好往来，汉武帝派遣张骞第二次出使西域。张骞率领300人组成的使团，每人备两匹马，带牛羊万头，金帛货物价值"数千巨万"，游说乌孙国王东返，没有成功。他又分遣副使持节到了大宛、康居、月氏、大夏等国，汉朝同西域各国建立了友好关系。张骞第二次出使西域，大大促进了汉朝和西域经济文化的交流。扩大了汉朝的政治影响。

我读历史

公元前115年（元鼎二年）张骞东还，乌孙国派使者几十人随同张骞一起到了长安，张骞被封为大行令。他第二年死后，汉同西域的关系进一步发展，汉朝派出的使者还到过安息（今伊朗一带）、身毒（今印度）、奄蔡（在咸海与里海间）、条支（安息属国）、犁轩（附属大秦的埃及亚历山大城），在安息，汉朝使者还受到专门组织的二万人的盛大欢迎。安息等国的使者也不断来长安访问和贸易。

公元前60年（神爵三年），匈奴内部分裂，日逐王先贤掸率人降汉，匈奴对西域的控制瓦解。汉宣帝任命卫司马郑吉为西域都护，驻守在乌垒城（今新疆轮台东），这是汉朝在葱岭以东，今巴尔喀什湖以南的广大地区正式设置行政机构的开端。

陆上丝绸之路 张骞出使西域以前，人们已经通过河西走廊来往于中原和西域之间。张骞打通了西域的道路之后，中原同西域地区的经济文化联系逐渐密切。汉朝的使者、商人接踵西行，中国的蚕丝和丝织品也源源不断地从长安经河西走廊、新疆，运销到西亚，并且由西亚再转运到罗马帝国境内。同时，西域的葡萄、石榴、苜蓿、胡豆、胡麻、胡瓜、胡蒜、胡桃等植物被带到

丝绸之路上的客商

中原种植；西域的良马、各种奇禽异兽以及毛织品也都陆续输入中原。当时，中国的丝绸是中外贸易中运销最远、规模最大、价值最高、获利最丰的商品。因而贩卖以丝绸为代表商品的中外通商通道，被称为"丝绸之路"。

丝绸之路的开通，是中外交往史上划时代的重大事件，中国与中亚、西亚、南亚诸国经济文化交流愈加频繁，佛教也经丝绸之路传入中原，对中国文化产生了巨大的影响。

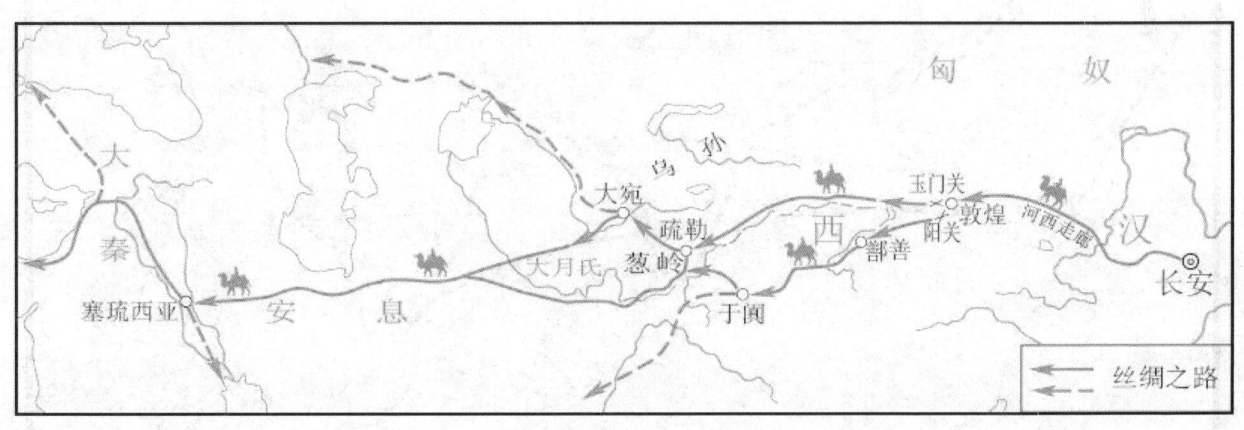

陆上丝绸之路路线图

汉朝以后的一千多年间，丝绸之路在东西交通史上发挥着重要作用。唐朝时，丝绸之路东起长安，经中亚，一条至今天的印度、巴基斯坦；另两条至地中海进入欧洲、非洲和向西北进入欧洲。再往前，丝绸之路甚至延伸到今天的西班牙、葡萄牙。元朝时，随着驿站传讯系统的建立，道路的修复，丝绸之路的交通进入鼎盛时期。

秦汉时期，西南还有一条从四川地区通向印度的丝绸之路。这条路从四川出发，经云南，过缅甸，最后到达印度。西南陆上丝绸之路的开通，不仅加强了中原和西南地区的联系，而且为中缅、中印的友好往来创造了条件。公元97年，缅甸东部掸（shàn）邦国遣使携带大量珠宝来中国，汉和帝赐给金印紫绶。汉安帝时，掸邦国又派使臣向汉廷进献大秦"幻人"（魔术艺人）。

海上丝绸之路 "丝绸之路"除陆上通道外，还有经过海路与外国交流贸易和文化路线。西汉汉武帝以后，汉朝黄门译使（汉代负责传译与奉使的职官）与商人们开辟了与南海诸国及印度、斯里兰卡的水上交通线，从事经常性的贸易往来，这就是近世所说的"海上丝绸之路"。

我读历史

海上丝绸之路从广东沿海港口出发，向西沿海岸线、印支半岛南下，绕过今马来半岛，出马六甲海峡，到孟加拉湾沿岸诸国，最远抵达印度半岛和斯里兰卡。这是世界上最早的远航贸易线。通过海上丝绸之路，中国的丝织品、铁制品、纸张和瓷器等大量外销，南海各国的香料、珠宝等纷纷传入中国。海上丝绸之路，从水路沟通了中外之间的联系。宋以后，海上丝绸之路逐步取代陆上丝绸之路。海上丝绸之路形成于秦汉时期。魏晋以后，通过海上丝绸之路，中国优质钢铁不断外销，古代安息、罗马的刀剑等武器，有不少是以中国钢铁为原料制成的。隋唐以后，海上丝绸之路更加畅通，海上丝绸之路成为中外通商交往的主渠道。中国商船可以远达波斯湾、红海和非洲东海岸。唐宋以后，瓷器成为丝绸之外的最大宗外销物品。今天的亚洲和非洲的一些地区，都出土过唐朝的陶瓷制品。例如，伊拉克巴格达附近出土过唐三彩，伊朗古港尸罗夫出土过唐瓷，东非和北非出土过大量唐三彩以及唐代邢州白瓷和越州青瓷碎片。为此，有人把这条航线也称作"陶瓷之路"。同时，还由于输入的商品历来主要是香料，因此又称作"海上香料之路"。

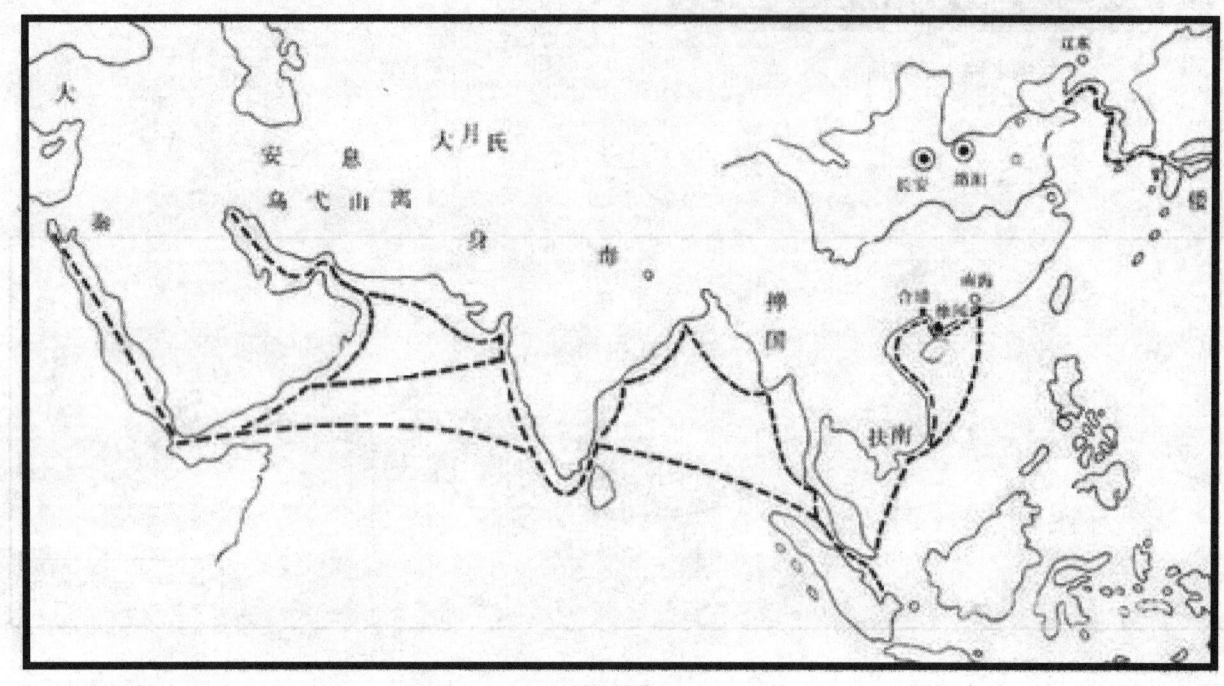

海上丝绸之路路线图

三、班超派甘英出使大秦

东汉时期，西域的形势发生了变化，匈奴分裂成南、北匈奴。南匈奴归顺了东汉王朝，北匈奴贵族则经常率领骑兵南下掠夺，重新控制了西域，切断了西域和东汉的交往。为了恢复中原和西域的交往、恢复对西域的管辖，公元73年东汉政府派班超出使西域。

我读历史

班超投笔从戎

班超，字仲升，扶风平陵人，班彪的少子，班固的弟弟。其父兄都是历史学家，而哥哥班固更是《汉书》的作者，班超不仅具有缜密的思维和出众的判断能力，而且胸怀大志和报国之心。班超常以抄书为业，一日投笔叹曰："大丈夫无他志略，犹当傅介子、张骞立功异域，以取封侯，安能久事笔砚间乎？"

从永平十六年，班超出使西域到永元六年班超击破焉耆平定西域的22年当中，班超巧妙地运用外交和武力手段，使五十多个城邦国家附属于东汉，夺回了曾一度被匈奴所占据的西域，重新设置了西域都护府，取得了巨大的成功。

我讲历史

想一想：班超出使西域还有哪些脍炙人口的典故？

我读历史

公元前后，欧亚大陆并存着三个强大国家：中国的汉朝、安息（今伊朗一带）和欧洲的大秦（东罗马）。为联系大秦彻底消灭西窜的北匈奴并与西方通商交往，公元97年，班超派甘英出使大秦。甘英率人到达波斯湾后，当地的安息人担心中国与大秦通商道路开辟后，会影响他们传统的商业利益，故意向甘英夸大海道的险恶，甘英就没有再往前走。甘英此行，虽然没能与罗马进行直接接触，但却是中国人首次到达地中海东岸（现在的希腊附近），他熟悉了沿途的地理和风土人情，还了解到从条支南出波斯湾，绕阿拉伯半岛到罗马帝国的航线，而且还带回了大量关于中亚、印度、西亚、罗马等地的情报，为后来中西交通的发展和经济文化的交流提供了有利的条件。公元166年，大秦王安敦派使臣访问洛阳，把象牙、犀角等礼物赠送给东汉桓帝，这是正史里中国与欧洲直接往来的最早记载（《后汉书》）。

◎ 本课小结

中国古代对外交往活动开端于秦汉时期。除了与日本、朝鲜等东亚近邻交往之外，由近到远，还同南亚、中亚、西亚等许多国家进行友好往来，并和欧洲、非洲一些国家也建立了联系。

陆上丝绸之路和海上丝绸之路，是中国古代对外交往的主要通道，在对外交往中起到了重要作用。

汉代三大外交家张骞、班超、甘英，在开辟对外交往通道和外交活动中做出了卓越贡献。

第二课　唐宋——对外交往的繁荣

唐宋时期，对外交往非常活跃，与亚洲乃至非洲、欧洲的一些国家都有往来。唐政府鼓励各国商人到中国贸易，并允许他们长期居住。长安、洛阳、广州、扬州等大城市都有频繁的外贸活动。唐朝在世界上享有很高的声望，各国称中国人为"唐人"。至今，许多国家大城市里都有华人居住相对集中的"唐人街"。

一、与新罗、日本的交往

7世纪后期，新罗统一了朝鲜半岛大部分后，与中国的往来更加频繁。681年新罗神文王即位，唐高宗遣使册封，唐与新罗的关系开始了新的一页——全面友好的宗藩关系。新罗仿唐制采用科举制度选拔官吏，采用唐朝历法，从唐朝学会雕版印刷术、制铜、制瓷等技术。佛教也由唐朝传入新罗。新罗到唐朝留学的学生每年多达二百人，其中著名的有诗人崔致远、僧人慈藏、圆测、地藏等，他们学成回国后将中国文化传播到朝鲜。同时朝鲜半岛的文化也传入唐朝，如高丽乐就成为唐代十部乐的重要组成部分，深受唐朝人的喜爱。

我读历史

新罗商人来唐贸易的很多。北起登州，南至扬州，都留下他们的足迹。在唐都长安、楚州(江苏淮安)、莱州(山东莱州)等地设有"新罗坊"、"新罗馆"，专门接待来自新罗的客人。新罗的特产、工艺品、药材等大量传入中国，在唐朝外贸输入总额中，新罗物产居各国首位。唐朝的丝绸、茶叶、书籍、手工技艺等，大量输出新罗。

来唐求学的新罗学生崔致远是新罗留学生中的佼佼者。崔致远自幼好学，12岁时就泛海来唐自费求学，18岁考中唐朝进士并做官，其诗颇有李白诗风。崔致远在28岁时回新罗，先后任翰林学士、守兵部侍郎、知瑞书监等职。崔致远还被公认为是把对中国的本土宗教——道教传入新罗的有功之人，有"东方丹学之祖"和"新罗道教鼻祖"的美誉。

唐朝时期，中日关系得到了极大发展。日本从公元631年至公元838年，先后派出十三次"遣唐使"。日本仿唐制进行了"大化革新"，在田亩、官制、兵制、都城建设等方面都效仿唐朝。为了吸收中国的文化成果，日本还选派了不少留学生来唐学习，他们被分配到

日本出土的唐代开元通宝

中国出土的日本奈良时期钱币

长安国子监学习各种专门知识。唐朝也不断有使者和高僧前往日本，传播唐文化、弘扬佛教。其中，日本的吉备真备、阿倍仲麻吕、空海和中国的鉴真，对中日经济文化交流做出了突出贡献。两国贸易往来频繁，日本出土了大量的唐币"开元通宝"，中国也出土了日本奈良时期的银币。

我读历史

日方代表人物阿倍仲麻吕。公元717年到长安入唐太学就读。毕业后受到唐玄宗李隆基的赏识，在唐朝廷担任官职，同时取了一个中国名字晁衡，并长期留居中国，擅长诗文，在唐历任光禄大夫、秘书监等职。学问僧空海根据汉字草书偏旁创制日文"平假名"，留学生吉备真备根据汉字楷书偏旁创制了日文"片假名"，日文的词汇和语法也深受汉语影响。

中方代表人物鉴真大师，多次受日本佛教界邀请到日本传授佛教戒律。从公元743年开始，他先后率弟子五次东渡日本，历尽艰险，双目失明，因种种原因都未成功，但他东渡日本传播佛法的决心丝毫没有动摇。753年，66岁高龄的鉴真率人第六次东渡终于到达日本九州，受到热烈欢迎。鉴真在日本传播佛法和中国的建筑技术、雕塑艺术、医学，对中日文化交流做出了重大贡献，被视为日本文化大恩人。鉴真死后其弟子塑造的鉴真干漆坐像一直保留在奈良唐招提寺，被定为日本国宝。

鉴真东渡图

鉴真干漆坐像

二、与印度、波斯的交往

唐朝时，我国与东南亚各国经济文化交流进一步发展，其中同印度往来最多。唐时，统称印度半岛为"天竺"。双方经济文化交流频繁，天竺多次遣使来我国通好，带来郁金香、菩提树、佛教艺术等，唐朝也常派使臣出使天竺，回赠礼物。中国创立的十进位记数法、造纸术等传到天竺，天竺的历法、医学、舞蹈、音乐、绘画、建筑艺术和熬糖法等也传入中国。天竺的佛教艺术对中国影响深远，唐朝时玄奘、义净等人先后到天竺学习研究佛法，回国后成为著名的佛学大师。

我讲历史

玄奘（600~664年），俗姓陈，名祎，偃师人，13岁出家，法名玄奘，后人称三藏法师。起初他在研究佛教理论时，感到佛教宗派众多，佛经译文多误，决心到天竺求取真经。629年，他从长安出发西行，历经千辛万苦，于631年到达天竺佛教的最高学府——那烂陀寺，师从印度佛学权威戒贤主持5年，成为佛学大师。643年，玄奘载誉归国，带回梵文佛经600多部。其弟子后来把他在中亚和印度游学时的见闻口述整理成《大唐西域记》，内容涉及一百多个国家和地区的历史、地理沿革、民族源流、物产风俗等内容，是研究我国新疆和中亚、印度半岛历史、佛学和中西交通的重要资料。玄奘游历取经的故事极具传奇色彩并在民间广为流传，明朝小说家吴承恩将这些故事提炼加工，创作出长篇神话小说《西游记》。

你能给大家讲一讲有关西游记的故事吗？

 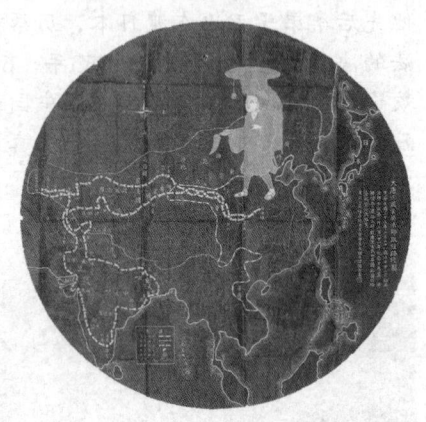

玄奘负重西行图　　　　　　　　玄奘取经路线图

唐朝时与中亚诸国交往频繁，先是波斯，后是大食，尤以波斯为最。波斯即是今伊朗，我国古书中也称之为安息。丝绸之路开通后，波斯是丝绸之路的重要中转站，同中国交往密切。许多波斯商人到唐朝经商，开设波斯胡店，以经营宝石、珊瑚、香料、药品而驰名。唐朝的丝绸、瓷器、纸张等，沿丝绸之路源源输入波斯，再向西转运。波斯钱币大量流入中国。后来，波斯被大食（阿拉伯）所灭，波斯国王卑路斯和王子先后定居并客死长安，许多波斯人流亡中国，长安、扬州、广州的波斯商人数以千计。在今天伊朗境内，发掘出许多唐三彩，新疆吐鲁番出土的隋唐织锦上的对鸟、对兽花纹，则反映了波斯艺术对中国的影响。

波斯银币图案

我读历史

7世纪中期后，波斯被大食所灭。651年，在唐高宗时，大食遣使和唐通好，在广州大食人还建立了伊斯兰礼拜寺。中国的纺织、瓷器、造纸等技术通过大食传入欧洲、非洲。阿富汗在隋唐称为吐火罗，地处东西方陆路交通的要冲，是丝绸之路的南路必经之地，唐太宗时，吐火罗多次派使臣来唐通好，高宗时曾派出使者到那里访问，玄宗时，双方往来尤为频繁，吐火罗曾送来名马、玻璃、玛瑙等。

三、与西欧、非洲的交往

历史上由于受客观条件的限制,中国古代对外交往主要针对周边国家。到公元7世纪,随着陆、海丝绸之路的延伸和中国盛唐时代的到来,加上阿拉伯人在中间起了桥梁作用,唐朝与欧非各国之间的往来出现了前所未有的盛况。

我读历史

唐宋时期,中国和位于欧洲巴尔干半岛的东罗马帝国(以前称大秦,隋唐时称为拂菻)往来增加。双方使者往还,仅唐前期,东罗马来使就多达五次。如643年,拂菻派遣使臣出使唐朝,送来赤玻璃等物品,唐太宗回书答聘,并赐给绫绮。东罗马的皇帝、贵族都喜爱穿戴中国的丝织品,这时通过丝绸之路运往东罗马的丝绸、瓷器、茶叶更多,中国的造纸、纺织、火药、罗盘针、印刷、炼丹术、脉术等这些重大的发明和技术,在之后数百年时间里,通过大食也传到欧洲,对欧洲文明乃至整个历史进程,产生了极其深刻的影响。东罗马的吞刀吐火等杂技、治疗痢疾和眼病等医术也传到了唐朝。宗教文化上,基督教派(即聂斯托利派,在唐朝称为景教)开始在中国传播,唐德宗建中二年(781年)的《大秦景教流行中国碑》中对此有明确的记载。传教士通过传教,将西方的宗教思想、宗教生活、宗教建筑带入中国,也将中国的情况向西方作了或美或丑的介绍,把中西物质文化交流推向一个新的高度。

早在公元前二世纪,中国和非洲已开始相互了解,中国的黄金、丝绸远销到地中海南岸。随着陆、海"丝绸之路"的延伸,中国的船只已远航到了东非沿岸,与非洲国家建立了直接的贸易关系。史载东非索马里使者,在唐太宗时来到中国,受到很好的接待。唐朝时,造纸术、雕版印刷术和火药火器制造技术等重大发明开始传入埃及、摩洛哥等地,并在当地的经济生活和军事活动中发挥重要作用。中国的产品大量出现在非洲的北部和东部沿海,唐代的青白瓷器和钱币在埃及、肯尼亚、桑给巴尔等地多有发现。

唐朝时期是中国对外交往的繁盛时代。两宋时期,由于北方少数民族政权的阻隔,陆上交往较唐朝减少。但由于政府采取鼓励海外贸易政策,商业繁荣,再加上航海技术和造船技术的进步,通过海路与外国进行贸易往来的规模和数量超过唐朝。与宋朝有贸易往来的亚非50多个国家中,宋朝海船直接到达的国家和地区就有20多个。泉州、广州、明州等成为国际性外贸港口,两宋政府在这些港口设立市舶司专门管理对外贸易。宋朝海外贸易中,主要以输出瓷器和纺织品为主,进口货物多为香料、象牙等。

◎ 本课小结

唐宋时期,经济繁荣,国家政府采取开明和包容的对外政策,对外交往进一步扩大。唐宋与亚洲乃至非洲、欧洲的一些国家都有往来,尤其是新罗、日本、印度、波斯等国。这一时期,中国的政治、经济、科技、文化对世界其他国家和地区影响深远,同时也从其他国家和民族文化中汲取了丰富的营养。鉴真、玄奘等人是该时期对外交往活动中杰出的代表人物。

第三课　元明清——由开放走向闭关

元明清时期是中国古代对外交往由开放走向闭关的转折时期。元朝至明朝前期,对外交往继续发展,甚至一度出现郑和下西洋的盛大壮举。但总体上看,由于元朝统治者对人民实行民族分化和高压控制政策的负面影响,明朝中后期政局混乱和沿海抗倭的客观因素,尤其是清朝实行愚昧的闭关锁国政策,中国对外交往的步伐终于陷于停滞或倒退,对中华民族的发展进步造成了不可估量的消极影响。

一、马可·波罗来华

元朝同亚、非、欧各国的交往频繁。当时的元大都不仅是元朝的政治中心,还是闻名世界的商业大都市,来自亚洲、非洲和欧洲的商人和使节络绎不绝。泉州是元朝的最大港口,经常停泊着数百艘海船,从事进出口货物的汇集和起运,出口货物中,丝织品和瓷器远销亚、非各国。

我读历史

当时的泉州生长着很多刺桐树,以"刺桐城"闻名世界,当时一位外国旅行家称泉州和埃及的亚历山大港是并列世界第一的大港口。泉州有许多波斯、阿拉伯等地的商人,他们有特定的居住区,那里还有伊斯兰教的清真寺。

非洲出土的元瓷

元时泉州引领航船的六胜塔

当时来中国的外国人之中，最著名的是意大利威尼斯旅行家马可·波罗。他在元世祖忽必烈时来到中国，居住十几年，游历了很多地方。根据其口述写成的《马可·波罗行纪》描述了大都、杭州等城市的繁荣，这本书也激发了欧洲人对东方的向往。

我读历史

外国巨价异物及百物输入此城者，世界诸城无能与比。
——《马可·波罗行纪》中描述元大都的繁荣

马可波罗像

我读历史

马可·波罗博学多才，懂蒙古语，会骑射。1271年来到中国后，他很快熟悉了元朝宫廷礼节和中国的风土人情。他的足迹遍及长城内外、大江南北。元世祖对他很信任，多次派他出使。据说他还做过扬州的地方官。《马可·波罗行纪》中有关中国的记述，基本上同历史事实相符。如纸币的发行、煤的使用、元朝的一些政治斗争等。书中还写到了卢沟桥，称赞它在世界上是"无与伦比"的大石桥。

二、郑和下西洋

郑和是我国明代杰出的航海家。为了宣扬国威，满足对异域珍宝特产的需求，明成祖派郑和出使西洋。

我读历史

郑和本姓马，小字三保，回族人，世居云南。少年时代被明军俘虏，入宫成为太监。后因随明成祖朱棣靖难有功，赐姓郑。

从1405年到1433年，郑和七次下西洋，到过亚、非三十多个国家和地区，最远到达非洲东海岸和红海沿岸地区。

郑和的船队，规模庞大。第一次共有二百多艘海船，二万七千多人。郑和船队的首要任务是向各国宣传明朝统治者与之通好的愿望，其次是以随船装载的中国丝绸、茶叶、瓷器以及铁器、农具等物品，换取当地的珠宝、香料和药材等，进行和平贸易。

郑和像

我读历史

郑和的船队，尊重所到之处的风俗习惯，和当地政府官员、商人百姓礼尚往来，不欺寡、不凌弱，因而深受欢迎。如到达占城时，占城国王骑着大象前来盛情接待，人民击鼓奏乐，气氛热烈；到榜葛剌时，榜葛剌国王派几千人到港口迎接，恭请明朝使臣乘大象入城。东南亚许多地方，至今还保留着纪念郑和航海的一些文物和古迹，如三宝垄、三宝洞、三宝公庙等。

郑和的远航，规模大、历时长、航程远，是世界航海史上的壮举，比哥伦布和达·伽马的航海早半个世纪以上，郑和堪称世界航海事业的先驱；郑和的远航，又是中国历史上规模空前的主动外交，大大促进了中国和亚非各国的经济文化交流与友好往来。郑和航海期间，东南亚地区的浡泥、满剌加、苏禄等国的首脑和使臣先后多次到中国访问。

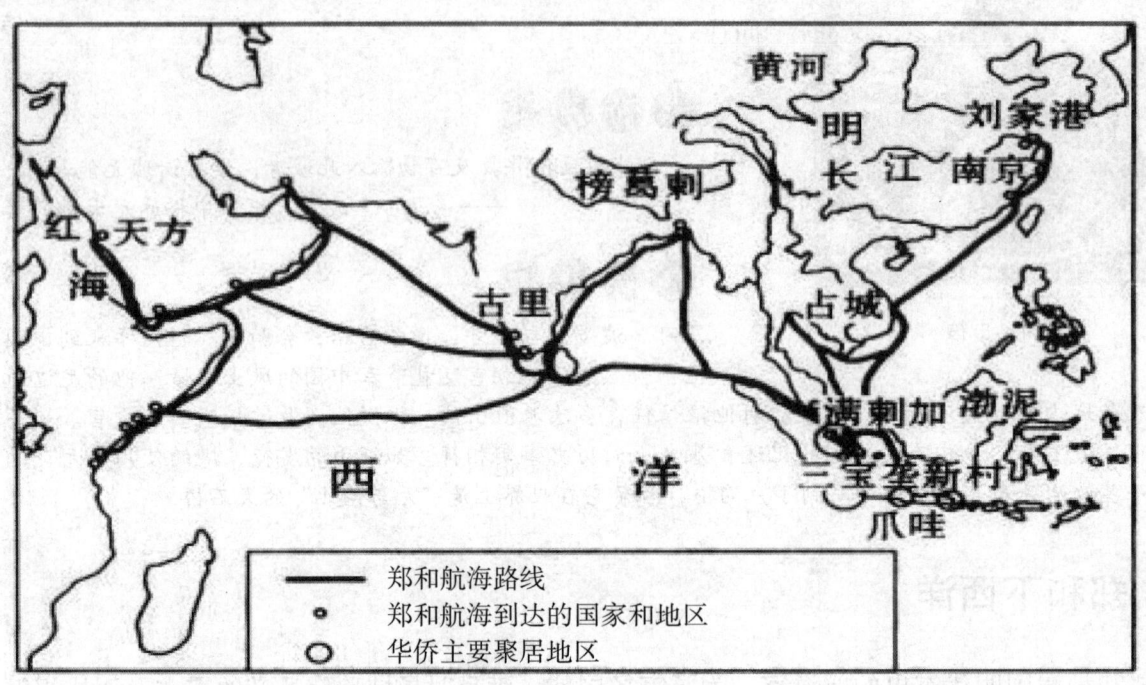

郑和下西洋路线图

我看历史

郑和下西洋的主要目的是什么？同西方航路开辟相比有何不同？

三、海禁和闭关锁国

海禁政策 明朝前半期和清朝前期，封建王朝在对外交往上都采取了"海禁政策"，即"片板不得下海"，严禁私人出海贸易，也不准外国人来中国经商，对外贸易和交往在官方主持下进行。

我读历史

海禁政策是自给自足的自然经济体制的体现，封建社会商品经济微弱，因而没有强烈的对外贸易要求。同时也是为了使刚建立的封建政权免受威胁。明王朝实行海禁政策，一是为了防备逃到海上的张士诚、方国珍等残余势力同国内反明力量相联络，卷土重来；二是自元朝始就存在的倭寇对中国沿海骚扰为祸更烈，这是明王朝推行海禁的最重要也是最直接的原因。清初为对付明将郑成功父子及东南海上的抗清势力，维护封建统治秩序，也采取了严禁陆上人民下海，限制中外往来的海禁措施。

海禁政策主要是加强对内防范。作为国家统治的需要，实施海禁的确是一种国策。但是从国家的长远利益来看，并不有利。明政府直到1567年才解除海禁，清朝直到1685年台湾郑克爽降清后才下令解除了海禁。海禁政策严重限制了当时中外交往和经济文化交流。由于海禁的严厉，使私自出海的人不敢再回来，留居南洋的华侨增加。

闭关政策 十七世纪末清朝解除海禁后开始实行闭关政策。它严格限制（不是禁绝）对外贸易，即中外贸易只准在"公行"中进行，对外人在华的活动采取严格限制的措施。

我读历史

清朝实行闭关政策的原因主要有：第一，正如马克思所明确指出的那样，最主要的乃"是它害怕外国人会支持很多的中国人在十七世纪的大约前半个世纪里，即在中国被鞑靼人征服以后,所怀抱的不满情绪"。第二，19世纪中叶以后，欧洲各国在对华贸易上的激烈竞争和互相倾轧给中国社会带来新的不安和纷扰，也是促使清政府采取闭关政策的一个重要因素。第三，清政府推行这种对外政策，也是当时中国封建社会内部自给自足的自然经济的反映。小农业与家庭手工业相结合的自给自足经济对商业贸易的依赖程度较小，正如乾隆皇帝在1793年给英王乔治三世的信中所说："天朝物产丰盈，无所不有，原不假外夷货物以通有无。"

与海禁政策相比，闭关政策主要偏重对外的防卫。皇权集中到一定程度后封建统治者盲目自大、实行闭关自守，从某种意义上说，是一种适应自给自足的自然经济的政策。闭关政策当时在保卫海防安全方面起了一定自卫作用，但由于清朝统治者死板地执行这一政策而拒绝接受新事物，甚至还把先进的科学技术予以摈斥，使中国人民耳目愈益闭塞，思想愈趋保守，失去了对外贸易的主动性，也失去了及时汲取西洋先进思想文化的优点和长处以改造中国落后的社会经济的机会，从而在客观上造成了阻滞中国社会发展的恶果。使中国渐渐落后于西方，处于被动挨打的境地。

四、西学东渐

西学，即西方学问；渐，意为流入、进入。西学东渐广义上泛指自古以来一直到当代的各种西方事物传入中国。容闳的自传被翻译为《西学东渐》一书后，通常专指明末至清末民初西方学术文化输入中国的传播过程。在这段时期，由来华西人、出洋华人等以书籍或新式教育为媒介，把西方的哲学、天文、物理、化学、医学、生物学、地理、政治学、社会学、经济学、法学、应用科技、史学、文学、艺术等广泛传入中国，对于中国的学术、思想、政治和社会经济都产生重大影响。大致可分为明末清初和鸦片战争前后至五四运动前后两大阶段。

容闳

我读历史

容闳（1828年11月17日至1912年4月21日）字达萌，号纯甫，汉族，广东香山县南屏村（今珠海市南屏镇）人，中国近代史上首位留学美国的学生。中国近代早期改良主义者。中国留学生事业的先驱，被誉为"中国留学生之父"。

明末清初耶稣会传教士的到来 十五世纪中叶以前，在中外交往关系上，中国一直处于主导地位，各种先进文化技术不断传至世界各国，可谓"东学西渐"。明末清初，由于封建体制及采取的错误政策,造成中国的科学技术发展非常地缓慢。与此同时,西方资本主义萌芽并不断发展,科学技术等方面开始超越中国,中外交往开始"西学东渐"的逆转。在明末清初的西学东渐中,主要以传教士和一些中国人对西方科学著作的翻译为主,传教士扮演着相当重要的角色,代表人物有利玛窦、艾儒略、汤若望等。影响最大的是意大利传教士利玛窦。

我读历史

利玛窦于16世纪晚期来到澳门,然后进入内地传教。他会讲一口流利的汉语,还会用中文书写,熟悉中国的礼节。他身穿儒服,通晓儒家经典,当时的士大夫称他为西儒。后来,他向明神宗进贡《坤舆万国全图》、八音琴、自鸣钟等。神宗召见了他,赐给他房屋,允许他在北京长住。利玛窦还向中国科学家徐光启等介绍了天文、数学等欧洲近代科学。同时,他也是第一个把孔子和儒家思想介绍给西方的人。

利玛窦辑著的《乾坤体义》,被《四库全书》编纂者称为"西学传入中国之始"。

利玛窦(左)与徐光启

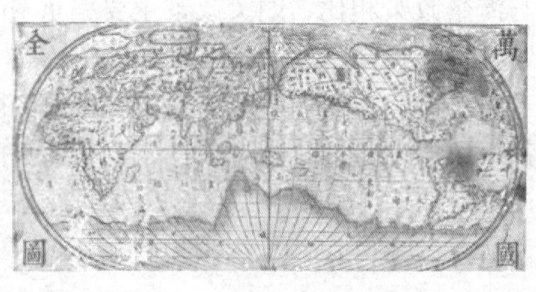
《坤舆万国全图》

当时对中国的影响主要在天文学、数学和地图学方面。当时中国只有少数士大夫及个别皇帝接受了科学技术方面的知识,而且大部分深藏宫禁,没有能够很好地普及。这一阶段的西学东渐,后来由于罗马教廷对华传教政策的改变(废除利玛窦规矩,禁止敬拜祖先),引起中国朝廷及民间反感,导致禁教而中断,但较小规模的西学传入并未完全中止。

鸦片战争前后至五四运动前后　19世纪中叶前后开始,西方人通过传教、战争深入中国,并以各种媒介带来西方的新知识。中国的有识之士面对日益深重的民族危机,也开始主动学习西方知识,西学东渐进入一个新的阶段。

我读历史

梁廷枏撰写了中国第一部介绍美国国情的专著《合众国说》三卷等著作,向国人介绍了西方各国历史与文化的真貌,成为中国近代史上最早"开眼看世界"的先驱。后来魏源根据林则徐搜集的《四洲志》等资料编成《海国图志》,林则徐被称为"中国近代睁眼看世界的第一人",《海国图志》是近代第一部全面介绍西方的著作。

从19世纪60年代开始,清王朝开始推行洋务运动,采取"中学为体,西学为用"的态度对待西学,关注的是西方的先进武器以及相关的器械运输等,而不是对西方的学术思想全面加以学习,在这期间学术思想方面的传入主要借由西方传教士创办的媒体,以及洋务机构中为军事目的顺道译介的书籍。同时开始向外派遣留学生。

甲午战争以后直到五四运动，中国当时由于面临着国破家亡的命运，许多有识之士开始更积极全面地向西方学习，出现了严复、康有为、梁启超、谭嗣同等一批思想家。他们向西方学习大量的自然科学和社会科学的知识，政治上也要求改革。这一时期大量的西方知识传入中国，影响非常广泛。许多人以转译日本人所著的西学书籍来接受西学。这一阶段的西学东渐，一直持续到当代而未止。

◎ 本课小结

元明清时期是中国古代对外交往由开放走向闭关的转折时期。尤其是明清时期的海禁和闭关政策，束缚了中国对外交往的手脚，对中华民族的发展进步造成消极影响。郑和下西洋是中国古代对外交往史上的伟大壮举。马可·波罗和利玛窦是该时期传播中西文化的外国代表人物。东西方文化交往态势开始发生改变，由东学西渐转为西学东渐。

实践活动课

《张骞通西域》活动课教学设计

教学设计思想

课程改革的宗旨要求培养学生的科学精神和创新思维习惯，要重视培养学生收集处理信息的能力、获取新知识的能力、分析和解决问题的能力以及团结协作和社会活动的能力。采用学生喜闻乐见的活动课的形式，能提高学生自主学习的兴趣，让学生亲自参与体验张骞出使西域时所面临的困难艰险，主动思考汉通西域后所带来的巨大的变化。教学中通过课堂情景剧的演练，让学生作为主体积极参与教学过程，得到生动、鲜活的体验，在情感态度、价值观、知识技能和能力等层次得到发展。

课程标准

讲述张骞通西域等主要史实；认识丝绸之路在中外交流中的作用。

教学目标设计

知识与能力　了解张骞出使西域的基本史实和历史上中原地区和边疆地区经济文化联系的简况，在活动中培养识图能力，整理资料的能力。

过程和方法　通过搜集资料、整理和分析资料，编写剧本等过程，养成自主学习与合作学习的习惯，并摸索和体验出适合自己的学习方法。

情感态度和价值观　通过张骞报效国家、勇于冒险、不屈不挠、矢志不移的事迹，弘扬爱国主义思想和开拓进取的精神。

教学重点、难点分析

1.本课重点，一是张骞通西域的过程；二是丝绸之路。

第一个重点，要突出其过程的艰险，指导学生用情景剧的形式来展现张骞立志报国，勇挑重担，不屈不挠，矢志不移的精神。学生通过分组合作、查找资料、编写剧本、分角色演出的过程，加深了对教材内容的理解，升华并强化了学生的爱国思想。

第二个重点，要强调从首都长安出发，穿过河西走廊西行，经玉门关、阳关以西，跨越葱岭，到大月氏，再到大秦。在前面查找资料，编写剧本的过程中，学生已经初步掌握；再通过视频资料的欣赏，动画的演示和填图训练的强化，使学生基本掌握所学知识点。

2. 本课难点，一是如何调动更多的学生积极参与到情景剧的编演中来，如何指导学生最大限度地利用教材资料；二是要充分理解丝绸之路开辟的影响。

第一个难点可通过分解任务的办法来解决，张骞出使西域的过程分成三幕来演，学生按任务分成三组，每组有专人负责查找资料，有专人负责编辑资料，有负责找"演员"的，有负责编台词的，有负责排练的，有负责做"道具"的，还有负责与其他组协调的。指导学生认真阅读课本，尽可能把课本的知识点用上。

第二个难点，要充分理解丝绸之路开辟的影响，这部分内容教师要补充，结合学生手中的资料进行内容拓展。丝绸之路开辟的最大的贡献是推动了东西文化交流，最显著的例子便是中国发明的造纸术、印刷术、火药等，后来都是由这条丝绸之路传入西亚再传至欧洲。佛教、伊斯兰教、基督教也是由此路首先向东传入中国的。可以说，丝绸之路是地理大发现之前一条世界文化交流的主要通道，它不仅沟通了东西方文明，而且促成了这两个文明的相互渗透。

教学策略及教法设计：

本课采取表演"情景剧"，引导学生主动参与，"以活动促发展"的教学策略。为了更好的突出重点、突破难点，有效激发学生兴趣，提高教学效率，采取以下教学方法：

1. 创设情境——表演法。

2. 多媒体演示法。

3. 启发谈话法。

4. 讨论法。

教学媒体选择：

本课以计算机多媒体为教学平台，以师生交流互动为主要学习方法，把本课主要内容和相关图片显示在一张张幻灯片上，让学生在学习过程中，始终能抓住主线，并调动多种感官的体验。

教学过程设计：

1. 课前准备

① 指导学生阅读课文、上网查找有关张骞的一些资料、编组、分段准备资料（如当地的地理情形等）。

② 编写张骞通西域的历史短剧。把任务分解到每一个小组。指导各组组建"创作班子"，编写剧本，要尽可能多地用到课本所学知识；注意时间先后，路线顺序，出场人员，以及张骞等人在当时当地可能遭遇到的困扰（如敌人、野兽、沙尘暴等）。

③ 确定角色，分派"演员"按本课的内容要求，拟定以下角色：张骞、汉武帝、堂邑父、张骞随从、匈奴单于、匈奴兵士、大月氏首领等人。要求各角色熟记台词，演得自如大方，符合历史史实。

2. 课堂活动

演出历史短剧——张骞通西域

① 依依惜别；

② 长路漫漫；

③ 矢志不渝；

④ 凿通西域。

3. 课堂评价

（评一评）教师组织学生先自我评价，然后同学们互评，最后由老师小结情景剧的演出情况。评价内容有①收集资料是否真实可信，是否与本活动有关（适用），是否便于实践操作与演示（实用），收集的途径是否合法。②编辑资料是否有条不紊，时间先后，空间位置是否都能区分清楚，前后是否有逻辑关系，是否适用同学表演。③活动呈现是否自然生动，同学间的合作是否默契到位。

（问一问）①请同学们评出谁是"最佳编剧"、"最佳演员"、"最佳导演"和"最佳场务"？（最热心为大家服务的同学）②我们的剧本和表演有什么需要改进的地方？有没有一些不符合历史史实的情节？是不是把我们所学的这些"历史知识"全部包括了进去？③教师点拨：强调编历史剧应该如何收集资料。以"汉武大帝"为例，让学生明白如何查找资料，如何分析资料，如何展开丰富合理的想象，如何恰当表达剧情。

（议一议）张骞应募出使西域，都遇到了什么艰险和挫折？他是怎样应对的？你从中感悟出成功者应具备哪些基本素质？

4. 课堂小练习

第六单元

中国古代发达的科学成就

导语：中国是四大文明古国之一，早在先秦时期就创造出了独具特色的天文、数学和医学成就，为中国古代科技的发展奠定了基础。造纸术、指南针、活字印刷术和火药是中国古代科技成就的杰出代表，不仅推动了中国经济、文化和社会的发展，也对世界文明的发展产生了深远的影响。

第一课　辉煌的科学成就

一、古老神奇的天文和历法

　　古代中国人比较注意观察天象，具有世界公认的最悠久、最系统的天象观测记录，长期处于世界领先地位。

　　先秦时期，我国的天文知识已经比较丰富。安阳殷墟出土的甲骨文中，已经出现了关于日食和月食的记载。《春秋》记载：公元前613年，"有星孛入于北斗"，这是世界上公认的关于哈雷彗星的最早记录，比欧洲早了六百多年。战国时期的《甘石星经》，是我国最早的一部天文学著作，书中的《石氏星表》记载了已经测定的120多个恒星的方位，是世界上最早的星表。

我读历史

　　《甘石星经》是后人对战国时齐人甘德写的《天文星占》和魏人石申写的《天文》的合称，宋代以后已经失传。今天，人们多是从唐代的天文学书籍《开元占经》里见到它的一些摘录片断，这些摘录表明甘德和石申曾经系统观察了金、木、水、火、土五大行星的运行，发现了五大行星出没的规律，还记录了八百颗恒星的名字，测定了一百二十一颗恒星的方位。

　　目前世界上公认的关于太阳黑子的最早记录是西汉时期留下的。东汉科学家张衡根据日、月、地球所处的不同位置，对月食作了最早的科学解释。他发明制作的地动仪，能够遥测千里以外发生地震的方位，这项技术比欧洲早了1700多年。

地动仪复原模型

我读历史

　　1972年，在长沙马王堆汉墓出土的帛书《五星占》和《天文气象杂占》是世界上现存最早的两本天文学专著。《五星占》记载了金、木、水、火、土五大行星在公元前246年至公元前177年之间运行的位置，是距今2100多年前世界罕见的关于五大行星的观测记录。《天文气象杂占》绘出29幅彗星图，画出彗核、彗发和彗尾，这个规律的发现比欧洲要早近1800年。

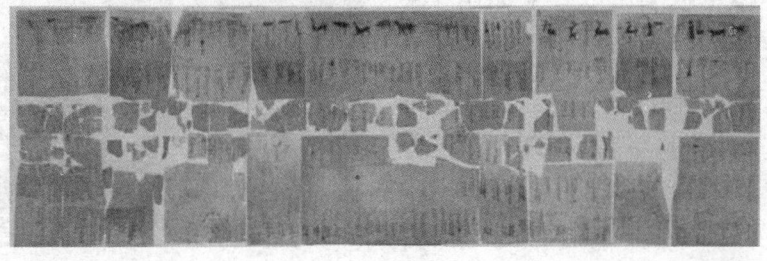

帛书《五星占》

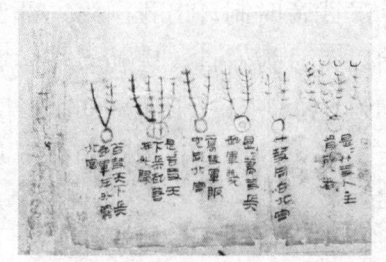

马王堆汉墓帛书中的彗星图

为更好地观测天象，中国古代的科学家们创制了很多先进的天文观测仪器。

张衡创制的水运浑象仪，用精铜铸成，主体是一个代表天球的球体模型，可以绕天轴转动。天球的表面画有二十八宿和各种恒星，还有赤道圈、黄道圈及二十四节气等。天球外面有两个圆环，一个是地平圈，一个是子午圈。天轴支架在子午圈上，和地平斜交成36度，这是洛阳地区的北极仰角，也是洛阳地区的地理纬度。张衡关于地球是圆形的见解比西欧人早了1000多年。

僧一行像

唐朝天文学家僧一行和梁令瓒共同创制了黄道游仪，并用它在世界上第一次发现了恒星位置的变动；他还主持实测了子午线的长度，是世界上用科学方法实测地球子午线长度的创始人。

元朝天文学家郭守敬，制成了简仪和高表等近二十件天文观测仪器，还主持了全国范围的天文测量。这次天文观测的规模之大，在世界天文学史上都是少见的。

南京紫金山天文台明代简仪

登封观星台

我读历史

登封观星台属于"天地之中"历史建筑群的建筑之一，是中国古代的天文观测台。现存的登封观星台建于元朝初年，距今约七百年，不仅是中国现存最早的天文台建筑，也是世界上重要的天文古迹之一。联合国教科文组织第34届世界遗产大会2010年8月1日审议通过，将包括登封观星台在内的"天地之中"8处11项历史建筑列为世界文化遗产。

我国历法大约始于新石器时代晚期，春秋战国时期已经比较成熟。春秋时期，我国历法已经形成固定的系统，基本上确立了19年7闰的原则。

汉武帝时制订出我国第一部比较完整的历书"太初历"，开始以正月为岁首。唐朝天文学家僧一行制定的《大衍历》比较准确地反映了太阳运行的规律。郭守敬主持编定的《授时历》，一年的周期与现行的公历基本相同，但是比现行公历早300年。

郭守敬

我读历史

《授时历》取古语"敬授民时"的意思,在总结前人历法优点的基础上,使用了一些比较进步的数据,采用新的算法,规定以365.2425日为一年,与近代观测值365.2422仅差26秒,精确度与现行的公历相当。《授时历》于1281年颁布推行,比西方早采用了300多年。

二、发达实用的数学和地学

中国古代对数学的应用和研究取得了很高的成就。春秋战国时期,我国人民已经掌握了算筹的记数和计算方法。西汉时期的《周髀算经》,引用了商高定理——"勾三股四弦五",比西方几何学中勾股定理的提出早了约500年。

汉代石刻《伏羲女娲手执矩规图》

我看历史

《伏羲女娲手执矩规图》的分布十分广泛,从山东到新疆的考古中都发现。"规"即圆规,女娲持规开天,以规画圆。"矩"即曲尺,伏羲掌矩辟地,以矩测地。汉代画像石中的"伏羲手执矩,女娲手执规"图,是我国最早的有关作图基本工具——规和矩的图像资料。

你认为这些考古发现说明了什么?

约成书于东汉时期的《九章算术》,系统总结了战国、秦汉时期的数学成就,记载了当时世界上最先进的应用数学计算方法,标志中国古代数学形成了完整的体系。

我读历史

《九章算术》一共收有246个与生产、生活实践密切联系的应用问题,分为方田、粟米、盈不足、方程、勾股等九章,按照问题集的形式编写而成。《九章算术》在世界数学史上最早提出了负数概念和正负数加减法法则,首次阐述了负数及其加减运算的法则,还在世界上第一次系统地叙述了分数的运算。

隋唐时期,《九章算术》已经传入朝鲜、日本,其中的一些知识传播至印度和阿拉伯,并经由这些地区传到了欧洲。

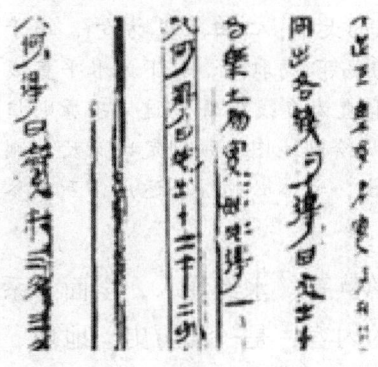

江陵张家山汉墓竹简《算数书》

我读历史

20世纪80年代,在湖北张家山247号汉墓中出土了一批数学竹简,因其中一枚有"算数书"三字而命名为《算数书》。据考证,《算数书》成书于公元前202年至公元前186年之间,比《九章算术》早了三百余年,是中国现存最早的数学著作。《算数书》的发现,改写了中国古代数学史。

魏晋时期的数学家刘徽运用极限理论,提出了计算圆周率的正确方法。南朝的祖冲之精确地计算出圆周率是在3.1415926~3.1415927之间,这一成果比欧洲早了将近1000年。他的专著《缀术》对数学发展有杰出的贡献。

算筹是中国古代早期的计算工具,用算筹计算就叫筹算。筹算计数逢十进一,采用十进位值制,这是古代一种相当先进的计算方法,对我国形成以计算为特长的传统数学有很大的影响。

我读历史

算筹一般用竹子制成,也有用木头或其他材料制作的,直径1公分,长约6寸(合现在的13.8厘米)。珠算法出现之前,筹算是我国古代人民一直使用的计算方法。千阳县西汉墓中出土的算筹,是我国考古中第一次发现的算筹实物,为中国数学的发展史提供了实物,并证明我国在汉代已有算筹,弥补了文献记载的不足。

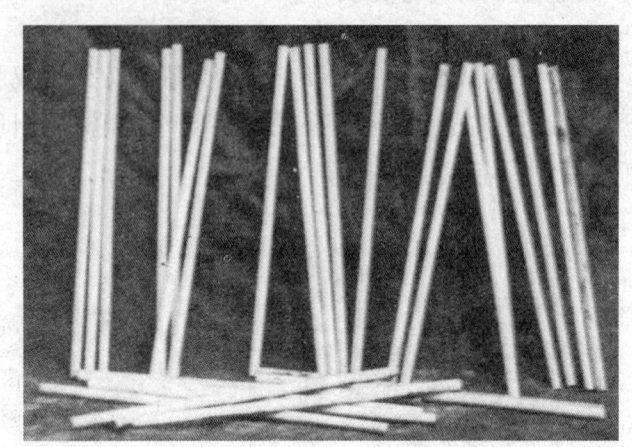

陕西千阳县西汉墓中出土的骨算筹

《算法统宗》中的珠算盘

算盘是中国古代重要的计算工具,具体起源时间没有定论。元末明初,我国已经出现了现代样式的算盘。明朝中期以后,珠算盘已经比较普及。

随着珠算术的普及,我国出现了一批珠算著作,著名的有程大位的《算法统宗》。

后来,算盘传播到朝鲜、日本、东南亚,在人们的生活中发挥着重要的作用。

西晋的裴秀是中国古代杰出的地图学家。他主编完成《禹贡地域图》并创立"制图六体"理论,为中国传统地图学奠定了理论基础。

我读历史

裴秀提出的"制图六体",一曰分率(比例尺),用于测定地区的大小;二曰准望(方向),用于确定各地物的方位;三曰道里(距离),用于确定道路的里程;四曰高下(高取下,取下为水平直线距离);五曰方邪(方取斜,取斜为直线距离);六曰迂直(迂取直,取直为直线距离)。这六项原则归纳起来就是现代地图学所论述的比例尺、方向和距离三要素,说明绘制地图必须制定比例尺,测出地物之间的方向,并求得各地物间的水平直线距离。裴秀还指出,六体必须综合运用,互相参考,否则就不能正确绘制出反映实际地貌的地图来。

北魏地理学家郦道元通过为古书《水经》作注,写出地理学巨著《水经注》,全面、系统地介绍了水道流经地区的历史沿革、自然地理和经济地理等方面的内容,是一部历史、地理、文学价值都很高的综合性地理著作。

我读历史

公元629年，唐代名僧玄奘（公元602~664年）从长安出发西行取经，耗时17年，历经100多个国家和地区。回国后按其口述编成的《大唐西域记》，全面介绍了途经国家的面积、都城、气候、地形、水利、物产、交通以及风俗习惯等，在中国和世界地理学史上占有重要地位。

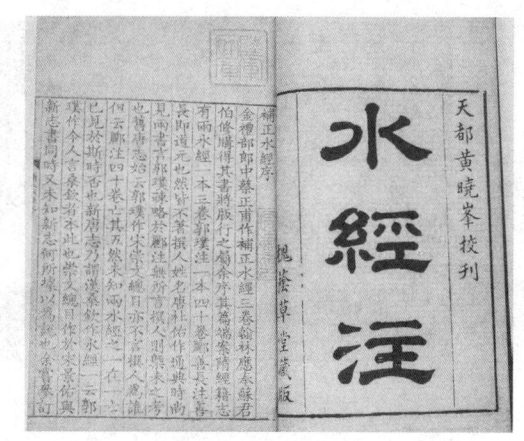

《水经注》书影

明朝旅行家和地理学家徐霞客游历大江南北，饱览名山大川，坚持实地考察、写游历日记，后人根据他的游记整理而成的《徐霞客游记》，对喀斯特地貌作了详细地记述，是世界上最早记载喀斯特地貌的著作。

三、自成体系的医学和农学

春秋战国时期，我国的中医理论已经基本形成。

扁鹊是战国时期的名医，被称为"脉学之宗"，他采用"望、闻、问、切"四诊法成为中医的传统诊病法，一直沿用至今。《黄帝内经》编撰于战国、成书于西汉，是中医学的奠基之作。

我读历史

在长沙马王堆汉墓，曾发掘出一座"地下图书馆"，包括28种帛书和竹简，内容涉及战国至西汉初期的政治、军事、思想、科学等方面，其中的《五十二病方》是我国现在发现的最古老医书，记载了治疗五十二类疾病的医方。

《五十二病方》

张仲景图像

秦汉时期我国医学发展迅速，名医辈出，成就显著。
东汉的《神农本草经》是我国第一部完整的药物学著作。东汉末年张仲景撰写的《伤寒杂病论》，总结了前人诊断和治疗疾病的经验，是集大成的中医学专著，创造性地提出了辨证论治的方法，奠定了后世中医临床学的理论基础，被后世医家誉为"万世宝典"，张仲景也被后人称为"医圣"。同一时期的华佗被誉为"神医"，他精通外科手术，并制成了世界上最早的麻醉剂——"麻沸散"，还创立了健身体操"五禽戏"。

南阳医圣祠

我演历史

医圣张仲景祭祀是河南省首批非物质文化遗产。民间祭拜张仲景的活动自汉代延续至今，内涵十分丰富。

作为多才多艺的幼师生，请你发挥创造力，创编一个反映纪念张仲景的历史短剧吧。

唐代孙思邈的《千金方》全面总结了历代的医药学成果，是我国历史上第一部临床医学百科全书。孙思邈非常重视医德，对"大医精诚"的医德规范专门立题，在《千金方》中进行重点讨论，被人尊称为"药王"。

明朝李时珍写成的药物学巨著《本草纲目》，对16世纪以前的中医药学进行了系统总结，被誉为"东方药物巨典"。

我读历史

《本草纲目》共52卷，约190万字，记载有药物1892种，收集药方11096个，绘制精美的插图1160幅。在药物分类上，李时珍改变了原有的上、中、下三品分类法，采取"析族区类，振纲分目"的科学分类，把药物分为矿物药、植物药、动物药。植物药一类，又根据植物的性能、形态及其生长的环境，区别为草部、谷部、菜部、果部、木部等5部。这种对植物的科学分类，要比瑞典的分类学家林奈早200年。

我国传统农学和农业生产技术在战国时期已经基本形成。秦国的吕不韦组织编纂的《吕氏春秋》，体现了中国传统农学和耕作技术特征，其中的"上农"、"任地"、"辨土"和"审时"四篇，是现存最早的农学专论。

我读历史

西汉的农学家氾胜之的《氾胜之书》是我国现存最早的农书，记载了黄河中游地区耕作原则、作物栽培技术和种子选育等农业生产知识，反映了当时劳动人民的伟大创造。

北魏贾思勰的《齐民要术》是我国现存最早、最完整、最系统的综合性农业科学著作，系统总结了六世纪以前黄河中下游地区的农牧业生产经验、食品加工与贮藏、野生植物的利用等方面的经验，强调农业种植要因时制宜、因地制宜，对中国古代农学的发展产生了重大影响。

我看历史

结合史实，谈一谈为什么在北魏会出现《齐民要术》这样的农学巨著？

明朝后期徐光启编著的《农政全书》，综合介绍了我国传统农学的成就，建立了一个比较完整的农学体系，还介绍了由传教士带来的欧洲先进的水利技术和工具。

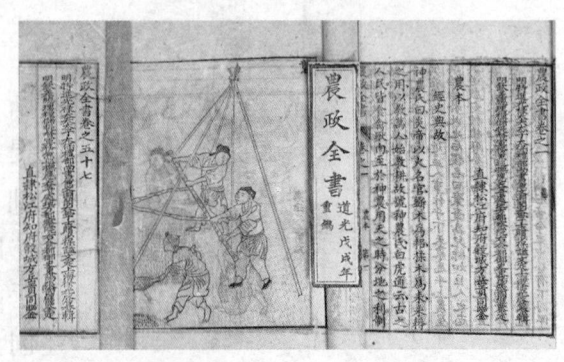

徐光启编著的《农政全书》

◎ 本课小结

勤劳智慧的中国古代劳动人民在长期观察天象的基础上，编制出科学、先进的历法指导人们的生活和农业生产，创造出辉煌灿烂的农业文明。

中医是中华文化的瑰宝。《黄帝内经》、《伤寒杂病论》奠定了中医学的理论基础，《千金方》、《本草纲目》等医药学巨著总结了中国历代医药学成果。

古代中国人民注重生产实践和经验总结。《九章算术》是当时世界上最先进的应用数学；《齐民要术》是中国现存最早最完整的农书；徐光启《农政全书》则综合介绍了我国传统农学成就，建立了一个比较完整的农学体系。

第二课 卓越的技术成就

一、造纸术

造纸术发明之前,中国人用龟甲、兽骨、青铜器、金玉石器、竹(木)简和帛等材料写字。

我读历史

春秋时期主要以竹(木)简写字。为了便于阅读,人们用绳子之类的东西按次序把竹简编连起来。通常,用丝线编连的叫"丝编",用麻绳编连的叫"绳编",用熟牛皮绳编连的叫"韦编"。孔子晚年喜欢研读《周易》,反反复复读了许多遍,以致"韦编三绝",把编连竹简的牛皮绳翻断了多次,后来人们就用"韦编三绝"形容读书勤奋用功。

我国是世界上最早发明纸的国家。西汉前期我国已经有了絮纸和麻纸。

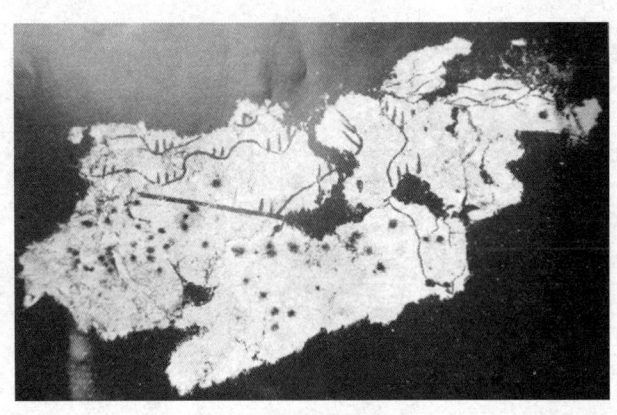

天水放马滩纸质地图残片

我读历史

1986年甘肃天水放马滩5号汉墓出土的纸质地图,残长5.6厘米、宽2.6厘米,经文物考古专家断定是西汉文帝或景帝(公元前179年至前143年)时期的纸质地图,这是世界最早的纸绘地图,也是目前世界上最早的纸。

公元105年,东汉宦官蔡伦改进造纸术,用树皮、麻头、破布、渔网等原料,造出质优价廉的纸,由于这种纸的原料容易得到,价格便宜,促进了纸的普遍使用。为纪念蔡伦的功绩,后人把这种纸叫做"蔡侯纸"。

我读历史

经过蔡伦的改进,东汉形成了一套较为定型的造纸工艺流程:第一是原料的分离,用沤浸或蒸煮的方法让原料在碱液中脱胶,并分散成纤维状;第二是打浆,用切割和捶捣的方法切断纤维形成纸浆;第三是抄造,把纸浆渗水制成浆液,然后用捞

汉朝造纸工艺流程图

纸器（篾席）捞浆，使纸浆在捞纸器上交织成薄片状的湿纸；第四是干燥，把湿纸晒干或晾干，揭下后就成为纸张。汉代以后，虽然造纸工艺不断完善，但这四个步骤基本没有变化。

自汉代以后，我国的造纸技术得到不断改进和发展。魏晋南北朝以后，逐渐开始利用桑皮、藤皮、竹、麦秆、稻秆等原料造纸，造纸技术进步明显，产量大大增加。魏晋南北朝时期，纸张取代简牍，成为我国最主要的书写材料。唐、宋时期，竹纸、皮纸成为纸张的主要品种。

造纸术的发明与改进，是书写材料的一次伟大革命。

我读历史

宣纸主要产于安徽泾县，因原属宁国府，产纸以府治宣城为名，所以称为"宣纸"。宣纸起于唐朝，是中国古代用于书写和绘画的纸。由于宣纸具有耐老化、不变色、少虫蛀、寿命长的特点，故有"纸中之王、千年寿纸"的誉称。我国流传至今的大量古籍珍本、名家书画墨迹，大都用宣纸保存，依然如初。十九世纪，宣纸在巴拿马国际纸张比赛会上获得金牌。

造纸术首先传入朝鲜和越南，随后传到了日本。公元751年，大食俘虏了唐军的一些造纸工匠，让他们为阿拉伯人造纸，造纸术遂传到阿拉伯。

后来，阿拉伯人将造纸术传到了欧洲和非洲，逐渐取代了埃及的纸草、欧洲的羊皮，引发了世界性的书写材料变革，对世界文明的发展和文化交流作出了突出贡献。

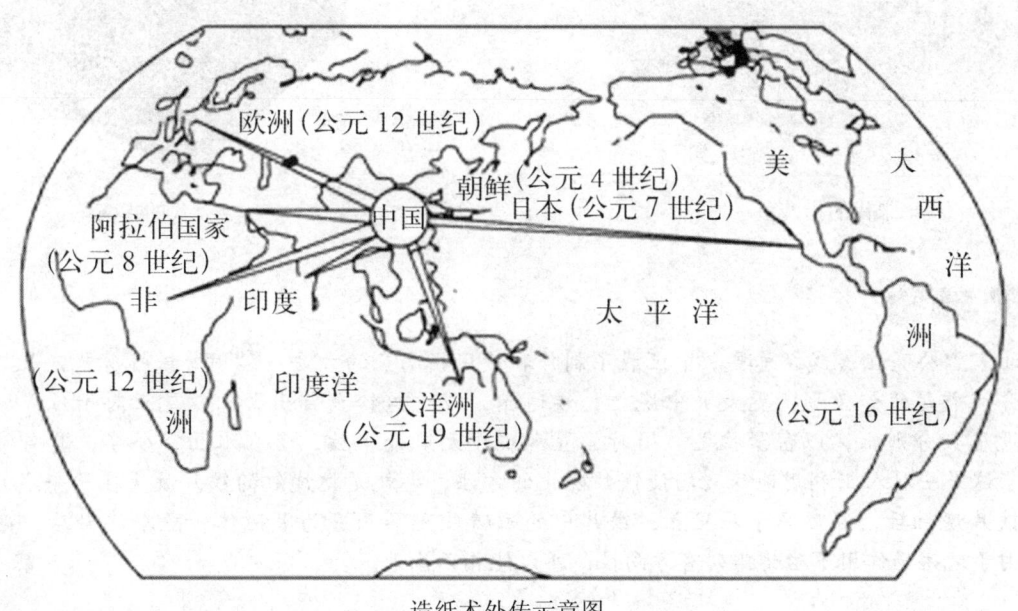

造纸术外传示意图

我看历史

有人说，"没有纸的发明，就不可能有现代文明……造纸术改变世界面貌"。
谈一谈你对这句话的理解。

二、指南针

世界上最早的指南仪器是战国时期的"司南"。后来，人们又发明了指南针。

我读历史

东汉王充在《论衡》中描述"司南之杓投之于地，其柢指南"，是现存最早的中国人发明磁性指南的记录。目前的司南模型是由我国著名科技史学家王振铎根据《论衡》中的记载考证并复原而成：它像只水勺，用天然磁石磨制而成，勺底为球面体，勺呈椭圆状，勺柄通体渐渐缩成柱状。为了确定方向，还配有一个"地盘"，"地盘"是铜质或涂漆木制盘，中央是平滑圆槽，形状可能是内圆外方，框上刻画出定向的刻度，用干支[1]以及八卦等表明二十四方位。将勺投于地盘中央时，它的柄部就会大体停止在指南的方位上。

司南模型

大约在唐末或宋初，我国人民已经发明了人工磁化的方法，制造出指南鱼和指南龟。

宋代的指南鱼

元代的指南龟

我读历史

北宋曾公亮在《武经总要》中记载了制作和使用指南鱼的方法："用薄铁叶剪裁，长二寸，阔五分，首尾锐如鱼形，置炭火中烧之，候通赤，以铁钤钤鱼首出火，以尾正对子位，蘸水盆中，没尾数分则止，以密器收之。用时，置水碗于无风处平放，鱼在水面，令浮，其首常向午也。"这是一种人工利用地球磁场使铁片磁化的方法，也就是把烧红的铁片放置在子午线的方向上，铁片烧红后，温度高于居里点，铁片中的磁畴便瓦解而成为顺磁体，蘸水淬火后，磁畴形成，由于地磁场作用下磁畴排列有方向性，所以能指示南北。

北宋时，指南针开始应用于航海，促进了航海事业的发展。到了元代，指南针成为海上指航的最重要仪器，还专门编制出罗盘针路指引航线。

大约12世纪末13世纪初，指南针传到阿拉伯，后又经由阿拉伯传入了欧洲。

指南针的发明和应用，促进了宋、明时期我国对外贸易的发展，为郑和下西洋、开辟中国到东非的航线提供了可靠保证。就世界范围而言，指南针的传播和应用促进了远洋航行，迎来了地理大发现的时代，为资本主义发展提供了必不可少的前提。

---

[1] 干支又称天干地支，是中国古代历法中常用的计时方法。其中，甲、乙、丙、丁、戊、己、庚、辛、壬、癸被称为"十天干"，子、丑、寅、卯、辰、巳、午、未、申、酉、戌、亥叫做"十二地支"。

抚州罗盘陶俑

我读历史

罗盘诞生的时间和国度一度存在争议，有人认为是欧洲人发明后，16世纪初由日本传入中国的。

1997年5月在临川区抚北镇出土的宋代彩绘立人罗盘陶俑，怀抱一个带有指针的大罗盘，针中部为菱形，中间有小洞，针两侧呈长条状，作左右指向，右指针针端为矛头状，整个指针位置居于罗盘中央，针端与罗盘相接，罗盘为宽平面环状，盘有明显的表示刻度的条纹。此罗盘模型磁针装置方法与宋代水浮针不同，其菱形针的中央有一明显的圆孔，形象地表现出采用轴支承的结构。这个罗盘陶俑怀抱的是现知世界最早的罗盘造型实物，它表明早在12世纪，我国就已使用旱罗盘确定方位了。

三、火药

火药的发明源于炼丹术，是中国古代炼丹家在炼制丹药时偶然发明的。最早关于火药的记载，在唐初医学家孙思邈所著的《丹经内伏硫黄法》中。

我讲历史

据史料记载，中国发明的火药是由硝石、硫黄和木炭等原料制成，又称黑火药。瑞典科学家诺贝尔研制出硝化甘油炸药，安全性大大增加，因此被誉为"现代炸药之父"。

请你向大家讲一讲有关诺贝尔本人或诺贝尔奖获得者的故事吧。

唐末，火药开始用于军事。最早的火药武器有突火枪、火箭、火炮等。

宋朝火药广泛应用于军事。北宋时的《武经总要》已经记载了三种复杂的火药配方，以及如何利用火药制造霹雳火球、铁嘴火鹞等炸弹。元代时，出现了世界上最早的金属火器——火铳。

火药由阿拉伯人传入欧洲后，推动了欧洲火药武器的发展，是世界兵器史上一个划时代的进步，推进了世界历史的进程。

元代火铳

四、印刷术

印刷术是继造纸术之后中国古代的又一项伟大发明，在技术史上经历了雕版印刷和活字印刷两个阶段。隋唐之际，中国出现了雕版印刷术。

我读历史

受印章、拓印、印染技术的启发，我国古代人民发明了雕版印刷技术。雕版印刷早期采用木板雕刻，后来出现了铜板和石板刻字印刷的技术。现存世界上最早的印刷品是在韩国发现的《无垢净光大陀罗尼经》，刻印于公元701~751年之间，上面有武周的制字。

早期印刷品大多是佛像、经咒、发愿文以及历书等。目前世界上最早的有确切日期的雕版印刷品，是在甘肃敦煌发现的唐代咸通九年（868年）《金刚经》。五代以后，印刷术受到官方重视，开始印刷儒家书籍。

我读历史

咸通九年《金刚经》长约16尺，是一个由6个印张粘缀而成的经卷。这幅《金刚经》卷首刻印佛像，后面刻全部经文。刀法纯熟，墨色匀称，印刷清晰，技术成熟，充分表明不是雕版印刷术发明初期的作品，由此可知，雕版印刷术的出现要远远早于868年。

1907年，咸通九年《金刚经》被英国人斯坦因盗骗，先后藏于英国伦敦大英博物馆和大英图书馆。

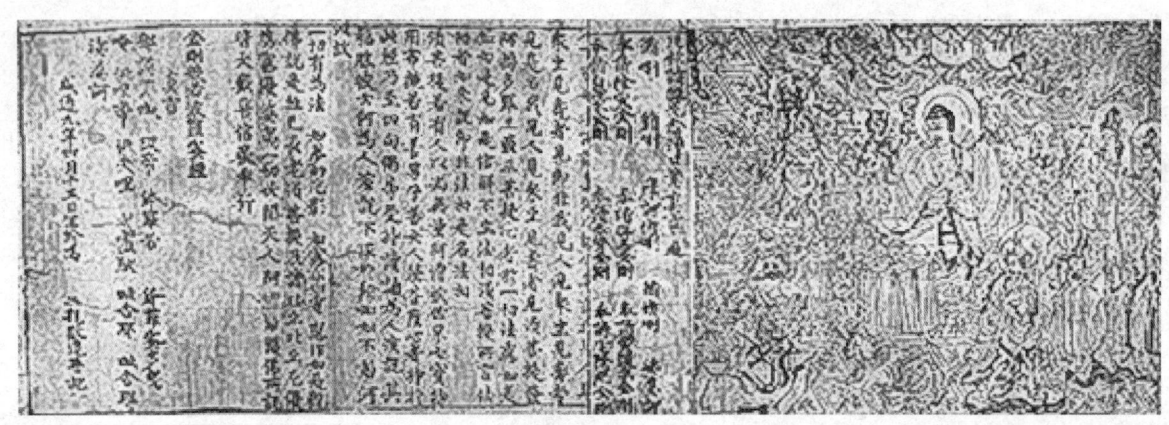

咸通九年《金刚经》书影

宋代是雕版印刷的黄金时代，北宋初年出现了彩色套印技术，当时四川流行的"交子"，就是用朱墨两色套印的纸币。由于实用的要求，在宋代也出现了铜版印刷，主要用于印制纸币和广告。

我演历史

查找相关资料，了解雕版印刷的选材、刻字、印刷、阴干等环节，然后利用陶泥制版，印刷一幅自己的儿童画作品吧！

四川的"交子"

16世纪末，套色印刷广泛流行。到了清代，套色印刷技术得到进一步的提高，套色技术与版画技术相结合，产生了光辉灿烂的套色版画。

我读历史

山西应县佛宫寺释迦塔内发现的辽代套色漏印彩色版《南无释迦牟尼佛像》。

这是我国目前发现的最早的彩色套印版画。该画高65.8厘米、宽62厘米，是采用漏印、套版方式印成，制法与唐代印染织物的夹缬法相同，印时素绢对褶，用镂孔雕版夹紧，镂孔处被染色，夹紧处不染色，从而形成图像。

应县《南无释迦牟尼佛像》

11世纪中叶，北宋平民毕昇发明了胶泥活字印刷术。毕昇发明的活字印刷术是用胶泥片刻成一个一个的单反字，用火烧硬后成为活字。活字排版印刷一版后可以拆散重新排版，反复使用，比整版雕刻省时省力、经济实用。

活字印刷术的发明，是印刷史上一次划时代的革新，对中国乃至世界文化的传播，都起到了重要的促进作用。

《梦溪笔谈》中毕昇发明活字版的记载

元代王祯创制出木活字，并设计发明了转轮排字盘，提高了排字效率，是排字技术上的一个创举。

继泥活字、木活字印刷之后，中国又出现了铜活字印刷。清代雍正年间印制的《古今图书集成》，是用铜活字印制的最大的一部书。

我读历史

明朝除用木活字排印书籍之外，还用木活字排印民间风行极广的"家谱"。家谱的排印，直接促使木活字印刷的进一步发展和普及。

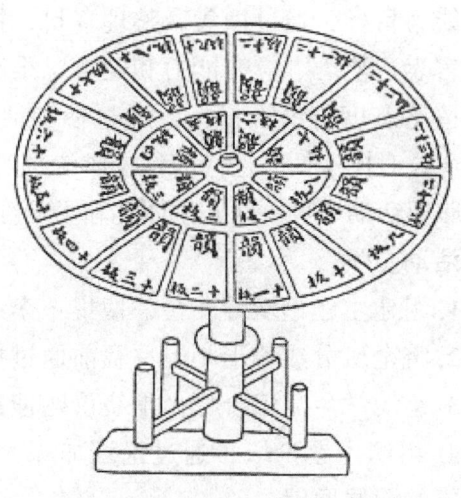

王祯设计发明的转轮排字盘

13世纪中期，活字印刷术传到了朝鲜，后来又传到了西域和欧洲。欧洲人借鉴中国的印刷术制造出活字印刷机，大大推进了文艺复兴运动和宗教改革，促进了思想解放和社会进步，为欧洲走出黑暗的中世纪和文艺复兴运动的出现准备了条件。

我读历史

马克思曾在《机器、自然力和科学应用》一文中说："火药、指南针、印刷术——这是预兆资产阶级社会到来的三大发明。"

你如何理解这句话的含义？

◎ 本课小结

中国古代的四大发明问世后，相继走向世界。四大发明促进了周边国家和世界文明的发展，加快了资本主义的发展进程，对世界历史产生了深远的影响。

实践活动课

主题论坛——"李约瑟难题"之我见

中国是享誉世界的文明古国，在科学技术上曾有过令人自豪的辉煌成就。除了著名的四大发明外，还有100多种科学发明和发现领先于世界。李约瑟曾在他的巨著《中国科学技术史》中以大量的史料证明："中国在公元前3世纪到13世纪之间保持一个西方所望尘莫及的科学知识水平。"但是，他也提出一个问题："中国古代在经验技术的发展水平上远远超过西方，但为什么近代科学却首先在西方诞生，而中国反而远远地落在西方后面呢？"这是李约瑟对中国科学技术发展史研究中重点探讨的问题，史学界称之为"李约瑟难题"。

活动内容：
以主题论坛的方式探讨"李约瑟难题"。
活动目标：
知识目标，通过论坛活动了解"李约瑟难题"，分析并形成自己对这一难题的见解。
能力目标，通过搜集、整理资料，提高学生分析、比较能力；通过主题论坛的方式提高学生的语言表达能力、应变能力和逻辑思维能力。
情感态度价值观目标，通过参加活动，分析近代中国科技落后的原因，提高学生的问题意识；通过对比中西方近代的科技成就激发学生爱祖国、爱科学的情感，引导学生形成在未来的幼儿教育职业活动中尊重幼儿主体性和主动性的理念，保护幼儿求知欲，为孩子的终身发展奠定基础。
活动步骤：
1. 组建主题论坛筹委会，搜集"李约瑟难题"的相关资料，编制议题。
2. 将全班分成若干小组，赛前通过抽签决定论坛议题。
3. 组织学生分工合作，围绕议题搜集资料、制作课件，准备参加主题论坛。
4. 组织主题论坛，通过论坛加深大家对"李约瑟难题"的认识，引导学生思考中国近代科技落伍的深层原因。
活动建议：
1. 论坛议题由筹委会拟定，教师要指导学生拟定议题，注意议题的时代价值。
2. 注意主题论坛的规范性和程序的完整性，注意分工合作。
3. 主题论坛除主发言人外，可增加现场互动环节，由学生观众提问或者对议题发表自己观点。
4. 可组成教师代表团参加活动并在活动结束后进行点评。
活动延伸：
学生根据自己的理解，写出一篇"'李约瑟难题'之我见"的历史小论文。

第七单元

中国古代瑰丽的文学、史学和艺术

> 导语：中国古代文学是世界上历史最悠久的文学之一，它经历了长达3000多年的没有中断的发展历程，以其辉煌的成就而成为全人类文化遗产中的瑰宝；中国古代史学是一座瑰丽的宝库，其内容之丰富，形式之多样，制度之完备，史家之杰出，理论之精湛，在世界历史上是仅见的；中国的艺术传统，是一部记载中国人生活品位和美感世界的活的图画，反映出中国人"用美的方式生活着"的优雅心态。本单元我们将在获得中国文化知识的同时，感受到中国文化的内在精神，感受到中华民族的伟大生命力和创造力，感受到中国人的活生生的性格、灵魂和情趣。

第一课 辉煌璀璨的文学、史学和戏剧

一、《诗经》与《离骚》

《诗经》是中国最早的一部诗歌总集，它至迟在孔子出生前就已基本编定了。共收入自西周初年至春秋中叶（公元前11世纪至公元前6世纪）的诗歌305篇，根据音乐的类别分成三个部分：一是《国风》，共160篇，是从十五个地区采集的民间歌谣；二是《大雅》、《小雅》，共105篇，大多是宫廷宴饮的乐歌；三是《周颂》、《鲁颂》、《商颂》，分别为西周王室和春秋前期鲁国、宋国用于宗庙祭祀的乐歌。

《诗经》的内容非常丰富，300多首诗从各个角度反映了五六百年间广阔的社会生活。具体地说，《诗经》描写了下列五方面的内容：一是周部族的历史，这些诗以歌颂周室祖先的功德为主，但客观上较生动地记载了周族历史上的一些重要片段。二是描写古代田猎、畜牧和农业生产的情景。三是描写战争和徭役的情形。四是控诉统治者对人民的残酷剥削，对那些不劳而获的贵族进行了辛辣的揭露和嘲讽。五是叙述爱情和婚姻。

我读历史

关关雎鸠，在河之洲。　　窈窕淑女，君子好逑。
参差荇菜，左右流之。　　窈窕淑女，寤寐求之。
求之不得，寤寐思服。　　悠哉悠哉，辗转反侧。
参差荇菜，左右采之。　　窈窕淑女，琴瑟友之。
参差荇菜，左右芼之。　　窈窕淑女，钟鼓乐之。

——《诗经·周南·关雎·先秦》

《诗经》在总体上体现了"饥者歌其食，劳者歌其事"的写实倾向，表现了干预人生、反映社会的批判意识。诗人的目光对准着国家和人民的命运，对民生疾苦等社会现实尤为关切。

《离骚》是战国时期屈原的作品。《离骚》长达2400多字，是屈原"发愤以抒情"的一首政治抒情诗。它首先叙述了诗人自己的世系、天赋、修养和抱负，回顾了自己辅佐楚怀王革除弊政的过程及受谗被逐的遭遇，表明了自己决不与邪恶势力同流合污的决心。然后借与重华等的对话，总结了历史上国家盛衰的经验教训，阐明了"举贤授能"的政治主张，并以神游天地、上下求索的幻想境界表示自己对理想的执著追求。最后写自己因苦闷而求神问卜，寻求出路，倾诉了远游他方与眷恋故国的内心冲突，并决心以死殉志。

《离骚》是屈原用他的整个生命熔铸成的伟大诗篇，强烈的爱国思想和执著的人生追求融汇

我读历史

屈原,约公元前339年至公元前278年,本是楚国的贵族,曾官居要职,参与内政外交等重要政治活动,后来被谗放逐,因报国无门而自沉于汨罗江。

屈原

成激越的精神力量,奇特的想象和瑰丽的语言产生了巨大的艺术魅力。诗中大量运用的"美人芳草"的比兴手法也对后代诗歌产生了深远的影响。屈原的作品闪耀着伟大人格的光辉和南方楚文化的奇丽色彩。

二、《史记》与《资治通鉴》

《史记》,中国古代第一部纪传体通史,作者是西汉著名史学家司马迁。该书叙述了传说中的黄帝到汉武帝太初年间共3000多年的历史。全书包括十二本纪,三十世家,七十列传,十表,八书,共130篇,52万多字。其中,本纪叙述帝王事迹,排比历史大事;世家记述诸侯、勋贵和特殊人物的大事;列传主要是记载各类历史人物的活动;表是用谱牒的形式,条理历史大事;书主要记载各类典章制度的发展过程和有关自然、社会各方面的历史。另外,司马迁创"太史公曰"的史评形式,历代纪传体史皆加仿效。

鲁迅先生评价《史记》是"史家之绝唱,无韵之《离骚》"。

《史记》

我读历史

司马迁的父亲司马谈是西汉的太史令,对史料和史书编纂都很熟悉。司马迁成长过程中,受父亲的影响很大,又得到西汉儒学大师董仲舒等人的教诲指导,为其打下坚实的学术基础。20岁后,司马迁遍游史迹名胜,深入社会生活。官至太史令后,又得到阅读皇家资料的机会。他从42岁开始撰写《史记》,前后历时16年,中间虽因为李陵兵败投降匈奴一事向汉武帝上书而遭受宫刑,也没有改变他写成《史记》的决心。

我看历史

司马迁遭受宫刑被投进监狱,在身心俱受到重大打击的情况下依然坚持《史记》的写作,对此请谈谈你的感想。

《资治通鉴》，中国古代第一部编年体通史，是北宋著名史学家、政治家司马光和他的助手刘攽、刘恕、范祖禹、司马康等人历时十九年编纂的一部规模空前的史学巨著，记载了从战国到五代共1362年的史实。全书按朝代分为十六纪，共294卷。

《资治通鉴》

我读历史

《资治通鉴》的294卷共分为《周纪》五卷、《秦纪》三卷、《汉纪》六十卷、《魏纪》十卷、《晋纪》四十卷、《宋纪》十六卷、《齐纪》十卷、《梁纪》二十二卷、《陈纪》十卷、《隋纪》八卷、《唐纪》八十一卷、《后梁纪》六卷、《后唐纪》八卷、《后晋纪》六卷、《后汉纪》四卷、《后周纪》五卷，约300多万字，另有《考异》、《目录》各三十卷。

《资治通鉴》的内容以政治、军事和民族关系为主，兼及经济、文化和历史人物评价，目的是通过对事关国家盛衰、民族兴亡的统治阶级政策的描述警示后人。

我读历史

在这部书里，编者总结出许多经验教训，供统治者借鉴，宋神宗认为此书"鉴于往事，有资于治道"，即以历史的得失作为鉴诫来加强统治，所以定名为《资治通鉴》。由此可见，《资治通鉴》的得名，既是史家治史以资政自觉意识增强的表现，也是封建帝王利用史学为政治服务自觉意识增强的表现。

在我国浩瀚如烟的史学著作中，《史记》和《资治通鉴》被誉为"史学双璧"。

三、流光溢彩的唐诗宋词

唐诗 中国是一个诗的国度，尤其在唐代，中国古典诗歌达到全盛时期。唐代三百年间，涌现出大批优秀诗人和杰出的诗歌作品，清代所编《全唐诗》收录2300多位诗人，共48900多首诗。唐代诗歌数量极大，题材广泛，意象和风格多样化，出现大量思想性和艺术性完美结合的作品，真正是一个百花齐放的黄金时代。唐诗的发展过程大致可分四期，即初唐、盛唐、中唐、晚唐。其中尤以盛唐、中唐两个时期的诗坛最为光辉夺目。

初唐前五十年，诗歌创作仍然继承前代的遗风，以"绮错婉靡为本"的"上官体"为这一时期的代表；后五十年，是逐步突破旧诗风，建立唐诗风范时期。以"文章名天下"的"初唐四杰"[1]为代表，把诗歌的题材从宫廷移到市井，从台阁移到江山与塞漠，感情基调也清新健康起来。

盛唐时期，诗坛涌现出许多才华横溢的诗人。王维、孟浩然以优美的山水田园诗闻名，高适、岑参以慷慨激昂、豪放悲壮的边塞诗著称。成就最大的当属"诗仙"李白和"诗圣"杜甫。

李白（701～762年），字太白，盛唐最杰出的诗人，也是我国文学史上继屈原之后又一伟大的浪漫主义诗人，素有"诗仙"之称，他留给后世3900多首诗篇。作为一个浪漫主义诗人，李白调动了一切浪漫主义手法，使诗歌的内容和形式达到了完美的统一。他的诗富于自我表现的主观

---

[1] "初唐四杰"指王勃，杨炯，卢照邻，骆宾王。

抒情色彩，感情的表达具有一种排山倒海、一泻千里的气势，给人以豪迈奔放、飘逸若仙的韵致。代表作有《蜀道难》、《梦游天姥吟留别》、《望庐山瀑布》等。这些熠熠生辉的诗作，表现了他一生的心路历程，是盛唐社会现实和精神生活面貌的艺术写照。

我读历史

李白，陕西成纪（今甘肃秦安）人。大半生过着流浪生活，游历了全国许多名山大川，写下了大量赞美祖国大好河山的优美诗篇，借以表达他那种酷爱自由、渴望解放的情怀。在这一类诗作中，奇险的山川与他那叛逆不羁的性格达到了完美的契合，其中《梦游天姥吟留别》是其最杰出的代表作。李白的一生素怀有远大的抱负，他毫不掩饰地表达对功名事业的向往，《梁甫吟》、《读诸葛武侯传书怀》等诗篇中，对此都有绘声绘色的展露。长安3年的政治生活，对李白的创作产生了深刻的影响。他的政治理想和黑暗的现实之间发生了尖锐的矛盾，胸中淤积了难以言状的痛苦和愤懑。于是，便写下了《行路难》、《古风》等一系列仰怀古人，壮思欲飞，自悲身世，愁怀难遣的著名诗篇。而那"安能摧眉折腰事权贵，使我不得开心颜"的诗句，更把诗人的一身傲骨展露无遗，成为后人考察李白伟大人格的重要依据。诚如杜甫所言，李白的诗具有"笔落惊风雨，诗成泣鬼神"的艺术魅力。

李白

杜甫（712～770年），生活在唐王朝由繁盛走向衰落的时期，其诗多涉笔社会动荡、政治黑暗、人民疾苦，被誉为"诗史"，其人忧国忧民，人格高尚，诗艺精湛，被奉为"诗圣"。杜甫的代表作是"三吏"[1]、"三别"[2]。

杜甫以饥寒之身却怀济世之志，处穷困之境而无厌世思想；在诗歌创作方面，杜甫的诗内容充实，思想深刻，风格雄厚沉郁，语言精练朴实，对后来的诗歌发展产生了巨大的影响。

杜甫

我读历史

杜甫，字子美，生于河南巩县（今河南省巩义市），因曾居长安城南少陵，故自称少陵野老，世称杜少陵。三十五岁以前读书与游历。天宝年间到长安，仕进无门，困顿了十年，才获得一小职。安史之乱开始，他流亡颠沛，竟为叛军所俘；脱险后，授官左拾遗。乾元二年（759年），他弃官西行，最后到四川，定居成都，一度在剑南节度使严武幕中任检校工部员外郎，故又有杜工部之称。晚年举家东迁，途中留滞夔州二年，出峡。漂泊鄂、湘一带，贫病而卒。杜甫一生写诗几千首，现存1400多首。

---

[1] 指《新安吏》、《石壕吏》、《潼关吏》。
[2] 指《新婚别》、《垂老别》、《无家别》。

中唐时期，伟大诗人有白居易、元稹等。

白居易等人在诗坛上掀起改革浪潮。他认为，诗歌应该更多地反映现实生活，主张"文字合为时而著，诗歌合为事而作"。他的诗揭露统治者的罪恶，反映人民呼声，内容深刻而着笔平易近人，流传极广。主要作品有《卖炭翁》、《新乐府》、《长恨歌》等。

晚唐时期，国势日衰，诗坛上涌现出了一批忧国忧民的诗人和诗作，其中最有影响的诗人是李商隐和杜牧。李商隐的诗风感伤抑郁、深情缠绵，传世的有600多首作品，代表作有《无题》等。杜牧的古体诗受杜甫、韩愈的影响，题材广阔，笔力峭健。他的近体诗则以文词清丽、情韵跌宕见长，代表作有《阿房宫赋》等。杜牧、李商隐被后世并称为"小李杜"。

白居易

宋词 两宋时期，城市经济繁荣，市民阶层不断壮大。反映到文化上，则是新兴的文学体裁——词，成为中国文学的主流。

我读历史

> 词这种特殊的诗体产生于初、盛唐，到晚唐五代时已取得相当高的成就，出现了温庭筠、韦庄、李煜等著名词人，当时尚未能与五、七言诗相抗衡。真正成为一代文学之圣，并在古代诗歌史上堪与唐诗交相辉映的是宋代的词。

宋词名家辈出，流派众多，后人往往把宋词划分为以柳永、李清照等为代表的婉约词派和以苏轼、辛弃疾等为代表的豪放词派两大流派。

柳永　　　　　　　　　苏轼　　　　　　　　　辛弃疾

柳永是宋代第一个专业词人，他把男女情爱作为创作的主题，生动而真切地描写人们对爱情的追求，代表作有《雨霖铃》等。相传"凡有井水处，即能歌柳词"，人们称柳永为代表的词派为"婉约派"。

苏轼冲破过去词专写男女恋情、离愁别绪的境界，把词的题材进一步扩大，主张无意不可入于词，无事不可言于词。他的词豪迈奔放，放纵不羁，开创了宋词的"豪放派"之风，代表作有《念奴娇·赤壁怀古》、《水调歌头·中秋》等。

我读历史

苏轼的词笔力纵横，气势磅礴，其中有"乱石穿空，惊涛拍岸，卷起千堆雪"的古战场景色，也有"日暖桑麻光似泼，风来蒿艾气如薰"的农村风光，还有"会挽雕弓如满月，西北望，射天狼"的爱国志士形象，等等。

辛弃疾在政治上主张抗金，是杰出的爱国者。他的作品经常流露出对祖国山河分裂的悲痛，散发着浓厚的时代气息，代表作有《菩萨蛮·书江西造口壁》、《破阵子·醉里挑灯看剑》。

四、元曲和明清小说

元曲 元代文学中的精华是元曲，包括元代杂剧和元代散曲，历来与唐诗、宋词并称。

我读历史

元杂剧是融合了歌唱、舞蹈、说白、杂技等多种艺术形式的综合艺术，是中国独特的戏剧形式——戏曲的第一种成熟形态。它的出现在中国文学史上有着划时代的意义。在此之前，占据文坛统治地位的是以抒情为主要功能的诗歌散文，而元杂剧则以叙事为主，这就使文学更贴近人民的生活，更直接地表现人民的喜怒哀乐，更广泛地反映社会现实。元杂剧的成熟宣告了戏剧、小说等叙事文学开始成为中国文学的主流之一。元杂剧的作者多为社会地位低下的文人、演员等，观众更是遍及各个社会阶层，它的兴盛意味着文学在作者和读者两个方面都进一步走向民间。

在元曲的创作历程中，产生了为世人瞩目的元曲四大家：关汉卿、马致远、郑光祖、白朴。

关汉卿是最负盛名的元代剧作家，其代表作有《窦娥冤》、《救风尘》、《望江亭》等。他的剧本有的雄壮艳丽，有的清雅深沉，有的活泼尖刻，广泛而深刻地反映了元朝的社会面貌。

关汉卿

我读历史

关汉卿是元曲的代表性作家，大都（今北京）人，他一生创作的杂剧至少有60种。他的戏剧作品具有批判现实主义的色彩，大多反映残酷的现实和人民奋争的呐喊，人物形象鲜明，对元杂剧的繁荣发展影响极大。在关汉卿的作品中，《窦娥冤》最具震撼力。这是一出"惊天地、泣鬼神"的伟大悲剧，王国维《宋元戏曲考》称，将此剧"列之于世界大悲剧中亦无愧色也"。

明清小说 明朝时，古典小说蓬勃发展起来，逐渐成为中国文学的主流。其内容多数反映当时的社会生活，揭露封建统治的腐朽没落，表达人民的意愿。最著名的小说是人称三大奇书的《三国演义》、《水浒传》和《西游记》。

清朝时，古典小说进一步发展，曹雪芹的《红楼梦》将我国古典小说的创作推向高峰。

明清古典小说

书名	作者	成书时间	内容	价值
《三国演义》	罗贯中	元末明初	根据历史记载和民间流传的三国故事创作而成。叙述东汉末年和三国时期的政治、军事斗争，出色地塑造了刘备、诸葛亮、曹操等不同性格的典型人物。	是我国最早的一部长篇历史小说。
《水浒传》	施耐庵	元末明初	描写北宋末年宋江领导的农民起义，塑造了108位被逼上梁山的英雄好汉形象，歌颂农民的斗争精神。	是我国第一部以农民起义为题材的长篇小说。
《西游记》	吴承恩	明朝	以民间流传的唐僧取经故事为题材创作而成。通过孙悟空形象的塑造，反映了人民蔑视封建统治和敢于斗争的精神。	是一部具有浪漫主义气息的长篇神话小说。
《红楼梦》	曹雪芹	清朝	描写封建贵族家庭贾府由盛到衰的过程及贵族青年贾宝玉和林黛玉的爱情悲剧。深刻鞭挞了封建礼教和封建制度的罪恶，揭示了封建社会走向没落的必然趋势。	具有高度的思想性和艺术性，是我国古代最优秀的长篇小说，在世界文学史上占有重要地位。

五、典雅的昆曲和"国粹"京剧

昆曲 昆曲原名"昆山腔"，或简称"昆腔"，清代以来被称为"昆曲"，是发源于14、15世纪苏州昆山的曲唱艺术体系，糅合了唱念做打、舞蹈的表演艺术，是我国最古老的剧种之一，也是我国传统文化艺术中的珍品。以曲词典雅、行腔婉转、表演细腻著称，被誉为"百戏之祖"。它以鼓、板控制演唱节奏，以曲笛、三弦等为主要伴奏乐器，在语言上，该剧种原先分南曲和北曲：南昆以苏州白话为主，北昆以大都韵白和京白为主。

昆曲的代表剧目有《牡丹亭》、《长生殿》、《桃花扇》等。

《牡丹亭·惊梦》剧照

昆曲在2001年被联合国教科文组织列为"人类口述和非物质遗产代表作"。2006年5月20日，昆曲经国务院批准列入第一批国家级非物质文化遗产名录。

我读历史

《牡丹亭》是汤显祖的代表作，也是中国戏曲史上浪漫主义的杰作。作品描写了杜丽娘和柳梦梅生死离合的爱情故事，洋溢着追求个人幸福、呼唤个性解放、反对封建制度的浪漫主义理想，感人至深。杜丽娘是中国古典文学里继崔莺莺之后出现的最动人的妇女形象之一。《牡丹亭》以文词典丽著称，宾白饶有机趣，曲词兼用北曲泼辣动荡及南词宛转精丽的长处。

京剧 京剧是在北京形成的戏曲剧种之最，至今已有200多年的历史。它是在徽戏和汉戏的基础上，吸收了昆曲、秦腔等一些戏曲剧的优点和特长逐渐演变而形成的。京剧形成后，便走向全国，声威之壮是任何一个地方剧种都无法比肩，因此，京剧又有"国剧"之称。

我读历史

公元1790年(清乾隆五十五年)，徽戏开始进京。最早进京的徽戏班是享有盛名的安徽"三庆班"，随后又有"四喜"、"和春"、"春台"诸班，史称"四大徽班"（四大徽班从扬州进京）。四大徽班和以后陆续进京的徽班，以其优美动听的唱腔和卓越的表演受到观众的欢迎，逐渐形成一个新剧种——京剧，涌现出程长庚、谭鑫培等号称"同光十三绝"的著名艺人。

京剧的发展与一代又一代演员的努力分不开，如果说程长庚、谭鑫培是老生行当的杰出代表，那么，"四大名旦"则开启了京剧旦角的表演时代。其中梅兰芳以典雅端庄、雍容华贵的梅派演出风格取胜，代表剧目有《贵妃醉酒》、《洛神》等；程砚秋创造了独具韵味特色的程派唱腔，他的水袖功较前人更为丰富，更具表现力；荀慧生则发展了花旦这一行当，塑造出形形色色的小姑娘，或纯朴、或憨厚……很好地表现了红娘、尤三姐等不同人物的性格和不同的心态；尚小云以刀马武旦见长，他塑造的多是一些巾帼英雄，他的唱腔富于力度，表演干净，柔中寓刚，代表剧目有《昭君出塞》、《梁红玉》等。

梅兰芳　　　　程砚秋　　　　荀慧生　　　　尚小云

我读历史

生旦净丑：在戏曲中，生，指一般的男子；旦，指一般的妇女；净，指品貌或性格特异的男子；丑，指诙谐或邪恶的男子，又称小花脸。生、旦、净、丑四大行当又有细密分工，如青年男子称小生，勇武男子称武生；大家闺秀称正旦，也叫青衣，武勇妇女称武旦，诙谐或邪恶妇女称彩旦；擅长武艺的或诙谐或邪恶的男子称武丑。

京剧脸谱：脸谱有两种用意。一种是表明剧中人的身份和性格。如"红脸"表示忠勇，"黑脸"表示粗豪，"白脸"表示奸恶等；再一种用意是体现人们对这个角色的道德评价和审美评价，如可敬的，可恨的，可笑的等等。

唱念做打：这是京剧演员最基本的表演手段。"唱"占首要地位，京剧唱腔的韵味往往体现了京剧艺术的最高境界。"念"是指念白，就是人物的说话，在京剧中主要起叙事的作用。"做"和"打"是演员利用形体动作来表现人物和情境。

◎ 本课小结

《诗经》和《离骚》是中国古代优秀文学作品；唐诗、宋词、元曲、明清小说分别代表了不同时期中国文学的最高成就；京剧是我们的"国粹"，是中国传统文化的有机组成部分。

第二课　魅力永存的书画、乐舞和雕塑

一、汉字的起源与演变

汉字，是中华文明的重要标志之一，是世界上使用时间最长、使用人数最多的一种文字，也是世界各古文明中仅存的意音文字。

汉字起源的上限，现在能够提出的证据，最早的是河南舞阳贾湖村出土的刻在龟甲和个别石器上的二十多个刻符，时间是公元前6000年左右，属新石器时期的早期。

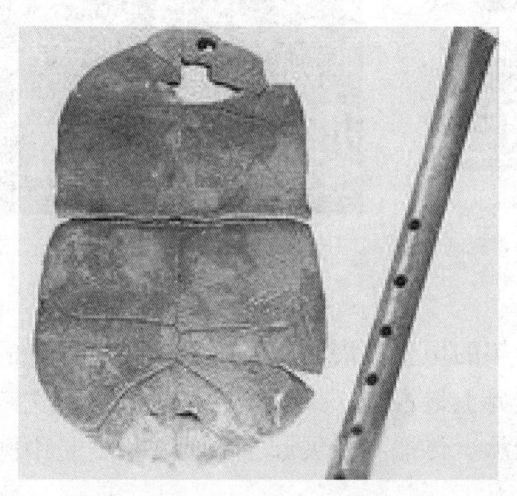

河南舞阳贾湖村出土的龟甲和骨笛

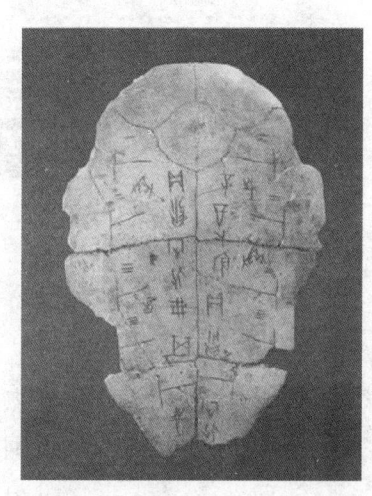

甲骨文

河南安阳小屯村发现的甲骨文，是现在学术界公认的最早的成熟文字，传统"六书"中象形、指事、会意、形声、转注、假借等结构方式在甲骨文中都已具备。但有些字在书写时的置向和书写行款还不固定，属汉字发展的早期阶段。

金文，是刻在钟鼎等青铜器上的文字。金文一般是先用毛笔书写，再翻铸在青铜器上，形声字大量增加，异体字相对减少，结构趋于定型，这说明金文比甲骨文更成熟了。

小篆，是秦始皇统一中国后推行"书同文"政策所采用的字体。小篆的书写完全线条化，象

我读历史

商人迷信鬼神，不论战争、祭祀，还是渔猎、农事等，都要向鬼神问卜，所得结果刻写在龟甲兽骨上，我们称之为"甲骨文"。随着时间的流逝，甲骨文长期埋藏地下，鲜为人知。直至1899年，甲骨文才重新被学者们所认识。19世纪末至今，已出土甲骨15万片以上，可识读的字在1500个左右。大量的甲骨文的出土，为人们研究商代历史和古文字提供了丰富的资料。

形性减弱。从构造来看,已经形成了相当严密的文字体系。

隶书,是在汉代成熟且通行的字体。简化了小篆的线条,实现了书写的笔画化,从此汉字完全失去了象形性,许多字的构件被省减或合并。隶书对汉字形体的简化是符合汉字发展规律的。

楷书,始于汉末,流行于魏晋,成熟于隋唐,一直使用到今天。它吸收了行草书便于书写的优势,形成了相互配合的笔形系统。楷书结构严谨,便于识读,便于书写,因此历千年而不变。

总之,汉字和其他古老的文字一样,都经过由图画文字到表意文字发展的两大阶段。而它与其他古老汉字不同的是,那些古文字在演变中有的停止使用而丧失生命力,有的变成了拼音文字,有的甚至不可识读,被外来文字取代。唯有汉字,从未间断地被使用至

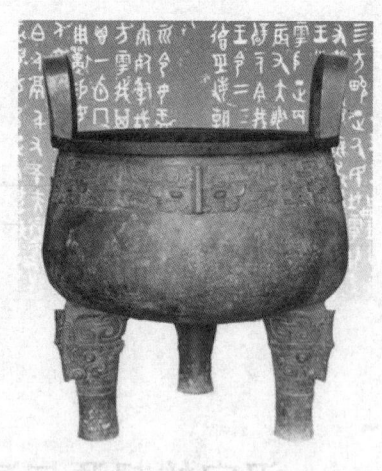

金文

隶书

小篆

今,并在数千年的历史发展中,顽强地维护着自己的表意文字特点,成为世界上最古老、最有严密系统的表意文字。汉字对中国文化的传承、传播和发展起了重要作用,是中国文化的有机组成部分。

二、实用与审美兼备的书法艺术

书法,在诸艺术门类中最具中国独特性。世界上只有在中国文化和伊斯兰文化中,书法才成为举足轻重的艺术。只有在中国文化中,书法才象征了人之美和宇宙之美。

严格说来,书法作为一门艺术是在汉末魏晋时出现的。这时出现了以书法为纯艺术的书法家,如蔡邕、钟繇、王羲之等。在书写工具笔墨纸张改进的基础上,书法艺术的笔墨技巧也达到成熟。自此以后,中国书法随时代的前进浪峰迭起,奇景不断,蔚为壮观。

中国书法从字体类型上,分为篆、隶、楷、草、行五类,每一类都有自己独特的风貌。篆、隶、楷是每字自成一体,行、草则可两字连写,草书则往往数字甚至一行连成。不同的字体有不同的结构特征、用笔特色、整体神貌。篆书古雅,隶书丽姿,楷书雅正,行书流丽,草书飘

逸。书法作为艺术又反映了书法家的个人风格，正所谓"字如其人"。

中国最伟大的书法艺术家是王羲之、颜真卿、张旭。王羲之行书天下第一，被誉为"书圣"，其代表作《兰亭集序》。其书法线条如行云流水，字体结构极尽变化，风流潇洒之至。

王羲之作品

颜真卿作品

颜真卿楷书天下第一，其代表作《颜勤礼碑》等，笔势开张，宽舒圆满，深厚刚健，方正庄严，雍容大度。

张旭是草书之圣，代表作《古诗四帖》等，其书简直就是舞蹈、音乐、激情，"伏如虎卧，起如龙跳，顿如山峙，控如泉流"。[1]

总之，中国书法由中国文字、书写工具和文化思想而汇聚成了一个独特的艺术世界。

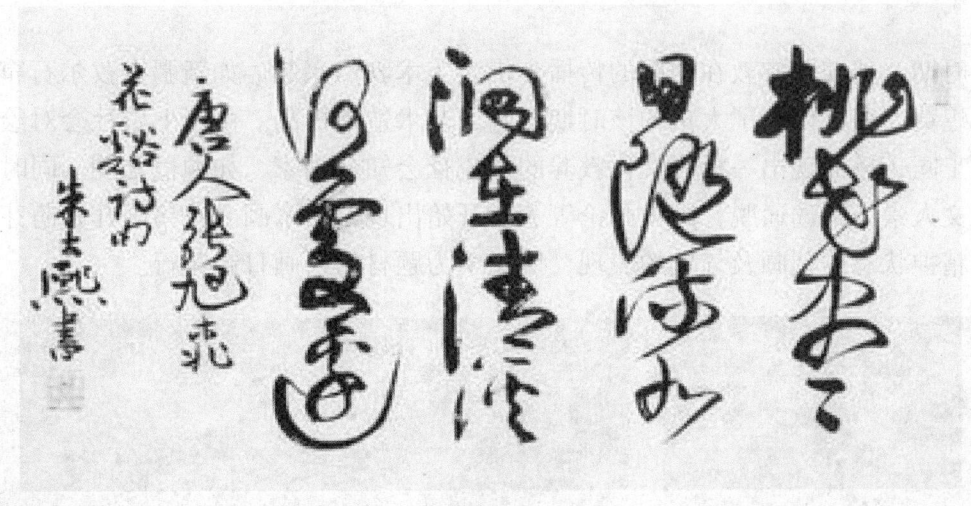
临张旭作品

---

[1] 朱仁书《中国古代书法史》，北京大学出版社，1992。

我读历史

文房四宝：中国独有的文书工具，即笔、墨、纸、砚。文房四宝之名，起源于南北朝时期。历史上，"文房四宝"所指之物屡有变化。自宋朝以来"文房四宝"则特指湖笔（浙江省湖州）、徽墨（徽州，现安徽歙县）、宣纸（宣州，现安徽省泾县，泾县古属宁国府，产纸以府治宣城为名）、端砚（现广东省肇庆，古称端州）和歙砚（现安徽歙县）。

文房四宝

三、笔墨丹青中国画

中国绘画艺术历史悠久，源远流长，经过数千年的不断丰富、革新和发展，以汉族为主、包括少数民族在内的画家和匠师，创造了具有鲜明民族风格和丰富多彩的形式手法，形成了独具中国元素的绘画语言体系，在东方以至世界艺术史上都具有重要的地位与影响。

中国绘画的历史最早可追溯到原始社会新石器时代的彩陶纹饰和岩画。原始绘画技巧虽幼稚，但已掌握了初步的造型能力，对动物、植物等动、静形态亦能抓住主要特征，用以表达先民的信仰、愿望以及对于生活的美化装饰。

先秦绘画已在一些古籍中有了记载，如周代宫殿、明堂、庙祠中的历史人物、战国漆器、青铜器纹饰，楚国出土的帛画等，都已达到较高的水平。

秦汉王朝是强大的中央集权制封建帝国，疆域辽阔，国势强盛，丝绸之路沟通了中外艺术交流，绘画艺术空前发展与繁荣。尤其是汉代盛行厚葬之风，其墓室壁画及情节性，在反映现实生活方面取得了重大成就。其画风往往气魄宏大，笔势流动，既有粗犷豪放，又有细密瑰丽，内容丰富驳杂，形式多姿多彩。画像砖、画像石以及随葬帛画，生动塑造了现实、历史、神话人物形象，具有动态美。

魏晋南北朝时期，伴随着佛教在中国的传播，佛教美术勃然兴起。如新疆克孜尔石窟，甘肃麦积山石窟，敦煌莫高窟都保存了大量的该时期壁画，艺术造诣极高。由于上层社会对绘画的爱好和参与，除了工匠，还涌现出一批有文化教养的上流社会知名画家，如顾恺之等。同时，这一时期玄学流行，文人崇尚飘逸通脱，画史画论等著作开始出现，山水画、花鸟画开始萌芽，这个时期的绘画注重精神状态的刻画及气质的表现，以文学为题材的绘画日趋流行。

敦煌壁画

王维作品

隋唐时期，国家统一，社会相对稳定，经济比较繁荣，对外交流活跃，给绘画艺术注入了新的机运。在人物画方面，虽然佛教壁画中西域画风仍在流行，但吴道子、周昉等人具有鲜明中原画风的作品占了绝对优势，民族风格日益成熟，吴道子被尊为"画圣"。展子虔、李思训、王维、张璪等人的山水画、花鸟画艺工整富丽，取得了较高的成就。

五代两宋之时，中国绘画艺术进入了一个鼎盛时期。朝廷设置画院，扩充机构编制，延揽人才，并授以职衔，宫廷绘画盛极一时，文人学士亦把绘画视作雅事并提出了鲜明的审美标准，故画家辈出，佳作纷呈。而且在理论上和创作上亦形成了一套独特的体系，其内容、形式、技法都出现了丰富多彩、多头发展的繁荣局面。这一时期的代表作品就是张择端的《清明上河图》。

元明清时期，文人画获得了突出的发展。在题材上，山水画、花鸟画占据了绝对的地位。文人画强调抒发主观情绪，"不求形似"、"无求于世"，不趋附大众审美要求，借绘画以示高雅，表现闲情逸趣，倡导"师造化"、"法心源"，强调人品、画品的统一，并且注重将笔墨情趣与诗、书、印有机融为一体，形成了独特的绘画样式，涌现了众多的杰出画家、画派，以及难以数计的优秀作品。如明朝著名画家沈周、文征明，清朝中期的扬州八怪等。

在中国绘画当中，更多时候，水墨画被视为中国传统绘画，也就是"国画"的代表。基本的水墨画，仅有水与墨，黑与白色，但进阶的水墨画，也有工笔花鸟画，色彩缤纷，后者有时也称为彩墨画。水墨画以中国画特有的材料之一——墨为主要原料，加以清水的多少引为浓墨、淡墨、干墨、湿墨、焦墨等，画出不同浓淡（黑、白、灰）层次。别有一番韵味称为"墨韵"。水墨画是中国文化的重要组成部分。

郑燮《竹石图》

我读历史

> 扬州八怪，指清朝乾隆年间活跃在江苏扬州画坛的一群革新画家，一般指金农、黄慎、汪士慎、郑燮、李鳝、李方膺、高翔、罗聘等八位画家。

四、瑰丽的音乐和舞蹈

古代文献中对尧舜时期古乐的记载，说明中国音乐起源甚早。

20世纪80年代，河南舞阳出土的七音孔和八音孔的骨笛，距今约8000多年，是我国迄今发现的最早的吹奏乐器。另一种具有中国特色的原始乐器是陶埙。20世纪30年代以来，先后在陕西西安半坡等新石器遗址考古中发现了多个陶埙，它们大都有5000年以上的历史，开一或二吹孔，可以吹奏出符合音律的不同音高。

1978年在湖北随县出土的战国编钟，音色优美，音域宽广，反映了我国古代音乐发展的较高水平。

两汉时期，羌笛、箜篌和琵琶等少数民族乐器传到内地，两晋南北朝时期，少数民族大批入主中原，他们的乐曲也随之传入，丰富了我国的音乐宝库。胡琴在宋元时期得到广泛应用。

伴随着音乐的发展，中国舞蹈也经历了原始社会时期的生殖崇拜、狩猎祭祀等舞蹈、奴隶社会时期的雅乐舞蹈、汉代"角抵百戏"、唐代宫廷舞蹈、宋元"队舞"、明清"戏曲舞蹈"及近现代舞蹈的发展历程。

骨笛　　　　　　　陶埙　　　　　　　　　　　　编钟

五、高超的雕塑艺术

雕塑，是造型艺术的一种，又称雕刻，是雕、刻、塑三种创制方法的总称。指用各种可塑材料（如石膏、树脂、黏土等）或可雕、可刻的硬质材料（如木材、石头、金属、玉块、玛瑙、铝、玻璃钢、砂岩、铜等），创造出具有一定空间的可视、可触的艺术形象，借以反映社会生活、表达艺术家的审美感受、审美情感、审美理想的艺术。

雕塑在中国没有像西方那样有独立的地位，几乎一直是建筑的一部分，但雕塑又一直都在被创造出来。从河姆渡文化遗址出土的陶猪，到青铜器上的虎、鹤，春秋战国的土俑陶俑，秦兵马俑，直到以后源源不断的宗教造像等。

中国雕塑主要有四个集群组成：一、陵墓集群，包括陵墓表饰（石人、石兽等）、墓室雕饰（墓门、墓道、宫床等墓内建筑雕饰及墓内肖像）、明器艺术（陪葬用的俑和动物造型、建筑模型、器物模型）。二、宗教集群，包括佛道寺庙和佛教石窟里的塑像、浮雕。三、建筑装饰，包括宫殿、苑囿、会馆、牌坊、民居、桥梁等建筑物上的装饰性雕饰。四、工艺雕塑，包括工艺性的泥塑、瓷塑、根雕、玉雕、果核雕等。

我国古代的雕塑艺术作品中最具影响力、研究价值最高、最优秀的作品当属石窟艺术。

我读历史

举世闻名的四大石窟有：

敦煌莫高窟，甘肃省敦煌市境内的莫高窟、西千佛洞的总称，是世界上现存规模最宏大，保存最完好的佛教艺术宝库。

麦积山石窟，位于甘肃省天水市东南约45公里处，是我国秦岭山脉西端小陇山中的一座奇峰，山高只有142米，但山的形状奇特，孤峰崛起，犹如麦垛，人们便称之为麦积山。山峰的西南面为悬崖峭壁，石窟就开凿在峭壁上，有的距山基二三十米，有的达七八十米。在如此陡峻的悬崖上开凿成百上千的洞窟和佛像，在我国的石窟艺术中是罕见的。

龙门石窟，位于河南省洛阳市南13公里处，它同甘肃的敦煌石窟、山西大同的云冈石窟并称中国古代佛教石窟艺术的三大宝库。龙门石窟凿于北魏孝文帝迁都洛阳之时（494年），直至北宋，现存佛像十万余尊，窟龛2300多个。

云冈石窟，位于山西大同市西16公里的武周山麓，武周川的北岸。石窟依山开凿，东西绵延一公里。现存主要洞窟45个，计1100多个小龛，大小造像51000余尊，是我国规模最大的石窟群之一，也是世界闻名的艺术宝库。

我讲历史

我国石窟艺术宝库被盗掠现象十分严重，大量国宝流失海外，令人痛心。请以敦煌莫高窟为例，调查从20世纪初至今发生了哪些盗掠事件？

我读历史

秦始皇陵兵马俑，用泥土雕塑烧制而成，与真马真人的大小相当，比例匀称，生动传神。武士俑头梳各式发髻，手持兵器，面部表情丰富，个性鲜明。秦兵马俑形象地展示了秦朝军队的兵种、编制和武器装备等情况，反映出我国古代工匠高超的雕塑技艺。被誉为"世界第八大奇迹"。

坐落在甘肃敦煌鸣沙山崖壁上的莫高窟，共有一千多个洞窟，所以又叫千佛洞。现存492窟，其中十分之六七是隋唐时期开凿的。洞窟里的塑像很多，个个神态逼真，最高的佛像达33米，最小的仅有几厘米，折射出我国古代雕塑艺术的较高水平。

秦始皇陵兵马俑

◎ 本课小结

汉字与中国文化有着极为密切的联系；中国的书法展示了无穷的魅力；中国绘画由原始社会

时期的彩陶纹饰发展到现在独具特色的水墨画，经历了漫长的历程；音乐、舞蹈在生活中不断发展，出现了大量优秀作品；中国古代的雕塑反映出我国古代工匠高超的雕塑技艺。

实践活动课

笔墨丹青、唱念做打——爱祖国、爱家乡才艺秀

书法、京剧、水墨画均属中国国粹，有很多同学幼时都受过书法、绘画、戏剧等的熏陶，来到幼师后，学校开有书法课，水墨画也是美术课必修的一门功课，弘扬传统文化又是每一个中国人应尽的义务。所以，安排这节实践活动课，一方面是技能课的总汇报，同时又是同学们的一场才艺秀。

活动目的：

1. 弘扬传统文化，增强同学们爱祖国、爱家乡的情感。
2. 促进同学们相互间的了解和学习。
3. 增强同学们的自信心。

活动准备：

1. 选好主持人，并写好解说词。
2. 布置教室，便于悬挂同学们的书法、绘画作品。
3. 摆好桌子，准备好笔墨纸砚，以方便同学们现场书写和绘画。
4. 搭一个简易的戏台，做好戏剧表演中人物的头饰，如花木兰、穆桂英等。
5. 查找资料，了解我国古代著名书法大师、绘画大师的作品特点。
6. 准备相关戏剧资料及名家名段。
7. 做好相关背景演示片。

活动过程：

1. 选择同学们自己感觉很满意的书法、绘画作品悬挂在教室四周。
2. 每幅作品配备相关文字介绍或现场介绍。
3. 挑选部分同学现场表演书法和绘画。
4. 挑选热爱戏剧的同学走上"戏台"，表演戏剧名家名段。同时，幻灯片播放相关戏剧知识介绍。

活动成果：

每位同学针对本次才艺展示写出一份感想。

活动延伸：

本次活动结束后，可以在班里组织书法、绘画、戏剧兴趣小组，定期开展活动，交流心得，提高水平。

史学指导：

1. 背景分析：要临摹大师的作品，首先需搜集资料，了解大师作品的特点，不仅要做到"形似"，更应把握作品的内涵，做到"神似"。
2. 在模仿中感受戏剧唱腔的美、脸谱的美、服饰的美，感受戏曲舞台上，"三五步走遍千山万水"的戏曲张力。

第八单元

中国古代独具魅力的社会风貌

导语：中国地域辽阔，物产丰饶。中华民族人口众多，勤劳勇敢，古代历史源远流长，在长期发展过程中逐渐形成了丰富多彩、独具魅力的社会风貌。在服饰、饮食、居住、交通、宗教、节令习俗等各个方面，体现了中华民族的创造精神和独特风格，标志着不同历史时期的文明发展进程。中国古代社会生活作为人类世界社会生活的一个重要组成部分，对中国后世乃至整个世界都产生了深远影响。从当今中国和世界各地的衣食住行中，我们至今仍可看到中国古代社会风貌留下的痕迹。学习了解中国古代社会生活，不仅能使我们从古代传统文化中汲取财富，更能对中国传统优秀文化产生认同感和自豪感，进而增强热爱国家、振兴民族的感情。

第一课　丰富多彩的古代服饰和美食

一、上衣下裳——中国服饰基本形制

中国古代服饰文化璀璨华美，丰富多彩。衣服是人类有意识地加工制作的护身和装饰用品，是人类特有的劳动成果。它既是物质文明的结晶，又具精神文明的含义。

约五千年前，中国在新石器时代的仰韶文化时期，就产生了原始的农业和纺织业，开始用织成的麻布来做衣服，后又发明了饲蚕和丝纺，人们的衣冠服饰日臻完备。

我读历史

衣裳起源于保护身体的需要。我们的祖先在与猿猴相揖别以后，懂得了遮身暖体。披着兽皮与树叶，冬御寒，夏蔽日，以维持生存，从而创造了最早的服饰。此后，随着审美情趣的产生与发展，服饰又增加了遮羞装饰的作用，成为人体美化的手段。据考古发掘资料，在距今一万八千年的山顶洞人原始社会遗址中，发现了骨针。这说明最迟在这个时期已经出现了较为原始的衣服。在距今八千年左右的河北武安遗址中，发现了麻布一类的残片。在稍后的仰韶文化各遗址中，发现了陶纺轮，它表明当时的先民们已经普遍用麻织布做衣服了。

汉服是世界上历史最悠久的民族服饰之一。汉服的主要特点是交领、右衽、束腰，用绳带系结，也兼用带钩等，给人洒脱飘逸的印象，这些特点都明显有别于其他民族的服饰。汉服有礼服和常服之分。

从形制上看，中国古代服饰的基本形制是上衣下裳。上为衣，下为裳，上下分体，便于活动。上衣下裳据说是源于黄帝，实际上这种上下分体的服饰的出现可能更早。上衣长至于腰，下裳类似于今天的围裙，是用带子系于腰前，长短至于膝。

另外，古人的服饰还有"帽"和"履"。

上衣下裳

我读历史

除了上衣下裳的基本形制外，还有"深衣"制（把上衣下裳缝连起来）、"襦〔rú〕裙"制（襦，即短衣）等类型。衣和裳连接成一体的服装称为"深衣"。后世各种形制的袍及长衫就是由深衣演变而来的。在裤还没有出现之前，深衣这种形制的衣服集护体、遮羞、装饰于一体，其作用不言而喻。

戴在头上起保护和装饰作用的服饰称为"帽",最初是指一切盖在头上之物。最早的帽子是用兽皮缝制的,后世的冠、冕等都是不同形制的帽。

穿在脚上起保护和装饰作用的服物称为"履"。古代的履多是用草麻编制或用皮缝制。用草编的称为"屦(jù)",用麻编的称为"履",用皮缝制的称为"扉",加木底或厚底的称为"舄"(xì),后世统称为"鞋"。

二、款式丰富、民族交融的古代服饰

古代服饰的发展与特点 夏商时期是中国奴隶制社会的确立与发展时期。服饰制度初步形成。奴隶主服饰质地优良,色彩艳丽;而平民和奴隶的服饰粗糙低劣,色调单一。

周代是中国冠服制度逐步完善的时期。伴随着等级尊卑观念,各种礼仪应运而生。反映在服饰上,有服有饰,周代贵族常服形式为上衣下裳,佩饰黻带,另外持笏佩玉也是当时贵族服饰的一种风尚。不同场合穿戴的不同服饰有:祭礼服、朝会服、从戎服、吊丧服、婚礼服等。服饰严格区分天子与官僚、贵族与平民之间的等级差别,形成了一整套的冠冕制度模式,影响了自商周以来三千年封建社会的服饰文化。

我看历史

春秋战国时期,服饰文化各显其地方风格与文化风采。如春申君的三千食客中的上客皆着珠履;平原君后宫百数,婢妾均着绮披纱;卫王宫的卫士穿黑色戎衣;鲁国的儒者着儒服长裙等。

想一想:为什么在这个时期服饰呈现出一派绚丽多彩的景象?

秦代建立了中国历史上第一个中央集权国家,相继建立了各项制度包括衣冠服制,百官戴高山冠、法冠和武冠,穿袍服、佩绶带。

汉代随着经济的繁荣和对外交往的扩大,服饰穿戴也逐渐丰富考究,形成了公卿百冠和富商巨贾竞尚奢华、"衣必文绣"、贵妇服饰"穷极丽美"的状况。习尚以四季节气而为服色之别,如春青、夏赤、秋黄、冬皂。

魏晋南北朝以后,由于北方各族入主中原,服饰文化出现了各民族之间相互吸收、相互融合的局面。南朝名士高冠博带、大袖款衫,北朝各族纷纷推行汉化运动,形成了"群臣皆服汉魏衣"的状况。妇女的日常衣服仍以上身着襦、衫,下身穿裙子,襦、裙也可作礼服之内的衬衣衫。这是一个追求时髦、款式多样、奇装异服盛行的时代。

隋朝时,隋炀帝制定了官服制度,帝王将相各服其服。明确下令不准百姓穿黄色衣裳,从此黄色成了皇帝专用的服色。

唐代衣冠服饰承上启下,博采众长,是中国古代服饰发展史上的重要时期。由于当时丝织业的发达,审美观念的独特,所以当时官服质地款式更加讲究,幞头形制富于变化,衣服品色形成制度。女服色彩艳丽,"幞头纱帽"和"圆领袍衫"是唐代男子最主要的服饰。胡服也很流行。

宋代服饰与唐代相比,款式缺乏创新,色调趋于单一,有向质朴、洁净、自然方面倾斜的趋势。男子上身以圆领长袍为主,随季节不同而穿凉衫、紫衫、毛衫、葛衫、鹤氅(chǎng)等。宋代妇女的日常服饰,大多上身穿袄、襦、衫、背子、半臂,下身束裙子、裤。其面料为罗、纱、锦、缕、毅、绢。尤其是裙子颇具风格,其质地多见罗纱,颜色中以石榴花的红色最注目。

我读历史

唐代女装

唐初,女子裙子的形式流行高腰束胸,宽摆拖地的样式,既能显露人体结构的曲线美,又能表现一种富丽潇洒的优美风度。中晚唐女装华丽大气,一般类似于礼服,她们里面直接穿抹胸——抹胸原本是内衣,和裙子结合形成了一体,它不系腰带,宽松自然。外面直接套上华丽的罩衫,罩衫拖摆至地,有的达几余米,虽然繁琐,却给人稳重的感觉,富有层次感。

唐代女装

元代蒙古族的衣冠,以头戴帽笠为主,男子多戴耳环。服饰既袭汉制,又推行其本族制度。元初曾下令在京士庶须剃发穿蒙古族装束,一般百姓服饰则仍是披发椎髻,夏戴笠,冬服帽。后来也就各随其便了。

明朝建国后,先禁胡服,继而下诏:衣冠悉如唐代形制。明朝皇帝、文武百官、内臣服饰有祭服、朝服、公服、常服等名目,其样制、等级、穿着礼仪真可谓繁缛。一般男子服饰,以袍衫为主,形制多样,儒生文士则以襕衫、直裰为常衣。妇女服饰主要有袍衫、袄、霞披、褙子、比甲、裙子等。

清代官服以顶戴花翎显示其不同的身份和地位。男子的服饰以长袍马褂最为流行。妇女服饰满汉并存,满族妇女以长袍为主,汉族妇女则仍以上衣下裙为时尚,样式及品种至清代也愈来愈多样,如背心、一裹圆、裙子、大衣、云肩、围巾、手笼、抹胸、腰带、眼镜……层出不穷。满汉服饰互有仿效。

中国服饰沿革简明图表

唐装与旗袍 提到中国古代服饰,免不了要说到唐装与旗袍,实际上,我们现在所说的唐装与旗袍都不是古代服饰。现代意义上的"唐装"既不是唐朝服装,也不是唐朝服装的发展,而是中式服装的通称。现代意义上的旗袍也是到了20世纪以后才出现的。

我读历史

唐装是以立领、敞领、斜襟、对襟、盘花扣、织锦缎等为特征的"古装式样",可以说是满装的延续和改良。唐朝时期中国处于世界最先进水平,随着丝绸之路的重新开通,东西交流得到广泛发展,中华文明也由此传到欧洲。欧洲人称中国人为唐人,这就是现在世界各地华人居住区被称为唐人街的开始。因此在海外,唐人成为中国人的代名词。中国人的服装自然就被称为"唐装"了。

唐装

满族传统旗袍

旗袍,原是满族女性的传统服饰,满语称"衣介"。分单、夹、皮、棉四种。传统旗袍的裁制一直采用直线,胸、肩、腰、臀完全平直,女性身体的曲线毫不外露。清代旗袍纹样多以写生手法为主,龙狮麒麟百兽、凤凰仙鹤百鸟、梅兰竹菊百花,以及八宝、八仙、福禄寿喜等都是常用题材。

20世纪上半叶,民国时期的女性在参考满族女性传统旗服和西洋服饰文化基础上,设计出带有中国特色、体现西式审美、采用西式剪裁的新式旗袍。这是一种体现东西方文化糅合之美的时装。但在大部分西方人的眼中,旗袍具有中国女性服饰文化的象征意义。

民国后的新式旗袍

三、农作物品种的丰富与古人的食物

中国古代农作物品种的丰富　以谷物制成的食品为主食,是中国古代农耕民族的共同饮食特征。我国自周代进入农业社会以后,农耕民族就以粮食作物为主食。粮食作物的种类很多,主要以"五谷"为主。

我读历史

中国传统农作物的五谷通常是指黍、稷、菽、麦、稻。除"五谷"之说外,尚有"六谷"、"九谷"二说。关于六谷,《周礼·天官·膳夫》:"凡王之馈,食用六谷。"郑玄注曰:"六谷,稌有稌、黍、稷、粱、麦、苽。"关于九谷,《周礼·天官·大宰》郑玄注曰:"九谷,黍、稷、秫、稻、麻、大小豆、大小麦。"

黍(shǔ),今西北地区称之为黍子、糜子,籽实呈黄色,性黏,去皮后称黄米子。稷(jì),是黍的一个变种,一般指子实不黏或黏性不及黍者为稷。北方人称它为谷子,就是今天的小米。由于它抗旱能力极强,所以多栽培于古代的中原地区,成为北方地区一种最为普遍的粮食作物。麦子在中国栽培很早,种类很多,有大麦、小麦、燕麦、黑麦等。其中小麦和大麦,上古时又称为来牟(móu),种植最为普遍。菽(shū)是豆类的总称,有蚕豆、红豆等多种。

稻，即水稻，自古为我国主要粮食作物之一。

先秦时期，除"五谷"以外，作为粮食的还有苽、麻、芋芳、鸡谷等不少杂粮。两汉时期，粮食作物的品种进一步扩大，增加了高粱、青稞、荞麦、糜子和多种豆类。后世的粮食作物到这时已基本齐备了。

中国古代的食物 中国古代的饮食结构，一直遵循"五谷为养"的传统，以稻、麦为主，兼吃杂粮。可分为主食、辅食菜肴、点心小吃、外来食品等。

主食包括：

粥，是把米煮烂而成的一种饭食。粥类食用十分普及，品种繁多。古史记载就有七宝素粥、绿豆粥、徽子粥、五味粥、粟米粥、糖豆粥、糖粥、糕粥等品种。

我读历史

在古代，粥除了一般食用外，还有三个方面的特殊作用。一则是为了节省粮食。在农闲季节，体力劳动强度不大，古人为了节约粮食，多吃粥以度日。这种情况在经济落后地区更是如此。二则是为了调养滋补身体。张文潜有《食粥说》，谓食粥可以延年。李时珍在《本草纲目》中列出近60种粥的名称，并记述了它们的制作方法与食疗功效。三则是为了救济饥民。表现在灾荒之年，封建官吏、寺观僧道或开明富绅开设粥棚举行施粥活动。可见粥在中国古代社会的地位与影响。

饭，古时泛指用各种谷物制熟的颗粒疏松干爽的食品。中国古代的饭大体上采用两种方式烹饪而成，一是蒸，二是煮，以前者为多。而饭的品种名目有粟饭、九谷饭、蟠桃饭、团油饭、清风饭、寒食饭、荷叶饭、蒸谷饭、炒谷饭等。

饼，在我国古代，"饼"是各类面粉制品的总称。"面"是指用麦类或其他谷类磨成的细粉，饼在我国先秦时期已经食用，战国时有关于饼的明确记载，食饼之事已较为多见。

副食包括：

古代的菜肴，又称肴馔、肴核，肴是指鱼肉等荤菜，馔是指美味食品，核是指蔬菜果核食品。所以，菜肴即是经过烹饪调制而成与主食搭配摄用的荤素菜的总称。

先秦时期的人已经懂得栽种蔬菜和水果。菜类和果类包括葵、韭、葱、笋、芹、姜、桃、李、梨、杏、梅、木瓜、橘、柚、枣、栗、榛、甜瓜等。肉类有牛、羊、猪、狗、鸡、鸭、鱼、鳖等。调味品除盐外，天然的调味品有椒、桂皮、茱萸、姜、韭、葱、蒜等。人工制作的调味品主要有酱、醋、豉、糖、油等。

我讲历史

在菜肴方面，中国很早就发明了一种特殊的副食——豆腐。
查找资料，说说豆腐的历史和制作方法。

酒和茶，是中国人自古以来最喜爱的饮料。酒有米酒、果酒等，后来又发明了"烧酒"（即白酒）。茶是古代人们的日常饮品，有绿茶、红茶、乌龙茶等几大类。茶不仅能够生津解渴，还具有多种社会功能，茶叶也是中国古代出口贸易的主要物品。中国酒、茶文化源远流长，享誉世界。

点心，原指正餐以前略进食物以安慰饥肠的意思，后来成了各种小吃食品的总称。点心和小吃是在饮食商业繁荣以后发展起来的，它始于先秦，繁荣于唐宋之后，包括面广，种类繁多，为平民百姓所喜爱。主要品种有枣籀荷叶饼、芙蓉饼、菊花饼、月饼、梅花饼、重阳糕、肉丝糕、水晶包儿、笋肉包儿……不下百种，极其丰富。

我讲历史

说说你的家乡所在地都有哪些点心和小吃？

我读历史

外来食品传入我国大概可以分为三个时期。一是两汉，传入的食物与调料有豌豆、芝麻、核桃、黄瓜、葡萄、大蒜、石榴、芫荽(yánsui)等。二是唐宋时期，传入的有高粱、菠菜、胡萝卜、西瓜、洋葱等，另外用甘蔗制糖法也从印度传入。三是15世纪以后，原产于南北美洲的各种农作物，如玉米、番薯（即白薯）、马铃薯、花生、向日葵、菜豆、西红柿、花菜、辣椒、甘蓝、菠萝等相继传入中国。

四、地域分明的饮食习惯和八大菜系

中国的饮食在长期的发展、演变和积累过程中，从饮食结构、食物制作、食物器具、营养保健和饮食审美等各个方面，都逐渐形成了相对独特的饮食习惯。

从地域上看，由于气候、环境、农业生产结构不同，南方人爱米饭，北方人喜面食，形成了"南米北面"的饮食习惯。同时，口味上有"南甜北咸东酸西辣"之分。另外，不同地域由于受食材、季节、心理倾向等因素影响，各地的饮食习惯和品味爱好迥然不同，甚至在食物器皿、色泽搭配等方面也各具特色。

中国传统菜肴对于烹调方法极为讲究，常见的方法有：煮、蒸、烧、炖、烤、烹、煎、炒、炸、烩、爆、溜、卤、扒、酥、焖、拌等。长期以来，受多种因素影响，中国菜肴在烹饪中逐渐形成许多种流派。其中最有影响和代表性的鲁、川、粤、闽、苏、浙、湘、徽等菜系,被称为中国"八大菜系"。每种菜系的发源地、选料制作、烹调方法、菜品特点皆有不同，也都有自己的代表菜品。

我讲历史

鲁菜是"北食"的代表，由济南和胶东两地的地方菜演化而成。其特点是清香、鲜嫩、味纯，讲究清汤和奶汤的调制,清汤色清而鲜,奶汤色白而醇。著名品种有"糖醋黄河鲤鱼"、"九转大肠"、"烤大虾"、"清汤燕窝"、"干蒸加吉鱼"、"油爆海螺"、"奶汤核桃肉"、"白汁瓢鱼"、"麻粉肘子"等。

除鲁菜外，中国其他菜系都有什么特点？选择你熟悉的菜系给大家讲一讲。

我演历史

从自己喜欢的菜系里选几种菜品，亲手做几道拿手菜。快动手吧，你一定行！

◎ 本课小结

中国古代服饰文化源远流长。上衣下裳是中国服饰的基本形制。随着社会的发展进步和历史上多次的民族融合，形成了款式丰富、特点鲜明的古代服饰特色。

中国的饮食文化享誉世界。在悠久的农耕社会中，勤劳的中国人发现和培植了多种农作物，丰富了饮食结构，并形成了地域分明的饮食习惯和众多的菜系流派。

第二课　风格多样的古代民居和发达的交通

一、古朴的北方民居和秀美的南方村落

民居，即居住建筑。中国民居种类很多，南北有别，总体特点体现出北方古朴和南方秀美。

北方民居

四合院，是中国北方的传统民居。总的特点是以院落为核心，依外实内虚的原则和中轴对称格局规整地布置各种用房。其中以北京四合院水平最高最为典型。四合院一般采用出入一个院门。院中有正房(即主房)、东西厢房、南房，角落中有耳房，西南角为厕所，东南角是院子的大门。

四合院独特的四面合拢的构造，使居住其中的人们有安全与和睦的感觉，庭院好比一座露天的大起居室，人们大都爱在院子中种些花草，清新而宁静，让家庭在这样美好而和谐的院落中生活。

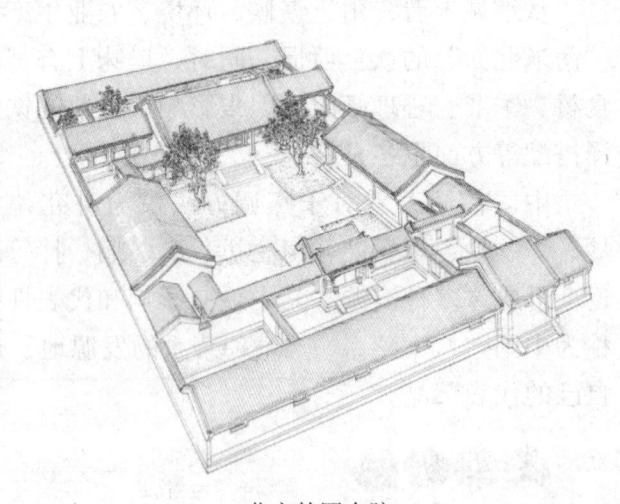

北方的四合院

窑洞，是中国西北黄土高原上居民的古老居住形式，其历史可以追溯到四千多年前。人们利用高原厚厚的黄土层凿洞而居，创造了窑洞建筑。窑洞种类有靠崖式、下沉式、独立式、靠山式等。

窑洞是挖掘后形成的圆拱形建筑，朴实无华。古朴的木质家具、深褐色的门板、雪白的门帘和白纸糊的窗格构成了朴素大方的窑洞外观。窑洞主居室总是朝南或者略偏东南和西南，内设床炕，设计巧妙。冬季太阳能直接照在炕上，夏季的太阳却照不到室内，再加上土体具有隔热和蓄热的效果，窑洞内部冬暖夏凉。庭院内常种些乔木，水井、农具、小谷仓带来生活的气息，营造了理想的居住环境。

西北窑洞

南方村落

徽派建筑，是中国古建筑最重要的流派之一，主要流行在古徽州地区（今安徽、江西等地）。主要代表是坐落于黄山脚下的西递宏村徽派建筑群。

西递宏村

小桥流水人家

徽派建筑的基本单元是以横长方形天井为核心，四面或左右后三面围以楼房，阳光射入较少；狭高的天井也起着拔风的作用，有利通风；正房即堂屋朝向天井，完全敞开，可见天日；各屋都向天井排水，风水学说称之为"四水归堂"，有财不外流的寓意。外围常耸起马头山墙，遇有火灾利于防止火势蔓延。

徽派建筑总是洁白的外墙，低调而素雅。

小巧而精致的住宅居住起来甚为舒适。诗词中描绘的江南水乡小桥流水人家的美好景象，在徽派建筑群中得以完美的体现。

苏州园林，中国园林在发展过程中形成了皇家园林和私家园林两大系列。皇家园林集中在北京一带。私家园林则以苏州为典型代表，用来居住和休闲。苏州园林起始于春秋时期的吴国建都姑苏时，鼎盛于清代，现保存完整的有六十多处。苏州园林以意境见长，以独具匠心的艺术手法在有限的空间内点缀安排，造成移步换景的景象。

受中国的古代文学、特别是唐宋文人写意山水绘画艺术影响，苏州园林不同于皇家园林的宏大、严整、堂皇、浓丽，而以小巧、自由、精致、淡雅、写意见长。布局设计曲径通幽，身置其中如在画境。

苏州园林

二、少数民族的居住特色

中国是一个多民族大家庭。很多少数民族在居住上至今仍保留着自己的传统特色。

蒙古包 "蒙古包"是满族对蒙古族牧民住房的称呼。"包",满语是"家"、"屋"的意思。蒙古包用毡块、木料构成。圆形尖顶,用一层或两层羊毛毡子覆盖。在大风雪中阻力小,不积雪,包顶不存雨水。包门方而小,且连地面,寒气不易侵入。

蒙古包

蒙古包的最大优点是拆装容易,搬迁简便。架设时将"哈纳(柳条交叉编结成的支架)"拉开便成圆形的围墙,拆卸时将哈纳叠合即可。一顶蒙古包只需两三小时就能搭盖起来。蒙古包看起来外形不大,但是包内的使用面积却很大,而且室内空气流通,采光条件好,冬暖夏凉,不怕风吹雨打,非常适合于经常转场放牧的牧民居住和使用。

竹楼 竹楼是云南少数民族最具代表性、最富有文化特色的竹制民居建筑。云南境内的傣族、佤族、布朗族、基诺族、德昂族、哈尼族、独龙族、怒族、傈僳族、白族、景颇族、拉祜族等聚居区,竹楼是主要的民居形式。

竹楼是采用干栏式建筑形式,房屋离开地面,建筑在柱桩上,下部架空。上层住人,下层关牲畜和放置东西。竹楼都背负青山、依山而建,具有防潮、通风散热、卫生舒适、防避虫蛇之害的特点。因就地取材、以竹为楼,梁柱、墙壁、屋面、楼梯、楼面都是取竹而建,俗名竹楼。云南不同民族的竹楼大小、内部设置有差异,但以傣族竹楼最具有代表性。竹楼分上下层,上屋顶呈四面坡形,犹如"孔明帽",下层呈方形,极富立体感;竹楼与竹楼之间高低起伏不平,富有层次感。

傣族的竹楼

湘西的吊脚楼

湘西吊脚楼 俗话说"万丈高楼平地起"。然而有时也会有例外，散布于湖南湘西的吊脚楼就是这样。

湘西一带山多水多，世代聚居在这块土地上的土家、侗等民族的一切活动也就与这山山水水分不开。湘西的吊脚楼，几乎都是屹立于山水之上的一种独特的建筑。这种楼房虽然只有二三层高，但它"吊"在水面和山腰，好像空中楼阁，建造并不容易。

岭南土楼 岭南土楼就是以夯土板筑墙作为承重系统的任何两层以上的房屋。典型代表是永定客家土楼。

土楼建筑结构多为圆形或方形。圆楼外左右有对称的半月形馆相辅，主体是楼中有楼的二环楼。外环楼是架梁式的土木结构，内环楼是砖木结构。

岭南土楼

土楼在整体布局和细节设计方面，不仅注重实用性，同时追求建筑物的艺术性。土楼在方楼和楼的基础上，产生出许多变异形态，外观造型丰富多彩。永定土楼富有变化的对称结构、外闭内敞的内向空间、中心明确的内部布局、规范严谨的立体造型组成了丰富有序的内部空间。土楼内部华丽、精致、细腻的装饰，显示出主人的身份地位和豪华的气派。

三、古人的出行工具

在古代社会，交通只有水陆两路。为了满足行旅生活的需要，除了以驴、马等牲畜作为代步工具外，还发明了车、轿子、滑竿、舟船等交通工具，这些交通工具成为人们行旅生活中必不可少的部分。总的来说，受地域环境影响，南方以船为主，北方以马为主，南船北马是我国古代的基本交通运输方式。

北方陆上交通工具——车马 中国是最早使用车的国家之一。相传大约在4600年前黄帝时代已经创造了车。商代造车技术已经比较成熟，战车的使用已经十分普遍。

汉代车马 画像石拓片

战国以前陆行的主要工具是马车和牛车。车马（牛）一体，车载人、物，马（牛）是驾车的工具，主要用于战争。秦汉之后，马开始直接用于骑乘，车开始更多地作为交通工具使用。此后的两千年，车在形制上虽不断推新，但以马、牛、驴等牲畜为动力的陆上交通工具几乎没有根本性的变革。宋朝前后，坐轿子的风气渐渐兴盛，但仍不及车马普遍。此外，在古代山岭地区，还出现了滑竿等交通工具。

南方水上交通工具——舟船 古代水上交通主要靠船，船最初由竹筏演变而来，至少在商代，我国就已经利用船来进行水上运输了。最初的船只相当于我们现在的独木舟，后来，随着造船的技术和规模也不断进步，船不仅用于内河航运，还进行海上交通。

在南方由于水网密布，船的重要性无可比拟，普通代步都用船。除了不少家庭备有船只以利出行外，还有很多专门以撑船为业的船户。在秦汉特别是隋唐以后，其重要性逐渐超过陆路，成为古人主要的交通方式。人们出远门，均是雇船而行，长途运输几乎全靠水路。

古代船只模型

四、从驰道到大运河

先秦时期，我国古代交通就初具规模。商朝已开始建立交通联系通道。春秋战国时期，中原各国陆路交通纵横交错，沿途设立了"驲（rì）置"，即驿站。水路交通除利用长江、淮河和黄河等天然河道外，还相继开凿了胥河、邗（hán）沟、菏水和鸿沟等人工运河。秦朝驰道的开辟和隋朝大运河开通分别是古代陆地和水上交通发达的重要标志。

驰道 全国性陆上交通网的形成，始于秦代。秦始皇统一中国后，颁布"车同轨"的法令，把过去杂乱的交通路线，加以整修和联结，车辆可以畅行各地，建成遍及全国的国道——"驰道"。同时又设置驿道，颁布有关邮驿的法令，建立起传递官府文书和军事情报的邮传系统。驰道的开辟，对于建立古代交通体系，实现南北政令统一、经济开发和文化交流，起到极为有益的作用。

秦直道

我读历史

秦始皇吞并六国后，其命蒙恬监修了一条类似今天高速公路的重要军事要道——秦直道。陕北俗称"皇上路"、"圣人条"。该道南起京都咸阳军事要地云阳林光宫（今淳化县梁武帝村），北至九原郡（今内蒙古包头市西南孟家湾村），穿越14县，全长700多公里。路面平均宽度约30米，最宽处约80米，30多万大军利用两年半时间修建而成。由于道路大体南北相直，如剑直劈，故称秦直道。其工程浩大、气势宏博程度可以与万里长城相媲美。估计秦始皇后来下令开辟统一全国道路的驰道也是源于同一想法。

大运河 秦汉时期水运事业就有了较大发展。秦朝挖掘的灵渠把长江水系和珠江水系连接起来，汉朝开辟了沟通东西方的海上航线。隋唐时期，我国水陆交通进入了一个新的历史阶段，隋朝开通的大运河则把陆上水系连接起来，创造了世界上"人工天河"的奇迹。

隋唐大运河以洛阳为中心，南起杭州，北到北京。隋朝开凿，全长2700公里，纵贯在中国最富饶的东南沿海和华北大平原上，经过浙江、江苏、安徽、河南、山东、河北、北京七个省市，通达黄河、淮河、长江、钱塘江、海河五大水系。隋唐大运河与长城并称为中国古代的两项伟大工程，距今已有2500多年的历史。是中国古代南北交通的大动脉，也是世界上里程最长、开凿最早、规模最大的运河之一，在中国的历史上产生过巨大的作用。后经元朝取直疏浚，全长1794公里，成为现今的京杭大运河。京杭大运河利用了隋朝大运河不少河段，缩短了900多公里的航程。其部分河段依旧具有通航功能。

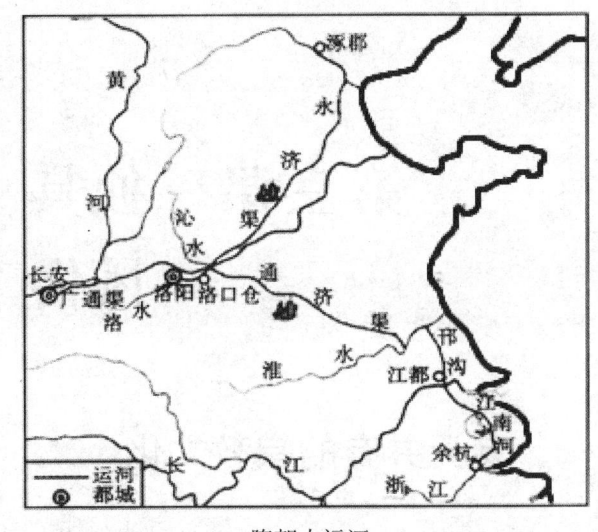

隋朝大运河

◎ 本课小结

中国民居种类很多，南北有别，总体特点体现出北方古朴和南方秀美。北方民居的代表有四合院和西北窑洞等，南方民居的代表则有徽派建筑和苏州园林。另外，少数民族的民居也各具特色。

中国古代，陆上交通主要靠车马，水上交通主要靠舟船。为使交通便利，重视道路的修筑和河道的开通，秦朝修筑的驰道和隋唐开通的大运河创造了古代道路交通史上的奇迹。

第三课 独具一格的宗教文化和风俗节令

一、多元并存的宗教文化

宗教，是我国历史上重要的文化现象。在中外交流过程中，世界著名的三大宗教——佛教、伊斯兰教和基督教相继传入我国。这些外来宗教和我国本土产生的道教等，对中国的传统文化产生过不同程度的影响。

佛教 西汉末年，佛教经西域传入我国内地。河南洛阳的白马寺是我国内地修建的第一座佛教寺庙。

白马寺位于洛阳城东，始建于东汉永平十一年（公元68年）。东汉明帝时派遣蔡愔等十八人作为使者去西域求佛，回来时不仅迎来高僧，还用白马驮回了佛经、佛像。第二年，由官方营建一座寺院，取名为白马寺，此后佛教在中原地区逐渐发展，白马寺有"中国第一古刹"之称，在汉语系佛教中占有不可磨灭的历史地位。

三国两晋南北朝时期，在以梁武帝为代表的统治者的极力推崇下，佛教发展迅速。许多印度及西域僧人来到中国内地，传播佛教，翻译佛经。僧俗两众佛教著述的大量出现，民间信仰者剧增，出现了中国佛教发展的第一个高潮。一些中国僧人也赴印度取经。著名高僧法显回国后将自己见闻著成《佛国记》一书，是记录古代中亚、南亚及南海诸国历史、地理、风土人情的最早著作。

洛阳白马寺

隋唐时期，内地的佛教形成禅宗、净土宗、密宗等诸多宗派。佛教同时也吸收和融汇了中华民族的固有文化，逐渐中国化。

佛教对我国的传统哲学思想、文学艺术和风俗习惯等，都产生了很大的影响。在佛教传入中

我读历史

佛教是主张平等慈悲和最早提出因果报应的宗教，是主张一切众生皆有佛性、皆可以修行成佛的宗教。佛教宣扬"生死轮回"、"因果报应"，引导人们把希望寄托于未来，有麻痹人民斗志的消极作用。

国的同时，与佛教相关的建筑、雕塑、壁画等文化艺术，也相继传入中国内地。如：敦煌、麦积山、云冈、龙门等著名石窟中，就带有印度文化艺术色彩。

道教 道教是产生于中国的传统宗教。道教依附于春秋战国时期的道家学说，认为"道"是宇宙万物的本原，以"道"为最高信仰。道教奉老子为教祖，尊称他为"太上老君"。原始道教产生于东汉中后期，最初有太平道和五斗米道两个教派。

太平道始传于东汉后期，又称黄老道。主要经典《太平经》除宣扬迷信外，还揭露了统治者的贪婪、虚伪，主张平等、平均，反对不劳而食。东汉末年，张角利用太平道组织发动了黄巾大起义。

五斗米道创始人张道陵，原名张陵。他与弟子曾入蜀在鹤鸣山修道，订立教规：凡入道者须出米五斗。张道陵自称"天师"，五斗米道也称天师道。

北京白云观

南北朝时期，道教的理论体系和教规仪式日渐完善。到唐宋时，道教各宗派逐渐合流，归并于正一派。金朝统治时期，北方地区又出现了道教新宗派——全真教，据说是王重阳所创，盛极一时。此后，正一派和全真教成为道教的两大派别。

丘处机，号长春子，世号长春真人，全真教著名掌教。他应成吉思汗之召赴西域，被尊为神仙。后来，成吉思汗又将他安置在原金中都的太极宫，更名长春宫。明初，改称白云观。白云观位于北京西便门外，是全真教的道观。观内主殿丘祖殿中塑有丘处机像，塑像下葬有他的遗骨。

伊斯兰教 伊斯兰教兴起于公元七世纪的阿拉伯半岛。原意为"顺从"、"和平"，信奉伊斯兰教的人统称为"穆斯林"。唐宋时期，大量的阿拉伯、波斯使臣和商人经陆、海丝绸之路来到中国，伊斯兰教亦随之传入，西域地区的民族以及后来西迁到这里的民族先后信奉伊斯兰教。在广州、泉州、杭州、扬州等地相继出现了穆斯林聚居区——番坊，并修建了清真寺。后来伊斯兰教又逐渐传入内地。广州怀圣寺、泉州清净寺、杭州凤凰寺、扬州仙鹤寺，分建于唐宋时期，并称中国四大古清真寺。

伊斯兰教基本信条为"万物非主，唯有真主，穆罕默德是安拉的使者"，是严格的一神教。伊斯兰教早期向世界的传播过程，与阿拉伯帝国的向外征服有着密切的联系。但自10世纪后，伊斯兰教在非洲、亚洲和东南亚的广泛传播，以及伊斯兰化的过程，通常是通过商人的贸易活动、文化交流和传教士的传教活动而实现的。

泉州清真寺

唐宋时期来到中国的阿拉伯、波斯商人，许多人长期在中国定居，逐渐与当地人相融合，形成了具有阿拉伯和伊斯兰文化、习俗的群体，后来就成为我国的一个少数民族——回族。

基督教 基督教于公元1世纪始于罗马帝国。在唐代和元代，曾两度传入我国，后都中断。明万历年间，基督教再次传入我国。著名的意大利传教士利玛窦为基督教在中国的传播奠定了基业。

基督教在罗马帝国分裂后，分裂为天主教和东正教。16世纪，欧洲爆发了宗教改革运动，天主教又分裂为天主教和基督新教。天主教、东正教和基督新教被称为基督教三大派别。东正教和基督新教于鸦片战争前后传入中国。

我读历史

基督教的教义取源于《圣经》。虽各宗派说法不一，但基本教义大致相同。基督教认为：世界是上帝创造的；人的本性就是有罪的，人的职责就是向上帝赎罪；人只有信耶稣基督，才能免罪；人死后其灵魂将根据生前是否信耶稣决定上天堂或下地狱。

米兰大教堂

二、独具韵味的传统节令

中国传统的节令由来已久。很多节令日期受中国古代的农业社会生活方式、季节变化及耕作与收获的循环所影响，因此，中国人将各个节令，平均分布在一年的四季之中，一年中的二十四节气，也都是划分时间的坐标。除了二十四节气之外，在漫长的历史发展中，中华民族还形成了其他许多传统的节令。

我读历史

二十四节气

立春，雨水，惊蛰，春分，清明，谷雨；立夏，小满，芒种，夏至，小暑，大暑；立秋，处暑，白露，秋分，寒露，霜降；立冬，小雪，大雪，冬至，小寒，大寒。

中国传统节庆都具有"祈福"、"消灾"、"天人合一"、"团圆聚会"意思的特质，同时也有"休息"的意味，可以说是以往农业社会中农民的假期。传统节庆作为生活中重要的部分，已经成为一种生活的习惯。现在生活方式虽然改变了，但是节庆的意义并未淡化。这些传统节庆，说明了我国人民除了血缘、地理、历史、语言的因素之外，也是一个极其重视传统和念旧的民族。

不同的节令或节日，都有着不同的习俗与典故。中华民族传统节令不下数十。其中影响较大的有以下几个。

春节，农历正月初一日。古时称元旦、元日等，俗称过年，是一年中最隆重的节日。年，原指谷物成熟，过年既是庆祝，又是人们享受果实、休息交流的重要活动。新中国成立后，宪法规定采用公元纪年，将每年的1月1日定为元旦，正月初一改称春节。

元宵节，农历正月十五日，又称"上元节"。一年中第一个月圆之夜，象征着团圆美满，人们对此加以庆祝，也是庆贺新春的延续。

清明节，即二十四节气之一的清明，大多在公历4月5日前后。

我读历史

清明时节，农村开始春耕播种，万物复苏，人们以郊游的方式迎接春天，称为踏青。清明节是中国最重要的祭祀节日，是最适合祭祖和扫墓的日子。清明扫墓的习俗始于汉代。人们在这一天要祭扫已故亲人的坟墓，以此寄托哀思和缅怀之情。明代以后，人们将扫墓和踏青郊游结合起来，成为清明节的主要活动。

端午节，农历五月初五日。端午节早在西周初期即有记载，源于中国民间的多种传说，其中流传最广的是为了纪念楚国的爱国诗人屈原。

七夕节，农历七月初七的晚上称"七夕"，又称"乞巧节"、"少女节"、"女儿节"。是古代南方磨镰刀准备收割早稻的日子。民间传说牛郎织女此夜在天河鹊桥相会，因此今天又被人们称为中国"情人节"。

中秋节，农历八月十五日。源于古人祭月神的活动，也与嫦娥奔月的传说有关。古人认为这天晚上的月亮是最圆最亮的，喻示人间的美满团圆，因而被看做是家人团圆的重要节日。

重阳节，农历九月初九日，又称重九、登高节，又称"老人节"。因古人把"九"定为阳数，也是最大的数。九月九日，两九相重，故而叫重阳，也叫重九。是历代文人墨客吟咏最多的传统节日之一。

除汉族的传统节日外，少数民族也都有各自的传统节日。这些节日，有的起源于古老的传说，有的源于习俗，有的源于宗教。

我国的回、维吾尔、哈萨克、乌兹别克、塔吉克、塔塔尔、阿尔克孜、撒拉、东乡、保安等民族信奉伊斯兰教。开斋节、古尔邦节等都是这些民族的重要节日。彝、白、纳西、拉祜等西南地区的少数民族每年举行火把节。另外还有傣族的泼水节、蒙古族的那达慕大会等，不胜枚举。

我国各民族的传统节日，不仅表现了人们对幸福生活的追求和向往，对美好未来的憧憬和祝愿，还体现了中华民族重义轻利、和睦团结、热情好客的精神风貌以及热爱祖国、尊老敬贤、自强不息的传统美德。

我读历史

开斋节，新疆地区的少数民族称为肉孜节。伊斯兰教规定，伊斯兰教历的九月为斋月。十月一日，斋戒期满，即开斋节。这一天，穆斯林们沐浴盛装，到清真寺举行大会礼，互致祝贺。

火把节，通常从农历六月二十四开始，一般举行1至3天。白天，人们身着节日盛装，举行各种娱乐活动，以示庆贺。夜晚，人们点燃火把，奔跑在田间地头，以驱赶虫害。还要饮酒、歌舞，表达人们对生活的美好祝愿。

三、民生百态的活化石——风俗

风俗是一种社会传统，我国古代人民在长期的生产劳动和社会生活中，逐渐形成了一些特定的风俗。风俗具有因地而异的特点，所谓"百里不同风，千里不同俗"说的就是这个意思。这些风俗体现了社会生活的各个方面的内容，丰富了人们的文化生活。

节日风俗

春节，一年之始，万象更新，主要活动是在除夕夜吃年夜饭、祭祀和守岁等，另外正月初

一、二、三日是大年三天,也要祭祀供奉。这三天,一般除了做饭,不做任何工作,忌讳说不吉利的话,要拜访至亲和尊贵的亲戚。春节从初一到十五,各地还举行各种庙会、社火、乡戏等活动,是传统节日中最为热闹和奢侈的节日。

元宵节,节日里有吃元宵、观花灯、耍社火、猜灯谜等习俗。除吃元宵外,各地还有许多不同的饮食习俗。

二月二,俗称"龙抬头",也叫青龙节,是一年生产开始的标志。习俗活动有撒灰引龙、熏虫、挑菜、忌针线(以防"扎坏龙眼")等,这天还要吃素食。

清明节,祭扫祖坟、踏青游春,忌动烟火。

端午节,主要有吃粽子、赛龙舟的活动,有的地方还有系索(用五色丝线拧成的细绳,缚在手脚腕上)、插杨柳、戴香包等习俗,以用来驱虫和祈求吉祥平安。

七夕节,有摆供桌祈求女子心灵手巧、青年男女约会等活动。

中秋节,这一天全家团圆赏月、吃月饼、苹果,预示平安、团圆。亲友之间走动拜访,互相祝福。此节被在外游子更为重视,不少少数民族也过此节。

中秋月饼

重阳节,主要活动为登高、赏菊、饮酒等。

十月一,俗称"鬼节"、"寒衣节",也是祭祖节。家家都要上坟祭祖。

冬至节,北方地区有冬至宰羊、吃饺子、吃馄饨的习俗。南方地区在这一天则有吃冬至米团、冬至长线面的习惯。一些地区在冬至还有祭天祭祖的习俗。

腊八节,农历十二月初八这一天许多地方的人们要喝腊八粥。

婚姻风俗

过去汉族青年男女的婚姻多由父母包办,大都由父母从小订婚。甚至还有指腹为婚,即孩子还未出生,双方父母就为他们确立婚姻关系。订婚前要请媒人到女方家去说媒求婚。订婚时,由男方给女方一些财物作"订礼",结婚时女方也要带给男家很多财物,叫"陪嫁"。

我讲历史

请讲一讲你所在地的婚俗有哪些与众不同的特点?

举行婚礼那天,新郎要坐上礼车或花轿,到女家去"迎亲",礼车或花轿前边有乐队。新娘被迎进男家后,要参拜天地和父母。礼毕,新婚夫妻入洞房。这时男家设宴款待前来贺喜的亲朋。有的地方还有闹洞房、听壁脚的习惯。

丧葬风俗

中国传统的丧葬讲究重殓厚葬,并且夹杂着许多迷信的习俗。

人死后,要先沐浴,然后入殓。给尸体裹上衣衾,把尸体装进棺材。棺材要尽量做得好,富贵人家多用珍贵的木料(如楠木)做棺材,还要油漆彩画。办丧事要隆重,举行数日甚至十几日的吊唁祭奠活动,还要请和尚、道士念经,为的是让死者的灵魂早日升天。

古代办丧事讲究仪式,习俗繁缛。死者亲属要报丧、穿孝服,在灵堂跪拜、守灵、守孝等。出殡埋葬时有人唱挽歌,后世的挽联、挽幛就是从古代的挽歌演变而来的。丧葬仪式规模大小与死者的地位身份密切相关，封建社会对不同地位身份的人丧仪都有严格的规定。尊长死后，子孙在一定时段内要戴孝或在家守孝，其间停止交际和娱乐，以表示对尊亲的哀悼。

我看历史

中国传统风俗中，你认为哪些是应该继承的？哪些是应该批判并废除的？谈谈你的看法？

◎ 本课小结

在中外交流过程中，世界三大宗教——佛教、伊斯兰教和基督教相继传入我国，与我国本土产生的道教一起，构成了中国古代人们宗教文化生活的主要内容。

在长期的社会生活中，中华民族形成许多传统的节令习俗。这些节令习俗作为人们社会生活中重要的部分，已经成了一种习惯，一般都具有"祈福"、"消灾"、"团圆聚会"、"纪念"的意思，丰富了中国传统文化的内容。

实践活动课：

《我爱我的家乡》活动课教学设计

教学设计思路

学习完本单元后，相信学生对我国古代社会生活有了大致了解。家乡是一个亲切、温馨的字眼。家乡的文化传统可以反映家乡的历史风貌、文化背景；家乡的风景名胜体现了家乡的自然美；家乡的特色产品或产业为当地带来了巨大的经济收益，而且也体现着当地的民风民俗，具有深刻的人文内涵。它们的历史渊源、经济价值、文化底蕴，值得广大青少年学生了解和探索。这种了解和探索有利于增强学生热爱家乡的情感，提高审美意识并增强其民族自尊心和自豪感。由热爱具体的家乡到热爱抽象的祖国，这是培养学生爱国主义情感的必由之路。为巩固所学知识，让学生从现实社会生活的饮食、穿戴、交通、居住、节令、风俗等方面去体验感悟，不仅能引起学生兴趣，而且更能激发对民族、对家乡、对生活的热爱。本课在实际教学活动中可根据当地实际情况，可展示家乡社会生活全貌的活动，也可把社会生活的某一部分作为教学内容上，题目可自行拟定。如：《我爱家乡的小吃》、《走进清明上河图》、《感悟春节》等。

教学目标设计

1. 通过寻访家乡的传统文化、风景名胜、特色产品和产业，让学生在实践活动中了解家乡的文化，领略家乡自然风光和家乡的巨大变化，激发热爱家乡、热爱祖国的思想感情。

2. 学会利用多种途径获取信息，培养收集、处理信息的能力，能大胆地对事物作出判断，并提出自己的观点。

3. 在活动中学会与人交流、合作、分享。培养学生做21世纪的社会文明人，促使学生在本课程的积极参与中学会做人、学会学习、学会生活、学会创造。

教学过程设计

（一）课前准备。

1. 开展研究性学习活动

①引导学生调查了解家乡特有节庆、传统习俗，传统文化艺术及渊源。

②引导学生广泛阅读传统的诗歌、散文、小说，并初步了解家乡古代饮食文化、服饰文化、节令文化等传统文化形式。

2. 开展考察活动

①考察家乡的著名建筑及其特点与由来。

②考察家乡的历史名人和遗迹。

③考察家乡某些地名的由来。

④考察家乡的饮食文化、服饰文化特点。

⑤访问民间艺人，了解传统工艺。

3. 组织学生为宣传家乡的传统文化开展实践活动。

以下一些活动形式可供参考：

①学生编写《家乡民间故事》、《家乡风俗习惯》、《家乡风味小吃》、《家乡名人故事》等小册子，提供给有关文化部门、旅游景点。

②与有关部门合作，制作广告牌张挂在家乡显眼处，宣传自己的家乡。

③为社区群众策划一次家乡文化艺术表演或传统游艺活动。

（二）课堂活动过程(略)

可灵活采用多种教学模式和教学方法，充分调动学生参与。

近代部分

第一单元

近代西方工业文明对中国传统文明的冲击

导语：本单元主要讲述19世纪40年代到19世纪末列强对中国侵略的历史。从1840年鸦片战争开始，西方列强用坚船利炮打开了中国的大门，相继发动了甲午中日战争、八国联军侵华战争等，迫使中国签订了一系列屈辱的不平等条约，把中国一步步推进了半殖民地半封建社会的深渊。面对列强侵略，中华儿女不屈不挠，前赴后继，浴血奋战，粉碎了帝国主义一次又一次妄图灭亡中国的企图。

鸦片战争成为中国历史发展的转折点，标志着中国近代史的开端。

第一课　鸦片战争

一、虎门销烟

18世纪中期的中国，在清王朝的封建统治下，国力日益衰退。凭借自给自足的小农经济，在正常的对外贸易中，中国处于出超地位。同一时期，英国开始工业革命，之后，法、美等国也相继开展工业革命。工业革命大大增强了西方列强的实力，他们为了争夺更广阔的海外市场和掠夺更廉价的原料而疯狂扩张。亚洲面积最大、人口最多的中国便成为他们的理想目标。

面对西方的快速发展和威胁，清王朝依然实行闭关锁国政策，沉醉在"天朝上国"的迷梦中。为了扭转贸易逆差，以英国为主的西方国家违背国际道德，向中国大肆走私鸦片[1]。由于鸦片的危害日趋严重，使得朝野上下查禁鸦片的呼声日趋高涨。

我讲历史

请你阅读相关书籍或到互联网搜集有关鸦片输入及鸦片输入的危害，讲给同学们听。

停泊在广东珠江伶仃洋的英国鸦片走私船

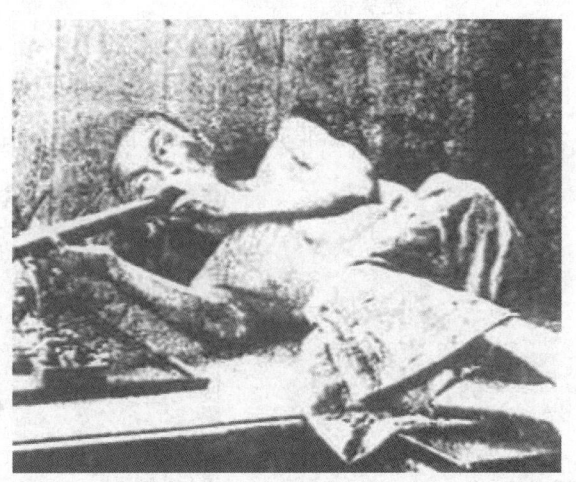

吸食鸦片者

看到鸦片输入严重影响自己的统治，1838年底，清朝道光帝颁布禁烟令，并派钦差大臣两

我读历史

鸿胪寺卿黄爵滋上奏道光帝希望严禁鸦片，痛陈："上自官府缙绅，下至工商优隶以及妇女僧尼道士，随在吸食……故自道光三年至十一年，岁漏银一千七八百万两。自十一年至十四年，岁漏银至二千余万两。自十四年至今，渐漏至三千万两之多。此外福建、浙江、山东、天津各海口，合之亦数千万两。以中国有用之财，填海外无穷之壑。易此害人之物，渐成病国之忧，日复一日，年复一年，臣不知伊于胡底。"

---

[1] 鸦片是从一种一年生草本植物——罂粟未成熟蒴果经割伤果皮后，渗出之白色乳汁干燥凝固而得，含多种鸦片生物碱，鸦片分为生鸦片和熟鸦片。

广总督林则徐前往广州负责执行。

我读历史

1839年3月，林则徐抵达广州后，与两广总督邓廷桢、广东水师提督关天培三人合作，积极整顿海防，防御外敌入侵；严拿烟贩，惩办不法官员；禁止商人贩卖鸦片及国民吸食鸦片，凡吸食者要立即呈缴烟具，限期戒除；并于3月16日晓谕外国烟贩，限期交出所有鸦片，并承诺不再贩卖，保证"嗣后来船永不敢夹带鸦片，如有带来，一经查出，货尽没官，人即正法，情甘服罪"。

道光皇帝

巡视戒烟的清朝官员

1839年6月3日，林则徐将缴获的鸦片在虎门海滩当众全部销毁。虎门销烟以实际行动打击了外国侵略者的犯罪行为，向全世界表明了中国人民维护民族利益和反抗外国侵略的坚强决心。

林则徐

虎门销烟浮雕

二、《南京条约》与中国社会性质的转变

中国禁烟的消息传到英国，英国政府决定发动对中国的侵略战争。1840年6月鸦片战争开始。

鸦片战争期间，中国东南沿海地区的广大人民，积极地支持和配合了清军作战，并自发地坚持反侵略斗争。

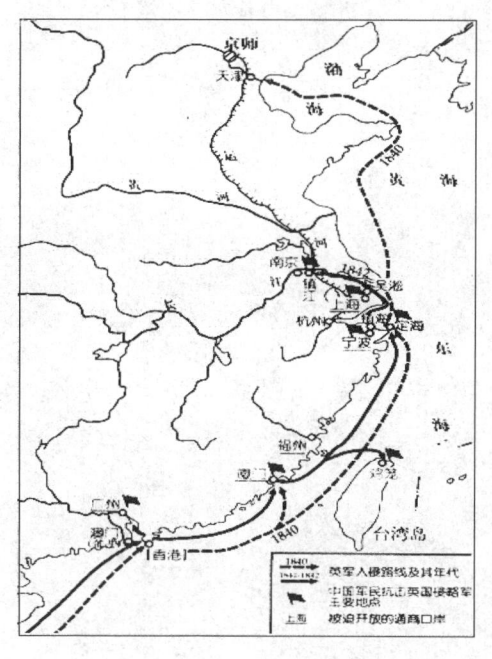

鸦片战争形势图

我读历史

战争爆发之初,中国沿海地区,除广东在林则徐督饬下稍作战备外,其余均防备松弛。8月,英舰抵达天津大沽口外,本来主战的道光帝,开始动摇,对林则徐等撤职查办,改派琦善为钦差大臣南下广州与英方"议和"。

1842年8月英国舰队驶抵南京下关江面,清政府被迫与英国签订了中国近代史上第一个不平等条约——《南京条约》。条约的主要内容有:割香港岛给英国;开放广州、厦门、福州、宁波、上海为通商口岸;向英国赔款2100万银元;中国海关收取英商进出口货物的关税,要与英国共同议定等。

三元里人民抗英斗争旧址

广州虎门鸦片战争博物馆前的大炮

《南京条约》签订后,美国、法国接踵而来,强迫清政府签订了《望厦条约》、《黄埔条约》等一系列不平等条约,中国丧失了更多的权益。鸦片战争以后,中国主权和领土完整不断被破坏,从独立自主的封建社会逐步变成半殖民地半封建社会,中国的历史进程发生了重大转折。

签订《南京条约》的场面

我看历史

有人说，如果没有林则徐的禁烟行动，鸦片战争就不会发生，你对此有何看法？

三、第二次鸦片战争

19世纪50年代中期，世界主要资本主义国家相继完成工业革命。扩大海外市场，掠夺殖民地，成为列强的共同要求。同一时期，清政府正在全力镇压1851年开始的太平天国起义。

太平天国漫画

太平天国的纲领

我看历史

1854年，美法两国借口《望厦条约》和《黄埔条约》关于12年后贸易及海面各款稍可变更的规定，英国援引片面最惠国条款，三国共同向清政府提出全面修改条约的要求，遭到清政府拒绝。于是，西方列强决心对中国发动一场新的侵略战争，以进一步打开中国市场，扩大侵略权益。

1856年秋，英国借口"亚罗"号事件，悍然出动军舰袭击广州城；法国也借口"马神甫事件"与英国联合出兵，英、法联合发动了侵略中国的战争。这次战争的本质与根本目的与鸦片战争一致，因此被称为"第二次鸦片战争"。

第二次鸦片战争形势图

咸丰帝一面命令清军在天津、大沽设防，一面派钦差大臣前往大沽交涉，把希望寄托在俄、美公使的所谓"调停"上。英、法侵略者并无谈判诚意，只是借此拖延，加紧军事准备。

我读历史

美、俄两国企图利用英、法两国侵略中国，坐收渔人之利。他们虽然没有出兵，但却替英法侵略者出谋划策。1858年俄、美两国公使随英、法舰队北上，到达天津白河口外。四国公使分别照会清政府，要求指派全权大臣谈判。俄、美的照会还表示愿意充当"调停人"。

激烈战斗后的大沽炮台内侧

1858年俄、美、英、法四国先后强迫清政府分别签订了《天津条约》，主要内容有：外国公使进驻北京；增开牛庄（后改营口）、台湾（后定为台南）、淡水、汉口、南京等10处为通商口岸；外籍传教士得以入内地自由传教、游历、通商；外国军舰和商船可在长江各口岸自由航行；赔偿英法军费各200万两白银，英商损失200万两白银。

我读历史

《天津条约》签订后,英法联军撤离天津。1859年夏英、法、美三国公使到达大沽口外,清政府要求公使在北塘登陆,并由清军保护到北京换约,英、法公使断然拒绝清政府的安排,坚持以舰队经大沽口溯白河进京,并下令英法联军进攻大沽炮台。清军在僧格林沁的指挥下,英勇抵抗,发炮反击,战斗异常激烈。由于清军火力充分,战术得当,英法联军惨遭失败,损失多艘舰艇,死伤四百多人。

《天津条约》签订的场景

英法联军进攻大沽惨败的消息传到欧洲,英、法统治阶级内部一片战争喧嚣,叫嚷要对中国"实行大规模的报复","占领京城"。

我讲历史

搜集有关圆明园的资料,向同学们讲一讲圆明园的修建情况,及英法联军对中国和世界文明的破坏。

1860年7月英法援军到来,在大沽口击败清军后,北上占领天津。随后联军一路烧杀进逼北京。咸丰帝等则以北狩为名逃奔热河避暑山庄。10月联军洗劫和烧毁了举世闻名的圆明园。

当圆明园还在熊熊燃烧之时,奉命留守北京的恭亲王奕䜣与英、法、俄签订了《北京条约》。其主要内容有:增开天津为商埠;准许华工出国;割九龙司地方一区给英国;赔偿英法两国军费各增至800万两。

俄国趁火打劫在第二次鸦片战争中通过《中俄瑷珲条约》、《北京条约》割占中国100多万平方千米的领土,成为第二次鸦片战争最大的获利者。

浩劫后的圆明园大水法残迹

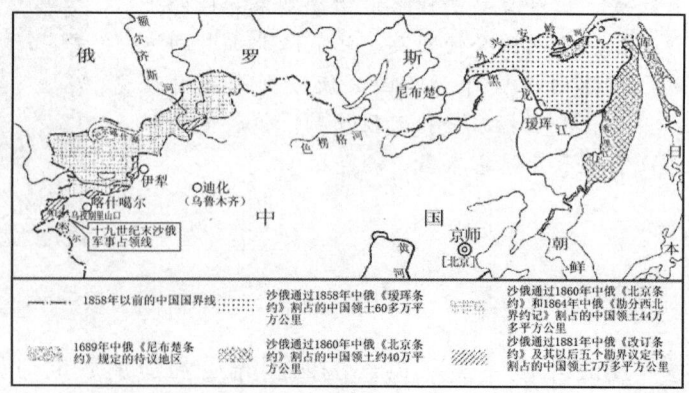

第二次鸦片战争期间沙俄侵占我国北方领土

◎ 本课小结

1840年爆发的鸦片战争对中国社会产生了重大影响，中国社会的性质、主要矛盾、革命任务、革命性质都发生了深刻变化。因此鸦片战争成为中国历史发展的转折点，是中国近代史的开端。

第二课　甲午战争

一、日本不宣而战与清政府"避战求和"

19世纪60年代，日本通过明治维新，走上了发展资本主义的道路，国力逐渐增强。

我读历史

日本作为一个岛国，国内本身就资源匮乏、市场狭小，加之国内封建残余势力的浓厚及社会转型期各种矛盾的尖锐，因此以天皇为首的日本统治集团急于从对外扩张中寻求出路。为此，1887年，日本政府制定了所谓"清国征讨策略"，逐渐演化为以侵略中国为中心的"大陆政策"。其第一步是攻占台湾，第二步是吞并朝鲜，第三步是进军满蒙，第四步是灭亡中国，第五步是征服亚洲，称霸世界。

明治天皇 睦仁

根据大陆政策，日本第一个侵略的矛头就是中国台湾。

1872年，日本开始侵略中国附属国琉球，准备以琉球为跳板进攻台湾。1874年，发生了琉球漂民被台湾高山族杀死的"牡丹社事件"。日本利用清朝官员的糊涂，竟称琉球是日本属邦，并以此为借口大举进攻台湾岛。这是近代史上日本第一次对中国的武装侵略。但当时日本和中国实力悬殊，加上水土不服，日军失利。在美英等国的"调停"下，日本向中国勒索白银50万两，才从台湾撤军。后来，由于清廷的软弱无能，日本于1879年完全吞并了琉球王国，改设为冲绳县。

我讲历史

请你讲一讲日本明治维新的背景、内容、结果和影响。

1894年朝鲜爆发农民起义。朝鲜请求清廷出兵帮助镇压，当清廷派兵入朝后，日本则以保护使馆和侨民为由，把军队开进朝鲜。起义平息后，日本拒绝清廷提出的两国同时撤军的建议，反而不断增兵，蓄意挑起战争。

1894年7月，日军舰队悍然在朝鲜半岛海域丰岛海面偷袭清军运兵船，挑起了战争。8月初，清政府被迫对日宣战，由于这一年是农历甲午年，所以，历史上称这次战争为甲午中日战争。

1894年，甲午战争爆发后，清政府摇摆在战、和之间，缺乏全面的作战计划，致使清军在朝鲜战场失利，被迫退回国内。

我读历史

面对日本发动战争的阴谋愈发明显，中国国内舆论和清军驻朝将领纷纷请求清廷增兵备战，朝廷里也形成了以光绪帝载湉、户部尚书翁同龢（光绪帝老师）为首的主战派（帝党），然而慈

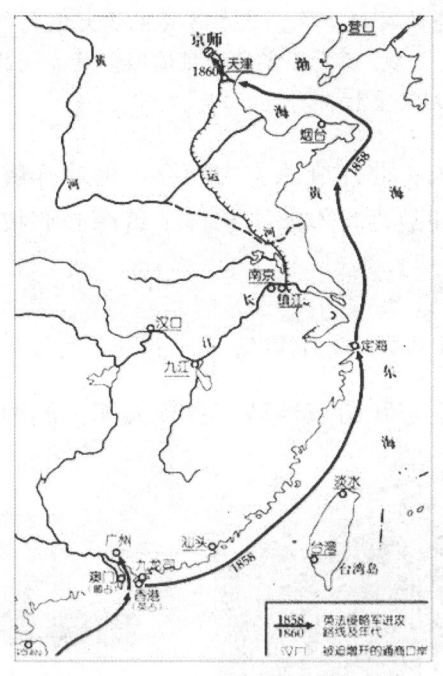

甲午战争形势图

禧太后并不愿意其六十大寿被战争干扰，李鸿章为了保存自己嫡系的淮军和北洋水师的实力，也企图和解。这些人形成了清廷中的主和派（后党）。李鸿章明知日本的狼子野心，却并未认真备战，而是一味寄希望于美、英、俄等欧美列强调停。

战争开始后，清政府仍然积极谋和，为了探知日本政府的停战条件，奕䜣在总理衙门邀请英、俄、德、法、美五国公使晤谈，另致电意大利政府，目的是请求六国政府居中调停，出面干涉，以能够与日本议和。

二、黄海大战与北洋水师的覆灭

平壤陷落后，日本联合舰队在鸭绿江口大东沟附近的黄海海面挑起一场激烈的海战。这是甲午战争中继丰岛海战后第二次海战，也是中日双方海军一次主力决战。

我读历史

战斗开始不久，北洋舰队旗舰"定远"舰由于下水12年，7年未修，主炮炮塔起火，丁汝昌烧伤，信旗被毁，北洋舰队失去了指挥和联络。丁汝昌拒绝随从把自己抬入内舱，坚持坐在甲板上督战。

邓世昌指挥"致远"舰奋勇作战，后在日舰围攻下，"致远"多处受伤，全舰燃起大火，船身倾斜。邓世昌鼓励全舰官兵道："吾辈从军卫国，早置生死于度外，今日之事，有死而已！""倭舰专恃吉野，苟沉此舰，足以夺其气而成事"，毅然驾舰全速撞向日本主

邓世昌和撞向"吉野"号的致远舰

力舰"吉野"号右舷,决意与敌同归于尽。日本官兵见状大惊失色,集中炮火向致远射击,致远舰被击中,引起大爆炸沉没,全舰250多名官兵壮烈殉国。黄海大战北洋水师虽然损失惨重,但也重创5艘日舰,日本海军也遭到沉重打击。

黄海海战中日双方各有损失,北洋舰队主力尚存,但北洋舰队执行李鸿章"避战自保"的指示,躲在威海卫军港不敢出海迎敌,日本海军掌握了黄海制海权。

我讲历史

请你讲一讲黄海大战中日双方战斗的情况,分析战斗的结果和影响。

黄海大战后日军进攻中国辽东和山东半岛,占领大连、旅顺等地。

我读历史

日军攻陷旅顺后,即制造了旅顺大屠杀惨案,4天之内连续屠杀中国居民2万余人,犯下滔天罪行。

旅顺大屠杀

1895年初,日本陆军攻占威海卫,与日本海军两面夹攻北洋舰队,海军提督丁汝昌誓死不降,自杀殉国。北洋舰队中的卖国贼和西方教员,盗用丁汝昌的名义,向日军投降,北洋舰队全军覆没。

我读历史

黄海大战后,剩余的北洋战舰退入威海湾,1895年2月4日,定远舰被趁夜色入港偷袭的日本鱼雷艇击伤,被迫登滩搁浅,作为"水炮台"使用。2月9日,定远舰被日军占领的炮台炮火击中受重创。10日,为避免被日军俘获,"定远"舰管带刘步蟾毅然决定把自己监造并一直指挥的"定远"舰自爆,一代海军名将追随自己的爱舰为国成仁。

海战后,"镇远"舰驶入旅顺港,不慎触礁受伤。这时旅顺船坞已被日军攻占,"镇远"舰致伤上千处,无处修理。2月17日,"镇远"舰被日军掳去,编入日本舰队,成为日本海军第一艘铁甲战列舰,参加过在神户举行的海军大校阅,服役日本海军十七年,1912年4月6日被拆解出售。令人发指的是"镇远"舰所遗铁锚、锚链被日本政府陈列于东京上野公园,以此羞辱中国人。

镇远舰所遗铁锚

一九四七年,钟汉波将军以联络官身份赴日,用"二战"期间被日军掳去的中国海关缉私船"飞星"、"隆顺"接运"镇远"舰受尽屈辱的遗物回国,一雪甲午之耻。

三、《马关条约》与亡国灭种的危机

1895年4月，清政府被迫与日本签订了丧权辱国的《马关条约》。条约的主要内容有：

清政府承认朝鲜"独立自主"；割辽东半岛、台湾、澎湖列岛及附属岛屿给日本；赔偿日本军费白银二亿两；增开沙市、重庆、苏州、杭州为商埠；允许日本在中国的通商口岸开设工厂，产品运销中国内地免收内地税。

《马关条约》反映了主要资本主义国家向帝国主义过渡过程中资本输出、分割世界的侵略要求，标志着外国资本主义对中国的侵略进入一个新的阶段。《马关条约》后，列强掀起瓜分中国的狂潮，中国社会半殖民地化程度大大加深了。

马关春帆楼谈判，前排右一为李鸿章

我读历史

定远舰于1881年由清政府在德国订造，号称"亚洲第一铁甲巨舰"。1888年，北洋水师正式建军，定远舰被确定为水师旗舰。1894年9月17日，"定远"舰率北洋水师主力在黄海与日本海军展开激战，定远舰屡创敌舰。

早就对中国东北怀有野心的俄国联合德、法两国共同照会日本，要求日本放弃对辽东半岛的占领，否则三国海军将有所行动。日本被迫放弃辽东半岛，但又要清政府付给日本"酬报"银三千万两。

四、台湾人民的反割台斗争

台湾同胞获悉割台噩耗，悲愤之情难以抑制。台北民众鸣锣罢市，全台同胞抱定"桑梓之地，义与存亡"的决心，誓死抗拒割台。《台民布告》庄严地宣告："愿人人战死而失台，决不愿拱手而让台！"在全国人民反对割让台湾的怒潮中，台湾的爱国军民掀起了轰轰烈烈的反投降、反割让的武装斗争。

我读历史

清政府割让台湾的消息传出后，全台人民"若午夜暴闻轰雷，惊骇无人色，奔走相告，聚哭于市中，夜以继日，哭声达于四野"。人们奔走相告，游行集会，鸣锣罢市，愤怒抗议卖国罪行，他们发出檄文"如其生为降虏，不如死为义民"，义愤填膺的群众涌入巡抚衙门，表示"愿人人战死而失台，决不拱手而让台"。

爱国诗人丘逢甲闻讯，怒不可遏，当即刺破手指，血书"抗倭守土"四个大字，以示抗敌保台的决心，随后率领台湾绅民上书清政府："和议割台，全台震骇……全台非澎湖可比，何至不能一战？臣等桑梓之地，义与存亡，愿与抚臣誓死守御。设战而不胜，请俟臣等死后再言割地，皇上亦可以上对祖宗、下对百

丘逢甲

姓。"决心用生命来捍卫祖国的领土。

爱国领袖徐骧向群众痛楚陈辞："吾民之田庐在于是，子孙在于是，祖宗丘墓在于是，台土无，吾民将安归乎？"，他号召："人自为战，家自为守"，即使万一失败，"败则举吾民之骨肉与全台俱烬焉，是亦亡国之荣也"。"众闻言大感动……愿皆投身军籍，随骧以俱死"。淡水等地士绅亦纷纷毁家纾难，招募乡勇，购置武器，随时准备抗击日本侵略者。

我读历史

刘永福

唐景崧等官僚、士绅则临阵脱逃撤回大陆，清政府还严令断绝援台。

在台湾人民抗日激情的影响和推动下，以台湾军务帮办刘永福为首的部分清军将士，也纷纷表示抗不奉诏，坚守台湾，与台湾人民一道抵抗日本侵略者。刘永福与官兵绅民歃血为盟，慨然相誓：不要钱、不要官、不要命，甘苦与共、戮力同心，誓与台地共存亡。

怀台诗
——丘逢甲
春愁难遣强看山，往事惊心泪欲潸。
四百万人同一哭，去年今日割台湾。

我演历史

根据史料合理想象，扮演爱国志士，宣传保台主张。

抗击日本侵略的高山族人民

1895年《申报》关于台湾人民抗日的报道

台湾保卫战充分表现了台湾军民维护祖国领土完整的坚强意志和高度的爱国主义精神，在中国人民反侵略斗争史上，留下了光辉篇章。在日本侵略者统治的五十年中，台湾人民的反抗斗争始终没有停止过。

我讲历史

1945年8月15日，日本宣布无条件投降。10月25日根据《开罗条约》规定，台湾归还给中华民国政府，沦丧了五十年之久的台湾，正式回到了祖国的怀抱。台湾人民终于达到了"讨伐倭奴，恢复台澎之地"的目的。他们的斗争在中华民族解放运动史上写下了光辉的一页。

◎ 本课小结

甲午战争是中华民族历史上一次深重的民族灾难，它给中国人民带来了前所未有的耻辱，大大加深了中国社会的半殖民地化。甲午战争后，帝国主义掀起瓜分中国的狂潮，中国被迫全方位地开放，并且相继受到大规模的军事侵略，是民族危机最严重的时期。清王朝衰朽不堪、积贫积弱现象彻底暴露，亡国之祸迫在眉睫。也正是这场战争，促成了自鸦片战争以来前所未有的民族觉醒，资产阶级维新派掀起了救亡图存的维新变法运动。

第三课 八国联军侵华战争

一、反洋教斗争的兴起

随着帝国主义对中国的侵略的加深,中国人民的反洋教运动不断深入。

我读历史

1844年《中美望厦条约》规定,清政府准许美国人在通商口岸建立教堂。同年,《中法黄埔条约》中法国强迫中国承担保护教堂的义务。1858年《天津条约》列强迫使清政府准许外国传教士入内地自由传教。

西方传教士在各地传教时,以战胜者自居,干预地方政事,蔑视地方官员,包揽诉讼,从人命案件到民间纠纷无不插手。少数教民依仗教会势力,横行乡里,甚至挟制官府,欺凌孤弱,泄忿报怨,因而民教争殴趋于激烈。清朝官吏不敢得罪洋人,总是袒教抑民。"遇有民教争斗,平民恒曲,教民恒胜。教民势焰愈横,平民愤郁愈甚。"民教冲突渐趋频繁,教案时有发生。仅从鸦片战争到义和团运动期间,大小教案共发生400余起,较为重大的教案有25起。

反洋教漫画

以"羊"代指洋人,以"猪"代指"天主"。左右对联文字为:"万箭射猪身,看妖精,再敢叫否!一刀斩羊头,问畜牲,还想来么?"

1870年天津教案:火烧望海楼

我看历史

英国记者宓(mì)克曾指出:"传教一事,其谋始不臧,在以兵力强之使从,致中国国家,惭其臣庶。复因立约保教,此事愈为怨怒之媒,而耶稣教门,遂为举国所愤毒。"

德国侵略山东时，其驻华大使海靖说："随着我们在山东经济的开展，有必要在当地居民中造成一批'追随者'，而基督教徒则是最好的苗子。"这里清楚说明殖民主义者在华传教的目的。但是传教首先碰到的阻力是中国传统文化，于是他们又叫嚣："吾非除旧何由布新！欲求吾道之兴，必先求彼教之毁！"（宓克著《支那教案史》，严复译）这里的"彼教"指儒学，也可说指中国传统的思想文化。

封建官绅担心基督教的传播会引起"人心大变"，从而打乱现有的统治秩序，因此他们多把基督教斥为异端邪教，极力维护封建礼教对人民群众的精神统治。

想一想，中国人民为什么反对洋教？

反洋教运动显示了中国人民的爱国热情，打击了帝国主义和清朝的统治，动员了千百万人民起来战斗。

二、庚子事变

19世纪末，随着德国强租胶州湾，西方列强掀起瓜分中国的狂潮，外国传教士的活动也更加猖獗，人民群众的反洋教斗争也迅速发展，终于汇集成席卷中国北部的义和团运动。

我读历史

义和团，又名"义和拳"，原是民间秘密结社组织，其基本群众是农民和小手工业者，他们习武练拳，怀有朴素的爱国激情。义和团反对邪恶、反抗压迫、保护善良的举动，得到人民群众的拥护。1898年，义和拳改称义和团，提出"扶清灭洋"的斗争口号，把斗争的矛头指向了帝国主义，得到一部分清朝官员的支持，势力遍及京津地区。

我讲历史

讲一讲义和团的故事，探讨义和团获得人们拥护和失败的原因。

义和团战士

义和团民谣

最恨和约，误国殃民。上行下效，民冤不伸。
神助拳，义和团，只因鬼子闹中原。
兵法易，助学拳，要擒鬼子不费难。
挑铁道，把线砍，旋再毁坏大轮船。
大法国，心胆寒，英吉、俄罗势萧然。

——中国近代史资料丛刊

义和团的迅猛发展，使列强大为恐慌，他们纷纷要求清政府采取措施消灭义和团。看到清政府无法控制局势后，便直接出兵干涉。

1900年（清光绪二十六年）6月，英、法、德、美、日、俄、意、奥等八国联军2000多人，由英国海军中将西摩尔为统帅，率军自天津向北京进犯。义和团和清军在沿途阻击敌人，相继组织了廊坊、杨村阻击战，给侵略者以沉重打击，迫使侵略军逃回天津租界。此时，清政府发布对外宣战的谕旨，义和团与清军向北京东交民巷使馆和西什库教堂发起猛烈进攻。

英国海军中将西摩尔

八国联军攻占天津后举行阅兵式

8月,联军攻陷北京。慈禧太后、光绪帝经太原逃往西安。在逃亡途中,慈禧下令清军严厉镇压义和团,同时指派大臣与侵略者"议和"。

八国联军在中国烧杀抢掠,犯下滔天罪行。

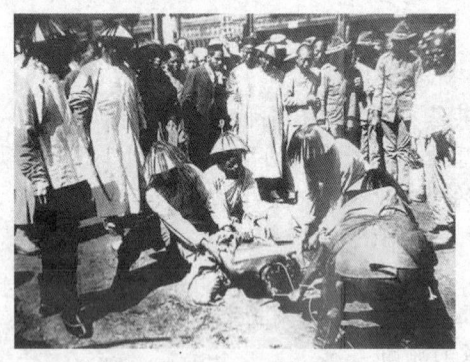

清军屠杀义和团民

八国联军屠杀义和团民

我读历史

轰轰烈烈的义和团运动,在中外反动势力的联合剿杀下失败了。义和团运动是群众自发的反帝爱国运动,它显示了中国人民的巨大力量,粉碎了列强瓜分中国的野心,沉重地打击了清朝统治者,加速了清王朝的崩溃,促进了人民的觉醒,推动了反帝反封建运动的发展。

我读历史

占领北京后,八国联军统帅、德军元帅瓦德西特许士兵公开抢劫三天,以后各国军队又抢劫多日。中国的珍贵文物遭到了空前的浩劫。皇宫和颐和园里珍藏多年的宝物被抢掠。俄军最高指挥官阿列科谢也夫将军等人把慈禧寝宫用黄金和宝石精制的数十件珍宝"洗劫一空"。就连太和殿前存水的铜缸上面的镀金,也被侵略军刺刀刮去,至今刮痕斑斑。

侵略军火烧庄亲王府,当场烧死1800人。德国侵略军奉命"在作战中,只要碰着中国人,

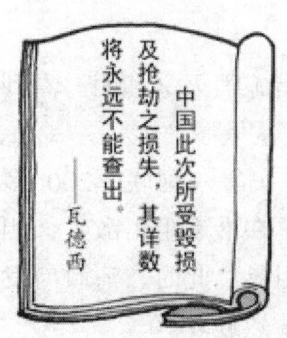

中国此次所受毁损及抢劫之损失,其详数将永远不能查出。
——瓦德西

瓦德西记录

联军统帅瓦德西

无论男、女、老、幼,一概格杀勿论"。法国军队路遇一队中国人,竟用机枪把人群逼进一条死胡同连续扫射15分钟,不留一人。

日军抓捕中国人,施以各种酷刑,试验一颗子弹能穿透几个人,或者故意向身体乱射,让人身中数弹才痛苦地死去。英国人记载说:"北京成了真正的坟场,到处都是死人"。八国联军侮辱妇女,任意蹂躏,许多人不甘侮辱,含冤自尽。

法军抢来的耕牛

美军抢来的白银

攻占紫禁城的联军

八国联军在紫禁城阅兵

由于1900年是农历庚子年,所以,八国联军侵华事件又被称为"庚子事变"。

三、《辛丑条约》与中国半殖民地半封建社会的形成

1901年(光绪二十七年)9月7日,奕劻、李鸿章全权代表清政府,同英、法、美等11个国家在北京正式签订丧权辱国的《辛丑条约》。条约的主要内容有:

中国赔款4.5亿两白银,以关税、盐税和常关税作担保,分39年还清,年息4厘,本息共9.8亿两;将北京东交民巷划定为使馆区,成为"国中之国",在区内

《辛丑条约》签约场景

中国人不得居住，各国可派兵驻守；拆除北京至大沽的炮台，外国军队驻扎在北京和从北京至山海关沿线的重要战略要地；永远禁止中国人民成立或参加反对列强的各种组织，违者处死；各省官员对所属境内发生的"伤害诸国人民"事件，必须立刻镇压，否则立即革职，永不叙用；惩办赞助过义和团运动的"首祸诸臣"，在外国人"遇害被虐"的地方，"停止文武各等考试五年"；改总理各国事务衙门为外务部，"班列六部之前"。

《辛丑条约》是中国近代史上赔款数目最庞大、主权丧失最严重、精神屈辱最深沉，从而给中国人民带来空前灾难的不平等条约。慈禧太后为首的清政府已甘当"洋人的朝廷"，从此，清政府完全成为帝国主义列强统治中国的工具。它的签订，标志着中国半殖民地半封建社会秩序的完全确立。

晚年李鸿章

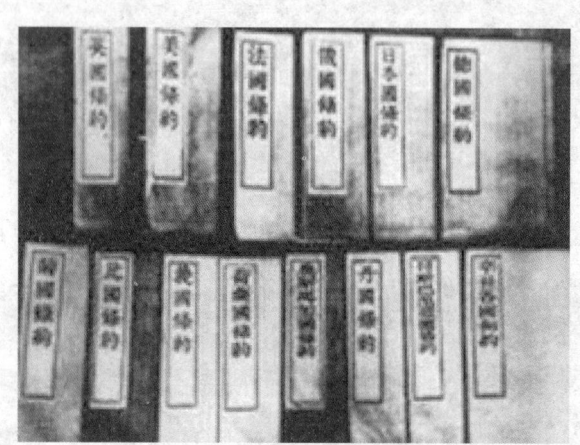
《辛丑各国条约》

◎ 本课小结

八国联军侵华战争是列强向帝国主义过渡时期，瓜分世界的具体表现。腐朽的清政府再次惨败，被迫与列强签订了《辛丑条约》，使中国半殖民地半封建社会的秩序完全确立。中国人民看清了清政府的反动面目，在资产阶级革命派领导下掀起了推翻清王朝的辛亥革命。

实践活动课

侵略与反抗

1840年，英国侵略者的坚船利炮轰开了中国的大门，五千年文明古国从此惨遭帝国主义列强铁蹄的蹂躏，四万万中国人民挣扎在水深火热之中，为了民族的生存和尊严，为了中华的崛起，中国人民前赴后继，不屈不挠，谱写了一曲曲悲壮激越的近代反侵略争取民族解放的史诗。

活动内容：

通过调查、参观、图片、解说文字等形式，展示近代中国人民反侵略争取民族解放的伟大历程

活动目标：

1. 知识与能力

通过搜集、选择、整理近代帝国主义侵华和中国人民反侵略斗争的图片、实物、史料，加深对中国近代屈辱史、抗争史的认识，培养学生运用历史知识表述历史问题的能力。

学生通过绘制历史漫画，加深其感官认识。通过漫画赏析理解中国在反抗外来侵略中失败的原因和应该吸取的经验教训，使其明白"学史明哲理"，进而培养学生的思维、分析、比较和归纳的能力。

2. 过程与方法

以小组形式要求学生课前搜集从鸦片战争到八国联军侵华战争结束期间的某一事件、人物的相关历史故事等，培养学生的实践能力和创新精神，使他们掌握收集、处理和组织历史材料的方法。

学生以小组为单位进行自主的合作学习，在课堂上进行汇报，从而培养他们参与、合作的意识以及团队合作精神。

3. 情感态度与价值观

通过对比，使学生明确对外开放是一个国家繁荣强盛的必由之路，而"闭关锁国"只能导致愚昧和落后，感悟历史，增强爱国主义的情感。

4. 活动重点、难点

重点是列强对中国的侵略及中国人民的反抗。

难点是资料的搜集、外出的安全；引导学生思考中国应从失败中吸取的经验教训以及启示。

活动步骤：

1. 分工选题，全班分成若干组，每组负责本单元一节课的内容，选出正副组长。每组选定一项专题。

2. 以小组形式要求学生搜集从鸦片战争到八国联军侵华战争期间的某一事件、人物的相关历史故事等。

3. 班级内部交流。

活动建议：

1. 组织学生参观当地博物馆，了解有关近代列强侵华的图片、实物、史料；考察有关近代反抗与斗争的历史遗迹。

2. 观看反映列强侵略的影视作品，如《林则徐》、《火烧圆明园》、《甲午战争》等，撷取有关片段，写成观后感。

3. 阅读有关近代中国社会变迁的历史著作。如《天朝的崩溃》、《近代中国的新陈代谢》等。

4. 在拥有第一手资料的前提下，对图片、实物、材料、遗迹等历史画面进行合理的想象，在想象的基础上写出一篇从鸦片战争到八国联军侵华战争期间的帝国主义侵华罪行或中国人民反抗的小论文。

活动延伸：

1. 将写成的文章按标题、作者、撰稿时间、内容、评价的要求在小组交流，由小组选出若干篇在班级进行评比。按约定的评分标准，用全班投票的方式评出优秀作品一、二、三等奖。

2. 把获奖作品编制成图文并茂的"侵略与反抗"的墙报。

3. 开展列强的侵略与中国的变迁辩论赛，讨论列强的侵略与中国近代化间的关系。

第二单元

近代中国追求民族解放与民主的探索

导语：1840年，英国发动侵略中国的鸦片战争，用大炮轰开中国的大门。随后，西方列强接踵而来，发动了一系列侵华战争。第二次鸦片战争、中日甲午战争、八国联军侵华战争等，给中国人民带来了深重灾难。然而，面对强敌，中国人民不屈不挠，前仆后继，英勇反抗外来侵略，积极探索复兴道路。戊戌变法、辛亥革命等运动的开展，反映了近代中国人民反抗侵略压迫、追求民族独立、反抗封建专制、追求民主进步的愿望。

第一课　戊戌变法

一、公车上书

1895年4月,日本逼签《马关条约》的消息传到北京,引起了各界人士的强烈反应。正在北京参加会试的康有为、梁启超等人发动当时在北京参加会试的1300多名各地举人上书朝廷,提出"拒和,迁都,变法"等主张。历史上把这次活动称为"公车上书"。公车上书虽然没有上达给皇帝,但却使维新思潮发展成为爱国救亡的政治运动,在社会上产生了极大影响。

我读历史

1894年爆发的中日甲午战争,清政府战败,对中国社会的震撼空前强大。长期以来一直被认为是东亚文明主导者的中国,竟然被岛国日本打败,这一事实使中国人在备受痛苦和屈辱的同时,开始进行反思。许多有识之士认识到只有像日本那样学习西方,变法维新,建立资本主义制度,才能实现富国强兵,挽救民族危亡。变法维新运动由此拉开序幕。

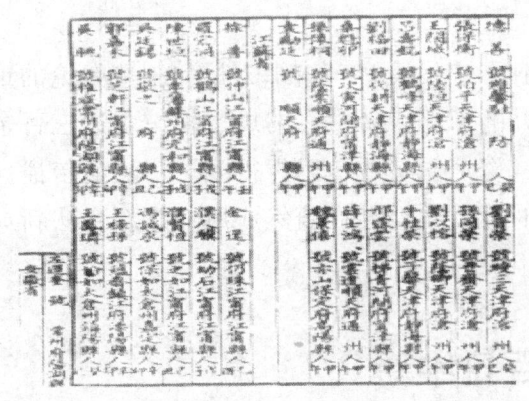

"公车上书"题名记

我读历史

1895年《马关条约》签订的消息传出,康有为决定赶在清廷正式批准条约之前向皇帝上书。在他的组织下,18省举人群集宣武门外达智桥松筠庵谏草堂,商谈拒约上书问题。松筠庵原是明朝忠臣杨继盛故居,康有为选择在此集会,显然要以杨继盛冒死直谏的精神来激励大家。康有为用了一昼两夜的时间,代各省举人起草了一篇万言书,发起了"公车上书"。

我读历史

康有为,广东南海县人,人称康南海。他自幼接受过正统的儒学教育,青年时期,开始关心国家命运,留意西学;后来,萌发变法思想。1888年,他在北京第一次上书光绪皇帝,陈述变法图强的必要性和紧迫性,主张变成法,求自强,挽救危局。

康有为从传统的儒家思想中,为变法寻找理论依据。他提出人类社会的进化过程要经过"据乱世"、"升平世(小康)"和"太平世(大同)"三个发展阶段的理论,积极宣传变法。他在学生梁启超等人的协助下,写成《新学伪经考》和《孔子改制考》两部著作,系统地阐发了变法理论。

康有为

为了争取更多支持，康有为和一些维新志士还在北京、上海、湖南、天津等地创办《中外纪闻》等报刊，宣传变法主张。

1895年8月，康有为等人在北京发起成立维新派的政治团体强学会。强学会以研习西学，交流变法思想为宗旨，得到了中央和地方要员的支持。此外，强学会还引起了西方传教士及外交官员的关注，一些外国传教士也加入了强学会。不久，康有为又成立上海强学会，南北呼应，使东南地区的维新运动也迅速开展起来。

1896年8月，《时务报》在上海创刊，梁启超担任主笔。梁启超发表了《变法通议》等文章，明确提出中国要变法图强，必须学习西方资本主义国家的政治制度和文化教育制度。他将历代帝王斥为"民贼"，呼吁"伸民权"和"设议院"，实行君主立宪制度。同时主张改革科举制度，培养有用人才，大力发展近代工业。他的文章言论新颖，文笔流畅，深受社会各阶层人士欢迎，大大推动了变法维新思想的广泛传播。

我读历史

梁启超(1873~1929年)，广东新会人，号任公，别号饮冰室主人。幼年时从师学习，"八岁学为文，九岁能缀千言"（《三十自述》），17岁中举。

1890年起师从康有为，并协助其进行变法理论的撰述，1895年参加了公车上书和强学会的活动。是与康有为齐名的戊戌变法领导人之一。

梁启超

维新派倡导立学会、办报纸、兴学堂的活动起到了启发民智、组织力量和制造舆论的重要作用。据不完全统计，1895~1898年之间，维新派创办的学会、学堂、书局、报馆多达三百余所。这表明资产阶级维新派此时已有了一定的社会基础，资产阶级改良思想得到了广泛的传播，涌现出康有为、梁启超、谭嗣同等一批领袖人物，议论时政，集会结社蔚然成风，维新变法新局面逐渐形成。

北京强学会旧址

二、百日维新

1897年，德国军队强占胶州湾；接着俄国又强占旅顺和大连；第二年，法国强迫清政府租借广州湾；英国迫使清政府租借后来被称之为"新界"的地区和威海卫。康有为闻讯后，连续三次向光绪帝上书，指出如果再不下决心，彻底变法以自强，恐怕皇帝和大臣们想做一名北京城里的普通百姓都不可能了。

康有为的主张引起光绪帝的强烈共鸣，从而坚定了光绪帝进一步开展维新变法的决心。

我读历史

在户部尚书翁同龢的极力推荐下，光绪帝欲召见康有为，却被守旧大臣以"本朝成例，非四品以上官不能召见"为由加以阻挠，只能改让康有为递送条陈。光绪帝几经周转读到康有为的上书后，深受感动，并下令今后康有为所上条陈随到随送，不得阻拦扣押。

1898年1月29日，康有为上了《应诏统筹全局折》（即《上清帝第六书》），请求光绪帝发起变法。在这篇奏折中，康有为重申了国家面临的严重危机，主张学习日本明治维新，进行全面改革。他引述当时波兰、埃及、土耳其、缅甸等国，由于守旧不变，遭到分割或危亡的险境，认为世界各国的趋势，"能变则全，不变则亡；全变则强，小变仍亡"。中国所以面临危亡，就是由于保守旧法不知变革所致。《应诏统筹全局折》提出了比较具体的变法措施，成为维新派的施政纲领。

我讲历史

《时局图》是中国近代时事漫画的杰作。

分别代表的是19世纪末各个西方国家对我国的瓜分。图中一个是熊，有横霸无忌的样子，是比喻沙皇俄国；一个是斗牛犬，有守住不放的样子，是比喻英国；一个是肠，有贪得无厌的样子，是比喻德国；一个是青蛙，有任意收揽的样子，是比喻法国；一个是太阳，是比喻日本；一个是鹰，飞来分食，是比喻美国。

还有揭露清政府腐败的内容：代表清政府的四个人物，一个手举铜钱；一个正寻欢作乐；还有一个昏昏似睡者，手中拉着网绳，网中一人正念着"之乎者也"，另一人在马旁练武。

请查阅相关资料，讲出西方各个国家都分别瓜分我国哪些地方？对我国造成怎样的严重危害？三个清政府的人物分别代表什么？

《时局图》漫画

1898年春，康有为在北京发起组织救亡团体保国会。以"保国、保种、保教"为宗旨，以"救亡图存"相号召，准备在北京、上海各设总会，在各省、府、县设立分会。在保国会的影响下，保浙会、保川会、保滇会等相继成立，维新变法的浪潮激荡全国。

1898年6月11日，光绪帝颁布《定国是诏》，宣布变法。因为1898年是农历戊戌年，历史上称为戊戌变法，这次变法历时共103天，又称"百日维新"。

1898年6月11日光绪帝发布《明定国是诏》，变法从此正式开始。在此后的一个多月里，光绪帝先后颁布了一系列变法诏书。

我读历史

爱新觉罗·载湉，道光帝的第七子醇亲王奕譞的儿子，慈禧太后的外甥。同治皇帝死后，慈禧为继续把持朝政立年仅4岁的载湉为帝，年号光绪。在其16岁时，慈禧归政。清入关后的第九位皇帝，在位34年，1908年病死，终年38岁，庙号为德宗景皇帝。

光绪帝自即位后，一直受制于慈禧太后。甲午战争后，光绪帝深受刺激，决心励精图治。在变法之前，他曾向慈禧坦言："朕不能为亡国之君，若不予我权，宁逊位而已。"老谋深算的慈禧以退为进，答应"由他去办，俟办不成什么模样再说"。

光绪帝雄心勃勃，频繁召见康有为，康有为鼓励光绪帝以手中之权，行可变之法。随后，光绪帝分别召见梁启超、谭嗣同、严复等维新人士，筹划新政。

光绪皇帝

我读历史

在政治方面，鼓励官绅士民上书言事；精简机构，裁减冗员，取消旗人由国家供养的特权，准其自谋生计，等等。

在经济方面，设立农工商总局，鼓励发展农工商业；提倡私人开办工厂，采用机器生产，奖励创新发明，设立铁路、矿务总局，鼓励商办铁路、矿业；改革财政，创办国家银行，编制国家预算和决算；兴办邮政，裁撤驿站。

在文化教育方面，改革科举制度，废除八股；在各地成立中小学堂，在京师设立大学堂，筹设铁路、矿务和医科等专门学堂；鼓励私人办学，选派学生到海外留学；准许民间创办报馆、学会；设立译书局，组织翻译外国书刊。

在军事方面，建立新式军队，装备新式武器，按新法练兵，添造兵船，增强海军实力。

为了减少变法的阻力，维新派没有实施先前提出的"行宪法，大开国会"、设立制度局等主张。

我读历史

京师大学堂是中国近代史上第一所国立综合性大学，它既是全国最高学府，又是国家最高教育行政机关，统辖各省学堂。属于戊戌变法的"新政"之一。辛亥革命后，改称北京大学。

光绪帝的这些变法上谕，基本上反映了维新派的愿望和要求，政治上允许一定的言论自由，经济上制定了一些有利于民族资本主义发展的政策，文化上也采取了一些打击旧学、提倡新学的措施。这些变法措施的推行，有利于中国民族资本主义的发展和先进科学文化的传播，并给民族资产阶级提供了参与政治的可能性，初步动摇了封建统治秩序，具有一定的进步意义。

京师大学堂旧址

三、"戊戌政变"与谭嗣同

新政遭到守旧势力强烈抵制和反对。掌握实权的慈禧太后对新政并不热心，新政开始不久，她就解除了支持新政的光绪帝的老师翁同龢的军机大臣职务，任命亲信荣禄为直隶总督，控制京津地区。中央和地方的高级官员除湖南巡抚陈宝箴等少数人以外，大多对新政或明或暗的抵制。有些新政机构虽然建立起来，但大都为守旧势力所把持，形同虚设。

我读历史

慈禧太后，1835年11月29日至1908年11月15日。

咸丰帝的妃子，同治帝的生母。以皇太后身份垂帘听政或临朝称制，为自1861年至1908年间大清王朝的实际统治者之清朝"无冕女皇"，生前，外人有以"慈禧太后"、"圣母皇太后"、"那拉太后"、"西太后"等称之者。自光绪年间，宫中及朝廷开始以"老佛爷"尊称之，死后谥号为"孝钦慈禧端佑康颐昭豫庄诚寿恭钦献崇熙配天兴圣显皇后"。

慈禧太后

光绪帝和维新派也感到形势危急，想拉拢掌握新建陆军的袁世凯，来对付慈禧太后和荣禄等保守派。1898年9月16日，光绪帝召见袁世凯，对他加官晋爵，委以重托。但是，袁世凯表面对光绪帝和维新派信誓旦旦，暗中却与慈禧太后和守旧势力密切勾结。维新派还竭力游说外国驻华公使和传教士，希望争取得到美、英、日等列强对变法的支持，但同样没有结果。光绪帝的反击行动使新旧势力之间的矛盾尖锐化和表面化。荣禄等人暗中勾结，密谋由慈禧太后训政，以达到结束光绪帝主政、扑灭新政的目的。

我读历史

由于维新变法触动了很多人的利益，社会上反对势力很大。如废除八股文，使大批读书人通过八股文考取功名、升官发财的梦想破灭，他们自然群起而反对。湖南有个名叫曾廉的举人，甚至上书请求处死康有为和梁启超；一些衙门裁撤后，大批丢了乌纱帽的官员，极端仇视新政，他们或造谣惑众，或上书恫吓，使得京师谣言四起；令旗人自谋生计，更引起不少旗人的强烈不满。这些从中央到地方的反对势力聚集在一起，形成了后来慈禧太后发动政变的重要社会基础。

囚禁光绪帝的瀛台

随着斗争形势越来越紧张，传闻慈禧太后将在秋季借到天津阅兵的机会，用武力强迫光绪帝退位。光绪帝急传密诏，让康有为等人商量解救的对策。9月18日深夜，谭嗣同带着密谕拜访袁世凯，希望他起兵勤王，诛杀荣禄，逼慈禧太后彻底交权。袁世凯将谭嗣同夜访以及光绪帝传密谕之事曝光。慈禧太后震怒，宣布"临朝听政"，将光绪帝囚禁于中南海的瀛台。下令逮捕维新派人士。这就是"戊戌政变"。

我看历史

有人认为戊戌变法失败的主要原因是袁世凯的告密，你对此有何看法？

9月28日，谭嗣同、杨锐、刘光第、林旭、杨深秀、康广仁被杀，史称"戊戌六君子"。其他与新政相关的人士或被囚禁，或遭罢黜。政变后除了京师大学堂被保留下来之外，其他新政措施全被取消。"百日维新"宣告失败。

我读历史

谭嗣同(1865~1898年)，字复生，号壮飞，湖南浏阳人，清末巡抚谭继洵之子。善文章，好任侠，长于剑术曾与当时北京的一个"义侠"大刀王五结交。对传统的时文八股非常反感，在课本上写下"岂有此理"几个字。他主张中国要强盛，只有发展民族工商业，学习西方资产阶级的政治制度。公开提出废科举、兴学校、开矿藏、修铁路、办工厂、改官制等变法维新的主张。写文章抨击清政府的卖国投降政策。

政变发生时，康有为已于9月20日离开北京，逃往香港，梁启超也化装出京，逃往日本。谭嗣同拒绝了友人要他出走日本的劝告，激昂地表示："各国变法，无不从流血而成，今中国未闻有因变法而流血者，此国之所以不昌也。"那么就由我第一个流血牺牲来改变这种情况吧！被捕后，他视死如归，在狱中写下了"我自横刀向天笑，去留肝胆两昆仑"的壮烈诗句；在法场上，他临刑不惧，高呼："有心杀贼，无力回天，死得其所，快哉快哉！"随后从容就义。年仅三十三岁。

谭嗣同

戊戌变法是一场资产阶级领导的政治改革运动。在民族危机加剧的时刻，维新派以变法图强、救亡图存为目标，进行广泛的宣传鼓动，希望通过改革，使中国走向独立、民主和富强，从而摆脱帝国主义列强的侵略与欺凌，表现出强烈的爱国热情。

戊戌变法是资产阶级变革社会制度的初步尝试。维新派试图在政治上变封建君主专制为资产阶级君主立宪制，在经济上提倡兴办近代工业、交通运输业，为民族资本主义的发展创造有利的条件，符合历史发展的趋势。

戊戌变法也是近代中国第一次思想解放的潮流。康有为、梁启超、谭嗣同、严复等资产阶级维新派，提倡新学、主张兴民权，对封建思想文化进行了猛烈的抨击，为近代思想启蒙运动的蓬勃兴起开辟了道路，促进了中国人民的觉醒。

◎ 本课小结

戊戌变法是一次爱国救亡运动。它要求发展资本主义经济和扩大资产阶级政治权力，符合近代中国发展的历史趋势，因此也是一次进步的政治改良运动。它传播了资产阶级新文化、新思想，批判封建主义旧文化、旧思想，又是一次思想启蒙运动。戊戌变法留下的许多遗产，诸如解放思想、变革观念、建立社团、兴办学堂、创办报刊、提倡女学、改易风俗等，成为中华文明发展史上的宝贵财富。

第二课　辛亥革命

一、孙中山和同盟会

19世纪末20世纪初，《辛丑条约》的签订，使中华民族危机空前严重，清政府反动卖国的本质彻底暴露，资产阶级领导的民主革命应运而生。1894年，孙中山在檀香山建立中国历史上第一个资产阶级民主革命团体兴中会。在中国人民面前第一次提出"振兴中华"的口号。随后，其他资产阶级革命团体如雨后春笋般建立。

1905年8月，在孙中山推动下，兴中会、华兴会、光复会骨干聚集在日本东京，召开中国

我读历史

孙中山，本名孙文，谱名德明，字载之，号日新，又号逸仙，幼名帝象。因其流亡日本时，曾化名中山樵，后世常称之谓孙中山。孙中山是中国近代民主主义革命伟大的先行者，中华民国和中国国民党创始人，三民主义的倡导者。为了改造中国耗尽毕生的精力，在历史上建立了不可磨灭的功勋。

孙中山早年在香港学医，毕业后做医生。他擅长外科和治疗肺病。孙中山对待病人，真诚亲切，有求必应。穷苦人求医，他不仅免收诊费，而且赠送药品。通过行医实践，孙中山认识到"医术救人，所济有限"，而"医国"比"医人"更重要。他决计借行医来积极结识不满清朝统治的爱国青年和会党分子，互相议论时政，寻求救国道路，开始从事挽救民族危亡的政治活动。

1894年，孙中山在太平洋上的檀香山（现属美国）创建了最早的革命团体兴中会。兴中会，顾名思义，就是振兴中华的意思。孙中山在成立宣言中明确指出，成立本会的目的，"专为振兴中华"。后来，他又经常不断地宣传振兴中华的思想。有一次，他说："我们知道中国几千年来，是世界上头一等的强国……到了现在怎么样呢？现在这个时代，我们中国是世界上顶弱顶贫的国家……我们中国人要赶快想想法子怎么样来挽救……不然中国就会成为一个亡国亡种的地位。大家要醒！醒！醒！醒！"

孙中山领导了辛亥革命，首举彻底反封建的旗帜，"起共和而终帝制"。他是一位在海峡两岸都受到敬重的革命家，中华民国尊其为国父，中国国民党尊其为总理，毛泽东和中国共产党称其为"中国近代民主革命的伟大先行者"。

孙中山像

同盟会成立大会，推举孙中山为总理。同盟会以孙中山提出的"驱除鞑虏，恢复中华，创立民国，平均地权"为政治纲领，后来被孙中山概括为"民族"、"民权"、"民生"三大主义。同盟会以《民报》为机关刊物。

中国同盟会是近代中国第一个全国性统一的资产阶级革命政党。它的成立，标志着中国的资产阶级民主革命进入了一个新阶段。

 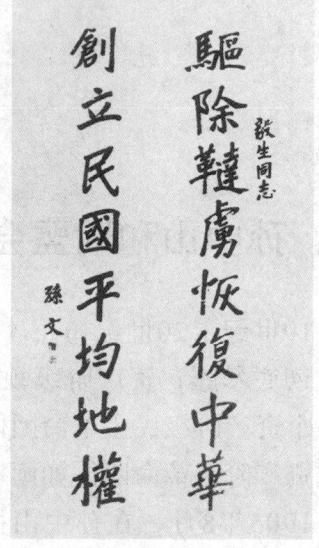

中国同盟会成立大会　　　　　　　　　　　　　　同盟会纲领

同盟会成立后，孙中山等革命党人在各地发动了一系列起义，促成了革命形势的高涨。这些起义沉重打击了清王朝的统治，极大地鼓舞了人们的革命斗志，为后来武昌起义一举成功准备了条件。

革命党人发动武装起义形势图

我读历史

1911年4月27日下午5时30分，黄兴率800名敢死队员分四路攻打两广总督衙门、小北门、巡警教练所和守南大门。黄兴首先发难，他亲自率领勇士120余人，攻入两广总督署，遍搜两广总督不得，又冲杀出来，在东辕门外与大股清军遭遇，双方激战一昼夜，黄兴被打断右手中食二指第一节，便以断指继续射击。最后只剩黄兴等少数人带伤逃走。由于清朝部队人数众多，起义队伍得不到接应，各路队伍虽与清军展开激烈巷战，彻夜相攻，但都先后失败。事后，同盟会会员潘达微多方设法收殓烈士遗骸72具，合葬于城东红花岗，后改名黄花岗，史称"黄花岗七十二烈士"，因此，这次起义也称为黄花岗起义。1932年，查得此次死难烈士姓名达86人。由于习惯，人们仍称"黄花岗七十二烈士"。

黄花岗七十二烈士之墓

二、武昌首义

1911年，武昌地区革命形势高涨，起义一触即发。

我读历史

1906年，清廷抛出"预备立宪"，1908年慈禧太后与光绪皇帝相继去世，年仅3岁的宣统皇帝溥仪继位，其父载沣摄政。1911年5月，清政府公布的内阁名单中满族人有九名（其中七名是皇族），汉族有四名，被称为"皇族内阁"。立宪派对此大失所望，有少数人参加了革命党。为取得外国的支持，维护其统治，清廷将广东、四川、湖北、湖南等地的商办的粤汉、川汉铁路收为国有，然后再卖给外国，又未能解决如何补偿民间损失，引起了全国大规模的反抗运动——保路运动，其中四川最为激烈。清廷急忙调动湖北新军入四川镇压，导致湖北兵力空虚，故革命党人决定发动起义。

革命党人预定10月11日发动起义，不料在制造炸弹时不慎爆炸，俄国巡捕闻讯赶来，将革命党人的名册等起义文件起获，武昌形势顿时紧张。革命党人决定自行联络，提前发动起义。

10月10日，武昌城内新军[1]工程营的革命党人率先起义，当晚，新军工程营的革命党人熊秉坤、金兆龙等率领士兵鸣枪冲出营房，攻占楚望台军械库。新军炮兵、步兵闻风响应。经过一夜激战，革命军占领武昌。12日，起义军占领汉阳和汉口，武汉三镇被革命党人所控制。

武昌起义的胜利，震撼了清王朝的统治。各地革命党人纷纷起义响应。短短一个月，全国十几个省相继宣布独立。1911年是农历辛亥年，这次革命被称为"辛亥革命"。

我读历史

武昌起义成功后，湖北军政府成立，推举旧军官黎元洪为都督，宣布废除宣统年号，改为黄帝纪元，国号为"中华民国"。各省纷纷响应，到11月下旬，全国有几个省区脱离清廷宣布独立。但是，各省的立宪派和封建官僚投机革命，革命阵营内部潜伏着危机。

---

[1] 新军指清政府在清末仿照西方近代军队编练的常备军，主要有直隶总督袁世凯编练的北洋常备军，湖广总督张之洞编练的湖北常备军。

湖北军政府

三、中华民国的建立

1911年12月，孙中山从海外回国。宣布独立的各省代表在南京开会，选举孙中山为中华民国临时大总统。

五色旗

1912年1月1日，孙中山在南京宣誓就职，宣告中华民国成立。中华民国定都南京，采用五色旗[1]为国旗，改用公历，以中华民国纪年，1912年为中华民国元年。南京临时政府成立后，颁布了一系列移风易俗和保护民族资本主义发展的法令和措施。

1912年春，孙中山代表中华民国南京临时政府颁布《中华民国临时约法》。约法规定：中华民国主权属于国民全体；国内各民族一律平等；国民有人身、居住、财产、言论、出版、集会、结社、宗教信仰等自由；国民有选举权和被选举权，以及纳税和服兵役的义务。这部约法是中国近代史上第一部资产阶级性质的民主宪法，具有反对封建专制制度的进步意义。

我读历史

临时政府根据"天赋人权"、"自由平等"的原则，宣布人民享有选举、参政等各种权利；鼓励发展民族工商业，奖励海外华侨在国内投资；提倡"自由平等博爱为纲"的公民道德，废除"大人"、"老爷"等称呼，禁止蓄辫、缠足和赌博等陋习。

剪发兴，辫子灭

---

[1] 五色旗，南京临时政府和北洋军阀统治时期的中华民国国旗，以红、黄、蓝、白、黑五色象征汉、满、蒙、回、藏五族共和。

我读历史

我今只说要定一条：中华民国主权属于国民全体。一以表示我党国民革命真意义之所在，一以杜防盗憎主人者，与国民共弃之。

——孙中山

过去专制主义是正统，神圣不可侵犯，侵犯了就要杀头。现在民主主义成了正统，同样取得了神圣不可侵犯的地位，侵犯了这个神圣固然未必就要杀头，但为人民所抛弃是没有疑问的。

——林伯渠

四、中国民主进程的发展

南京临时政府成立后，清廷任命北洋军阀头子袁世凯为内阁总理大臣，主持军政，企图挽救危局。袁世凯一面命令北洋军猛攻汉口、汉阳，一面向南京临时政府提出议和。帝国主义各国采取军事威胁，外交孤立和经济封锁等手段，对革命政权施加压力，帮助袁世凯篡夺革命果实。混进革命队伍中的立宪党人和旧官僚害怕革命的发展会危及自己的利益，也希望袁世凯主持大局。孙中山为争取袁世凯推翻清政府的统治，表示如果袁世凯宣布赞成共和，可以保举他为临时大总统。

我读历史

袁世凯不仅手握重兵，而且在义和团运动时期树立了"保境安民"的形象，在清末新政中政绩卓著，这些都使他具备了一定的政治资本。帝国主义列强一面派军舰开赴武汉，试图干涉革命；一面物色新的代理人。他们把目光投向袁世凯，不断制造政局"非袁不可收拾"的舆论。

袁世凯

我讲历史

请查阅相关资料，讲出该人物的生平，以及他在辛亥革命中的行为和所起到的历史作用。

袁世凯得到孙中山的保证后，加紧逼迫清帝退位。1912年2月，宣统帝下诏退位，统治中国260多年的清王朝宣告结束。清帝退位后的第二天，袁世凯通电声明赞成共和，孙中山向南京临时参议院提出辞职。接着，南京临时参议院选举袁世凯为临时大总统。1912年3月，袁世凯在北京就任中华民国临时大总统。4月，孙中山正式解除临时大总统的职务，临时政府迁往北京。辛亥革命的胜利果实落入袁世凯手里。

宣统帝 溥仪

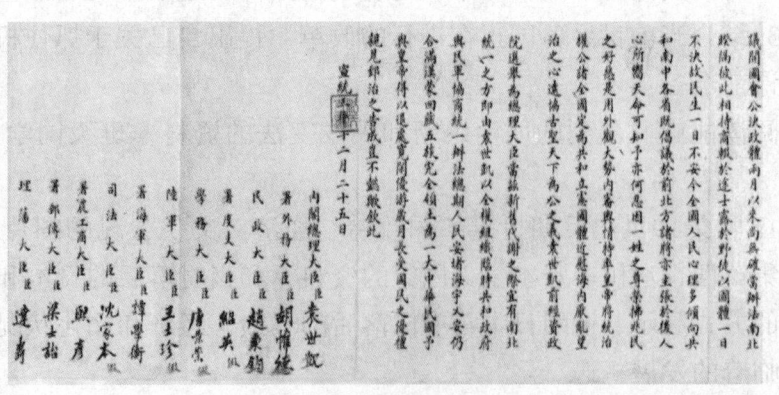

清帝退位诏书

我读历史

清帝退位后的优待条件有：尊号仍存不废，民国待以外国君主之礼；皇室费用每年400万元，有民国拨付；清帝暂住故宫，日后移居颐和园；其原有私有财产，由民国特别保护。

我看历史

有人说没有袁世凯就没有辛亥革命的初步胜利？你是否同意，为什么？

辛亥革命是中国近代史上一次伟大的反帝反封建的资产阶级民主革命。它推翻了清王朝，结束了中国两千多年的封建君主专制政体。

辛亥革命建立了资产阶级共和国，使人民获得了一些民主和自由的权利，从此，民主共和观念逐渐深入人心，人们开始意识到自己不再是君主的奴仆，而是国家的主人。

辛亥革命推翻了"洋人的朝廷"，客观上打击了帝国主义侵略势力，为中国民族资本主义的发展创造了条件。

辛亥革命对亚洲以及世界殖民地半殖民地人民争取民族独立和解放的斗争产生了巨大的影响。

◎ 本课小结

辛亥革命是近代中国比较完全意义上的资产阶级民主革命，它结束了中国长达两千年之久的封建君主专制制度，使民主共和的观念深入人心。在政治上、思想上给中国人民带来了不可估量的解放作用。中国人民的反帝反封建斗争，以辛亥革命为新的起点，更加深入地开展起来。

实践活动课

关于戊戌变法和明治维新的比较

学习目标：

1. 通过共同探讨，了解明治维新与戊戌变法两场改革面临的机遇和各自具备的条件，分析导致明治维新成功及戊戌变法失败的原因。
2. 听听别人对于抓住改革机遇和创造条件促进改革的看法。
3. 结合当前世界各国正在进行的改革，提出自己关于抓住机遇与创造条件的看法。

课前准备：

阅读能够收集到的明治维新和戊戌变法的资料，班级同学分工合作，围绕下列问题进行准备。

1. 收集19世纪后期世界各国政治、经济、文化状况的图片、图表、文字背景资料，特别注意收集英国、法国等资本主义国家的资料，和当时落后的日本和中国等亚洲国家的相应资料，用对比的方式展示，说明日本与中国落后的政治、经济和文化状况，并表明各个殖民地半殖民地国家面临着的发展机遇。

2. 查阅各种资料，了解当时日本和中国这两个国家中，各主要的政治派别对待西方列强侵略、西方工业化和民主化的不同态度，以及他们提出的不同应对方法。将这些资料分类登记在卡片中，或者输入电脑，为进一步研究做资料准备。

3. 提出自己的观点，当时日本和中国各政治派别提出的救国主张，哪些已经具备了客观条件，哪些尚不具备条件，导致日本明治维新成功的原因是什么，导致中国戊戌变法失败的原因是什么。

课堂展示：

请同学们在课堂上层示自己收集的资料，表达自己的观点，并通过共同探讨，了解其他同学的想法。可以由同学们选举出辩论评委，听取大家的意见，最后由评委表达自己的意见。

讨论题1."日本明治维新和中国戊戌变法，是不是起点相同，却走了不同的发展道路？如果是不同的发展道路，影响这个选择的因素主要是什么？"讨论中应当允许有不同观点，学生评委主要判别：看谁的观点表述时有充足的证据，并最后得到大家的认可。

讨论题2."在明治维新和戊戌变法中，什么是影响改革成败的最主要因素？明治维新的成功是因为日本抓住了哪个最重要的机遇？戊戌变法的失败是不可避免的吗？缺乏什么条件？"在这个讨论中，学生评委主要判别：看谁提出的观点有说服力？哪个同学提出的"机遇"或者"条件"更合理？看哪个同学的表述更能说服评委和同学。

讨论题3."为当前世界各国的改革提出一个建议。"学生评委主要判别：提出建议的同学是否考虑了这个国家改革的基本条件，是否可以让这个国家抓住发展的机遇和解决问题。

课后整理：

课后，重新整理自己展示的资料，修改自己的观点。也可以参考别人展示的资料，吸收别人的观点。可以将同学们中有相同观点的资料收集在一起，有条件的话，进行专题展示，或者合作修改成一篇论文，交给学校学生刊物编辑部、学校广播站或者学校网站，在更大的范围内表达自己的观点，征求意见。

大家都应当留心学习别人搜集资料的途径和整理资料的方法，思考别人表达观点的长处，写出一篇探究活动回顾，以便自己将来改进学习和交流的方法。

第三单元

近代中国民族工业的艰难发展

导语：西方列强以武力打开中国国门以后，加紧了经济侵略的步伐，促使中国的自然经济逐步走向解体。十九世纪六七十年代，受到外资企业获利丰厚的刺激，加上洋务企业的诱导，中国的民族工业开始起步。然而，却是在帝国主义、封建主义和官僚资本主义残酷挤压的夹缝中艰难发展。

第一课 洋务运动和民族工业的艰难发展

一、男耕女织社会开始解体

在中国古代社会，家庭手工业与小农生产相结合的自然经济，一直在社会经济中占据主导地位。这种经济结构通常以家庭为单位，其特点是耕织结合，男耕女织。

鸦片战争以后，清政府被迫开放通商口岸。以英国为首的资本主义国家，在进一步扩大鸦片走私的同时，输入中国的其他商品的数量也呈激增之势，其中以棉纺织品为大宗。

我读历史

洋纱首先涌入中国东南沿海的市场。由于输入的洋纱多为机器制成品，质优价廉，中国的手工土纱无法与之竞争，不少土纱滞销，使中国家庭棉纺织业的"纺"与"织"分离。随后，洋布输入，取代土布，又使中国农家的"织"与"耕"分离。这样，越来越多的农民购买洋纱洋布，农村的家庭手工棉纺织业受到严重冲击，自然经济开始解体。但在中国大部分农村，自然经济仍然占统治地位。

江苏松江、太仓一带是中国棉纺织业中心，素有"衣被天下"的美誉。鸦片战争后，因洋布充斥市场，松江、太仓的布市很快萧条。当地一些专门靠纺织为业的乡村，已经无纱可纺。农民和手工业者在此冲击下纷纷破产。尽管这种现象当时只出现于东南沿海局部地区，但它却是中国社会自然经济解体的前兆。

男耕女织中国自然经济的写照图

西方国家在积极对中国进行商品输出的同时，还大量收购中国的农副土特产品，其中以生丝、茶叶为大宗。相关地区的农民纷纷扩大茶、桑的种植，他们的生产经营与商品市场的联系日益密切。丝、茶等农产品大量出口，客观上促进了中国商品经济的发展，也同时瓦解着中国社会的自然经济，中国逐渐依附于世界资本主义体系，沦为列强的商品市场和原料产地。这种情况最早在东南沿海地区出现，并逐步向内地扩展。

我读历史

洋布、洋纱、洋花边、洋袜、洋巾入中国，而女红失业；煤油、洋烛、洋电灯入中国，而东南数省之柏树皆弃为不材；洋铁、洋针、洋钉入中国，而业冶者多无事投闲……华民生计，皆为所夺矣。

　　1845年，福州官员奏称：洋货"充积于厦口"。洋棉、洋布，"其质既美，其价复廉，民间之买洋布、洋棉者，十室而九"。因此，"江浙之棉布不复畅销"，"闽产之土布土棉……不能出口"。

——[清]郑观应《盛世危言》卷七

二、洋务运动和民族工业的起步

　　第二次鸦片战争以后，清政府面临内忧外患的重重困扰。统治集团内部出现了分化。一些较为开明的官员主张，在不改变封建制度的前提下，利用西方先进的科技，维护清朝统治。这部分官员被称为"洋务派"。洋务派人物中，既有以恭亲王奕䜣为代表的朝廷要员，又有以曾国藩、李鸿章、左宗棠和张之洞为代表的地方实力派大员。

曾国藩

我演历史

　　分别扮演洋务派和顽固派就是否学习西方进行辩论。

　　从19世纪60年代初到90年代中期，洋务派掀起了一场历时30多年的洋务运动。洋务运动前期以"自强"为口号，引进西方先进生产技术，致力于创办近代军事工业和加强军队建设。1861年，曾国藩主持设立了中国第一家军用企业——安庆内军械所。1862年，中国人自行设计制造的第一台实用蒸汽机在安庆内军械所问世，标志着中国近代工业的起步。1865年，李鸿章在上海创办的江南制造总局是当时国内规模最大的一家军用企业。这类军事工业属于官办性质，机器从外国引进，经费由政府划拨，产品也主要由政府调配，不作为商品投放市场。

江南制造总局旧址

江南制造总局制造的大炮

我读历史

　　江南制造总局有两千多工人，设备齐全，分工精致。总局下设有机器、木工、铸造、熟铁、枪炮、子弹、水雷、炼钢等分局，并设有翻译馆、机械学堂、操炮学堂等新式学校。1892年，江南制造总局用自炼钢材仿制的毛瑟枪，赶上了德国新毛瑟枪的水平；还成功仿制欧洲新式火炮。1895年，它制造的无烟火炮达到世界水平。但是这些洋务派创办的军用企业存在很多弊端，严重地制约着自身的发展。

这些企业生产消耗高而效率低。每支步枪的制造成本高达白银17.4两，而同期的外国产品成本仅有10两。厂里虽有2415人，每天却只能造5支枪，全年也不过造1500多支，平均每人每年造枪还不到1支。主管官僚对军械制造一窍不通，生产技术大权都操纵在洋人手中。设立无烟火药厂时，高薪聘请洋匠沙理温主持，可是经年造不出火药。后来，还是工艺学堂的化学教师王世绶和工人们苦心钻研，才研制成功。

1881年，中国科技人员研制硝化棉无烟火药已取得一定成效，而当时西欧各国还处在研制阶段。1894年，江南制造总局建成无烟火药厂，第二年投入生产，年产6万余磅无烟火药，使中国的火药生产跻身于世界先进行列。

洋务派所创办著名军用企业

厂名	创办时间	所在地点	创办人
江南制造总局	1865年	上海	李鸿章
金陵制造局	1865年	南京	李鸿章
福州船政局	1866年	福州马尾	左宗棠
天津机器局	1867年	天津	崇厚
湖北枪炮厂	19世纪90年代初	汉阳	张之洞

汉阳铁厂

从19世纪70年代起，洋务派又打出"求富"的旗号，创办了一批近代民用工业，以解决军事工业资金、燃料、运输等方面的困难。1872年，李鸿章在上海设立的轮船招商局和开平煤矿。张之洞创办的汉阳铁厂和湖北织布局等。尽管洋务企业在兴办过程中存在种种问题，也未能真正达到"自强"、"求富"的目的，但是，它对中国的早期现代化却起到了不小的推动作用。

我讲历史

轮船招商局是洋务派最早创办的最著名的民用企业，也是第一家官督商办企业。

请阅读相关资料，讲出轮船招商局的产生、发展，最后的衰落以及他在洋务运动中所产生的积极作用。

并且查找新中国成立后轮船招商局的演变过程。

洋务派所创办著名民用企业

厂名	创办时间	所在地点	创办人
轮船招商局	1872年	上海	李鸿章
开平矿务局	1878年	唐山开平	李鸿章
上海机器织布局	1878年	上海	李鸿章等
电报总局	1880年	天津	李鸿章

从19世纪70年代中期起,洋务派还进行了陆军军制的改革,并且筹划近代海防,提出了10年内建成海军的倡议,重要舰船向英德两国购买,部分船只由福州船政局和江南制造总局建造。到80年代中期,初步建成北洋、南洋、福建三支海军。

我读历史

北洋海军实力最为雄厚,1888年,北洋舰队正式组成,拥有军舰二十五艘,官兵四千余人。与此同时,旅顺口和威海卫两个海军基地竣工,整个北洋海防体系的建设宣告完成。李鸿章说:北洋海军"声势已壮……入可以驻守渤海,出可以援应他处,辅以各炮台陆军驻守,良足拱卫京畿"。

为了适应洋务运动的需要,洋务派还创办了京师同文馆等一批新式学堂,培养翻译、军事和科技人才;又选派留学生出国深造,开近代教育的先河。

我读历史

1872年到1875年,清政府每年派30名幼童赴美留学。这些留学生回来后,绝大部分热心报国,成为栋梁之才。如詹天佑成为著名铁路工程师,主持修建了京张铁路;邝荣光成为著名采矿工程师,发现了湘潭煤矿;唐国安成为著名教育家,曾任清华学堂校长。

第一批留美幼童

我读历史

同文馆

我国历史上很早就有人从事翻译工作,但正式设立外语学校却晚至1862年清政府在北京设立的同文馆。在清政府与外国订立《南京条约》、《天津条约》和《北京条约》时,竟连一个懂得外文的中国人都找不到,任凭侵略者的蒙骗。

1861年奕䜣奏请设立外语学校,培养外语人才和外交人才。同年8月,同治帝正式批准成立"京师同文馆"。同文馆完全按正规学校来办,学员除学习汉文外,主要学习外文。聘请外籍教师任教,陆续开设英文馆、俄文馆、德文馆和东文(日文)馆。只招收13、14岁以下八旗子弟,后又招收15~25岁的满汉学员。1867年增设算学、化学、万国公法、医学生理、天文、物理、外国史地等。学生最多时达120人。毕业生大多任清政府译员、外交官员和其他洋务机构官员。

洋务运动遭到了统治集团内部顽固派重重阻挠；列强也不希望中国富强起来，从多方面加以刁难、限制；洋务派本身的阶级局限性，决定了他们既是近代工业的创办者和经营者，也是其摧残者和破坏者，其官僚式的体制，必定导致洋务企业的成效大打折扣。因此洋务运动举步维艰。

清军在甲午中日战争中惨败，北洋水师全军覆没，宣告了洋务运动的失败，但是，洋务派引进了西方一些近代科学技术，培养了一批科技人才，客观上刺激了中国资本主义的发展。中国第一批近代企业在洋务派倡导下出现了，它们对外国的经济侵略起到了一定的抵制作用，对本国封建经济的瓦解也起到了一定的推动作用。事实证明，洋务派在不触动封建专制的前提下，试图利用西方资本主义的科技求取富强，是一种不切实际的幻想。

我读历史

"我办了一辈子的事，练兵也，海军也，都是纸糊的老虎……不过勉强涂饰，虚有其表，不揭破犹可敷衍一时。如一间破屋，由裱糊匠东补西贴，居然成一间净室，明知为纸片糊裱，然究竟不定里面是何等材料。即有小小风雨，打成几个窟窿，随时补葺，亦可支吾应付。乃必欲爽手扯破，又未预备何种修葺材料，何种改造方式，自然真相破露，不可收拾，但裱糊匠又何术能负其责？"
——李鸿章

李鸿章

我看历史

晚清维新思想家郑观应批评洋务运动，他说："西人立国……论政于议院，君民一体，上下同心，务实而戒虚，谋定而后动，此其体也。轮船、火炮、洋枪、水雷、铁路、电线，此其用也。中国遗其体而求其用，无论竭蹶趋步（意思是艰难勉强地跟着走），常不相及；就令铁舰成行，铁路四达，果足恃欤？"

你认为郑观应的批评有道理吗？为什么？

三、民族资本主义的产生和初步发展

鸦片战争后，外商陆续在通商口岸私自设厂。受外商企业丰厚利润的刺激，受洋务派引进西方先进生产技术的诱导，一些官僚、地主、商人，开始投资创办近代企业。19世纪六七十年代，中国民族资本主义诞生了。民族资本主义企业主要分布在东南沿海地区，如上海的发昌机器厂、广东南海的继昌隆缫丝厂、天津的贻来牟机器磨坊等。这些企业使用机器、雇用工人，进行生产。

我读历史

1872年，侨商陈启沅在广东南海创建了中国第一家机器缫丝厂——继昌隆缫丝厂。该厂投产后，"出丝精美，行销于欧美两洲，价值之高，倍于从前，遂获厚利"，"三四年间，南(海)、顺(德)两邑相继起者多至百数十家"。

我讲历史

请你搜集你所学习的地方民族资本主义企业的资料，并讲给同学们。

甲午战争以后，列强争相向中国输出资本，进一步瓦解中国的自然经济。清政府为扩大税源，解决财政危机，放宽对民间办厂的限制，并于1903年设立商部，奖励工商，涌现出张謇、荣宗敬、荣德生等一批实业家。由此，社会上兴起一股实业救国的热潮。

19世纪末，中国民族资本主义有了初步发展。这一时期民族资本主义的发展不仅表现为商办企业数量的增加和规模的扩大，而且还表现出由沿海向内地的扩展。民族资产阶级作为新的政治力量，开始登上历史舞台。

我读历史

1894年，张謇考取状元，但他未贪恋官场，而是选择了实业救国之路。1895年，他在南通开设大生纱厂。据唐闸镇(大生纱厂所在地)的老人们回忆，大生纱厂开工前夕，当地农民根本不知道工厂是怎么回事，因此不愿意进厂做工。张謇让人把工厂门打开，开动安装好的机器，任由当地农民前来观看。村中的孩子都对这种飞转的纺纱机器十分好奇，胆子大的动手学接线头，干满七天者，每人还能领到几串钱。农民们一算，进厂做工比在家织布挣钱多，纷纷前来报名。

张謇

南通大生纱厂旧址

中国民族工业在夹缝中生存，步履维艰，发展缓慢。列强利用他们雄厚的资金、强大的技术优势和在中国攫取的特权，压制中国民族工业的发展。清政府高额征税、敲诈勒索，又增加了企业的产品成本，使民族工业在竞争中处于不利地位。有时候，民族工业还不得不依赖于外国资本主义，或者寻求本国官府的庇护。

我读历史

祝大椿办上海公益纱厂，"其初纯系华人资本，后为营业起见，利用怡和洋行以推广销路，让一部之股份给英人，改为中英合办"。

荣宗敬和荣德生号称"面粉大王"。荣家的保兴面粉厂遭到当地保守势力的阻挠，说工厂的兴建破坏了"风水"，将官司打到督抚衙门。反复再三，官司才告一段落。

我读历史

中国近代著名的实业家——荣氏兄弟

荣宗敬(1875~1938年)、荣德生(1875~1952年)，江苏无锡人，中国近代著名实业家。1896年，兄弟二人随父亲与他人合资开办了广生钱庄，开始了经商生涯。1902年，与他人合股创办无锡保兴面粉厂。到1922年，荣氏家族拥有12家面粉厂，产量占全国民族面粉企业产量的三分之一左右，被称为"面粉大王"。

荣宗敬　　　　　　　荣德生

◎ 本课小结

本课主要讲述了民族工业的艰难发展历程。面对西方的侵略和本国封建势力的阻挠，中国民族工业经过洋务运动时期的起步、甲午战争后的初步发展、一战时的短暂春天，冲破重重障碍不断发展壮大，推动了中国现代化进程。

第二课 民国时期民族工业的曲折发展

一、中国民族工业的短暂春天

辛亥革命推翻了中国两千多年的封建专制统治，为民族工业的发展扫清了一些障碍。中华民国的建立提高了民族资产阶级的政治地位，南京临时政府颁布的一系列发展实业的法令，激发了民族资产阶级投资近代工业的热情。群众性的反帝爱国运动此伏彼起。1915年因袁世凯与日本签订的"二十一条"而掀起的抵制日货、提倡国货运动，对于民族资本主义的发展也有促进作用。在民族资产阶级看来，发展工商业的大好时机已经到来，于是，各种发展实业的团体如雨后春笋般纷纷涌现。1911～1913年，全国共成立实业团体72个，几乎遍及所有省区，较著名的有中华民国工业建设会、中华实业团等。海外华侨也大规模投资国内产业。

清华学生焚烧日货

我读历史

1915年，日本提出企图灭亡中国的"二十一条"。消息传出后，中国人民掀起了一场大规模的抵制日货运动。1918年，段祺瑞与日本签订《中日陆军共同防敌军事协定》和《中日海军共同防敌军事协定》，再次激起了全国人民抵制日货的爱国运动。五四爱国运动中，罢工、罢市、拒绝买卖日货的斗争此起彼伏，这些斗争都不同程度地对民族工业的发展产生了积极作用。

第一次世界大战期间，欧洲列强忙于战争，帝国主义国家暂时放松了对中国的经济侵略，对华输出的资本和商品都有所减少，客观上为民族工业的发展提供了有利的外部条件。处于帝国主义和封建主义双重压迫下的中国民族工业，得到了一次发展的机会，迎来了一个短暂的春天。

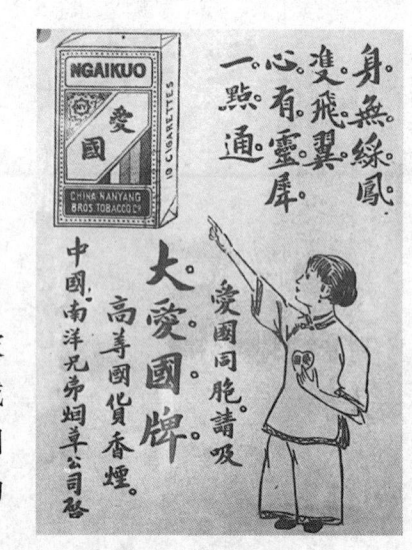

南洋兄弟烟草的广告

我读历史

范旭东先后在塘沽创办了久大盐业公司和永利制碱公司。1917年永利兴办之时，英国卜内门洋碱公司的经理当着范旭东的面说："碱对贵国确实重要，只可惜办早了一点，就条件来说，再候30年不晚。"面对这种奚落，范旭东的回答是，"恨不早办30年，好在事在人为，今日急起直追，还不算晚"。后来，当永利建成并成功出碱之时，卜内门公司又跑来要求"合作"，范旭东则坚持公司章程，"股东以享有中国国籍者为限"，将卜内门拒于永利大门之外，打破了卜内门独霸中国碱业市场的企图。

范旭东　　　　　　　　　　　　　永利制碱公司

1912～1919年的8年间，新建厂矿企业470多家，投资近亿元，再加上扩建企业，新增资本达到1.3亿元，相当于辛亥革命前50年的投资总额。其中，面粉业和纺织业发展最快，化工、皮革、卷烟等行业也有相当发展。但是，第一次世界大战结束后，欧洲列强卷土重来，整个中国民族工业又迅速萧条。

我读历史

纺织业是当时最大的新式工业。1912～1922年，纱锭由50余万锭增至近160万锭，平均年增长率为12.1%；布机由2616台增至6675台，年平均增长率为11%。纺织业由长江下游的上海等地向北向西发展，天津、青岛、武汉成为新的纺织业中心。

面粉业是当时中国的第二大工业。由于洋面粉输入减少，欧洲需求增加，中国面粉除扩大内销外，还大量出口，面粉业蓬勃发展。1911年全国有面粉厂大约40家，资本600多万元；1919年增至120多家，资本约4500万元。此外，火柴、榨油、造纸等轻工业有了显著的发展，重工业有了一定的增长。

荣氏兄弟创办的福新面粉公司

一战期间民族资本企业代表人物简表

行业	企业名称	经营者	籍贯
面粉、棉纱	茂新、福新、申新等公司	荣宗敬、荣德生	江苏无锡
酿酒	张裕酿酒公司	张振勋（华侨）	广东大埔
火柴 煤炭等	大中华火柴公司 华东煤矿公司	刘鸿声	浙江定海
卷烟	南洋兄弟烟草公司	简照南兄弟（华侨）	广东南海
盐业 化工	久大盐业公司、永利化学工业公司	范旭东	湖南湘阴
化工	天厨味精厂	吴蕴初	上海
机器制造	求新机器制造厂	朱志尧	上海
航运	民生公司	卢作孚	四川合川

二、抗战前夕民族工业的繁荣

1927年南京国民政府成立，1928年基本实现全国统一。国民政府得到上海、江苏、浙江等发达地区民族资产阶级的支持，开展"国民经济建设运动"，扶植民间轻工业、统一货币、关税自主等，鼓励发展工业、农业和交通运输业。

我读历史

为了防止白银外流，国民政府于1935年实行"币制改革"，主要内容是：(1)自11月4日起，以中央银行、中国银行、交通银行发行的钞票为法币，缴粮纳税及一切公私款项的收付，概以法币为限，不得使用白银，违者全数没收，其他银行发行的钞券逐渐以中央银行钞票换回；(2)白银国有，凡银钱行号、商店、公私机关或个人持有的银币等均应交指定机构兑换法币；(3)由中央、中国、交通三银行无限制买卖外汇，以稳定法币兑外汇的比价。这次改革在中国货币史上有重要的地位。法币政策的实施，对防止白银外流，稳定金融市场，促进物价回升，刺激生产复苏起到了一定的作用。

1927～1936年，民族工业得到较快的发展。无论是原来较为发达的棉纺织业和面粉业，还是新兴工业部门，如化学工业、橡胶工业，都有较大发展。制碱工厂在1927～1936年建成了15家。1931～1935年，制成的碱除满足国内需要外，还出口日本和朝鲜半岛。随着民族工业的发展，国民生产总值逐年增长。中国国民生产总值，1935～1936年，年增长8.86%，增长速度创历史最高纪录。

我读历史

1928～1937年，中国工业产值年增长率达到8%以上，1936年，工业产值达到近代以来的最高水平。一些轻工业如棉纺织业、面粉加工业、钟表业、水泥和化工制造业获得了较大的发展。这些轻工业领域中，属于民营性质的企业居多。

三、三座大山重压下的民族工业

第一次世界大战结束后不久，外国资本纷纷卷土重来，它们凭着雄厚的实力，利用跌价竞争等方法给中国民族工业的发展造成很大压力。

我读历史

卑劣的竞争手段

为了与中国烟草公司竞争，英美烟草公司不惜把"大哈德门"牌香烟的售价从每箱250元跌至200元，"双飞鹰"牌香烟从每箱140元跌至100元。压价的结果，使得中国烟厂销路阻滞，亏损严重。重庆国产香烟的市场销售份额由原来占有的70%下降到30%。不少小厂纷纷倒闭，连资本雄厚的南洋、华成等公司也感到难以维持。

英美烟草公司当运到新牌香烟时，授意经销者将同等级的国产畅销香烟故意搁置在潮湿的地方，任其受潮霉变，并指示售货员将变质烟同英美烟草公司的好烟对比，以造成"中国香烟品质低劣，制造不良，易于霉变；英美烟草公司的香烟品质优良，系用科学精工制造"的印象来争夺销路。

1931年九一八事变爆发后，国民政府为抗战作经济上的准备，开始集中国家的经济力量，为此实行了一些国家资本主义的措施。官僚资本家凭靠手中的权力推行"经济统制"政策，通过统购统销及专卖制度攫取了大量的财富，使民族工业遭受重大损失。抗战胜利后，官僚资本几乎囊括了工业生产的各主要部门，到新中国成立前夕，已拥有100亿至200亿美元的财富，它们依靠国家权力极力压迫民族工业。

我读历史

经济统制政策包括统购统销、专卖和限价、议价等措施。经济统制的范围有棉花、棉纱、棉布、煤、石油、纸张、机器、钢铁、水泥、烧碱、盐酸、漂白粉、染料等工业制品、设备和原材料。对钨、锡、汞、桐油、生丝、茶叶、药材等出口物资实行统销，对盐、糖、卷烟、火柴等生活必需品实行专卖。

国民政府官僚集团凭借战时专卖制度，利用国家扶持民营企业的低息贷款，兼并民族资本，大发"国难财"。1937年，宋子文乘人之危，以低于市场的价格，强行买走南洋兄弟烟草公司20万股的股票，从而控制了这家当时最大的民族烟草公司。

抗战的胜利，并没有给民族工业带来良好的发展机遇。在国民政府的统治下，民族工业的发展陷入了困境。

抗战胜利以后，民族工业大量使用进口原料，但是美国等国的商品涌入造成了中国外贸的大量入超，使民族工业企业难以获得足够的外汇购买原料。国民政府的恶性通货膨胀政策，也使民族工业遭到致命打击。

我读历史

当时，上海五家印钞厂一分钟就可印制1600万元的法币，日夜赶制，仍不能满足需要，后来只好发行面额10万元的大钞。当时的舆论嘲笑说，在百业萧条的中国，唯一仍在开足马力生产的工业是钞票印刷业。货币贬值的速度惊人，法币100元在1937年可以买两头黄牛，到1947年只能买一个煤球了。

拿麻袋发工资的企业　　　　　　　　　　上海市民争相用法币兑换美元

我读历史

抗日战争前，中国的工矿业主要集中在东南沿海一带，内地工业十分薄弱。七七事变后，日本侵略军长驱直入，为了保住几十年苦心经营才建立起来的微薄的工业基础，沿海工业决定内迁。以上海工厂的拆迁为例，据主事者林继庸后来追述："在炮火连天的时候，各厂职工们正在拼着死命去抢拆他们所宝贵的机器。敌机来了，伏在地上躲一躲，又爬起来拆，拆完马上就扛走。看见前面的伙伴被炸死了，大声喊声'嗳呦'，流着眼泪把死尸抬到一边，咬着牙关仍旧是向前工作。冷冰冰的机器，每每涂上热腾腾的血！白天不能工作了，只好夜间开工。在巨大的厂房里，暗淡的灯光常笼罩着许多黑影在那里攒动，只闻锤凿轰轰的声响，打破了死夜的沉寂。"就这样，上海146家民营工厂先是迁到了武汉，后来又凭着这种精神迁到了重庆。这次内迁对抗战的胜利和后方工业的发展都起到了很大的作用。

我读历史

爱国实业家、教育家、社会活动家卢作孚先生创办的民生公司，拥有148艘江海轮船，投资60多个企事业单位，成为中国最有影响的民营集团之一。抗战时，卢作孚先生集中民生公司的所有轮船，在两个星期内将四川的军队和枪支弹药运到宜昌，开赴抗日前线。紧接着，又接运从上海、无锡等地撤退的工厂，从南京接运撤退的机关人员和学校师生、仪器、图书，从芜湖、武汉撤退的所有兵工厂和钢铁厂到西南大后方。

卢作孚先生　　　　　　　　　　　民生公司的第一艘轮船

◎ 本课小结

本课主要讲述了民国时期在外国帝国主义、本国封建势力和官僚资本压迫下民族资本主义艰难发展的历程。一战期间的短暂春天、30年代的繁荣、抗战期间的艰难、抗战胜利后的破产，民族资本主义发展的曲折历程说明，没有民族独立就不会有经济的发展。

实践活动课

民族实业家的救国道路

学习目标：

1. 培养信息采集与提炼能力；学会通过多种渠道收集资料（上网下载、上图书馆查阅等），并能对各种资源进行初步的筛选、整理、分析。
2. 能够根据材料提炼自己的观点，培养发现问题、解决问题的能力；初步学会探究学习的方法，能写出研究性报告（或小论文、心得）。
3. 小组合作学习，反复查阅、比较，初步学会如何与人交际、与人协作。
4. 主要运用查找资料法、文献法、上网搜集资料法。
5. 小组合作，制作演示文稿，培养合作学习与动手能力。

任务与预期成果

1. 以组为单位研读历史经济学书本，搜集有关资料，进行仔细地阅读和理解，后进行整理提炼其精华，撰写成文。
2. 交流讨论研究成果，制作出演示文稿。
3. 认识主要的爱国企业家，加深认识存在决定意识的理论，对学生进行人格、情感教育。

课堂展示：

活动一，组建活动小组

以课堂学习小组或历史兴趣小组为基础组建学习小组，并组织学生选举组长。

活动二，分配任务

1. 教师对组长进行培训，明确学习任务和目标。各小组根据分工制定研究计划，分配研究时间，细分研究内容，制作调查表，预定成果等。
2. 组长组织组员讨论研究内容，并进行合理分工。学习讨论小组合作学习评价量规根据自己的选题，进行小组分工，小组内分工可以为收集资料小队、资料整理小队等。

活动三，提出和选择课题。

一组 外国资本主义流派。

二组 本国封建势力流派。

三组 官僚资本主义流派。

活动四，每位同学搜集、整理信息，形成自己观点

1. 研读历史教材，搜集有关资料，进行仔细的阅读和理解。
2. 将搜集的资料按课题进行归类，整理，形成自己的观点与认识，撰写成文。

活动五，小组合作，组织论证

1. 组长召集组员汇总材料，小组内组织交流，补充完善自己的观点。

2. 小组内根据需要进行筛选并选择组织论据，论证小组观点，做到史论结合。

活动六，小组制作PPT、交流、完善

1. 小组合作制作PPT课件，展示活动成果，教师了解小组活动进展情况并进行适当指导。

2. 小组确定参加展示活动的成员分工，并进行预演。

活动七，集中展示研究成果

1. 分组利用课外活动时间进行展示，在班内进行交流。

2. 每个小组完成任务以后，其他小组的同学对他们的展示进行评价。

3. 教师对各小组活动过程进行点评，并进行主题深化：影响经济发展的因素，实业家救国的道路，他们都热爱祖国，热爱人类，热爱生命，都有强烈的正义感和责任感，都在用自己的笔来歌颂人类美好的理想和高尚的道德情操，他们的高尚品德激励21世纪的青年学生，为祖国、为人民贡献自己的力量。

第四单元

中国特色的新民主主义革命道路

> 导语：五四运动揭开了中国新民主主义革命的序幕，中国共产党的诞生，使中国革命面貌焕然一新。国共合作的北伐战争把国民大革命推向高潮，国民大革命失败后，中国共产党独立领导武装斗争，民主革命进入新的历史时期。抗日战争爆发后，国共两党团结御敌，经历八年浴血奋战，赢得了中华民族抗日战争的胜利。抗战结束后，国民党在美国支持下发动内战，中国共产党领导解放区军民英勇作战，取得了新民主主义革命的胜利。

第一课 新民主主义革命的兴起

一、风云激荡的五四运动

1919年初,第一次世界大战的战胜国在巴黎召开和平会议。在会上,英美等国操纵会议,无理拒绝中国代表提出的:废除帝国主义国家在中国的一切特权,取消"二十一条",收回日本在大战时夺去的德国在山东的特权等的正义要求。巴黎和会上中国外交的失败,成为五四运动爆发的导火线。

巴黎和会现场

1919年5月4日,北京各校学生3000余人汇集于天安门广场,高呼"外争主权,内惩国贼"、"废除二十一条"、"打倒卖国贼曹汝霖、章宗祥、陆宗舆"等口号,情绪激昂。北洋军阀政府出动军警镇压,拘捕了许多学生。第二天,北京学生实行总罢课,遂后全国各地学生也纷纷声援。

6月3日和4日,北洋军阀政府又大肆逮捕学生。6月5日,上海工人罢工、商人罢市,声援学生的爱国斗争。其他地方的工人也纷纷罢工,工人阶级开始以独立的姿态登上政治舞台。北洋军阀政府慑于各界群众的愤怒和威力,被迫释放被捕学生,罢免曹汝霖、章宗祥、陆宗舆三人职务,在巴黎的中国代表也没有在和约上签字。五四爱国运动取得初步胜利。

街头演讲的北大学生

上海商人罢市

五四运动中被捕学生获释

五四运动是中国近代史上一次彻底的反帝反封建的革命运动，标志着中国新民主主义革命的开端。

我看历史

一般认为，五四运动是中国革命的历史转折点，它标志着旧民主主义的终结和新民主主义革命的开始；进步的青年学生充当了运动的先锋，而工人阶级发挥了主力军作用；在运动中，先进知识分子看到工人阶级的伟大力量，开始自觉投身于工人运动，具有初步共产主义思想的知识分子，积极传播马克思列宁主义，为中国共产党的诞生准备了条件。总之，是充分肯定五四运动的积极和进步作用。近些年来，有人认为这场运动也有着明显的"负面"影响，尤其是"激进主义"在政治和文化上有突出反映。

有的研究者对这场运动的动力问题也提出不同看法，认为国民党人也积极参加并推动了五四运动，他们在运动前宣传鼓吹，在运动中制定策略与方法，推动运动发展，这场运动的政治性质和思想主题，以至于运动的预演、爆发和取胜，均同国民党人的政治言行有直接关系，五四运动的真正推动和领导者应该是以孙中山为首的资产阶级民主革命派。

你怎么看待五四运动的领导阶级和动力？

二、"雄鸡一声天下白"——中国共产党的诞生

五四运动以后，工人运动进一步发展，一些先进知识分子看到了中国工人阶级的伟大力量，他们深入到工人中去宣传马克思主义。在马克思主义同中国工人运动的初步结合的基础上，陈独秀和李大钊于1920年初开始酝酿建立共产党。

我读历史

毛泽东说："我第二次到北京期间，读了许多关于俄国情况的书。我热心地搜寻那时候能找到的为数不多的用中文写的共产主义书籍。有三本书特别深地铭刻在我的心中，建立起我对马克思主义的信仰。我一旦接受了马克思主义对历史的正确解释后，我对马克思主义的信仰就没有动摇过。这三本书是：陈望道译《共产党宣言》，这是用中文出版的第一本马克思主义的书；考茨基著《阶级斗争》；柯卡普著《社会主义史》。到了1920年夏天，在理论上，而且在某种程度的行动上，我已成为一个马克思主义者了。而且从此我也认为自己是一个马克思主义者了。"

1921年7月23日，中国共产党第一次全国代表大会在上海法租界秘密召开。由于受到法国巡捕的干扰，最后一天的会议移至浙江嘉兴南湖的一艘游船上举行。参加大会的有各地党组织

"一大"会址——上海法租界贝勒路树德里

选派的代表毛泽东、董必武等和共产国际的代表共13人，代表全国50多个党员。大会通过的纲领规定：党的名称为中国共产党；党的性质是无产阶级政党；党的奋斗目标是用暴力革命推翻资产阶级的统治，建立无产阶专政，废除私有制，直至消灭阶级差别。大会还选举陈独秀、张国焘、李达组成中央局，陈独秀为书记，李达、张国焘分管宣传和组织工作。

中共一大代表

中国共产党"一大"会议的召开，宣告了中国共产党的正式成立。中国出现了以马克思主义为指导的无产阶级政党，它的诞生给灾难深重的中国人民带来了光明和希望，从此中国革命的面

我讲历史

中国共产党"一大"会议的召开标志着中国共产党的正式成立。中共一大于1921年7月23日开幕，为什么建党节却定为每年7月1日呢？请同学们查阅相关资料来考证一下。

貌焕然一新。

三、民主革命纲领的制定

1922年7月，中国共产党在上海召开第二次全国代表大会，中心任务是制定党的民主革命纲领。大会正确分析了中国的基本情况：中国仍处于半殖民地半封建社会，当前中国革命的敌人是帝国主义和封建军阀，革命性质是民主主义革命，工人阶级、农民阶级、小资产阶级和民族资产阶级是民主革命的动力。制订了党的最低纲领即民主纲领是：打倒军阀，推翻国际帝国主义的压迫，统一中国为真正的民主共和国。

四、工人运动的高潮

中共成立后，把开展工人运动作为党的中心任务之一。1921年8月，中国劳动组合书记部成立，这是党领导工人运动的最高机构。1922年1月到1923年2月，中国工人运动出现了第一次高

我读历史

1923年2月7日，在军阀吴佩孚的授意下，湖北督军肖耀南借口调解工潮，诱骗工会代表到江岸工会会所"谈判"，工会代表在去工会办事处途中，遭到反动军队的枪击，赤手空拳的工人纠察队当场被打死30多人、打伤200多人。反动军队还闯进工人宿舍，大肆搜捕，造成了震惊中外的"二·七"惨案。江岸分会委员长、共产党员林祥谦被捕后，反动军警把他绑在电线杆上，用刀逼迫他下令复工。林祥谦高呼："上工要总工会下命令，我的头可断，工是不能上的！"他宁死不屈，英勇就义。武汉工团联合会法律顾问、共产党员施洋也惨遭杀害。

郑州二七纪念塔

潮，在持续13个月的时间里，全国发生大小罢工100余次，参加人数达到了30万以上。京汉铁路工人大罢工把第一次工人运动推向顶点，但这次罢工遭到帝国主义和军阀吴佩孚的血腥镇压。

二七大罢工充分显示了中国工人阶级最勇猛的奋斗精神和最伟大的牺牲精神。它以工人的头颅和鲜血，进一步唤醒了中国人民，使人民更加认识到帝国主义势力和封建军阀是中国各族人民不共戴天的敌人，必须与之斗争到底。这次罢工扩大了中国共产党在全国人民心目中的影响。罢工血的事实也告诉我们，要推翻反动的军阀统治，单靠工人阶级的孤军奋战是不行的，必须发动广大的农民阶级，联合一切可以联合的力量。

◎ 本课小结

五四运动是一场具有广泛群众性的反帝反封建的革命斗争，青年学生以高度的民族危机感和社会责任感成为这场运动的先锋。作为运动主力的工人阶级显示了巨大的威力，并迅速上升为中国革命的领导阶级。中国共产党成立后，使中国革命的面目焕然一新。

第二课 "打倒列强，除军阀"的国民大革命

一、孙中山的伟大转变

辛亥革命成功推翻了清朝统治，建立了中华民国，但革命的果实很快就被以袁世凯为首的北洋军阀所窃取。孙中山在维护民主的斗争多次失败后，深深感到国民党内的人员过于复杂，应当改组。二七罢工失败后，中国共产党深刻地认识到，要战胜强大的敌人，必须争取一切可能的同盟者，建立革命统一战线，于是加快了同国民党的合作。1921年，共产国际代表马林同孙中山会晤时，建议孙中山改组国民党，创办军官学校，同中国共产党合作。孙中山接受共产国际和中国共产党的帮助，同意以"党内合作"的方式与共产党合作，改组国民党。

我读历史

孙中山与马林

1923年6月，中国共产党第三次全国代表大会在广州召开。陈独秀、李大钊、毛泽东、蔡和森、瞿秋白、张国焘、项英等来自全国各地及莫斯科的代表30余人出席大会，他们代表了全国420名党员。

共产国际代表马林参加了会议。陈独秀主持会议并代表第二届中央执行委员会作报告。会议的中心议题是讨论与国民党合作、建立革命统一战线的问题。

经过讨论，大会接受了共产国际关于中国共产党同中国国民党进行合作的指示，党在现阶段"应该以国民革命运动为中心工作"，共产党员以个人身份加入国民党，采取党内合作的形式，同国民党建立联合战线，以完成反帝反封建的国民革命的重要任务。文件还规定了要保持中国共产党在政治上的独立性的一些原则。

二、国民党一大的召开

1924年1月，中国国民党第一次全国代表大会在广州召开，会议主要讨论国民党的改组问题。孙中山以总理身份任大会主席。出席开幕式的大会代表165人，其中有以个人身份加入国民党的共产党员李大钊、谭平山、林祖涵、张国焘、瞿秋白、毛泽东、李立三等20多人。

大会通过了《中国国民党全国代表大会宣言》，宣言接受了中国共产党反帝反封建的主张，重新解释了旧三民主义，把旧三民主义发展为新三民主义，以适应时代潮流的精神。这在实际上确定了"联俄、联共、扶助农工"的三大政策。大会同意共产党员以个人身份加入国民党。

新三民主义和中国共产党民主革命纲领的若干基本原则是一致的，成为国共两党合作的政治基础。

国共合作，加强了各革命力量的联合，推动了革命高潮的到来，工农革命和北伐战争兴起。

国民党一大会址

我读历史

1924年5月，国民党在广州黄埔建立陆军军官学校，简称黄埔军校。

孙中山担任黄埔军校总理，蒋介石任校长，廖仲恺任国民党党代表，周恩来任政治部主任。学制六个月。黄埔军校与以往的军校不同，它把政治教育和军事训练放到同等重要的地位，注重培养学生的爱国思想和革命精神。1926年6月5日，国民政府任命蒋介石为国民革命军总司令率军北伐，校务工作由教育长方鼎英主持。

黄埔军校1、2、3期毕业生多编入北伐军各个部队随军北伐，第4期政治大队、第5期炮兵团、工兵营，军校宪兵营、无线电通讯大队等也随军参加北伐。黄埔军校从1924年至1927年三年中，共举办六期，招收学生一万多人，培养了大批军政人才，后来很多人成为国共两党的高级将领。

黄埔陆军军官学校旧址

三、北伐战争

我读历史

1925年7月，广东革命政府改组为国民政府。8月，广州国民政府军事委员会将所属部队改编为国民革命军。各军组编情况如下：黄埔军校学生军为第一军，军长蒋介石，副军长何应钦（1926年，何为军长）；湘军为第二军，军长谭延闿；滇军为第三军，军长朱培德；粤军编为第四军，军长李济深；福军为第五军，军长李福林；湘军程潜部编为第六军，程潜任军长。1926年3月，广西的李宗仁部编为第七军，李宗仁任军长；1926年5月，湖南的唐生智部编为第八军，唐生智任军长。

为推翻帝国主义和封建军阀在中国的统治，夺取革命在全国的胜利，1926年夏，国民革命军在广州誓师北伐，以武力打倒祸国殃民的封建军阀。北伐的主要对象是直系军阀吴佩孚、孙传芳，奉系军阀张作霖。

三个军阀控制的地区

军阀	控制地区	拥有兵力
吴佩孚	湖南、湖北、河南，陕西和河北的一部	20万人
孙传芳	江西、江苏、安徽、浙江、福建	20万人
张作霖	黑龙江、吉林、辽宁、热河，北京和天津地区	35万人

北伐军总司令蒋介石

国民革命军北伐誓师大会

我读历史

国民革命歌

打倒列强，打倒列强，除军阀，除军阀，

努力国民革命，努力国民革命，齐奋斗，齐奋斗。

工农学兵，工农学兵，大联合，大联合。

打倒帝国主义，打倒帝国主义，齐奋斗，齐奋斗。

打倒列强，打倒列强，除军阀，除军阀，

国民革命成功，国民革命成功，齐欢唱，齐欢唱。

词作者廖乾五是国民革命军第四军政治部主任、共产党员，曲调用法国儿歌《雅克兄弟》的曲调。《国民革命歌》是国共第一次合作进行北伐的产物，曾唱遍大江南北，表明当时人民的革命热情高涨，信心十足。

由于北伐军的英勇善战，共产党员和共青团员的先锋模范作用，以及广大人民群众的有力支援，在不到10个月的时间内就将革命从珠江流域推进到长江、黄河流域，席卷了大半个中国，取得了前所未有的伟大胜利，北洋军阀迅速崩溃。

四、国民党右派叛变革命

北伐战争的胜利和工农运动的高涨，使整个中国社会发生了巨大的变化，这一切都使饱受灾难的中国人民扬眉吐气。然而，革命者还没有享受胜利的喜悦，国民党右派就向中国共产党

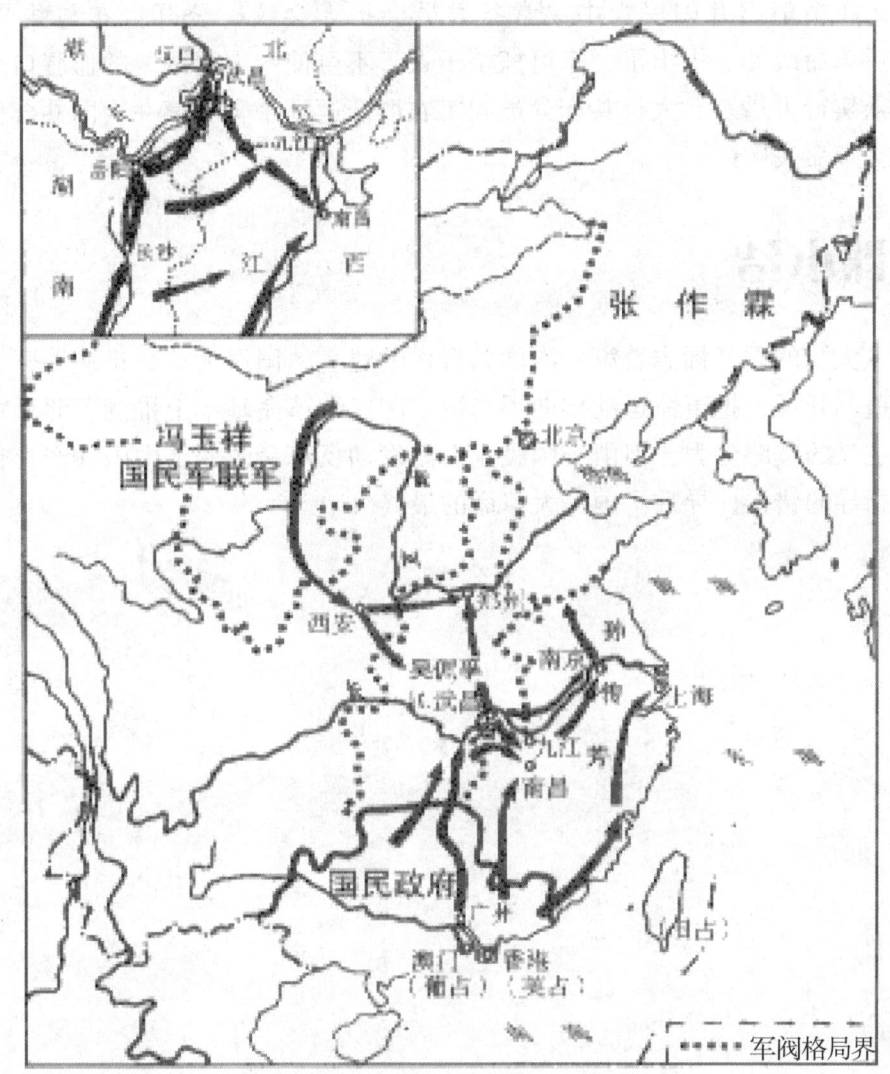

北伐战争形势示意图

举起了屠刀。在国内外反动势力支持下，蒋介石于1927年4月12日在上海发动反革命政变，即"四·一二"反革命政变，大肆捕杀共产党员和革命群众。

被屠杀的中共党员

关押的革命群众

在革命紧要关头，陈独秀坚持右倾错误，限制工农运动，放弃革命领导权，企图以退让换取汪精卫集团的继续革命。

215

7月15日，汪精卫召开国民党中央常务委员会扩大会议，公开宣布与共产党决裂，史称"七·一五"反革命政变。提出了"宁可枉杀千人，不可使一人漏网"的血腥口号，随即对共产党员和革命群众实行大屠杀。大批共产党员和工农群众遭到杀害。第一次国共合作全面破裂，轰轰烈烈的国民大革命失败。

◎ 本课小结

国民党"一大"的召开标志着第一次国共合作的建立，国民大革命迅速展开，北伐军英勇善战，工农运动蓬勃开展，把革命运动推向了高潮。国民大革命基本上推翻了北洋军阀的统治，沉重打击了帝国主义的侵略势力，但由于国民党右派发动反革命政变，中国共产党自身的不足和错误，共产国际指导的错误，导致了国民大革命的最终失败。

第三课　土地革命与中国共产党的成熟

一、南昌起义

从国民革命失败的惨痛教训里，中国共产党开始认识到掌握武装力量的重要性，为了挽救革命，中国共产党决定用武装起义来回击国民党反动派的屠杀政策。1927年8月1日，周恩来、贺龙、叶挺、朱德、刘伯承等人率领革命武装两万多人在南昌举行武装起义。南昌起义打响了武装反抗国民党反动派的第一枪，标志着中国共产党独立领导武装斗争和建立人民军队的开始。

同年8月，中国共产党召开"八七会议"，确立了土地革命和武装反抗国民党反动派的总方针。根据"八七会议"的决议，毛泽东被派到湖南领导秋收起义。1927年9月9日，湘赣边秋收起义爆发。

南昌起义时的周恩来

1927年的南昌

二、星星之火，可以燎原

我读历史

八七会议后，毛泽东以中央特派员身份回到湖南长沙组织秋收起义。毛泽东将驻在安源、铜鼓、修水等地的工、农、士兵武装，组成中国工农革命军第一军第四师。起义以夺取中心城市长沙为目标。1927年9月9日，湘赣边界秋收起义爆发。工农革命军在萍乡、老关、醴陵、白沙、东门市等地取得胜利。但由于敌强我弱，缺乏作战经验，在攻取浏阳等地时遭受严重挫折。毛泽东召集前敌委员会，讨论决定放弃进攻长沙的计划，改向敌人统治力量薄弱的农村进军。南下途中，进行了著名的三湾改编，确立了党对军队的领导。

秋收起义

秋收起义部队在湖南浏阳文家市张贴的宣传品

由于敌人势力强大，共产党人在其他各地发动的多次起义也大多失败了，起义军损失严重。针对城市地区敌强我弱的现实，党及时转变方针，开始建立农村革命根据地。

1927年10月，毛泽东率领工农革命军到达井冈山地区，领导井冈山军民，开展游击战争，进行土地革命，建立工农革命政权，经过近半年的艰苦努力，创建了井冈山革命根据地。从1928年到1930年，中国共产党开辟了一系列重要的革命根据地，主要有赣南闽西根据地、湘鄂赣根据地、闽浙赣根据地、鄂豫皖根据地、湘鄂西根据地和左右江根据地等。红军不断发展壮大，全盛时发展到30多万人。井冈山的星星之火，逐渐发展呈现燎原之势。

我读历史

1931年冬，第一次全国苏维埃代表大会在江西瑞金召开，成立工农革命政权——中华苏维埃共和国临时中央政府，毛泽东当选为主席，中华苏维埃共和国定都瑞金。中华苏维埃共和国临时中央政府的成立，是中国共产党领导各革命根据地军民建立的全国性政权的一次伟大尝试。它的成立，对于推动革命的发展，起了积极作用。

开辟农村革命根据地情况

三、左倾错误与第五次反围剿的失败

红军和根据地的发展壮大，引起了国民党反动派的恐慌，对中央革命根据地连续发动四次反革命"围剿"，毛泽东根据敌强我弱的情况，采取避敌主力，诱敌深入，集中优势兵力，各个歼灭敌人的方针，率领根据地军民粉碎了敌人的围剿。

我读历史

左倾是指政治上追求进步、同情劳动人民的倾向。而带引号的"左"倾，则是政治思想上超越客观，脱离社会现实条件，陷入空想、盲动和冒险的倾向。所以，为了表示贬义，特在左字上添加了引号，即"左"倾，以区别于真正的左倾。"左"倾思想表现为急于求成，主观地夸大革命力量，轻视敌人力量和客观困难，在革命和建设中采取盲动的冒险的行动；或者在革命组织内部混淆两类不同性质的矛盾，采取残酷斗争、无情打击的政策；或者在同盟军问题上实行关门主义，打倒一切。从历史上看，"左"、"右"两种错误路线，都曾给党的事业带来过严重危害，相比较而言，"左"造成的损失更大。

王明

1933年10月，蒋介石调集百万军队，对革命根据地发动了规模空前的第五次反革命"围剿"。这时，毛泽东已被剥夺了中央苏区军队的领导权，王明、博古掌握了中共中央领导权，左倾错误在中国共产党内占据统治地位，特别是军事指导方针上的错误，在革命根据地得到全面贯彻。第五次反"围剿"一开始，博古、李德实行冒险主义，命令红军全线出击，攻打敌人的坚固阵地，进攻受挫后，转而采取防御中的保守主义，跟敌人拼消耗，红军奋战一年，伤亡惨重。

四、遵义会议与长征的胜利

1934年10月，党中央被迫决定中共中央和中央红军八万余人实行战略转移。中央红军经过英勇奋战，冲破敌人四道封锁线，只剩下三万多人。1935年1月，中共中央政治局在贵州遵义召开扩大会议。撤销博古、李德的军事指挥权，肯定了毛泽东的正确军事主张，增选毛泽东为政治局常委。遵义会议结束了王明"左"倾错误在中央的统治，在事实上确立了以毛泽东为核心的党中央的正确领导。这次会议在极其危急的情况下，挽救了党，挽救了红军，挽救了革命，成为党的历史上一个生死攸关的转折点。

遵义会议旧址

遵义会议以后，红军经过整编，提高了战斗力。四渡赤水，打乱敌人的追剿计划，渡过金沙江，冲出敌人包围圈，强渡大渡河，飞夺泸定桥，翻越大雪山，穿过大草地，辗转二万五千里，于1935年10月到达陕甘革命根据地。1936年10月，红军三大主力在甘肃会宁地区会师，长征胜利结束。红军长征的胜利，粉碎了国民党反动派消灭共产党和红军的计划，保存和锻炼了中国共产党和红军的骨干，使中国革命转危为安。

我读历史

清平乐·六盘山
毛泽东
天高云淡，望断南飞雁。
不到长城非好汉，屈指行程二万。
六盘山上高峰，红旗漫卷西风。
今日长缨在手，何时缚住苍龙？

1935年10月，毛泽东率领的红一方面军在向陕北根据地挺进中，于六盘山前击败了前来堵截的敌骑兵团。在战斗胜利的鼓舞下，当天下午部队便一鼓作气翻过了六盘山。10月下旬，到达陕北，胜利地完成了震惊世界的二万五千里长征。这首词生动表现了毛主席及其统率的英雄红军彻底打垮国民党的坚强决心，抒发了将革命进行到底的壮志豪情。

到陕北后的毛泽东、朱德、周恩来、秦邦宪

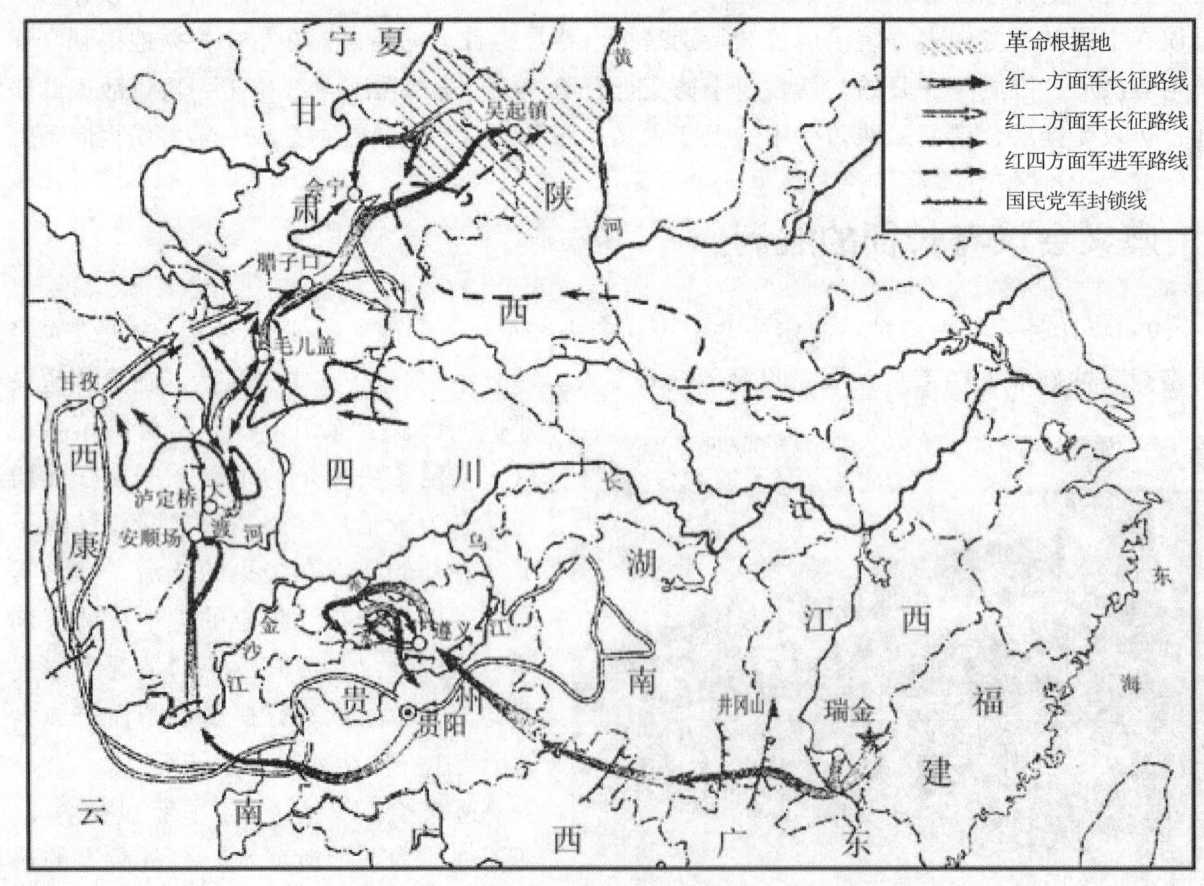

中国工农红军长征路线图

我读历史

红军长征，是在当时异常险恶形势下被迫进行的战略转移，而长征的胜利，粉碎了国民党军队的围剿，开辟了陕北革命根据地，使中国革命转危为安，对此大陆学界基本没有什么异议。但对于有关长征的一些具体问题，看法上也不尽一致。譬如，关于长征有无准备的问题，有人认为在当时情况下，红军没有条件进行比较充分的准备，是仓促突围进行长征的。有人则认为，有大量史料证明，在长征开始的半年前就进行战略转移的决策和筹划，只是决策和准备工作极端保密，尽管当时的中央负责人犯有"左"倾错误，在筹划转移时也存在一些缺陷和失误，但他们努力做过准备工作，因此中央红军才有可能护卫着党中央有条不紊地撤离中央苏区。关于长征的目的地，过去有人认为开始就比较明确。后来的研究证明，是长征途中在1935年秋间，中央领导人从国民党报纸得知陕北有刘志丹创建的根据地，才考虑决定了部队的战略行动目标。

你如何看待历史和历史学？

◎ 本课小结

大革命失败后，中国共产党开始认识到武装斗争的重要性，先后发动了南昌起义、秋收起义等多次武装起义，建立了十几块农村革命根据地，中国革命走上以农村包围城市，武装夺取政权的正确道路。由于"左"倾错误的影响，导致第五次反"围剿"失利，红军被迫长征。遵义会议确立了以毛泽东为核心的党中央的正确领导，指挥红军顺利完成了战略转移，迎来了革命的新高潮。

第四课　中华民族的抗日战争

一、九一八事变与伪"满洲国"

1931年9月18日，日本关东军按照精心策划的阴谋，炸毁了沈阳柳条湖附近的南满铁路路轨，反诬中国军队破坏。并以此为借口，炮轰东北军驻地，制造了"九一八事变"。20万东北军执行"不抵抗政策"，不战而退，次日占领整个沈阳城。日军继续向辽宁、吉林和黑龙江的广大地区进攻，短短4个多月内，大约128万平方公里、相当于日本国土3.5倍的中国东北全部沦陷，3000多万父老成了亡国奴。

日军炮轰中国东北军驻地北大营

伪"满洲国"皇帝溥仪

我读历史

"九一八事变"激起了全国人民的抗日怒潮。各地人民纷纷要求抗日，反对张学良和南京国民政府的不抵抗主义。在民族大义和各爱国党派、人士的影响下，东北人民奋起抵抗，开展抗日游击战争，先后出现了东北义勇军和各种抗日武装。

受国际舆论的谴责，关东军不敢悍然武力占领满洲全境，因此考虑扶植傀儡政权。1932年，关东军以复兴清朝为条件，说服已经退位的清朝末代皇帝溥仪回到东北,在日本扶植下建立了伪满洲国。

二、七七事变与血肉长城

1935年，日本帝国主义为侵占华北蓄意制造了一系列事件，总称"华北事变"，华北地区日趋殖民地化。面对严重的民族危机，全国各阶层人民的抗日救亡呼声日益高涨，1936年12月12日爱国将领张学良和杨虎城因不满蒋介石的投降卖国政策，发动了西安事变。在共产党的努力下,蒋介石接受了停止内战、联共抗日的主张,国共内战大体停止,双方关系迅速发展,抗日民族统一战线初步形成。

1937年7月7日,在卢沟桥非法进行夜间军事演习的日军,以失踪一名士兵为借口,强横要求进入宛平城搜查,被中国守军拒绝。日军随即进攻宛平城和卢沟桥,制造了"七七事变"。这是日本帝国主义全面侵华战争的开始,也是中国全面抗战的开始。

战斗在卢沟桥的第二十九军

在民族危亡加深的情况下,国共两党再一次进行合作,联合抗日。1937年9月22日,国民党中央通讯社发表了《中国共产党为公布国共合作宣言》,这标志着国共第二次合作的实现和抗日民族统一战线的正式建立。全国形成了团结抗战的局面,中国军民筑成血肉长城,为保卫祖国而斗争!

我读历史

抗日战争爆发后,国共两党经过多次谈判达成协议,将中国工农红军改编为国民革命军第八路军。朱德任总指挥,彭德怀任副总指挥,叶剑英任参谋长,左权任副参谋长,任弼时任政治部主任。至1944年5月,八路军对敌作战7.4万次,歼敌79万余人。到1945年8月,八路军已发展到90多万人。将活动在南方8省13个地区的工农红军游击队分别集中,改编为国民革命军新编陆军第四军。1938年1月,新四军部在江西南昌成立,军长叶挺,副军长项英。到1944年5月,对敌作战17万多次,歼灭日伪军30万余人,此时新四军发展到30多万人。

八路军的臂章

抗战初期,国民党政府组织了几次大规模的会战,其中淞沪会战粉碎了日本三个月灭亡中国的狂妄计划,使日军"速战速决"的计划归于失败;徐州会战中,中国军队在第五战区司令长官李宗仁的指挥下,取得了台儿庄大捷,武汉会战大大消耗了日军。1938年武汉、广州失陷后,抗日战争进入战略相持阶段。1937年8月下旬,八路军和新四军陆续开赴敌后,建立抗日根据地。

我读历史

"这样看来,日本的军力、经济力和政治组织力是强的,但其战争是退步的、野蛮的,人力、物力又不充足,国际形势又处于不利。中国反是,军力、经济力和政治组织力是比较弱的,然而正处于进步的时代,其战争是进步的和正义的,又有大国这个条件足以支持持久战,世界的多数国家是会援助中国的。——这些,就是中日战争互相矛盾着的基本特点。"……"武器是战争的重要的因素,但不是决定的因素,决定的因素是人不是物。力量对比不但是军力和经济力的对比,而且是人力和人心的对比。军力和经济力是要人去掌握的……动员了全国的老百姓,就造成了陷敌于灭顶之灾的汪洋大海,造成了弥补武器缺陷等等的补救条件,造成了克服一切战争困难的前提……战争的伟力之最深厚的根源,存在于民众之中。

——毛泽东《论持久战》(1938年5月)

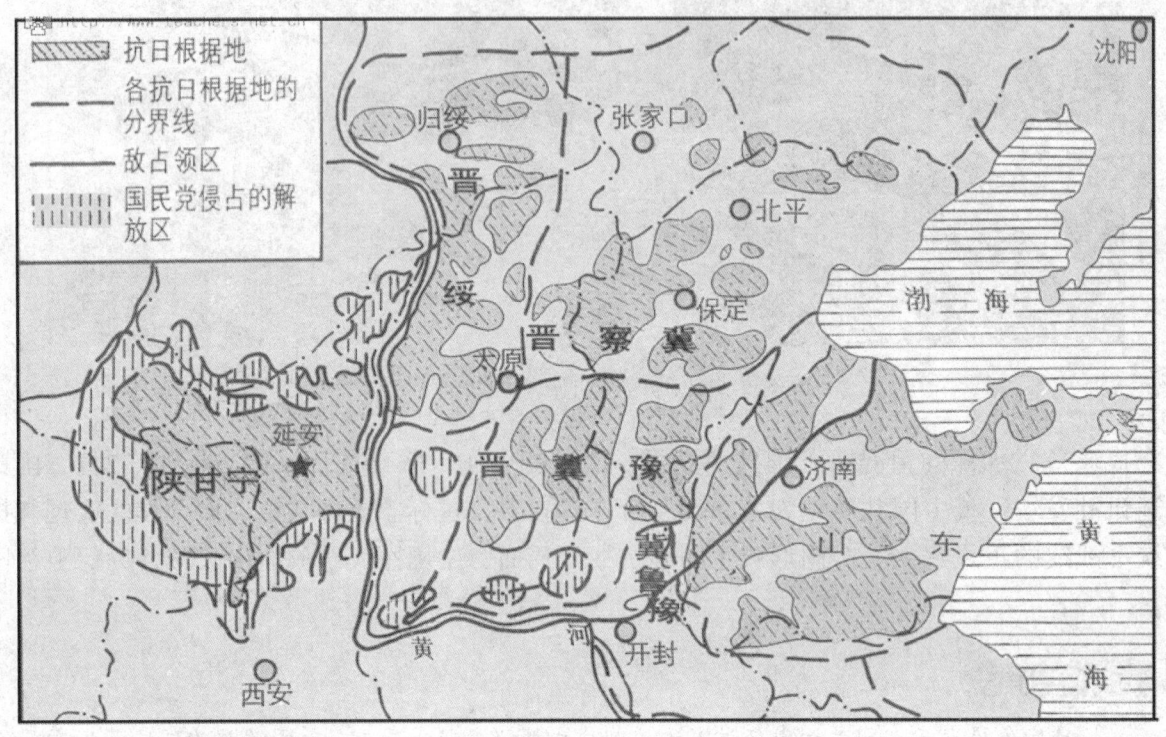

华北敌后抗日根据地形势示意图

三、日本侵略者的暴行

战争期间,日本军队肆意屠杀中国人民,制造了一系列惨案,给中国人民带来了深重灾难。1937年12月,日军占领南京以后,进行了灭绝人性的烧杀抢掠"大竞赛"。在持续六周的屠杀中,被害的中国人达30万以上。日军所犯罪行罄竹难书,震惊了世界,被中外舆论界称为"现代史上破天荒的残酷记录"、"现代文明史上最黑暗的一页"。

日本采取"以华制华"的策略,通过建立日伪

南京大屠杀纪念地

政权进行殖民统治。日军在占领区推行"治安肃正运动"、"治安强化运动"和"清乡运动"，进行残暴统治。日本侵略者在农业、工矿交通运输业、金融业、劳动力等方面，对沦陷区进行不同形式的掠夺，总方针是把沦陷区的经济变为它的附庸经济。日本每占领一个地区，就抢占银行，掠夺金银和现款。沦陷区的中国银行、中央银行等五十多家公私银行，共损失四亿多元，其中绝大部分被运往日本。日伪还不断增加苛捐杂税，仅河北人民缴纳的捐税就有一百多种。中国人民生活在水深火热之中。

我读历史

1937年12月13日，《东京日日新闻》（即现在《每日新闻》）报道两名日本军官的"杀人竞赛"。日军第十六师团中岛部队两个少尉军官向井敏明和野田毅在其长官鼓励下，彼此相约"杀人竞赛"，

商定在占领南京时，谁先杀满100人为胜者。他们从句容杀到汤山，向井敏明杀了89人，野田毅杀了78人，因皆未满100，"竞赛"继续进行。12月10日中午，两人在紫金山下相遇，彼此军刀已砍缺了口。野田谓杀了105人，向井谓杀了106人。又因确定不了是谁先达到杀100人之数，决定这次比赛不分胜负，重新比赛谁杀满150名中国人。这些暴行都一直在报纸上图文并茂连载，被称为"皇军的英雄"。

日本投降后，这两个战犯终以在作战期间，共同连续屠杀俘虏及非战中人员"实为人类蟊贼，文明公敌"的罪名在南京被执行枪决。

我讲历史

走访你身边的老人，了解日本侵略者的暴行，并讲给同学们。

四、中国人民抗战的伟大胜利

1945年5月，欧洲战场的反法西斯战争胜利结束。8月，苏联政府对日宣战，出兵中国东北，摧毁日本的精锐部队关东军。毛泽东发表《对日寇的最后一战》的声明，号召中国一切抗日力量举行全国规模的反攻。8月6日和9日，美国向日本广岛、长崎分别投掷了一颗原子弹。8月15日，日本政府被迫宣布无条件投降，9月2日正式签署投降书，至此，中国人民的抗日战争终于取得最后胜利。

抗日战争是鸦片战争以后，近百年来中国人民第一次取得完全胜利的反侵略战争。中国抗日战争是世界反法西斯战争的重要组成部分，中国人民为世界反法西斯战争的胜利承担了巨大的牺牲，作出了不可磨灭的贡献，中国的国际地位得到提高。它也为新民主主义革命的胜利奠定了基础。抗战胜利后，中国收回了宝岛台湾。

1945年9月9日上午9时，日军代表小林漫三郎向中国代表何应钦呈递投降书。

欢庆抗日战争胜利

我读历史

美国总统罗斯福曾说:"假如没有中国,假如中国被打垮了,你想一想有多少个师团的日本兵,可以调到其他方面来作战,他们可以马上打下澳洲、打下印度……他们可以毫不费力地把这些地方打下来,他们并可以一直冲向中东。"苏联领导人斯大林说:"只有当日本侵略者的手脚被捆住的时候,我们才能在德国侵略者一旦进攻我国的时候避免两面作战。"英国首相丘吉尔说:"如果日军进军西印度洋,必然导致我方在中东的全部阵地崩溃。而能防止上述局势出现的只有中国。"因此,1942年1月,26个反法西斯国家的《联合国家共同宣言》,中国作为四大国之一在宣言上领衔签字。1945年4月筹建联合国,会议在美、英、苏、中四大国首席代表轮流主持下进行。中国是联合国创始国之一,也是安理会拥有一票否决权的五个常任理事国之一。中国国际地位的变化,在中国近代史上有重要意义,是由中国抗日战争在世界反法西斯战争中的重要作用所决定的。

◎ 本课小结

日本帝国主义发动全面侵华战争绝非偶然,这是它为实现蓄谋已久的吞并中国、独霸亚洲、称雄世界既定方针的必然结果。1937年的卢沟桥事变,是日本帝国主义全面进攻中国的开始。这是近代以来中国遭到的一次规模最大的帝国主义侵略战争。全国各族人民在抗日民族统一战线的领导下,经过艰苦卓绝的斗争,付出了巨大的牺牲和代价,终于赢得了抗日战争的胜利。

第五课　新民主主义革命的胜利

一、内战烽火

抗日战争胜利后，国共双方均提出了自己的建国方针。

我读历史

国民党一方面声称要召开国民大会，还政于民；另一方面提出实现宪政要有先决条件，即国民政府的"法统"不致紊乱，"军令政令"必须统一。由于国民党处于执政地位，这一政策的实质是维护国民党大权独揽的旧体制。

中国共产党坚持"废止国民党一党专政、成立联合政府"的主张，提出新时期的任务是"巩固国内团结，保证国内和平，实现民主，改善民生，以便在和平民主团结的基础上，实现全国的统一，建设独立自由富强的新中国"。

为实现和平民主建国的目标，中国共产党与国民党进行了一系列的斗争。1945年8月，蒋介石邀请毛泽东赴重庆进行谈判。经过40多天的商谈，双方于10月10日签署了《政府与中共代表会谈纪要》，即"双十协定"，确立了和平建国的方针。但是，蒋介石很快撕毁了协定。

重庆谈判中的毛泽东与蒋介石

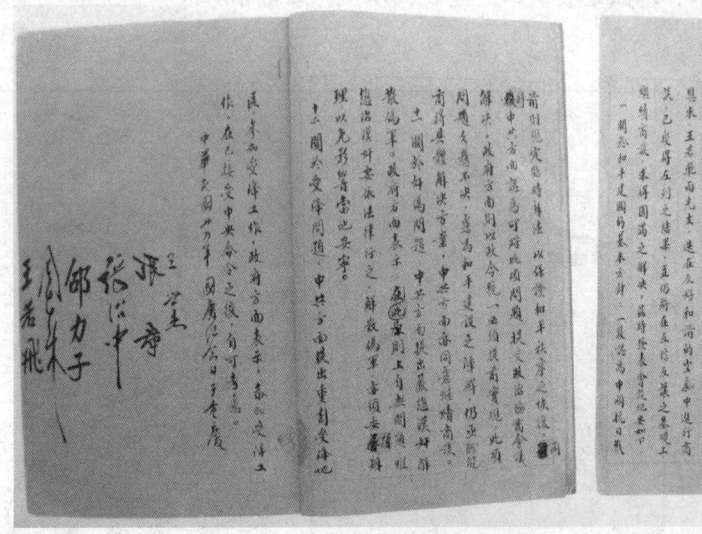

双十协定原稿

1946年6月底，蒋介石调集重兵进攻中原解放区，全国规模的内战爆发。从7月初开始，国民党军队陆续发动了对其他解放区的进攻。中国共产党领导的解放区军民奋起反击，经过八个月作战，解放军共歼敌71万余人。虽然国民党军队占领了一些城市，但付出巨大代价。至1947年2月，国民党的全面进攻不得不停止。

我读历史

全面进攻失败后，蒋介石改变策略，重点进攻陕北和山东解放区。中国共产党采取避敌主力、诱敌深入，然后集中优势兵力各个击破的方针，粉碎了国民党军队对陕北、山东解放区的重点进攻。

二、战略反攻与战略决战

经过一年的作战，敌我力量对比发生重大变化。1947年夏，中共中央及时调整战略部署，人民解放军向国民党统治区发起战略反攻，大量消灭敌人有生力量。1947年夏，依照毛泽东确立的"三军配合，两翼牵制"的部署，刘伯承、邓小平率领晋冀鲁豫野战军主力强渡黄河，千里跃进大别山；陈赓等率部挺进豫西；陈毅、粟裕率部挺进鲁西南。三路大军挺进中原，对国民党军队展开"品"字形进攻作战。

毛泽东转战陕北途中

我读历史

"我军第二年作战的基本任务是：举行全国性的反攻，即以主力打到外线去，将战争引向国民党区域，在外线大量歼敌"；部分任务是"以一部分主力和广大地方部队继续在内线作战，歼灭内线敌人，收复失地。"；"必须力求调动敌人打运动战，但同时必须极大地注重学习阵地攻击战术，加强炮兵、工兵建设，以便广泛地夺取敌人据点和城市。"

——《解放战争第二年的战略方针》

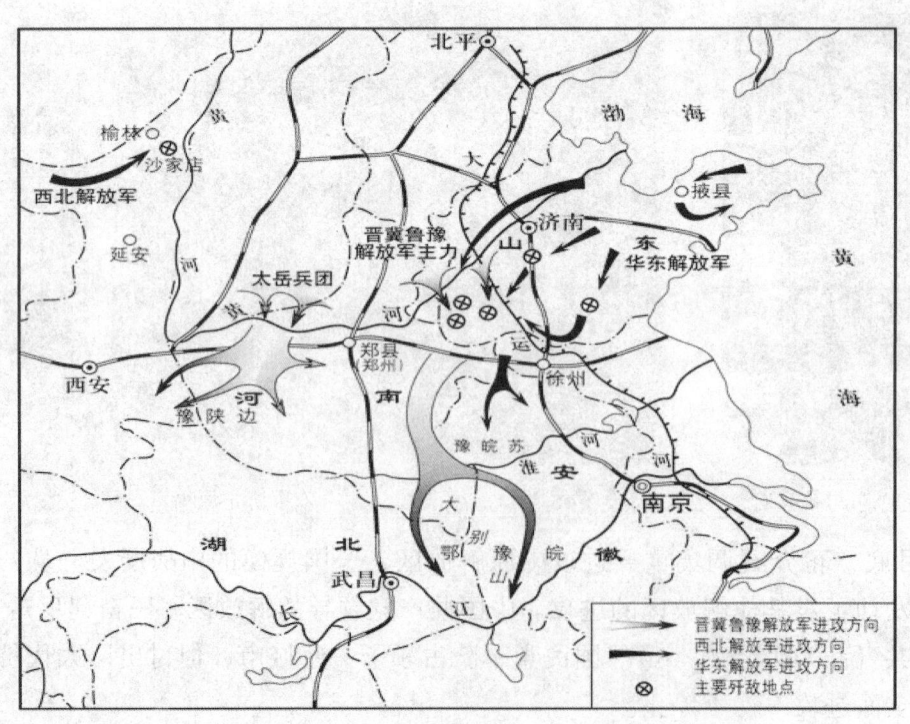

三路大军挺进中原

到1948年秋，解放军的力量已超过国民党军队，进行战略决战的时机已经成熟，人民解放军相继发动了辽沈、淮海、平津三大战役。

我读历史

1948年秋，中共中央认为将战略决战的方向首先指向东北战场，对解放军最有利。第一，在兵力对比上解放军占优势。我正规军70万，地方军30万，合计百万人，是全国五大战场上兵力超过蒋军的唯一战场。第二，东北敌军孤立分散，所占地区十分狭小，补给非常困难。而且敌军战略意图或撤或守，举棋不定。第三，解放军后方巩固，支援战争的物质力量雄厚。由于这些条件，首战东北卫立煌集团，就可以将初战的胜利放在稳妥可靠的基础上。人民解放军在歼灭了东北敌军后，还可以挥师入关，有利于华北、华东战场的作战；同时还能以东北的工业支援全国战争，使人民解放军获得战略总后方。假如首战华北战场，就会受到敌华北、东北两大集团的夹击而陷入被动；首先指向华东战场，则又会使东北敌军迅速撤退，实现其战略收缩企图。因此，首先打好东北战场的决战，就成了全国战局发展的关键。

三大战役概况

战役名称	作战部队和指挥员	战役时间	歼灭和改编敌人数	解放地区	歼灭或俘获敌指挥官
辽沈战役	东北解放军 林　彪　罗荣桓	1948年9月至11月	47万多人	东北全境	范汉杰 廖耀湘
淮海战役	中原解放军和华东解放军 刘伯承　陈　毅　邓小平 粟　裕　谭震林	1948年11月至1949年1月	55万多人	长江以北中下游地区	杜聿明 黄伯韬 黄维等
平津战役	东北解放军和华北解放军 林　彪　罗荣桓　聂荣臻	1948年11月至1949年1月	52万多人	华北全境	陈长捷等

三大战役结束后，消灭国民党军精锐主力150多万人，整个东北全部解放，华北及长江中下游以北地区，除少数据点外，也全部解放，中国革命已处于胜利的前夜。

我读历史

1947年7月至9月，中共中央工委在河北省平山县西柏坡村召开全国土地会议，制定了实行土地改革的《中国土地法大纲》。主要内容是：废除一切地主的土地所有权，并征收富农多余的土地财产；按乡村人口平均分配土地。经过土改运动，大约在一亿六千万人口的地区消灭了封建剥削制度，一亿多农民分得了土地。解放区的农村出现了翻天覆地的变化。土地改革的胜利，激发了农民革命和生产的积极性，促进了解放区生产的发展，也改善了他们的生活。广大农民以"支援大反攻，参加胜利军，打倒蒋介石，拔掉老祸根"为口号，普遍掀起了参军参战和支援前线的热潮。在整个解放战争时期，华北解放区有近百万农民参军，东北解放区有160万人参军。

我讲历史

走访参加解放战争的老战士，搜集并讲一讲他们的英雄事迹。

三大战役示意图

活跃在山东解放区的民工支前小车队

三、新民主主义革命的胜利

1949年1月21日,蒋介石被迫宣布下野。李宗仁代理南京国民党政府的总统。在李宗仁的要求下,国共双方恢复和谈。1949年4月20日,南京政府拒绝在和平协定上签字,和谈破裂。

我读历史

为了迅速结束战争,实现真正的和平,减少人民的痛苦,中国共产党愿意和南京国民党反动政府及其他任何国民党地方政府和军事集团在下列条件的基础上进行和平谈判。这些条件是:(一)惩办战争罪犯;(二)废除伪宪法;(三)废除伪法统;(四)依据民主原则改编一切反动军队;(五)没收官僚资本;(六)改革土地制度;(七)废除卖国条约;(八)召开没有反动分子参加的政治协商会议,成立民主联合政府,接收南京国民党反动政府及所属各级政府的一切权力。

4月21日,人民解放军百万雄师强渡长江,摧垮了敌人苦心经营的长江防线。4月23日,人民解放军占领南京,国民党政府在中国大陆的统治结束,从此中华民族的历史揭开了新篇章。

随后,人民解放军乘胜追击,进军大西北和大西南,到1951年解放了除台湾以外的全部中国领土,解放战争取得了全面胜利。

解放军占领南京国民党政府总统府

我看历史

关于渡江战役的性质问题,是属战略追击还是属战略决战,史学界的基本观点是:渡江战役是在经过战略决战,国民党军的主力已丧失殆尽,已无法在战略上实施有效防御的能力,中国革命战争取得全国胜利的局面已经基本确定的情况下进行的,已经不再具有决定国共两党战争胜负问题。因此这一战役应属战略追击的范畴。但有的学者对此提出了不同意见。认为渡江战役两方参战的兵力、作战区域、歼敌数都不亚于三大战役,并且国民党政府还没有完全撤离南京,经过渡江战役,国民党军才实施战略退却,人民解放军才转入战略追击。因此,这一战役应属战略决战的范畴。

新民主主义革命的胜利，标志着中国一百多年屈辱和分裂的历史从此结束。人民企盼的独立、统一的新中国即将诞生。中国新民主主义革命的胜利，是具有世界意义的伟大胜利。它改变世界政治格局，壮大了世界和平、民主和社会主义的力量，鼓舞了世界被压迫民族和人民解放斗争的士气。新民主主义革命的胜利，同时也是马克思主义在中国的胜利，是马克思主义的普遍原理与中国革命的具体实践相结合的毛泽东思想的胜利。

◎ 本课小结

抗日战争胜利后，中国人民同美帝国主义支持下的国民党反动集团之间的矛盾是主要矛盾，国民党反动派在美帝国主义支持下打着和平建国的旗号，坚持独裁，发动内战，消灭人民革命力量，维护大地主、大资产阶级的利益。中共争取和平民主，打退国民党进攻，最终建立起新民主主义国家，维护了广大人民的利益。

实践活动课

战争年代老百姓生活调查

活动目标：

1. 通过学生参与活动，使学生掌握更多的关于战争年代百姓生活的历史知识，了解家乡人民在战争年代的生活状况。

2. 通过分组活动与组织，进一步提高学生的团结协作能力、组织能力；通过实地采访与调查，锻炼学生的口头表达能力与思维能力；通过资料的搜集与整理，培养学生对材料的分析能力与想象力。

活动的内容与步骤：

1. 确定子课题

为便于学生进行操作，在学生讨论后，把《战争年代老百姓生活调查》这一课题进行分解，细化成4个学生易于理解和执行的小课题。

①人物访谈，访问身边老人或其他人士，搜集各项有关历史知识。
②绘画摄影，用画笔和摄像机来反映历史人文古迹。
③实物搜集，搜集过去年代所使用的用具（如旧照片、钱币、旧书等）。
④网络查找，利用互联网查找有关历史知识。

2. 学生分组

全班同学根据自己的爱好和研究的内容，成立四个研究小组，并选出组长，如下图所示。

组 别	子课题	组 长
一	人物访谈	
二	绘画摄影	
三	实物搜集	
四	网络查找	

小组成立后,各小组由组长召集本小组开会,确定具体研究内容和研究方式,组长还负责协调本小组的活动和收集整理本小组资料。

3. 制定活动计划

时　　间	活　动　内　容	指导教师
第1周	讲解开展本次活动课的目的、意义及研究的内容,宣传、动员全体同学积极参加;成立各活动小组并准备活动用具。	
第2、3周	各小组在统一安排部署下,开展各种调查走访活动。	
第4周	活动后的总结与反思,各小组整理出活动成果。	
第5周	汇报展示。	

4. 活动的展示与交流

可以采用课堂讨论会、演讲会、出壁报等多种形式发表和交流调查结果。

第五单元
近代中国的思想解放潮流

导语：人类历史上每一次重大的革命运动无不是以思想解放为前提。鸦片战争以后，中国艰难的近代化历程亦是如此。本单元以思想解放为主题，叙述了鸦片战争后中国人在思想领域内的一系列与时俱进的探索。

面对西方侵略的不断加深，中国有识之士积极向西方学习，先后提出"师夷长技"、"中体西用"、"维新变法"、"暴力革命"、"文化革命"等主张，经历了从"器物"到"制度"再到"思想"等不同层次的探求之路。

在向西方学习的过程中形成了孙中山的三民主义和毛泽东思想两大理论成果，指导中国人民最终取得了民族解放的胜利。

第一课　顺乎世界之潮流

一、开眼看世界

我读历史

清政府长期实行闭关锁国政策,皇帝和官僚们妄自尊大,自认为中国是天下的中心。鸦片战争前,英国鸦片走私船开始频繁出没于中国东南海域的时候,清朝君臣仍习惯地称他们为"岛夷",但对岛夷的情况却一无所知。

林则徐在广东主持禁烟期间,为了解对手,他派人广泛搜集西方报刊、法律等情报,设立译馆,将"所得夷书,就地翻译",编译出《四洲志》、《各国律例》等资料。《四洲志》介绍世界三十余国的地理、历史和政情,是近代中国第一部系统的世界地理志。林则徐成为近代中国开眼看世界的第一人。

林则徐

我读历史

林则徐向西方学习的做法,遭到封建顽固派的攻击和嘲讽。直隶总督琦善讽刺林则徐购求"官员向不过问"的"夷书",有失"天朝大吏"的尊严。林则徐建议朝廷用关税的十分之一制造炮船,以抵抗英国的侵略。道光皇帝对此建议的朱批是:"无理!可恶!""一派胡言"。向西方学习的新思想,面临着被扼杀的危险。鸦片战争期间,林则徐被革职,发往新疆"赎罪"。途经镇江时,他会见好友魏源。林则徐将一些有关外国情况的资料交给魏源,希望他为救国御侮,筹谋划策。第二年,魏源在《四洲志》的基础上编撰出《海国图志》50卷。在这部书中,他提出了"师夷长技以制夷"的新思想。

魏源

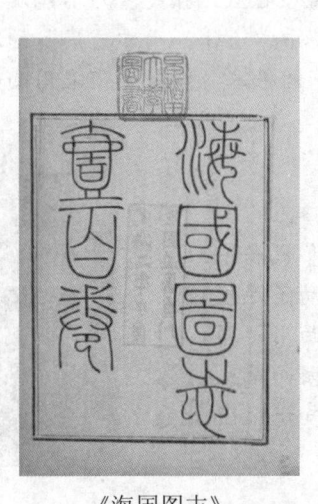

《海国图志》

魏源在《海国图志》的序言中,阐述了"师夷长技以制夷"的思想。它是当时介绍西方历史地理知识最翔实的专著。在书中魏源明确提出了向西方学习的具体内容、方法和目的,该书对引导人们关注世界形势和当时的思想解放有重要启迪作用。此后,介绍世界知识的书籍也接连出版。

我读历史

"夷之长技三:一战舰,二火器,三养兵练兵之法。"

——《海国图志》

"是书何以作?曰:为以夷攻夷而作,为夷款夷而作,为师夷长技以制夷而作。"

——《海国图志·序》

二、体用之争

第二次鸦片战争结束后,清政府统治出现严重危机,内有太平天国农民起义的冲击;外有西方列强的威胁。在此情况下,清政府内部出现了以奕䜣、曾国藩、李鸿章、张之洞、左宗棠等为代表的洋务派。他们继承和发展了"师夷长技"的思想,在"中学为体,西学为用"的思想指导下,开展了一系列向西方学习的运动,创办了一批近代企业,开设了一批新式学堂,派出了近代中国的第一批赴美留学儿童,迈出了中国近代化历程的第一步。历史上称这场向西方学习的实践活动为"洋务运动"。

曾国藩　　　　　　　　　李鸿章　　　　　　　　　张之洞

我读历史

洋务派认为"中国文武制度,事事远出西人之上,独火器乃不能及",因此提出"以中国之纲常名教为原本,辅以诸国富强之术",即"中学为体,西学为用"的思想。这就是说,洋务派肯定封建制度,强调以封建纲常伦理作为国家的根本,同时主张采用西方先进科学技术,以挽救江河日下的封建统治。

我看历史

有人说"中体西用"在19世纪六、七十年代震撼了当时的思想界,开阔了中国人的视野,推动了近代中国救亡图存的思想历程;也有人说"中体西用"思想的实质是强化封建制度,巩固封建统治,因而是反动的,阻碍民主主义革命的进程。结合所学知识谈谈你的认识。

同文馆旧址

三、维新思潮

甲午战争失败后，随着民族危机的日益加深和国人的进一步觉醒，90年代，以康有为、梁启超、严复等为代表所倡导的维新思想逐渐兴起。

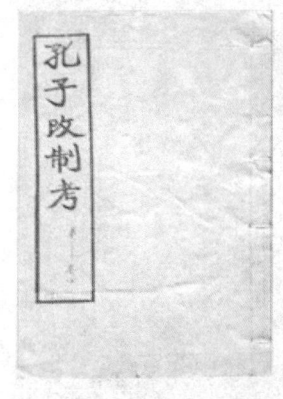
《孔子改制考》

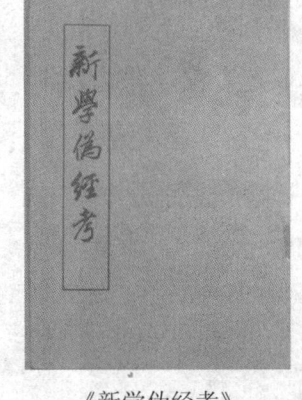
《新学伪经考》

面对强大的封建势力，康有为借助经学的外衣，否定君主专制统治，宣传维新变法的必要性和合理性。他撰写的《新学伪经考》，将封建统治者奉为儒学正统的古文经典斥为伪书，从根本上动摇了封建统治者恪守祖训、反对变法的理论基础。他还在《孔子改制考》一书中，宣称孔子是托古改制、主张变革的先师，说孔子假托古圣先王尧、舜、禹的言论来宣传自己的政治观点。

康有为的观点有力地抨击了坚持"天不变，道亦不变"的封建顽固势力，他的这一思想被称为是"思想界之一大飓风"、"火山大喷火"。康有为还在广州开办万木草堂，宣传维新思想。

我讲历史

光绪二十四年（1898年）正月初三，李鸿章、翁同龢、荣禄等人，奉光绪帝的命令，在总理衙门接见康有为，询问有关变法事项。围绕着维新变法这一主题，以荣禄为代表的顽固派与以康有为为代表的资产阶级维新派展开了一场激烈的辩论。请查阅相关史料，结合时代背景，谈谈你对这场辩论的认识。

我演历史

洋务运动时期洋务派与守旧派的论战

两派最激烈的论争共有三次：第一次是1867年（同治六年），围绕着同文馆培养洋务人才，应否招收正途出身学员问题的论争；第二次是1874年（同治十三年），围绕着设厂制造船炮机器和筹备海防的论争；第三次是1883年（光绪八年）开始的围绕着建筑铁路问题的论争。在两派论争过程中，顽固派抬出了"礼义廉耻"、"天道人心"和"用夏变夷"等封建教条，全面地反对学习"西学"，说"立国之道，尚礼义不尚权谋；根本之图，在人心不在技艺"；攻击洋务派提倡"西学"，是"捐弃礼义廉耻的大本大原"，是"败坏人心"，是"用夷变夏"；甚至攻击侈谈洋务者是"祸国殃民"，是"洪水猛兽"。特别反对推行耕织机器，认为"夫四民之中，农居大半，男耕女织，各职其业，治安之本，不外乎此……机器渐行，则失业者众，……其害不能言矣"。他们反对洋务派开采矿藏，修筑铁路，筹设银行，便利商民等措施，认为"古来圣君贤相讲富强之道者，率皆重农抑商，不务尽山泽之利，盖所称为极治者"认为这些措施会"便利外国侵略"，"妨碍小民生计"。甚至认为开矿修路，会"震动地脉"，"破坏风水"要求"永远禁止"。

顽固派对洋务运动和洋务派的上述攻击，是站在封建自然经济的顽固保守立场上，无疑是错误的和违反时代进步潮流的。而洋务派则满足于农民革命已被镇压下去和对外维持和局的现状，自诩为"同光中兴"的功臣，确信所从事的"求强"、"求富"活动获得了成功。他们囿于"中学为体，西学为用"的框架，不愿也不敢全面学习西方。

梁启超是维新运动的重要宣传家。他发表的《变法通议》，抨击封建专制制度的危害和顽固派的因循守旧，宣传伸民权、设议院、变法图存的思想。

我读历史

严复说"法者天下之公器，变者天下之公理"，只有变法才能图存。他指出封建君主皆为"大盗窃国"，主张国家属于人民，王侯将相是人民的公仆。

严复是系统地将近代西方文化介绍到中国来的第一人，他主张人民应享有的包括言论自由、人人平等、人身不受侵犯、保护私有财产等在内的自由权利。他还明确地提出"以自由为体，以民主为用"的主张，并借用进化论"物竞天择，适者生存"的原理，阐明中国如能变法维新，就会由弱变强，否则就会面临亡国灭种的危机。

严复　　　　　　《天演论》

我读历史

严复（1853～1921年），福建侯官（今福州）人，近代最重要的资产阶级启蒙思想家，是系统地把进化论、自由主义等西学"真经"引入中国的第一人。1894年中国在甲午战争中的惨败，使严复感受到了国危民困的切肤之痛，也唤起了他救亡图存的激情和勇气，呼吁国人因时而变，维新图强。为了开民智、警人心，他决定把西学的精髓"天赋人权"的自由、平等主张系统地介绍给国人。1896年起到1908年间，先后翻译了赫胥黎的《进化论与伦理学》、亚当·斯密的《国富论》、孟德斯鸠的《论法的精神》等。其中影响最大、最深远的是《天演论》。鲁迅说：一有闲空，就照例地吃侉饼、花生米、辣椒，看《天演论》。胡适："（进化论的介绍与传播犹如）当头棒喝，给了无数人一种绝大的刺激。几年之中，这种思想像野火一样，延烧着许多人的心和血。"

1898年，在维新思想的推动下，光绪帝实行变法，因为这一年是农历戊戌年，所以历史上就称之为戊戌变法。这次变法在顽固派的镇压下很快就失败了，但资产阶级维新派反对封建专制，主张兴民权，提倡新学的宣传和变法实践起到了思想启蒙的作用，促进了人民的觉醒。维新变法是中国近代第一次思想解放的潮流。

◎ 本课小结

本节课主要讲述了鸦片战争后到20世纪初中国思想界所发生的一次次重大变化，围绕挽救民族危机，如何向西方学习的主题，经历了从"器物"到"制度"的复杂历程。由于时代和阶级的局限，这些先进思想最终并没有实现挽救民族危亡，实现强国富民的目标，但却推动了中国人民思想的解放和民主革命的发展。

第二课　新文化运动

一、《新青年》与新觉醒

1911年爆发的辛亥革命，推翻了清王朝的封建统治，民主共和思想进一步传播。民族资本主义的进一步发展壮大了民族资产阶级的力量，资产阶级强烈要求冲破封建思想牢笼，实行民主制度。

但是，窃取大总统职位的袁世凯却梦想恢复帝制，在思想文化领域掀起一股尊孔复古的逆流。以陈独秀为代表的中国先进知识分子，力图"根本之救亡"，奋起反击，发动了反对封建思想的新文化运动。

袁世凯称帝后在天坛祭天

1915年，陈独秀在上海创办《青年杂志》（1916年9月1日出版第二卷第一号改名为《新青年》），他在创刊号上发表《敬告青年》一文，提倡"民主"与"科学"，反对封建文化，揭开了新文化运动的序幕。

陈独秀

我读历史

1913年6月，袁世凯发布"尊崇孔圣令"；1914年2月，他又颁布"恢复祭天祀孔典礼令"。一时间，鼓吹中小学必须读经的言论甚嚣尘上，尊孔复古逆流浊浪翻滚。1915年8月，袁世凯授意拼凑起来的所谓"公民请愿团"，要求改共和制为君主立宪制，并加快复辟帝制的步伐。

与袁世凯尊孔复古的倒行逆施相配合，当时社会上鬼神迷信思想也甚嚣尘上。祭天、请神、祀鬼、扶乩，盛行一时。名目繁多的迷信团体纷纷出笼。而披上西方科学外衣的鬼神迷信思想更具有欺骗性。政客黎元洪、清废帝溥仪的英籍老师庄士敦，甚至连受过西方系统科学教育的严复，都出来为迷信活动进行辩护和鼓吹。

面对严酷的现实，陈独秀等先进的知识分子意识到"吾人于共和国体下，备受专制政治之痛苦"，要防止君主复辟，真正走向共和，在于启发"多数国民之自觉"。他把启蒙视为"救国之要道"，进而发起了新文化运动。

我读历史

《新青年》是综合性的文化月刊。1915年9月15日陈独秀在上海创刊，6期为一卷。初名为《青年杂志》。1916年9月1日出版第二卷第一号改名为《新青年》。初期的《新青年》在哲学、文学、教育、法律、伦理等广阔领域向封建意识形态发起了猛烈的进攻。

陈独秀在发刊词中发表了《敬告青年》一文，被视为该刊的纲领性文章。该文指出"人权说"、"生物进化论"、"社会主义"这三事是近代文明的特征，要实现这社会改革的三事，关键在于新一代青年的自身觉悟和观念更新。他勉励青年崇尚自由、进步、科学，要有世界眼光，要讲求实行和进取。他总结近代欧洲强盛的原因，认为人权和科学是推动社会历史前进的两个车轮。从而首先在中国高举起"科学"与"民主"两面大旗。

《新青年》的创刊是新文化运动兴起的标志，《敬告青年》一文则成为新文化运动的宣言书。陈独秀在改刊后的《新青年》第一期上发表《新青年》一文，号召青年做"新青年"。他提出"新青年"的标准是：生理上身体强壮；心理上是"斩尽涤绝做官发财思想"，而"内图个性之发展，外图贡献于其群"；以自力创造幸福，而"不以个人幸福损害国家社会"。

陈独秀在《敬告青年》一文中，对青年提出六点要求：

自由的而非奴隶的；
进步的而非保守的；
进取的而非退隐的；
世界的而非锁国的；
实利的而非虚文的；
科学的而非想象的。

《新青年》

1917年，著名教育家蔡元培任北京大学校长。他锐意改革，实行"思想自由，兼容并包"的办学方针，聘请陈独秀、李大钊、胡适、鲁迅等一批具有新思想的学者到北大任教，北大学术思想空前活跃，推动了新文化运动的发展。《新青年》编辑部也迁到北京。李大钊、胡适、鲁迅等成为《新青年》的编辑和主要撰稿人。这样，以《新青年》为主要阵地，以北大为主要活动基地的新文化运动迅速开展起来。

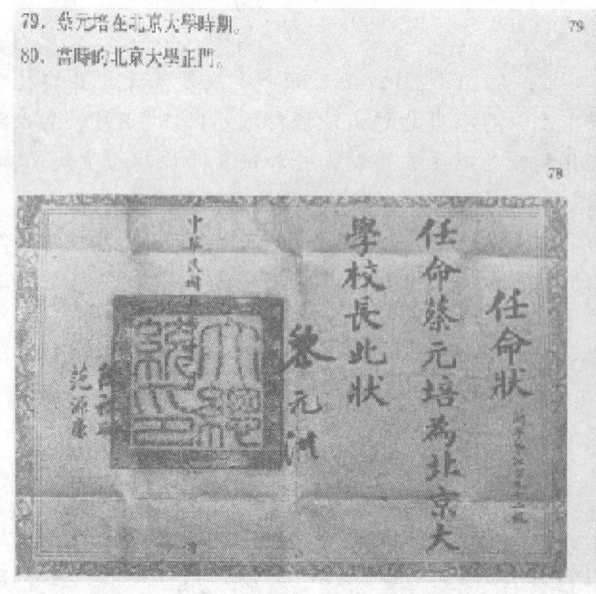

蔡元培任北大校长的委任状

蔡元培

二、民主与科学

新文化运动提倡民主与科学，反对专制愚昧和迷信。"民主"，是指民主思想和民主制度，反对君主专制和军阀独裁。"科学"，是指科学精神和近代自然科学法则，提倡学习自然科学，用科学的方法和态度观察事物，树立科学精神。

陈独秀号召青年，以民主和科学并重，拿出"利刃断铁"的气魄，"战胜恶社会"。

我读历史

陈独秀指出："西洋人因为拥护德、赛两先生，闹了多少事，流了多少血，德、赛两先生才渐渐从黑暗中把他们救出，引到光明世界。我们现在认定只有这两位先生，可以救治中国政治上、道德上、艺术上、思想上一切的黑暗。"

李大钊也发表文章指出："民主与君不两立，自由与专制不并存，是故君主生则国民死，专制生则自由亡。"

新文化运动还提倡新道德，反对旧道德。抓住旧道德为封建政治服务的本质，一针见血地指出："主张尊孔，势必立君，主张立君，势必复辟""孔教与共和……存其一必废其一。"新文化运动猛烈抨击以孔子和儒家学说为代表的旧礼教、旧道德，甚至提出"打倒孔家店"的口号。

三、胡适与白话文运动

新文化运动也是一场"文学革命"，提倡新文学，反对旧文学。1917年，胡适在《新青年》上发表《文学改良刍议》，提出写文章"须言之有物"，"不作无病之呻吟"；主张用白话文代替文言文。他认为，新文学的语言是白话的，文体是自由的，这样就可以注入新内容、新思想。1918年初出版的第4卷第1期《新青年》刊登了胡适等人创作的新诗。

我读历史

胡适倡导的文学革命八事

一、不做言之无物的文字；
二、不做无病呻吟的文字；
三、不用典；
四、不用套语滥调；
五、不重对偶，文须废骈，诗须废律；
六、不做不合文法的文字；
七、不摹仿古人；
八、不避俗话俗字。

蝴蝶
——胡适
两只黄蝴蝶，双双飞上天。
不知为什么，一个忽飞还。
剩下那一个，孤单怪可怜。
也无心上天，天上太孤单。
（中国第一首白话诗）

胡适

1918年5月《新青年》第4卷第5期杂志全部改为白话，《新青年》成为当时第一个全部用白话文宣传新思潮的刊物。

鲁迅对旧礼教、旧道德的攻击最为猛烈。他利用文学作品深刻地揭露专制制度和纲常礼教的黑暗，他的第一篇白话小说《狂人日记》，既是中国现代小说的奠基之作，又是一篇声讨旧势力的战斗檄文。在文中，鲁迅深刻揭露了封建礼教"吃人"的本质，提出"将来容不得吃人的人活在世上"，把反封建内容与白话文形式有机地结合起来，成为新文学的典范。

鲁迅

我读历史

近代以前，中国本无区分男、女和第三人称单数代词的传统。但随着白话文运动的兴起，西方语言特别是英语的东渐，这一问题就逐渐出现和凸显出来。"五四运动"前后，有的文学作品也用"伊"字来指女性，如鲁迅早期作品中就是如此。1918年，我国新文化运动初期重要作家、著名诗人和语言学家刘半农在北大任教时，第一个提出用"她"字指代第三人称女性，一时轰动全国。这种现象一出现，就遭到封建保守势力的攻击和反对，但却很快得到人民群众的承认、称赞，并被广泛使用。

我读历史

不能想了。

四千年来时时吃人的地方，今天才明白，我也在其中混了多年；大哥正管着家务，妹子恰恰死了，他未必不和在饭菜里，暗暗给我们吃。我未必无意之中，不吃了我妹子的几片肉，现在也轮到我自己……有了四千年吃人履历的我，当初虽然不知道，现在明白，难见真的人！

没有吃过人的孩子，或者还有？

救救孩子……

一九一八年四月。

——《狂人日记》

《狂人日记》的发表，如同冬夜里的一声惊雷，震动了当时的文坛。鲁迅曾说，《狂人日记》"显示了《新青年》刊载的《狂人日记》'文学革命'的实绩"，它以"'表现的深切和格式的特别'，颇激动了一部分青年读者的心"。结合鲁迅的评价，谈谈《狂人日记》在新文化运动时期的影响。

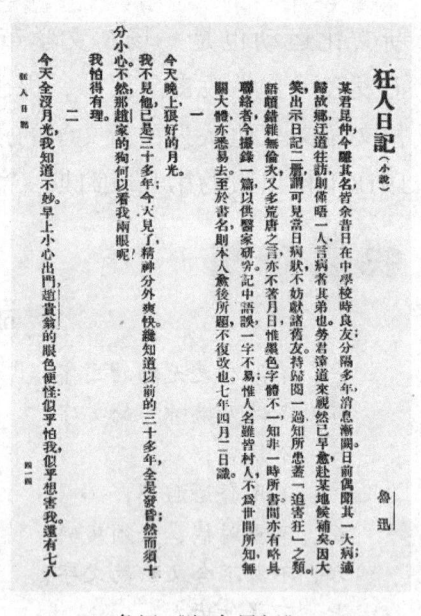

鲁迅《狂人日记》

新文化运动猛烈地冲击着封建思想的统治地位，使人们的思想，尤其是青年人的思想得到空前的解放，人们更迫切地向西方寻求救国救民的真理；新文化运动不仅使中国知识分子受到一次民主与科学的洗礼，也为马克思主义在中国的传播创造了有利条件。

四、李大钊与马克思主义的传播

1917年，当新文化运动开展得如火如荼时，十月革命一声炮响，给中国送来了马克思主

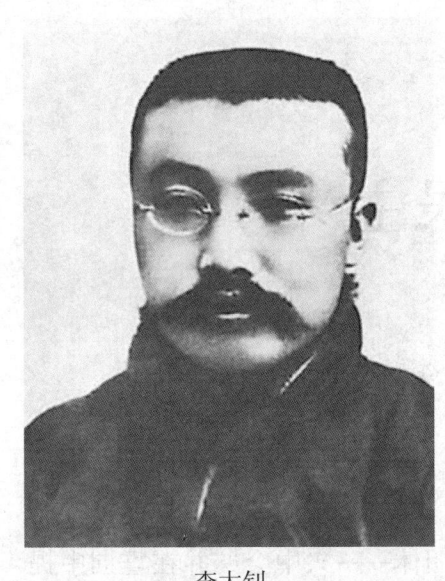

李大钊

义。李大钊率先举起社会主义旗帜。1918年，李大钊相继发表了《法俄革命之比较》、《庶民的胜利》和《布尔什维主义的胜利》等文章，指出：1917年的俄国革命，"是立于社会主义之上的革命"，"是20世纪中世界革命之先声"。"须知今后的世界，变成劳工的世界"。他主张学习俄国，号召知识分子到工农群众中去做宣传和组织工作，培植革命力量。

1919年5月爆发的五四运动大大促进了马克思主义的传播。李大钊为《新青年》主编《马克思研究专号》，刊登一批介绍马克思主义和俄国革命的文章。其中，李大钊的《我的马克思主义观》，比较全面地介绍了马克思主义。随后，一批研究马克思主义的社团出现，如北京的"马克思学说研究会"、湖南的"俄罗斯研究会"等。

陈独秀、毛泽东、邓中夏、蔡和森、瞿秋白、周恩来等一批先进的中国人也逐渐成为马克思主义者，他们开始用马克思主义指导中同革命，并建立了一些中国共产党早期组织。这些组织创办工人补习学校，向工人宣传马克思主义，还出版面向工人的刊物《劳动界》、《劳动者》和《劳动音》深受工人欢迎。

马克思主义在中国的逐步传播，促进了工人阶级的觉醒，为中国共产党的诞生奠定了思想基础。

◎ 本课小结

新文化运动以"民主、科学"为口号，以西方先进思想为武器对中国传统文化进行的全面批判，是对千百年来形成的旧文化进行扬弃和超越，体现了以个性解放为核心的近代人文主义精神。

第三课　孙中山与三民主义

一、孙中山与资产阶级民主革命思想的传播

19世纪末，以孙中山为代表的资产阶级革命派登上历史舞台。他们决心用武装起义推翻清王朝的统治，建立资产阶级共和国。

1894年，孙中山在美国檀香山创立中国第一个资产阶级革命团体——兴中会，并在誓词中提出"驱除鞑虏，恢复中国，创立合众政府"的革命纲领。在中国历史上第一次把推翻清朝统治和建立资产阶级共和国结合起来。

我读历史

鸦片战争后，中国的民族危机不断加深。许多先进的中国人提出不同的救国主张。这些主张，都想在维护或基本保持封建制度的前提下，通过这样或那样的改良，使中国免遭列强侵略、摆脱危机。但是，在无情的社会现实面前，这些方案屡屡破产。

1894年11月，孙中山在檀香山发动华侨成立了中国历史上第一个民主革命团体——兴中会。图为兴中会会员经常活动的场所。

我读历史

孙中山在《檀香山兴中会章程》中，痛陈中华民族所面临的危机局面："方今强邻环列，虎视鹰瞵，久垂涎于中华五金之富、物产之饶。蚕食鲸吞，已效尤于接踵；瓜分豆剖，实堪虑于目前。有心人不禁大声疾呼，亟拯斯民于水火，切扶大厦之将倾。"面对亡国灭种的危机，孙中山喊出了"振兴中华"的口号，在中国人民面前树起了革命大旗。

1895年，孙中山在广州发动起义。起义失败后，孙中山遭到通缉，被迫流亡海外。在英国，他一边学习西方资产阶级政治理论，一边考察西方社会政治。

二、三民主义

1905年，孙中山同黄兴、宋教仁等在日本东京组建了中国同盟会。在《中国同盟会总章》

中，孙中山提出同盟会纲领"驱除鞑虏，恢复中华，创立民国，平均地权"。不久，他又在《民报·发刊词》上，将这个纲领进一步阐发为以建立资产阶级民主共和国为目标的"民族"、"民权"、"民生"三大主义，作为革命的指导思想。

"三民主义"是资产阶级革命派提出的中国历史上第一个比较完备的资产阶级民主革命纲领。尽管当时的三民主义带有明显的时代局限和阶级局限，但它表达了资产阶级在政治、经济上的利益和要求，反映了中国人民实现民族独立和民主权利的愿望，是指导辛亥革命的重要理论。在当时的历史条件下，资产阶级民主革命纲领适应了时代潮流，符合中国社会发展的客观条件，不仅受到资产阶级的拥护，也得到各阶层人民的欢迎，成为团结广大革命力量、反对清朝专制、建立资产阶级共和国的思想武器。

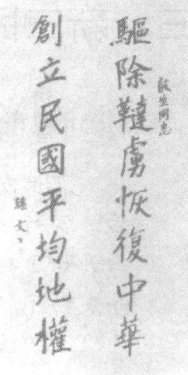
《民报》创刊号　　孙中山手迹

同盟会员证章

三民主义没有提出明确的反帝口号，没有彻底的土地纲领，这就决定了资产阶级革命派不可能彻底地完成反帝反封建的民主革命任务。

我读历史

民族主义即"驱除鞑虏，恢复中华"，就是用革命手段推翻帝国主义支持的清朝封建统治。

民权主义指"创立民国"，就是通过政治革命，推翻封建帝制，建立资产阶级民主共和国。这是三民主义的核心。

民生主义即"平均地权"，主张核定地价，现有地价归原主所有，革命后因社会进步所增涨的地价归国家所有，由国民共享。

我讲历史

三民主义是孙中山在辛亥革命时期历史条件下创立的政治理论体系，是资产阶级革命派反对封建斗争的指导思想。请结合辛亥革命的史实，谈谈三民主义成功的实践与不足都有哪些？

我看历史

* 孙中山在《三民主义与中国前途》中说："我们革命的目的，是为中国谋幸福，因不愿少数满洲人专制，故要民族革命；不愿君主一人专制，故要政治革命；不愿少数富人专制，故要社会革命。"

孙中山为什么主张进行"民族革命"、"政治革命"和"社会革命"？这三种革命和三民主义是什么关系？

1911年辛亥革命爆发，结束了清政府的反动统治，建立了中华民国。辛亥革命是孙中山资产阶级民主思想的一次成功实践。1912年，孙中山领导制定并颁布了《中华民国临时约法》，确认国家主权属于全体国民，国民在政治上一律平等。《中华民国临时约法》是中国第一部资产阶级民主主义的法律，它对建立资产阶级共和制度，反对封建专制制度具有进步意义。

三、新三民主义的提出

我读历史

袁世凯窃取中华民国临时大总统职位后，实行独裁统治，企图复辟帝制。孙中山开始了捍卫民主共和的斗争。他先后领导发动了"二次革命"、"护国运动"和两次"护法运动"，但都以失败告终。孙中山逐渐认识到，过去的办法行不通了，为救国必须寻求新途径、新力量。

俄国十月革命的胜利，使处于苦闷与彷徨中的孙中山看到希望。在十月社会主义革命胜利后不久的1918年夏间，他就致电列宁和苏俄政府，指出："中华革命党对贵国革命党所进行的艰苦斗争，表示十分钦佩！并愿中俄两党团结、共同斗争"。共产国际和中国共产党也向他伸出援助之手。在共产国际和中国共产党的影响与帮助下，孙中山决定吸收共产党员加入国民党，改组国民党。

中国国民党第一次代表大会会场

1924年孙中山在广州

1924年1月，中国国民党第一次全国代表大会通过宣言，接受中国共产党的反帝反封建主张，重新解释了三民主义，充实了反帝、反封建的内容，把旧三民主义发展为新三民主义。实际上确立了"联俄、联共、扶助农工"三大政策。

新三民主义与旧三民主义相比，有了质的飞跃，尽管它在内容上仍属于资产阶级民主主义范畴，但和中国共产党的民主革命纲领有着基本相同的革命目标，即反对帝国主义侵略，反对封建军阀统治，这不仅成为第一次国共合作的政治基础，也成为国民革命的旗帜。此后，轰轰烈烈的国民大革命在全国展开。

我读历史

新三民主义中的民权主义：强调国家政权为"一般平民所共有"，即强调它的人民性、群众性。"凡真正反对帝国主义之个人及团体均得享有一切自由及权利"，这样将资产阶级民权政治与反帝民族主义斗争相结合，是一种巨大的进步和飞跃。

新三民主义中的民生主义："中国国民党之民生主义，其最重要之原则不外二者：一曰平均地权，二曰节制资本。"更新解释了"平均地权"，提出了新的方针。"农民之缺乏土地沦为佃户者，国家当给以土地，资其耕作"，即"耕者有其田"，明确反对封建剥削。"节制资本"，"凡本国人及外国人之企业或有独占的实质，或规模过大，为私人之力所不能办者，如银行、铁路、航路之属，由国家经营管理之，使私有资本制度不能操纵国民之生计"，"工人之失业者，国家当为之谋救济之道，尤当为之制定劳工法，以改良工人生活"。民生主义和扶助农工政策紧密地结合起来，推动国民大革命。

我讲历史

1925年3月12日，孙中山因患肝癌在北京逝世。逝世前夕签署的遗嘱，包括《国事遗嘱》、《家事遗嘱》和《致苏俄遗书》三个文件。

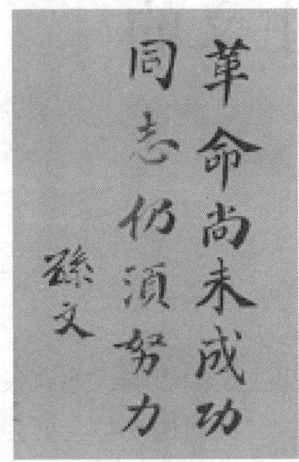

孙中山手迹

在国事遗嘱中，他总结了40年的革命经验，得出结论说："必须唤起民众，及联合世界上以平等待我之民族，共同奋斗。"发出了"革命尚未成功，同志仍须努力"的号召。指出，要按他"所著《建国方略》、《建国大纲》、《三民主义》及《第一次全国代表大会宣言》，继续努力，以求贯彻"。

在家事遗嘱中，说明将遗下的书籍、衣物、住宅等留给宋庆龄作为纪念，要求子女们继承他的革命遗志。

在致苏俄遗书中，阐明他实行三大革命政策，坚持反帝爱国事业的坚定信念，表示"希望不久即将破晓，斯时苏联以良友及盟国而欣迎强盛独立之中国，两国在争世界被压迫民族自由之大战中，携手并进，以取得胜利"。

请结合孙中山的革命事迹，谈谈孙中山先生的遗嘱显示了怎样的革命精神？

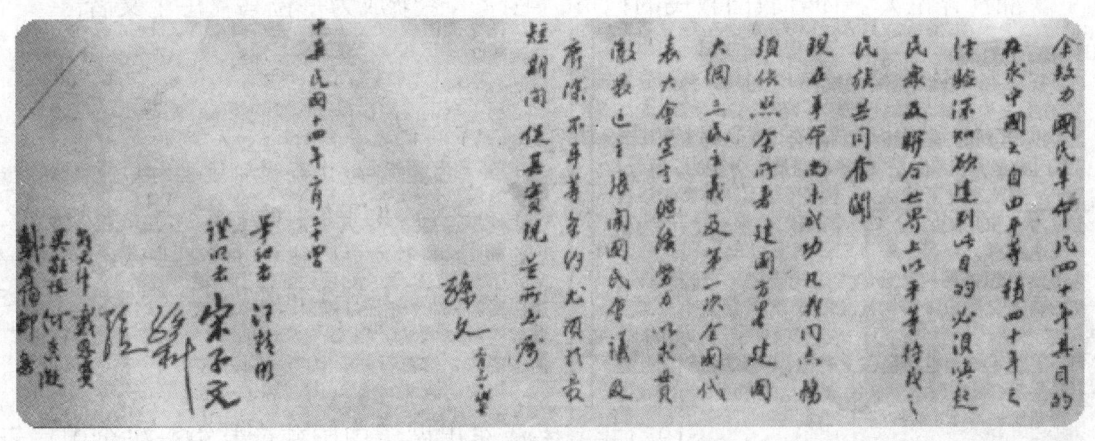

孙中山先生遗嘱全文

◎ 本课小结

1905年中国同盟会成立，标志着中国资产阶级民主革命进入一个新的阶段。孙中山提出的三民主义是比较完整的资产阶级民主革命纲领。新三民主义适应了时代潮流的要求，是孙中山思想与时俱进的表现，也是第一次国共合作的政治基础。在新三民主义的推动下国共两党领导了中国近代史上轰轰烈烈的国民大革命。

第四课 毛泽东与马克思主义的中国化

一、毛泽东思想的形成

五四运动时期,青年毛泽东正在湖南第一师范学校求学,受马克思主义的影响,他在长沙创办了新型社团新民学会,把"改造中国与世界"作为宗旨。毛泽东说:"我们这个学会要为挽救国家、改造社会而奋斗,我们个人也就不应该是为自己的名利享乐而奋斗。"为宣传马克思主义他创办了《湘江评论》。怀着救国救民的抱负,毛泽东逐渐成为一位马克思主义者。

我读历史

毛泽东(1893年12月26日至1976年9月9日),字润之(原作咏芝,后改润芝),笔名子任。湖南湘潭人。中国人民的领袖,伟大的马克思主义者,无产阶级革命家、战略家和理论家,中国共产党、中国人民解放军和中华人民共和国的主要缔造者和领导人、诗人、书法家,毛泽东思想的主要创立者。他领导中国共产党和中国人民摆脱了三座大山的压迫,实现了民族独立和国家的基本统一,开启了中国历史发展的新纪元。

毛泽东

1921年,毛泽东出席了中国共产党第一次全国代表大会,成为中国共产党的缔造者之一。中共一大通过了党的纲领,规定党的奋斗目标是用无产阶级的军队推翻资产阶级政权,实现共产主义。一大后,党把马克思主义基本原理同中共革命实际相结合,继续进行探索。

根据当时的客观形势和对中国社会的深刻分析,1922年,中国共产党在上海召开了党的第二次代表大会,提出了党的最低革命纲领即民主革命纲领:打倒军阀,推翻国际帝国主义的压迫,统一中国为真正的民主共和国。中国共产党在中国人民面前,第一次明确提出了反帝反封的民主革命纲领,为中国革命指明了方向。民主革命纲领是中国共产党运用马克思主义理论解决中国革命实际问题的最初成果,标志中国共产党创建阶段性圆满完成。

从中国共产党创建到国民革命时期,毛泽东深

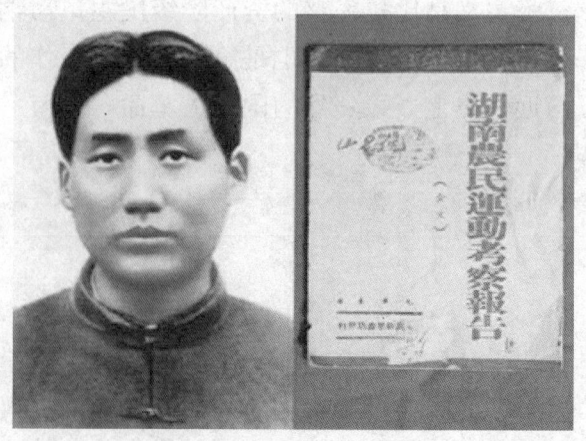

毛泽东和《湖南农民运动考察报告》

入工厂、矿山、农村，进行了广泛调查研究，运用马克思主义基本原理，深刻分析中国社会形态和阶级状况。撰写了《中国社会各阶级的分析》、《湖南农民运动考察报告》等文章，提出坚持无产阶级对民主革命的领导权和依靠农民进行革命斗争的主张。

我读历史

1926年毛泽东在农民运动讲习所讲授农民问题时说：辛亥革命没有提出农民的要求和需要，没有为农民而奋斗，未得三万万二千万之农民来帮助和拥护，所以革命遭到失败，政权落于军阀之手。随后，在著名的《湖南农民运动考察报告》中，他又指出："国民革命需要一个大的农村变动。辛亥革命没有这个变动，所以失败了。""在很短的时间内，将有几万万农民从中国中部、南部和北部各省起来，其势如暴风骤雨，迅猛异常，无论什么力量都将压抑不住。他们将冲决一切束缚他们的罗网，朝着解放的路上迅跑。一切帝国主义、军阀、贪官污吏、土豪劣绅，都将被他们葬入坟墓。"

——《湖南农民运动考察报告》1927年3月

国民大革命失败后，中国共产党进入独立领导武装斗争夺取政权的时期。在1927年召开的八七会议上，毛泽东提出"政权由枪杆子中取得的"著名论断。鉴于以城市为中心开展武装斗争一再失败的教训，毛泽东率领秋收起义的部队进军敌人力量薄弱的农村地区，发动土地革命，开辟了第一个农村革命根据地——井冈山革命根据地。在开展革命实践的同时，他先后写下了《中国的红色政权为什么能够存在？》、《星星之火，可以燎原》等著作，形成了"工农武装割据"的理论，开创了以农村包围城市，最后夺取城市和全国政权的道路，为中国革命指明了正确的方向。

我读历史

1927年，国民革命失败后，中国共产党曾想象俄国十月革命那样，在大城市发动起义，建立政权，但接连遭到失败。毛泽东率领湘赣边起义队伍，在攻打长沙受挫后，当机立断，改变原定部署，到敌人控制薄弱的井冈山，建立了第一个农村革命根据地，开创了一条有别于"城市中心论"的革命道路。

抗日战争时期，毛泽东集中全党智慧，进行了大量的理论研究工作，先后发表了《论持久战》、《新民主主义论》、《论联合政府》等文章，在分析中国国情基础上，对中国革命的历史进程作了完整的论述，系统地阐述了中国新民主主义革命的基本理论和进步路线。他指出，中国当时的社会性质，决定了中国革命必须分两步：第一步是民主主义革命，第二步是社会主义革命。毛泽东创造性地提出新民主主义革命的科学概念，描绘了新民主主义社会的蓝图及前景。

1940年1月，毛泽东发表《新民主主义论》，标志着马列主义同中国革命实践相结合的毛泽东思想的成熟。它从中国革命的实际出发，解决了中国革命的领导阶级、革命目标、革命前途等一系列重大问题。中国革命在这一正确路线的指引下，加快了迈向胜利的步伐。

随着中国革命实践和理论的探索不断发展，毛泽东关于中国革命的论述已经形成比较完整的理论体系。

在1945年召开的中共七大上，毛泽东思想被确立为党的指导思想。毛泽东思想是马克思主义同中国具体国情相结合的产物，是马克思主义的中国化。

1938年撰写《论持久战》

我读历史

1938年5月26日,毛泽东在延安抗日战争研究会上讲演《论持久战》指出,抗日战争是持久战,最后胜利是中国的。日本是小国,地小、物少、人少、兵少,中国是大国,地大、物博、人多,强弱对比虽然规定了日本能够在中国有一定时期和一定程度的横行,中国不可避免地要走一段艰难的路程,抗日战争是持久战而不是速决战;然而小国、退步、寡助和大国、进步、多助的对比,又规定了日本不能横行到底,必然要遭到最后的失败,中国决不会亡,必然要取得最后的胜利。

我读历史

当党内一些同志提出要宣传毛泽东思想时,毛泽东在1943年4月写信给中央宣传部,说:"我的思想(马列)……不宜当作体系去鼓吹,因为我的体系还没有成熟。"两年后,在中共七大预备会议报告中,毛泽东又说:"决议案上把好事都挂在我的账上,所以我要对此发表点意见。写成代表,那还可以,如果只有我一个人,那就不成其为党了。"在其他场合,他也多次表明,"如果同志们要为这种思想找一个人的名字作为代表,我可以接受,但是必须说明,这是中国革命的产物,是中国革命长期斗争经验教训的结晶,是很多同志的正确思想集合而成的"。

二、毛泽东思想的发展

在中国革命即将取得全国胜利前夕,毛泽东为全党提出了新的目标。1949年,在中国共产党七届二中全会上,毛泽东作了重要报告,指出:从现在起,党的工作重心必须由乡村转移到城市,以恢复和发展生产事业为一切工作的中心。他还提出促进革命取得全国胜利的方针,规定了革命胜利后,党在政治、经济、外交方面的基本政策,以及中国由农业国转变为工业国、由新民主主义转变为社会主义的总任务。

同年,毛泽东发表了《论人民民主专政》一文,全面总结了中国革命的经验,规定即将建立的人民共和国的政权性质是工人阶级(经过共产党)领导的、以工农联盟为基础的人民民主专政。毛泽东关于人民民主专政的思想,丰富并发展了马克思主义的国家学说,为即将成立的新中国作了政治理论准备。中华人民共和国成立后,毛泽东从理论和实践上对社会主义建设道路进行了不懈探索。在《论十大关系》和《关于正确处理人民内部矛盾问题》等报告中,毛泽东提出了一系列富有中国特色的社会主义经济、政治建设方针,创造性地提出了两类矛盾学说和正确处理人民内部矛盾的理论,科学阐明了社会主义社会的矛盾问题,在社会主义建设理论方面发展了马克思主义学说。

此外,毛泽东还在中国革命和建设的各个历史时期,对军队建设和军事战略、思想政治和文化工作、国际战略和外

在七届二中全会上作报告

交政策、党的建设和统一战线等方面，提出了独创性理论，丰富和发展了马克思主义。

我看历史

甲乙两同学对毛泽东思想产生了争论，甲认为毛泽东思想就是指毛泽东个人的思想；乙则认为毛泽东思想是党集体智慧的结晶，毛泽东个人的思想是其重要组成部分。

对甲、乙的观点你有什么看法，试阐述你的观点。你怎么认识毛泽东思想与毛泽东个人的关系？

《论十大关系》的报告

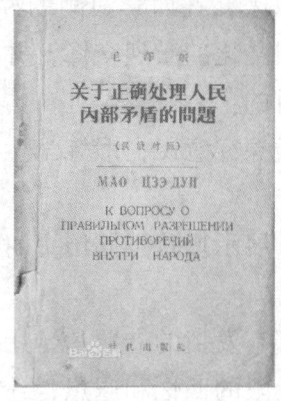
《关于正确处理人民内部矛盾的问题》的报告

我读历史

《关于正确处理人民内部矛盾的问题》基本思想是：把正确区分和处理人民内部矛盾，作为社会主义国家政治生活的主要内容。社会主义社会的基本矛盾仍然是生产关系和生产力之间的矛盾，上层建筑和经济基础之间的矛盾；用民主的方法，用"团结—批评—团结"的公式，作为从政治上处理人民内部矛盾的原则。

我讲历史

毛泽东思想是马克思主义与中国革命具体实践相结合的产物，它指导中国革命取得了胜利。请上网查阅收集有关毛泽东思想和革命经历的史料，谈谈毛泽东的思想是怎样形成的。

◎ 本课小结

毛泽东思想是中国共产党把马克思主义普遍原理与中国革命具体实际相结合的第一个理论成果，是中国共产党取得中国革命胜利的理论武器，也是建设中国特色社会主义理论的思想来源。在马克思主义发展史上，毛泽东思想起到了承上启下的作用。

实践活动课

从照片中看不同时期人们思想的变迁

思想文化活动是人类社会生活的主要内容，思想文化现象是在特定历史条件下人类社会经济政治活动的反映，又指导着人们的经济政治活动，促进了社会的发展。思想解放是一个不断深化的过程。自近代以来，在西学浪潮的冲击下，在长达100多年的探索过程中，中国人民每前进一步，都经历着新旧文化的激烈交锋，并深刻地影响着政治、经济、社会的发展。

实施课程的目的：

培养学生实践探究意识，锻炼学生自主学习、合作学习与实践创新能力。

活动内容：

收集、交流、展示反映不同历史时期的照片。

操作方案：

每个家庭中都有发黄的老照片，用历史的语言来诉说，那就是承载着历史的遗迹，记录着历史。它给人带来无限的回忆和遐想，让人浮想联翩。小小的家庭照片，传递着温馨的家庭寄语，它可能饱含着辛酸与痛楚，也可能娓娓道来一个个的故事和传说，同时也承载着近代以来人们社会生活、思想的变迁进步。

1.通过收集家庭的照片，培养学生对实物的收集、筛选、鉴赏的能力。

2.通过学生为照片配文，培养学生历史想象和语言表达能力。

3.通过展示家庭不同时期的照片，培养学生用历史发展、社会进步的眼光看待社会生活中人们思想的变迁，体会社会的进步。

实施建议：

1.建议学生以3人为小组，搜集自己或亲戚家庭中的照片。要求：选用不同历史时期的照片，能清晰的反映时代的变迁，社会的发展，文明的进步，思想的变迁等。

2.建议学生自己拍摄一些符合活动目标的或有对比价值的照片。

3.建议学生通过对比不同时期的照片，对自己最感兴趣的照片配文字说明。包括照片所反映的时代情况，照片有何故事或背景，介绍不同照片之间的变化及所呈现的社会及思想的变迁。照片说明词写好后，在小组内交流，取得小组共识后方能定稿。

4.写出调查报告。

5.选择和确定符合小组展示主题的家庭照片，各小组围绕主题将照片形成展板或出板报，可以采用课堂讨论、演讲会或竞赛的形式，展示各小组的调查成果。

第六单元

近代社会生活的变迁

导语：随着地理大发现和工业革命的开展，西方资本主义活动波及全球，东西方文明开始交汇碰撞。"西学东渐"给国人带来了极大的思想冲击，服饰、饮食、交通、社会习俗等方面都发生了巨大的改变。

第一课　物质生活和社会习俗

鸦片战争前，中国依然是一个君主专制的封建国家，虽然早已有资本主义生产关系的萌芽，但男耕女织、自给自足的自然经济遍布全国，依然占据着统治地位。清军入关之初，曾下令强迫汉人剃发留辫、改易清朝服饰。随后，清朝的发辫和长袍、马褂几乎成为中国男人的代表性装扮。

我读历史

"剃发令"颁布后，最初是清军在街旁路口搭个棚子，旁边竖一根悬挂着"剃头令"圣旨旗杆，谁要是不剃头，割下头颅挂在旗杆上，所谓"留头不留发，留发不留头"。后来，剃头的行当由生活不太好的百姓操持，他们肩挑一副挑子走街串巷，挑子的一头是火罐，上面的铜盆盛着热水，旁边一根旗杆变成了行当的标志；另一头是长方形的小柜子，抽屉里放着剃刀、梳子等工具，放在地上便是顾客的坐凳。就这样，"剃头令"催生了一个新的行业——剃头匠。

清朝的剃头匠

清朝剃发图

一、西装与旗袍

鸦片战争后，为挽救封建统治，同治年间清政府开始派遣留学生到国外学习。这些留学生在学习科学文化知识的同时，开始模仿西方人穿西装，开启了国人学习西式服装的先声。

随着通商口岸的开放和中外贸易的增加，羽纱、呢绒、洋绸、花布等洋货大量倾入。沿海城市率先受到西方风气的影响，衣着服饰开始发生变革，越来越多的人穿起了西服和西裤。一时之间，西装革履和长袍马褂并行不悖，成为当时上层社会男子常见的着装。

民间服饰的变化促进了政府的革新，戊戌变法期间维新派曾上书皇帝要求变革。

归国前的大清留美幼童

身着中西服饰的男子

我读历史

戊戌变法期间，康有为曾上书光绪帝，请求"断发易服"。他说："今则万国交通，一切趋于尚同，而吾以一国衣服独异，则情意不亲，邦交不结矣……今为机器之世，多机器则强，少机器则弱，辫发与机器不相容也。且兵争之世，执戈跨马，辫尤不便。且垂辫既易污衣，而蓄发尤增多垢，衣污则观瞻不美，沐难则卫生非宜，梳刮则费时甚多，若在外国，为外人指笑，儿童牵弄，既缘国弱，尤遭戏侮，斥为豚尾，去之无损，留之反劳。"

——康有为1898年递呈光绪帝《请断发易服改元折》

民国时期，政府仿照西方各国颁布了男女礼服的形制。政府的有力推动，大大促进了新服饰进入普通民众的生活。

我读历史

民国元年（1912年），袁世凯政府颁发了第一个正式的服饰法令，即《民国服制》该法令对民国男女正式礼服做出了具体的规定：男子礼服分为大礼服和常礼服两种。其中大礼服分书用、夜用，书用大礼服为西式大氅式；夜用大礼服类似燕尾服，但后摆呈圆形，裤用西式长裤。常礼服也分两种：一为西式，一为袍褂式，均为黑色。女子礼服只有一款，上用长与膝齐的对襟长衫，下用长裙；衫裙均加绣饰。穿着礼服出席丧礼时，男子要在左腕缠上黑纱，女子则在胸前缀以黑纱结。

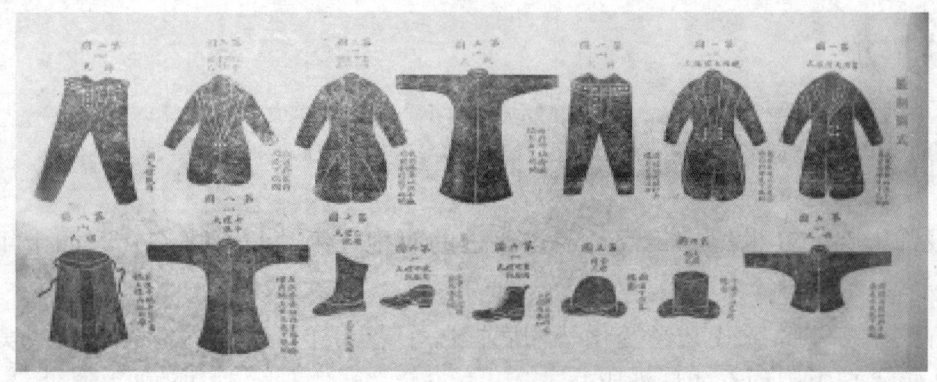
民国服制图

西式服装的传入不仅日益取代了清朝的服饰,还促进了传统服装的改良。孙中山创制的中山装和中西合璧的旗袍风靡一时。

我读历史

中山装以西服为模本,改大翻领为立翻领,孙中山阐述该服装的思想和政治含义为:衣服外的四个口袋代表"国之四维",即礼、义、廉、耻;前襟五粒纽扣分别表示行政权、立法权、司法权、考试权、监察权五权分立的原则;左右袖口的三个纽扣分别表示三民主义(民族、民权、民生)和共和理念(平等、自由、博爱);衣领封闭表示严谨治国的理念;衣袋上面倒山形笔架式的袋盖,代表重视知识分子,背部不缝缝,表示国家和平统一之大义。

在孙中山的倡导下,"中山装"流行起来。后来,中山装成了民国政府官员的标准服装。

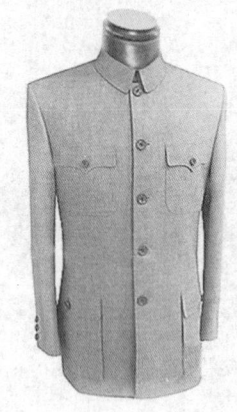

中山装

民国初年,女性服装仍保持上衣下裙的形制,有些女子受日本女装影响,穿窄而修长的高领衫袄和黑色长裙,当时被称为"文明新装"。

北伐战争后,女装变化较大,有保留清朝偏襟衣裤的;有上衣下裙仿效西式的;女学生大多穿底襟圆摆、齐肘中袖的偏大襟短衫和黑色绸裙。

着新装民国才女林徽因

1921年岭南大学女学生,不少人着白衫黑裙

我讲历史

脱胎于满族旗女长袍的旗袍,自诞生以后几经演变,成为深受女性青睐的服装。

爱美的女孩子,你知道几种旗袍款式?给大家介绍一下它们各自的特点吧!

受西方服饰影响,20世纪20年代,经过改进的旗袍逐渐流行起来,在三四十年代进入鼎盛时期。

旗袍风行二十多年,款式几经变化,彻底摆脱了老式样,让女性体态与曲线美充分显示出来,30年代几乎成为中国妇女的标准服装。

民国烟卡宣传画

身着旗袍的女性

二、筷子与刀叉

中国人历来注重饮食，饮食文化源远流长。春秋时期孔子就有"食不厌精，脍不厌细"的说法。中国饮食不仅讲究五味调和、色香味俱全，还注重餐具文化，其中最具特色的就是筷子。

我读历史

筷子古代称"箸"，古籍《韩非子·喻老》中记载："昔者纣为象箸，而箕子怖。"纣王是商朝末期的君主，说明早在公元前11世纪，我国已出现象牙精工制造的筷子。可见，我国有历史记载的用筷子的历史已有3000多年。

1909年版《造洋饭书》

近代以来，随着传教士、外国商人不断涌入中国，西方饮食开始对中国餐饮文化产生了影响，但是进程非常缓慢。

我读历史

《造洋饭书》是中国最早的西餐烹饪书，同治五年（1866年）由上海美国基督教长老会——上海美华书馆初版印刷，随后在1885年、1899年和1909年又多次再版。

"洋饭"就是现在的"西餐"。《造洋饭书》最初的出版并不是为了在中国推广洋饭，而是为了培训做洋饭的中国厨师，解决外国传教士在中国的吃喝问题，它的文化价值远远超过了一本烹饪书籍。

随着西方饮食文化的传播，西式餐馆在中国的相继出现。19世纪中期，我国先后开办了一批西式餐馆，最早的是上海的一品香菜馆。随后，一家春、江南春、万丈春、吉祥春等西餐馆相继出现，它们以优雅的环境和异国情调得到很多上层人士的青睐。

1917年上海的一品香菜馆

广州太平馆西餐厅

我读历史

　　太平馆是广州最早的一家西餐厅，在清朝光绪年间（1885年）由徐老高创立。太平馆自成立以来，一直坚持做传统西餐，由于品质优良，成为当时社会名流聚会的场所，鲁迅、郭沫若、郁达夫等文化名人都曾是太平馆的座上客。1925年，周恩来总理和邓颖超同志在广州结婚后，也曾在此宴请宾客。

　　随着西餐馆的兴办，中国上层社会纷纷体验尝试，宫廷、王府甚至民国要员的官邸，都开始吃西餐，用刀、叉等西式餐具，"器必洋式，食必西餐"的生活方式大受推崇。

我读历史

　　《清稗类抄》记载了当时人们吃西餐的情形："国人食西式之饭，曰西餐，一曰大餐，一曰大菜，席具刀、叉、瓢三事，不设箸。光绪朝，都会商埠已有之；至宣统时，尤为盛行。"表明当时国人用刀叉进餐已经成为风行的时尚行为。

参加西餐聚会的中国人

我读历史

一般人认为刀叉是西方人的发明。事实上，古代中国人除了使用勺和筷子进餐外，也曾用过刀叉。7000年前浙江河姆渡遗址就发现了很多精美的骨制餐刀。河南洛阳中州路2717号墓，一次出土骨质餐叉51件，都是双齿，圆形细柄，长度在12厘米上下，餐叉出土时包裹在织物中。

西餐不仅使用刀叉，还实行分食制和自助餐。这种进餐方式卫生节俭，还方便人与人之间的沟通。受西方文化的影响，19世纪中叶以后，中国知识分子兴起改良宴会之风，参照西方宴会的规格，组成中西合璧的宴席，自助餐和酒会也成为上层社会的社交方式。

三、剪辫与放足

剪辫与放足是19世纪末20世纪初中国移风易俗的两大举措。

早在维新变法运动兴起之际，康有为就曾经上书皇帝，请求下令"断发易服"、"严禁裹足"，由于戊戌变法失败，这一呼声并没有在社会上产生多大的影响。

三寸金莲的女人

我读历史

最早的缠足是宫廷中的一种舞蹈装束。南唐后主李煜曾专门制作一个镶满珠宝缨珞的"金莲台"，命嫔妃用白绸裹脚，在金莲台上翩翩起舞。"金莲"由此成为女子小脚的代称。

宋朝时，缠足习俗从宫廷走向民间，元、明两代开始兴盛，清朝达到顶峰。虽然满族女子并不提倡缠足，但是社会各阶层的女子，不论贫富贵贱都纷纷缠足。

二十世纪初，反对女子缠足的宣传日益高涨，各种报刊连篇累牍刊载有关文章，戒缠足的歌谣、小说、漫画广为传播，有人还以喜闻乐见的说唱形式将其普及到街头巷尾。

光绪三十年（1905年），慈禧曾下诏颁布"劝行放足歌"，但是缠足的陋习积重难返，收效甚微。

我看历史

五龄女子吞声哭，哭向床前问慈母。
母亲爱儿自孩提，如何缚儿如缚鸡。
儿足骨折儿心碎，昼不能行夜不寐。
邻家有女已放足，走向学堂去读书。
——（清）严范孙的《放足歌》
结合所学知识，说一说为什么当时的母亲要给女儿缠足？

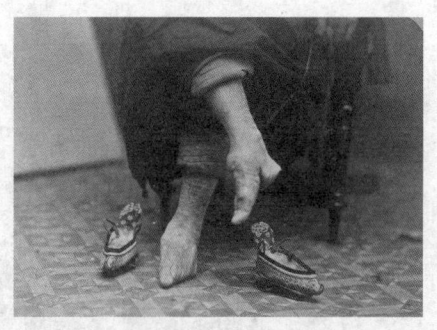

严重畸形的"三寸金莲"

辛亥革命后，国民政府通饬全国劝禁缠足，并在各地专门成立放足组织，宣传并强制执行放足令，缠足陋习才逐渐消失。

我读历史

缠足之务……害家凶国，莫此为甚。将欲图国力之坚强，必先图国民体力之发达。至缠足一事，残毁肢体，阻阏血脉，害虽加于一人，病实施于万姓。生理所证，岂得云诬。至因缠足之故，动作竭蹶，深居简出，教育莫施，世事罔闻，遑能独立谋生，共服事务。以上二者，特其大端，若他弊害，更仆难数。曩者志士仁人，尝有天足会之设，开通者已见解除，固陋者犹执成见。当此除旧布新之际，此等恶俗，尤宜先事革除，以培国本。为此令仰该部，速行通饬各省，一体劝禁，其有故违禁令者，予其家属以相当之罚，切切此令。

——1912年3月13日孙中山发布的劝禁缠足令

随着国门的开放，剪辫的呼声越来越高。

迫于形势，清政府于1910年颁布法令，允许臣民自由剪发。辛亥革命后，国民政府发布《剪辫通令》，中国几百年的结辫陋习被强制终结。

我读历史

1912年3月5日的《时报》上发表了一篇《新陈代谢》的文章，文中写道："共和政体成，专制政体灭；中华民国成，清朝灭；总统成，皇帝灭；新内阁成，旧内阁灭；新官制成，旧官制灭；新教育兴，旧教育灭；枪炮兴，弓矢灭；新礼服兴，翎顶补服灭；剪发兴，辫子灭；盘云髻兴，堕马髻灭；爱国帽兴，瓜皮帽灭；爱华兜兴，女兜灭；天足兴，纤足灭；放足鞋兴，菱鞋灭；阳历兴，阴历灭；鞠躬礼兴，拜跪礼灭……"，反映了辛亥革命后改风易俗的情形。

辛亥革命期间军警剪辫子

四、洋房与里弄

中国人的传统建筑风格多样，大多采用"四合院"或"三合院"的庭院式建筑。随着开埠通商和外国租界的设立，西式建筑开始在中国出现。

上海外滩的西式建筑群

上海马勒住宅

最早的西式建筑主要包括领事馆、洋行和教堂等建筑，多为仿欧洲古典式的建筑。

上海丁香花园一号楼

"花园洋房"是独院式的西式住宅房，最早出现在上海，也被称为"花园式住宅"或"西式洋房"，是西洋文明的生活方式与中国文化交织的产物，主要满足官僚、外商、买办、实业家等人的居住需求。

随着外国人和外国建筑的增加，中国建筑开始受到西方的影响，中西合璧式的建筑开始出现。

最早出现在上海的里弄住宅，后来扩展到了南京、汉口、天津等大城市，是一种中西合璧的住宅模式。里弄住宅反映了本土住宅对近代城市生活的适应，是在原来庭院式独立建筑的基础上仿照欧洲建筑出现的联排式房屋模式。

我看历史

结合所学知识，说一说为什么里弄住宅主要出现在上海、南京、武汉等南方大城市呢？

我读历史

里弄是上海方言，又称弄堂，指的是区别于街面房子的"胡同"。上海的里弄住宅分早期的石库门建筑和新式里弄住宅。

十九世纪后期开始在上海出现的石库门是最具上海特色的居民住宅，脱胎于中国传统的四合院，是中西建筑艺术融合的产物。这种住宅建筑用传统木结构加砖墙承重建造起来的住宅，由于这类民居的外门选用石料作门框，故称"石库门"。新式里弄住宅出现于本世纪20年代后期的租界内，总体上比石库门更接近欧洲近代住宅的建筑风格。

新式里弄：建于1930年愚园路750弄

五、握手与婚纱

中国素有"礼仪之邦"之称，传统礼仪体现在社会生活的方方面面。到了晚清，依然严格遵循各种礼仪规定，如男女的坐相、街坊邻居见面时作揖打拱的手势、相互拜访时的穿着打扮等等都有讲究。

我读历史

1793年，英国派马嘎尔尼使团访华。清朝官员要求马嘎尔尼等人向乾隆皇帝行三拜九叩大礼，遭到英国使团拒绝，双方僵持不下。最后，乾隆以西方蛮夷不知礼数为由，免去三跪九叩之礼，准许马嘎尔尼等人行单腿屈膝礼，完成了中英之间的第一次接触。

晚清街坊平时见面也要作揖打拱

晚清妇女坐相——双脚并拢、双手合放膝上

中国相见礼仪的革新始自晚清。1886年，政府官员可以按西俗与外国人握手寒暄，是中国相见礼仪革新的开始。

辛亥革命后，国民政府成立专门的礼仪机构礼俗司，制定各种礼仪规范民众的行为，宣布废除跪拜、作揖等礼节，代之以鞠躬、握手等现代礼仪。

我演历史

握手礼源于西方冷兵器时代，表示放下武器、握手言好。1905年，孙中山在日本组织同盟会时，规定入盟"同志相见之握手暗号"，并亲自教导会员如何行握手礼。今天，握手礼已经成为日常生活中最常见的礼节。

请你谈谈握手礼的规范与禁忌，并向大家示范一下如何行握手礼吧。

晚清以来，婚姻风俗也发生了变化。沿海商埠的上流社会纷纷模仿西方，热衷穿婚纱礼服举办文明婚礼。但是，内地和广大乡村几乎没有什么变化。

民国初年杭州婚礼

冰心和吴文藻的婚礼

20世纪30年代，蒋介石发起新生活运动，进一步推动移风易俗。上海市政府为配合新生活运动，创办的集体婚礼成为当时上海的一大景观。

1935年4月3日在上海市政府大礼堂举行的集体婚礼

◎ 本课小结

近代以来，中西方文明的碰撞，影响了中国人的日常生活。西式餐馆和西式点心的出现带来了刀叉文化，中西合璧式的烹饪方式和菜品不断推陈出新。在政府的强力推进下，结辫和缠足的陋习终于被革除，握手、鞠躬、穿婚纱等现代礼仪和婚俗开始在上层社会广为流行。从此，中国开启了生活现代化的缓慢进程。

第二课　交通和通讯

一、交通工具的更新

长期以来，中国的交通工具主要是马车、架子车、独轮车、轿子、木船、滑竿等，费时费力，速度还非常慢。

落后的交通工具不仅造成人们行动上的不便，还大大制约了中国经济的发展。

19世纪，西方人发明了轮船、火车、电车等一系列新式交通工具。新式交通工具的发明和使用改变了人们的出行方式，加强了世界各国的联系和贸易往来。

轿子

架子车

独轮车

上海码头的船

我读历史

1807年，美国罗伯特·富尔顿设计出用蒸汽机作动力的"克莱蒙特"轮船，并在哈得逊河试航成功。该船性能可靠，执行了世界上最早的轮船定期航班，奠定了轮船在水运上不容动摇的地位，因此富尔顿被称为"轮船之父"。

鸦片战争后，西方的轮船开始进入中国，逐渐取代中国传统的帆船和摇橹船。西方列强为了竞争中国内河航运权，纷纷在中国建立轮船公司，轮船日益成为中国水运的工具。

1872年，洋务派在上海设立轮船招商局，这是近代中国人建立的第一家轮船航运公司，是中国交通工具现代化的开端。它购买外轮30艘，在各个口岸设总、分局，与外国轮船公司竞争内河航运权。

我读历史

1840年，西方用"坚船利炮"打开了中国的国门，一批有识之士掀起了一场"师夷长技以制夷"的洋务运动。1865年，徐寿、华蘅芳等人设计、制造的"黄鹄号"轮船在下关江面试航成功。"黄鹄号"是中国人自行研发和制造的中国第一艘机动轮船，揭开了中国近代船舶制造业的序幕。

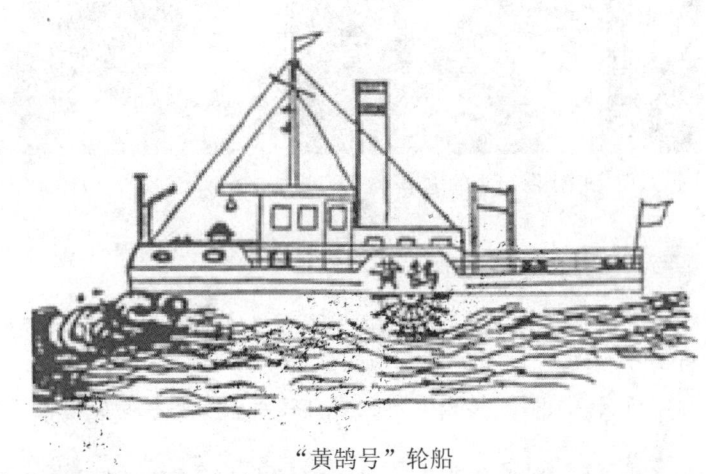

"黄鹄号"轮船

1876年4月完工的吴淞铁路，是外国人在中国修建的第一条营运铁路。由于遭到当地群众反对，通车16个月后，清政府以28.5万两白银的价格买下并拆除。

唐胥铁路是中国人自己建设的第一条铁路，拉开了中国铁路建设的序幕。1909年，詹天佑设计施工的京张铁路是中国人自行设计、完成的第一条干线铁路，成为中国铁路史上的里程碑。到1910年，清政府陆续修建了多条铁路，奠定了中国近代铁路网的基本格局。

我看历史

唐胥铁路建成之初，清政府只准许以骡、马曳引车辆在铁路上滑行运输煤炭，直到1882年才改用机车牵引。结合史实，谈谈你对这一现象的看法。

早期的双层公共汽车

20世纪初，汽车由外国侨民引进上海。此后，汽车在中国不断增多，但大都是外国人和达官显贵享受的高档奢侈品，普通民众很难享用。

1908年上海有轨电车的诞生，意味着中国现代公共交通工具的起步。随后，上海又出现无轨电车、双层公共汽车和双层轮渡等交通工具，现代化交通工具开始成为普通民众的代步工具。

旧上海街头的电车

1908年电车在上海首次运行的情景

我讲历史

中国被誉为"自行车王国"。作为我们生活中随处可见的交通工具，你知道自行车是谁发明的吗？

请查找资料，给大家讲一讲自行车的发明和发展历史吧！

除了火车、轮船和汽车，人力车和自行车也先后传入中国，改变了人们的出行方式。

我读历史

人力车又称东洋车，据说是1874年一个法国人从日本引进，在租界当局取得营业执照雇人拉车营业。为了醒目，人力车的车身一律漆成黄色，所以又叫黄包车。当年的商界和文化界人士，最喜欢乘坐黄包车，常常包租一辆供自己或家人使用。

20世纪二三十年代，上海人力车的数量远远超过汽车，达到五六万辆之多。

上海街头的人力车

莱特兄弟发明飞机以后，飞机成为现代文明不可缺少的运载工具。1909年冯如研制出一架飞机并试飞成功。

1918年，近代中国航空工业开始起步，当时，制造飞机的原料、设备和发动机等都依赖外国，远未建立自己独立的航空工业体系。同一年，北洋政府交通部成立筹办航空事宜处，筹办京津、京沪、京汉等民用航线，这是中国最早的民用航空管理机构。

1928年6月，国民党政府交通部开始筹办民用航空，先后成立了多家民航公司。

二、通讯设施的完善

中国古代官府传递信息一般采用烽火和邮驿制度。

我读历史

中国古代建立了完备的邮驿制度。唐朝的时候，邮驿已经分陆驿、水驿和水陆兼办三种，全国共设一千六百多处，其中水驿二百六十多处，水陆兼办的也有八十多处。邮驿的行程有明文规定，如陆驿规定马每天走七十里，驴五十里，车三十里。但是，遇到紧急事情，驿马一天能跑三百里以上。诗人岑参在《初过陇山途中呈宇文判官》诗中描绘邮驿的速度时说："一驿过一驿，驿骑如星流；平明发咸阳，暮及陇山头。"

近代以前，私人信件的传递主要靠人捎带，派家丁或雇脚夫远道传书。到了明朝，出现了专为民间传递信件、物品和办理汇款的民信局。清朝道光、咸丰、同治年间，民信局发展达到最盛时期，全国大大小小的民信局多达几千家。

我读历史

"麻乡约民信局"，位于綦江县东溪镇书院街，是綦江运输巨子陈洪义在清朝同治年间创建的，距今有140多年，是西南最古老的邮局。

麻乡约民信局大门

清朝中叶以后，近代邮政逐渐发展起来，代替了古老的驿站制度。

鸦片战争以后，五口通商，外国人在通商口岸地区设立"领事邮政代办所"，专门处理各国在华邮政业务，形成了在中国持续多年的"客邮"[1]现象。

1896年3月，光绪帝应总理衙门所请批准设立大清邮政官局，标志着中国近代邮政诞生。1906年，清政府设立邮传部，下设邮政局专门负责管理邮政事务。由于长期受制于海关，大清邮政一直发展非常缓慢。1911年，邮政总局设立，邮政业务正式脱离海关实现独立营运。

天津大清邮政局旧址

---

[1] 客邮指的是19世纪后半期，英、美、法、德、俄、日等帝国主义国家非法在中国沿海口岸及一些大中城市私设的外国邮局，严重侵犯中国主权，后经过斗争，从1917年开始陆续撤销。

民国时期，邮政得到进一步发展。1913年1月，民国政府正式宣布"裁驿归邮"，民信局和"客邮"陆续消失，中国邮政实现了大一统。1935年《中华民国邮政法》颁布，中国邮政得到进一步完善。

我读历史

1930年3月，"赣西南赤色邮政总局"成立，这是最早建立的苏维埃邮政机构。随后，其他根据地的赤色邮政机构也相继成立。这些邮政机构大多有相对稳定的邮路，邮路开辟"以军事中心为转移"，做到"敏捷传达各方消息，使工农红军相互呼应"。随着邮政组织系统的不断健全和业务的不断拓展，邮政又开办了为军事服务的特别快信业务，专门传递军事邮件，为红军在对敌斗争中的统一行动和战斗的胜利提供了信息保障"。

赣西南赤色邮政总局旧址

藏于中国电信博物馆的龙图案电话机

近代中国电信主要包括电报和电话。

1877年，福建巡抚在台湾主持架设了中国第一条电报线。此后，清政府开始在各省架设有线电报线路。到甲午战争前夕，中国基本上形成了四通八达的电讯网络，民用电报事业快速发展。

19世纪70年代，上海轮船招商局架设电话线，开通了中国第一部电话。19世纪80年代，外国人开始在中国设立运营式电话。1900年，清政府在南京开办第一个市内电话局，这是中国最早自办的市内电话局。

我读历史

北京电话业务始于清末。1900年八国联军侵入北京，丹麦人璞尔生将天津电话线延伸到北京，设立外国人经营的"电铃公司"，这是北京电话业务的开始。1902年慈禧从西安回京后，在颐和园的万寿山和外务部之间建立的慈禧专线，是史书记载的中国最早的皇家专线。

近代中国的电话发展非常缓慢。新中国成立前夕，中国电话用户总共有26万，电话普及率只有0.05%。

三、大众报业的发展

鸦片战争前，中国已经出现了近代报刊。1872年创刊的《申报》是近代中国出版时间最长、影响最大的报纸。

甲午中日战争后，资产阶级改良派纷纷创立报刊、宣传变法，其中著名的有《中外纪

我读历史

1874年，王韬在香港创办的《循环日报》是中国第一份"华人资本、华人操权"的新闻政论性报纸，也是清末第一份传播改良主义思想的报纸。这份报纸积极传播西方文化，呼唤开放与维新意识，主张变法图强，其思想观点对近代洋务运动、维新变法和立宪运动都产生过深远影响，在中国近代史上有着重要的地位。林语堂曾经称赞王韬是"中国新闻报纸之父"。

王韬

谭鑫培在《定军山》中的剧照

闻》、《时务报》、《国闻报》等报刊。这些报刊提出的"监督政府，向导国民"两大职能，为中国资产阶级新闻思想的形成奠定了基础。

戊戌变法失败后，维新派创办的报刊纷纷停刊，但是人们阅读报刊的习惯推动了中国报刊业的发展，也推动了中国革命的进程。

抗战胜利后，报刊兴盛一时，达到了民国时期最高峰。

四、广播影视的发展

电影是19世纪末被引入中国的。1896年，上海徐园"又一村"放映的西洋影戏，是中国最早放映的电影，也是电影正式引入中国的开始。此后，电影在中国主要城市迅速发展，成为城市人们娱乐的重要组成部分。

我读历史

查理·卓别林是20世纪著名的英国喜剧演员，是现代喜剧电影的奠基者，在世界范围内享有盛誉。他一生共出演80余部喜剧片，其中著名的有《摩登时代》、《大独裁者》、《凡尔杜先生》、《舞台生涯》等。卓别林最出色的角色是一个流浪汉，穿着一件窄小的礼服、特大的裤子和鞋、戴着一顶圆顶硬礼帽、手持一根竹拐杖、留着一撇小胡子。这一形象成为卓别林喜剧片的标志，风靡欧美20余年。

卓别林影视形象

20世纪初，中国人开始自己拍摄电影。1905年摄制完成的京剧短片《定军山》，是中国电影诞生的标志。1916年中国人还开办了"幻仙影片公司"。

此后，中国电影经历了从无声到有声，从黑白到彩色的技术进步，先后涌现出了阮玲玉、蝴蝶、周璇等著名电影演员，还产生了很多优秀的作品，如《歌女红牡丹》、《渔光曲》、《红楼

女演员周璇

梦》等，其中的《渔光曲》是中国第一部在国际电影节上获奖的故事片。

近代以来，不仅报刊、电影，广播也传入了中国。

1923年，英、美报商创办的"大陆——中国无线电公司广播台"在上海正式开播，这是中国的第一座广播电台。1926年，哈尔滨广播无线电台正式开播，这是中国人自己创办的第一座广播电台。1928年8月，政府开办近代第一座全国性的广播电台——中央广播电台在南京开播。

此后，民办电台和地方电台纷纷出现，内容从商业、新闻、文艺等方面，逐步向教育、社会乃至宗教等方面扩展，丰富了人们的生活，开阔了人们的视野。

我看历史

20世纪20年代，中国电影进入大规模发展时期，当时全国数十个城市大小电影公司林立，仅上海就多达141家，且每年的观众数超过700万人，和世界其他大城市不相上下。

结合史实，想一想为什么20年代中国电影会有一个大规模的发展？

◎ 本课小结

鸦片战争后的中国，出现了轮船、火车、飞机等近代交通工具，近代邮政电信事业开始出现并得到发展，报刊、电影、广播等大众传媒相继出现，这些变化不仅加强了人们之间的联系，使人们的生活更为便捷，也推动了中国的近代化进程，促进了中国的经济与社会发展。

实践活动课

历史美术展——近代生活的变迁

衣、食、住、行等生活方式和社会习俗不仅是一种记忆，也是一种文化，它们的变化记录着社会的变迁。历史研究的根本使命是研究人、了解人，要了解人就要了解普通民众的生活方式。近代以来，中国社会开始了从农耕社会到工业社会的转型，了解近代人们的衣、食、住、行和社会风俗的变迁，有助于认识社会发展和民生变化是不可抗拒的历史潮流。

活动内容：

通过学生自己的美术作品，举办一次历史美术展，展示近代人们的生活变迁。

活动目标：

知识目标，通过搜集资料、绘制作品和举办展览，了解近代以来人们衣食住行、通信、婚姻习俗等生活方式的变迁。

能力目标，通过本次活动提高学生的美术表现力、沟通能力和组织能力。

情感态度价值观目标：通过活动增强对近代以来中国社会变迁的认识，提高学生对社会进步的感受。

活动步骤：

1. 将学生分成饮食、服饰、居住、婚俗、交通、通信等几个小组，查找相关资料，进行创作准备。

2. 根据所选主题进行美术创作，以简笔画、水粉画、线描画、剪纸等方式呈现近代人们的生活场景。

3. 根据每幅画的场景，从背景、概况、影响等方面编写相应说明。

4. 根据主题和时间顺序制作展板，布置近代生活变迁的展览。

活动建议：

1. 学生分组尽量考虑不同学生的特长，尤其是对美术特长生要均匀分配。

2. 学生制作美术作品最好一个主题采用一种艺术形式，便于风格统一。

3. 同一个主题的美术作品要有连续性，能够体现出社会的进步和生活的变迁。

活动延伸：

可以结合幼儿园的社会教育，设计一个《祖孙三代比童年》的活动，通过比童年让幼儿感知中国近百年来生活的变迁和社会的进步。

现代部分

第一单元

现代中国的政治建设与祖国统一

导语：1949年10月新中国的成立，开创了中国历史的新纪元，也开辟了中国民主政治的新纪元。中国各族人民在中国共产党的领导下，建立和完善了人民代表大会制度、中国共产党领导的多党合作和政治协商制度和民族区域自治制度等，形成了具有中国特色的民主政治。

十一届三中全会以来，中共中央拨乱反正，加快了民主法制建设的步伐，提出了"依法治国"的方针，普遍推行村民自治，进行民主选举，中国社会主义民主政治建设进入新阶段。

实现祖国的完全统一，是海内外中华儿女的共同心愿。在"一国两制"方针指导下，香港和澳门顺利回到祖国的怀抱，洗雪了百年国耻；而未来台湾问题的最终解决，也必将成为中华民族伟大复兴的一个新起点。

第一课　现代中国的民主政治建设

一、中国人民站起来了

随着解放战争的胜利，建立民主联合政府的条件已经成熟，中国共产党团结各民主党派和无党派民主人士，加快进行新中国成立的各项筹备工作。1949年9月21日，中国人民政治协商会议第一次全体会议在北平召开。新政协的主要任务是讨论建立新中国的有关事宜。

我读历史

经过充分讨论和协商，会议通过了《中国人民政治协商会议共同纲领》；确立了中央人民政府的施政方针；规定了新政协的性质和地位；改北平为北京，并确定为新中国的首都；采用公元纪年；以《义勇军进行曲》为代国歌；以五星红旗为国旗。

国徽

国旗

我读历史

1949年9月召开的中国人民政治协商会议上，确定五星红旗为中华人民共和国国旗。国旗的设计者是曾联松。国旗中的大五角星代表中国共产党，四颗小五角星代表工人、农民、小资产阶级和民族资产阶级四个阶级。旗面为红色，象征革命，星呈黄色，表示中华民族为黄色人种。五颗五角星互相连缀、疏密相间，象征中国人民大团结。每颗小星各有一个尖角正对大星中心点，表示了人民对党的向心之意。

1949年10月1日下午3时，举行了中华人民共和国开国大典。毛泽东在天安门城楼上，向世界庄严宣告："中华人民共和国中央人民政府今天成立了！"

新中国的成立开创了中国历史的新纪元，标志着中国新民主主义革命的基本胜利。

二、人民代表大会制度的建立

1954年9月第一届全国人民代表大会通过了《中华人民共和国宪法》。这是新中国第一部社会主义类型的宪法。宪法规定，中华人民共和国全国人民代表大会是最高国家权力机关。这就以国家根本大法的形式确定了中国的根本政治制度是人民代表大会制度。

第一届全国人民代表大会

我读历史

1954年9月，第一届全国人民代表大会在北京召开，共有各界代表1226人。大会选举毛泽东为国家主席，朱德为副主席；刘少奇为全国人大常委会委员长。根据毛泽东主席的提名，大会决定周恩来为国务院总理。国家的政治生活开始沿着人民代表大会制定的程序运行。

人民代表大会制度的确立，奠定了新中国的各项政治建设的基础，规范了政府与人民的服务与被服务的关系，昭示着中华人民共和国的最高权力属于人民。

我读历史

1954年《宪法》关于全国人民代表大会职权的规定

（一）修改宪法；（二）制定法律；（三）监督宪法的实施；（四）选举中华人民共和国主席、副主席；（五）根据中华人民共和国主席的提名，决定国务院总理的人选；根据国务院总理的提名，决定国务院组成人员的人选；（六）根据中华人民共和国主席的提名，决定国防委员会副主席和委员的人选；（七）选举最高人民法院院长；（八）选举最高人民检察院检察长；（九）决定国民经济计划；（十）审查和批准国家的预算和决算；（十一）批准省、自治区和直辖市的划分；（十二）决定大赦；（十三）决定战争与和平的问题；（十四）全国人民代表大会认为应当由它行使的其他职权。

三、政治协商制度的建立

中国人民政治协商会议的成功召开，初步建立了中国共产党领导的多党合作和政治协商制度。1954年，全国人民代表大会召开后，中国人民政治协商会议不再代行全国人民代表大会职权，但政协作为统一战线组织继续存在，成为各民主党派和爱国民主人士参政、议政的舞台。

我读历史

中国共产党与各民主党派团结合作、共同反对国民党专制独裁的历史，是中国共产党领导的多党合作制度的基础。多党合作和政治协商制度是新中国政治体系的重要组成部分，具有鲜明的中国特色。

我看历史

说一说，中国的多党合作和政治协商制度与西方的多党制有什么不同？

1956年，中国共产党提出与民主党派实行"长期共存，互相监督"的方针，受到各民主党派的热烈拥护。中国共产党广泛吸收各民主党派和各界爱国人士参政议政，组成最广泛的爱国统一战线。中国共产党领导的多党合作和政治协商制度发展到一个新的阶段。

我读历史

国民党元老邵力子曾深有感触地说："我体会到中国共产党和各民主党派'长期共存，互相监督'方针的提出不是偶然的……我愿意在这个方针下，尽力联系原国民党及与原国民党有历史联系的社会中上层人士，团结在政府的周围，进一步发挥统一战线应有的作用。"

毛泽东、朱德同民主党派领导人合影

我读历史

各民主党派的由来

1925年10月成立的中国致公党是海外华侨的爱国组织；中国农工民主党成立于1930年8月；中国民主同盟1941年10月在重庆成立，当时的名称是中国民主政团同盟，1944年改现名，张澜为主席；中国民主建国会、中国民主促进会均成立于1945年12月；九三学社成立于1946年5月；台湾民主自治同盟成立于1947年11月；1948年初，中国国民党革命委员会在香港成立，推举宋庆龄为名誉主席，李济深为主席。它们都积极开展爱国民主运动，1949年共同参加新政协。

四、民族区域自治制度的建立

中国是一个统一的多民族国家，除占人口总数92%以上的汉族外，还有55个少数民族分布在祖国各地。在长期的历史发展过程中，中国各民族逐渐形成了大杂居、小聚居的状态。

民族区域自治是基于国情而实施的一项重要政治制度。它的基本内容是，在中央政府的统一领导下，各少数民族聚居的地区设立自治区域和自治机构，由当地民族当家做主，管理本民族地方性的内部事务，行使自治权力。1954年宪法确认民族区域自治制度为中国的一项基本政治制度。

西藏自治区首任主席阿沛·阿旺晋美

我读历史

建国伊始，中央人民政府就积极培养少数民族干部，并向少数民族地区派遣工作人员，输送大量物资，支援少数民族地区的建设，使少数民族地区发生了日新月异的变化。

到1956年，云南景颇族居住地区已发生了显著变化。此时，全区已有小学27所，学生1947人。政府对山区患者实行免费治疗，医好了许多人的痼疾。群众信科学，讲卫生，精神面貌发生了很大变化。

在1955年及以后的10年中，新疆、广西、宁夏、西藏先后成立民族自治区，加上此前成立的内蒙古自治区，形成了五大省级自治区，此外，还建立了100多个自治州、自治县（旗），满足了少数民族自己当家做主的愿望，实现了民族平等，也保证了祖国统一和民族团结。

我读历史

中国人口最少的民族——珞巴族

珞巴族是中国少数民族中人口最少的一个民族，有2312人。主要分布在西藏，东起察隅，西至门隅之间的珞渝地区，以米林、墨脱、察隅、隆子、朗县等最为集中。珞巴族内部部落众多，主要有"博嘎尔"、"宁波"、"邦波"等。"珞巴"是藏族对他们的称呼，意为"南方人"。新中国成立后，根据实际情况和本民族意愿，正式定名为珞巴族。

五、"文化大革命"对民主法制的践踏

正当中国社会主义建设事业向前发展的时候，1966年，"文化大革命"开始了。毛泽东发动"文化大革命"的出发点是防止资本主义复辟、维护党的纯洁性和寻求中国自己的建设社会主义的道路。但是，他错误地认为中央出了修正主义，党和国家已经面临资产阶级复辟的危险。为此，他想通过发动"文化大革命"，把"走资派"篡夺的权力夺回来。林彪、江青一伙别有用心地利用毛泽东的错误思想加紧夺权活动。

"文革"中遭批斗的国家主席刘少奇

在林彪、江青等人的煽动下，各地造反派到处揪斗"走资派"、"反动学术权威"和"牛鬼蛇神"。大批党和政府的各级领导人、各界知名人士和学者，惨遭批斗、抄家和残酷的人身迫害。

国家主席刘少奇被加上"叛徒、内奸、工贼"的罪名，迫害致死，成为新中国历史上最大的冤案。在动乱中，国家的根本大法——《中华人民共和国宪法》成为一纸空文，各项法律制度名存实亡，公民的基本权利和人身自由都失去了保障。

我讲历史

请你搜集关于"文革"中，某一个人的故事（可以是党和国家领导人，也可以是普通干部、群众，还可以是你身边的老人），讲给同学们听。

我读历史

1967年1月，在张春桥、姚文元的策划下，以王洪文为首的一批"造反派"组织，非法夺取了上海各级党政领导权。接着，从中央到地方各级党政领导机关都被夺权，陷于瘫痪。各"造反派"之间为夺权展开激烈斗争，许多地方发生武斗。工厂、学校正常的生产学习停顿下来，社会秩序遭到严重破坏。

"文化大革命"期间，全国人民代表大会连续十年没有召开，人民代表已无法正常行使其权力，中国共产党领导的多党合作和政治协商制度也不能实行。这样，新中国成立以后逐渐建立起来的社会主义民主政治制度中断了。

1976年10月24日,首都百万群众庆祝粉碎"四人帮"游行

六、新时期民主法治的重建

"文化大革命"结束后,党和人民痛定思痛,深刻认识到,要保护人民民主,避免社会动乱,就必须加强社会主义法制。

《胡耀邦与平反冤假错案》封面

刘少奇追悼大会

1978年,中共十一届三中全会提出"有法可依,有法必依,执法必严,违法必究"的法制建设方针。不久,中共中央为刘少奇平反昭雪,并在胡耀邦的主持下在全国范围内平反各种冤假错案。

在平反冤假错案的同时,党和政府还积极进行政治制度的改革,加快法制建设的步伐。经过二十多年的努力,中国逐步形成了以宪法为核心的包括民法、行政法、刑法、经济法等有中国特色的法律体系,使民主政治建设日益制度化、法律化。1997年,中国共产党"十五大"把"依法治国"确立为政治体制改革的重点。1999年3月,"依法治国"被正式写入宪法,中国进入建设法治化社会的新时期。

1982年,中国共产党确立了与各民主党派"长期共存,互相监督,肝胆相照,荣辱与共"的方针,更加密切了中国共产党与民主党派的关系,进一步完善了中国共产党领导的多党合作、政治协商的社会主义政治制度。

我读历史

1979年，人大常委会委员长叶剑英发表谈话说："要正确处理民主与法制的关系：只有在充分发扬民主的基础上，才能建立健全的社会主义法制，才能切实保障人民的民主权利。"

我读历史

中国人民政治协商会议是具有广泛代表性的统一战线组织，过去发挥了重要的历史作用，今后在国家政治生活、社会生活和对外友好活动中，在进行社会主义现代化建设、维护国家的统一和团结的斗争中，将进一步发挥它的重要作用。

——1982年《中华人民共和国宪法》序言

改革开放以来，党和政府更加重视民族工作。2001年修改实施的《中华人民共和国民族区域自治法》进一步明确规定，民族区域自治是中国的一项基本政治制度。它体现了国家尊重和保障少数民族管理本民族内部事务的权力，体现了各民族平等、团结和共同繁荣的原则。

同时，民主政治不断向前发展。基层民主选举是我国落实宪法赋予人民的权利、保障人民用投票表决的方式直接行使民主权利的重要举措，是社会主义民主政治建设的基础。

1998年，第九届全国人大常务委员会通过了《中华人民共和国村民委员会组织法》，进一步加强和扩大基层民主，改变了过去由上级政府任命村委会干部的做法，推进了农村的民主制度建设。各地在普遍推行村民自治、民主选举的过程中，创造性地发展了各种形式村民选举制度。

我读历史

海选

"海选"是中国农民在村民自治中创造的一种直接选举方式，就是"村官直选"。1998年11月4日，第9届全国人大常委会第5次会议通过了《中华人民共和国村民委员会组织法》，第14条规定：选举村民委员会，由本村有选举权的村民直接提名候选人。从此，"海选"成了法定的选举办法。

村民选举村民委员会

我讲历史

给大家讲一讲你所在的地区民主选举的发展情况。

◎ 本课小结

新中国成立后，颁布了《中华人民共和国宪法》，并逐步建立起一套适合中国国情的政治制度：人民代表大会制度、中国共产党领导下的多党合作和政治协商制度、少数民族当家做主的民族区域自治制度等。这些制度和改革开放后的基层民主自治制度共同构成了现代中国政治体系的主要内容。

第二课 "一国两制"和祖国统一

一、"一国两制"伟大构想的提出

"一国两制"构想的形成经历了一个逐步发展的过程。

我读历史

20世纪50年代中后期,毛泽东、周恩来就曾提出"和平解决台湾问题"的设想,表示除外交外,台湾一切事务都由蒋介石全权处理,后者还可派人参加中央政府。1979年1月,邓小平在美国国会演讲时指出:"我们不再用'解放台湾'这个提法了。只要台湾回归祖国,我们将尊重那里的现实和现行制度。"

邓小平与美国总统卡特

1981年9月30日,全国人大常委会委员长叶剑英发表谈话,具体阐述了和平统一祖国的"九条方针"。

我读历史

"九条方针"指出:国家统一后,台湾可作为特别行政区,享有高度的自治权,并可保留军队,中央政府不干预台湾地方事务;台湾现行社会、经济制度不变,同外国的经济、文化关系不变,等等。这些原则后来成为"一国两制"构想的基本内容。

20世纪80年代以后,邓小平多次发表谈话,全面阐述了"一个国家,两种制度"的深刻含义:在一个中国的前提下,国家的主体实行社会主义制度,台湾、香港和澳门保持原有的资本主义制度长期不变。两种制度长期共存，这是实现祖国统一的必经之路。

1982年12月，全国人大五届五次会议通过了新的《中华人民共和国宪法》，第31条规定："国家在必要时得设立特别行政区。在特别行政区内实行的制度按照具体情况由全国人民代表大会以法律规定。"这使"一国两制"有了宪法保证。

1984年，"一国两制"的方针在全国人大六届二次会议上通过，正式成为实现祖国统一大业的指导方针。

我看历史

请指出"一国两制"构想的内涵是什么?提出这一构想的目的何在?

二、"一国两制"的初步实践——香港、澳门回归祖国

20世纪80年代，随着中国国力增强，国际地位不断提高，"一国两制"的构想和各项具体方针政策日渐完善，中国政府同英国政府、葡萄牙政府解决香港和澳门问题的条件逐渐成熟。

我读历史

1982年9月，英国首相撒切尔夫人访华，中国领导人就香港问题与其展开了一系列的会谈，正式提出以"一国两制"的方案收回香港。英方开始试图续约，随即又提出以主权换治权的主张。邓小平在同撒切尔夫人会谈时明确表示：主权问题是不能谈判的。

"铁娘子"遇到"钢小平"

1984年签署《中英联合声明》

我读历史

1982年9月24日邓小平在人民大会堂会见撒切尔夫人。邓小平告诉撒切尔夫人，中国一定会在1997年收回香港，也不能接受英国继续管治香港的主张。话说得坚决而直截了当，那情景，简直就是告诉英方，中国政府主意已定，英国没有半点讨价还价的可能。

"这次会面的气氛是紧张的。"鲍威尔回忆说，尽管这种情况在事前早就有心理准备，但还是使人感到充满困难。

撒切尔夫人也是一位很直接的人，鲍威尔说，"钢"与"铁"相遇，难免发生铿锵碰撞。鲍威尔回忆道，在1982年这次会谈中，邓小平与撒切尔的想法一再发生冲突。他介绍说：当时，邓小平提醒撒切尔夫人，中国有权派军队武力收复香港；撒切尔夫人回答道，如果这样，将会导致香港的崩溃；邓小平则说，如果这样，我们要勇敢地面对这个灾难。

——据撒切尔夫人的外交顾问鲍威尔回忆

经过多次磋商、谈判，1984年12月，中英两国政府在北京正式签署了《关于香港问题的联合声明》。《中英联合声明》确认，中国政府将于1997年7月1日对香港恢复行使主权，英国政府届时将把香港交还中国。

1997年7月1日零时，中国政府恢复对香港行使主权。同日，中国人民解放军驻港部队正式接管香港防务。

香港的回归洗刷了中华民族的百年耻辱，翻开了香港历史新的一页，中华民族在祖国统一大业上迈出了坚实的一步。

1997年6月30日23时50分，中国人民解放军接管英国香港皇家军队防务

我讲历史

请你讲一讲香港回归时的盛况。

香港问题的解决，为澳门问题的解决提供了成功的范例。1987年4月，中葡双方在北京正式签署了《关于澳门问题的联合声明》。1999年12月20日，中国政府恢复对澳门行使主权，澳门也回到了祖国的怀抱。

香港、澳门的顺利回归，是"一国两制"构想成功运用的结果，为国际社会解决国家间历史遗留问题提供了有益经验。

1999年12月19日 澳门政权交接仪式

三、"九二共识"与两岸关系的缓和

随着"文化大革命"的结束，祖国大陆实行改革开放政策，台湾问题的解决提上了议事日程。

50年代宣传画《一定要解放台湾》

厦门大嶝岛上对金门喊话的喇叭

1979年元旦，全国人大常委会发表《告台湾同胞书》，宣布了和平统一祖国的方针。同日，中国人民解放军停止炮击金门，实现了两岸30年来真正的停火。80年代以来，海峡两岸通邮、通航、通商的限制逐渐放宽，台湾民间回内地探亲、观光、投资经商、文化交流等活动不断增加。两岸还以民间团体对话的形式，进行政治经济方面的接触与会谈，并于1992年在"海峡两岸均坚持一个中国原则"这一重大问题上达成共识。两岸关系发生了历史性的变化。

1995年，江泽民发表《为促进祖国统一大业的完成而继续奋斗》，就台湾问题提出八项主张，强调"坚持一个中国的原则，是实现和平统一的基础和前提"。

我读历史

"汪辜"会谈

随着海峡两岸关系的发展，双方在交流中产生了许多无法回避的实际问题。1990年11月，台湾成立了海峡交流基金会(简称"海基会")，为了便于与海基会联系、商谈，1991年12月，大陆成立了民间团体性质的海峡两岸关系协会(简称"海协会")。

1992年，海协会会长汪道涵与海基会董事长辜振甫进行了多次会谈，在如何对待一个中国的原则问题上，双方达成"九二共识"，都对"一个中国"的原则给予了肯定。

"汪辜会谈"，是两岸关系发展史上的重大事件，它标志着海峡两岸关系迈出了历史性的重要一步，首次实现了四十多年间两岸授权民间团体的高层会晤。

我读历史

20世纪90年代中后期，台湾岛内"台独"势力加紧分裂活动，企图制造"两个中国"或"一中一台"。2000年，凭借"台独"起家的民进党利用国民党的分裂而上台，台湾地区领导人陈水扁公开宣扬"一边一国"论，严重威胁了两岸关系。

2005年3月,全国人大通过《反分裂国家法》,以反对和遏制"台独"势力,促进祖国和平统一,维护中华民族的根本利益。

我读历史

"国家主张通过台湾海峡两岸平等的协商和谈判,实现和平统一。协商和谈判可以有步骤、分阶段进行,方式可以灵活多样。""'台独'分裂势力以任何名义、任何方式造成台湾从中国分裂出去的事实,或者发生将会导致台湾从中国分裂出去的重大事变,或者和平统一的可能性完全丧失,国家得采取非和平方式及其他必要措施,捍卫国家主权和领土完整。"

——《反分裂国家法》

2008年,两岸直接通邮、通航、通商终于实现。大陆和台湾民间交流日益扩大,经贸联系不断加强,海峡两岸各领域的正常往来已成为时代潮流。

我讲历史

请你搜集身边有关海峡两岸80年代以来交流的情况,讲给同学们听。

2011年11月30日福建平潭"海峡号"客滚船顺利首航台中

◎ 本课小结

"一个国家,两种制度"的构想,是具有中国特色社会主义理论之一。在这一思想的指导下,中国政府恢复对香港、澳门行使主权,向祖国的统一迈出了重要的一步。随着海峡两岸的交流日益加深,政治互信增强,我们对祖国最终实现统一充满信心。

实践活动课

我眼中的人民代表大会制

新中国的成立，开创了中国历史的新纪元，也开启了新中国社会主义民主政治建设的历程。六十年来，中国共产党作为执政党领导全国人民经过不懈的努力，形成了中国特色的民主政治。

1954年，第一届全国人民代表大会召开，通过了《中华人民共和国宪法》，规定全国人民代表大会是最高的国家权力机关，以根本大法的形式确定了人民代表大会制是我国的根本政治制度，它向世人昭示：在中国，人民是国家的主人！

实施课程的目的：

以学生的主体活动为主，通过自主活动、自主思考、自主探究、自主实践，引导学生在历史活动中去体验新中国的民主政治，加深认识人民代表大会制。

培养学生实践探究意识，锻炼学生自主学习、合作学习与实践创新能力，实现自我感悟和自我教育。

通过资料的搜集与整理，培养学生对所搜集资料的分类整理和分析总结的能力。

活动内容：

1. 走访、搜集、交流、展示不同阶层的民众对人民代表大会制的不同认识。

2. 在走访活动中，根据调查的结果，模拟人大代表提出符合百姓社会生活的议案，并进行交流、评价。

如，可涉及食品安全问题、环境保护问题、小学生是否有必要对经典的诵读、中小学生如何延长课外活动时间，丰富课外活动内容等等。

操作方案：

1. 学生分组进行，先设定好问题，设计问卷调查。设定社会生活中不同的阶层民众进行调查并进行填写问卷记录、分类整理。

2. 对调查结果进行分类整理，并进行对比，写出调查结果报告。

3. 学生通过多种形式展示自己的成果，如通过办板报、课堂讨论或进行多媒体展示的方式通过交流、评价不同小组的成果。

活动建议：

1. 调查要设定不同阶层，如，农民、小商贩、教师、公务员、服务员等。设计调查问卷，内容要细化，照顾到不同阶层的社会生活实际，让他们有话说。

如，近十年来收入状况、生活水平的变化，对人代会的关注程度、你对人大召开期间最关注的问题是什么，你对人大代表比例分配的看法，你是否愿意成为人大代表，如果你是代表会有何提议，你希望如何改进人大，你认为人大代表是否有必要公开工作单位和联系方式等。

2. 要注意培养学生用历史发展、社会进步的眼光看待中国建国后社会主义民主政治的发展，体会社会主义的优越性，感悟政治文明的进步。

第二单元

中国特色社会主义道路的探索

导语：本单元主要讲述了新中国成立以来，中国共产党探索社会主义建设道路的光辉历程。从新中国成立到社会主义制度确立，是探索的过渡时期，其主要任务是进行工业化建设和三大改造。从社会主义制度确立到"文革"结束，是社会主义建设的曲折发展时期，既有成功的经验，也有失败的教训。从十一届三中全会召开至今，是社会主义建设的新时期，在改革开放政策指导下，中国的社会主义建设取得了重大成就，开辟了中国特色的现代化建设道路。

第一课　社会主义经济体系的初步建立

一、国民经济的好转

我读历史

　　新中国成立后，必须迅速医治战争创伤，恢复国民经济，以巩固人民政权，改善人民生活，并为有计划的社会主义建设和社会主义改造准备条件。由于帝国主义、封建主义、官僚资本主义的统治和长期的战争，在中华人民共和国建立前，社会经济十分落后而且破坏严重。国民党政府滥发纸币，通货恶性膨胀，市场物价猛涨。1949年城市中失业人数约有400万人，农村灾民约4000万人，人民生活极端困难。

中国共产党和人民政府通过没收官僚资本，建立社会主义性质的国有经济；稳定物价，统一财经；合理调整工商业；农村互助合作和兴修水利；工矿企业的民主改革和生产改革等措施，积极恢复和发展国民经济。

经过三年努力，至1952年底，国家财政经济取得了根本好转，国民经济得到恢复和发展。工农业生产超过历史上最高水平，市场物价稳定，人民生活水平显著提高。国民经济的恢复发展，为国家开展有计划的经济建设准备了条件。

在经济恢复的同时，国民经济结构也发生了深刻的变化。三年中，国民经济的各种成分都得到发展，国营经济发展更为迅速；在国民经济各部门中，工业尤其是重工业的发展更为迅速。

我读历史

　　从1949年到1952年，在全国工业总产值中的比重，国营工业由34.7%上升为56%，公私合营工业由2%上升为5%，资本主义工业由63%下降为39%。工业(包括手工业)总产值在全国工农业总产值中的比重，从1949年的30%上升为1952年的41.5%；其中，现代工业产值由17%上升为26.6%。在工业总产值中，重工业产值的比重由26.4%上升为35.5%。这表明我国经济的恢复，不仅有数量的发展，而且有性质上的变化和质量上的提高。

全国各族人民为国民经济的恢复和发展作出了重大贡献。全党、全国人民经过三年的艰苦奋战，实现了国家财政经济状况的根本好转，国民经济得到全面恢复和初步发展。社会主义改造和工业化建设提上日程。

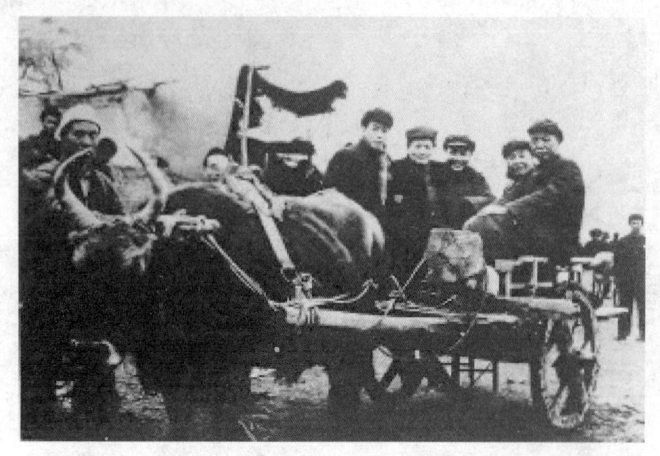
建国初百废待兴,1951年宋庆龄坐牛车下基层视察

第一套人民币发行时间1948～1953年

二、社会主义制度的建立

1953年,为建立社会主义制度的经济基础,中共中央在过渡时期总路线中提出了逐步实现国家的社会主义工业化,并逐步实现国家对农业、手工业和资本主义工商业进行社会主义改造的主张。

1953年,国家开始实施"一五"计划。中国借鉴苏联社会主义建设的经验,作出了优先发展重工业的决定,并强调要处理好重工业、轻工业和农业之间的比例关系。

1953年公私合营中的北京老字号内联升

我读历史

1957年,"一五"计划提前完成,当年全国工业总产值达783.9亿元,超过原计划21%,比1952年增长128.5%,平均每年增长18%。

我国新建了飞机制造、汽车制造、发电设备、冶金设备以及重型机械等工业部门,初步建立了独立的工业体系。新中国开始改变工业落后面貌,为国民经济的进一步发展打下良好的基础。

1953年,国家开始对农业、手工业和资本主义工商业进行社会主义改造。广大农民组织起来,参加农业生产合作社,走集体化道路。手工业者也纷纷参加手工业生产合作社。在农业合作化高潮的推动下,1956年资

1956年,新中国制造的第一批喷气式战斗机——歼5战斗机

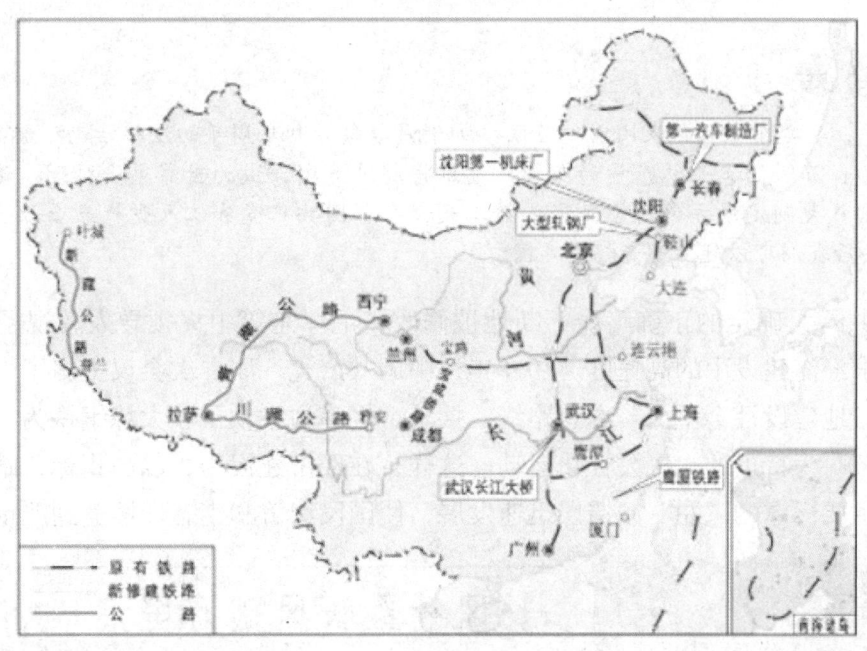

"一五"计划建设成就分布示意图

本主义工商业掀起全行业公私合营的高潮。

1956年底,国家对农业、手工业和资本主义工商业的社会主义改造基本完成。生产资料公有制在整个国民经济中占绝对主导地位,计划经济体制在中国基本确立,社会主义制度在中国基本建立起来。

我读历史

社会主义制度在中国的建立,是中国历史上最深刻的社会变革,但在社会主义改造后期,存在要求过急改变过快等缺点,给社会经济发展留下许多问题。

我看历史

找一找所在城市或农村的地方史,举例谈谈社会主义改造的得失。

三、曲折发展的十年

1956年9月,中国共产党第八次全国代表大会指出:生产资料私有制的社会主义改造基本完成以后,国内的主要矛盾不再是工人阶级和资产阶级之间的矛盾,而是人民对于建立先进的工业国的要求同落后的农业国的现实之间的矛盾;是人民对于经济文化迅速发展的需要同当前经济文化不能满足人民需要的状况之间的矛盾。这一矛盾的实质,在中国社会主义制度已经建立的情况下,也就是先进的社会主义制度同落后的社会生

1956年中共八大会议间隙毛泽东刘少奇在交谈

产之间的矛盾。解决这个矛盾的办法是发展社会生产力,实行大规模的经济建设。为此,大会作出了党和国家的工作重点必须转移到社会主义建设上来的重大战略决策。在"八大"路线的指引下,社会主义经济建设蓬勃开展起来。

我读历史

1957年，毛泽东率领代表团前往苏联参加十月革命胜利40周年的庆祝活动。赫鲁晓夫在庆祝大会上宣称：苏联的工业总产量和人均产量都将超过美国，成为世界第一强国。毛泽东很受触动，感觉到八大制定的方针过于保守。第二天，在各国共产党和工人党代表会议上，毛泽东宣布："15年后我们可以赶上或者超过英国。"

从此，中共八大确定的正确路线不断地被修改，毛泽东等中央领导人忽视了经济发展的客观规律，片面追求经济建设中的高速度。1958年，中国共产党八届二次会议提出了"鼓足干劲，力争上游，多快好省地建设社会主义"的总路线。接着，轻率地发动了以大炼钢铁为中心的"大跃进"和以"一大二公"为特点的人民公社化运动。这样，在经济建设中，以高指标、瞎指挥、浮夸风和"共产风"为主要标志的"左"倾错误迅速发展，使国民经济和生态环境遭到严重破坏。

大跃进时期的宣传画

1958年8月1日《人民日报》第一版

我读历史

"大跃进"期间盛行浮夸风，各地人民公社不断放出小麦亩产"1万斤"、水稻亩产"13万斤"等"高产卫星"，而实际上不少农民口粮减少，一些地方后来饥馑流行，人民生命财产遭受巨大损失。

我讲历史

搜集并讲一讲大跃进时期的荒唐事，想一想，为什么会发生这样的事情？

人民公社化运动试图以大规模生产的方式提高生产效率，但它并不适合农村生产力的实际发展水平，生产效率低下，严重挫伤了农民的生产积极性。

我读历史

"一大二公"即是对人民公社特点的概括。所谓大，就是将原来一二百户的合作社合并成四五千户乃至一二万户的人民公社，一般是一乡一社；所谓公，就是将几十甚至上百个经济条件、贫富水平不同的合作社合并，一切财产上交公社，多者不退，少者不补，在全社范围内统一核算，统一分配，实行部分的供给制（包括大办公共食堂、吃饭不要钱，被称作共产主义因素）。这种做法直接导致了原来的各个合作社和社员之间严重的平均主义。同时，社员的自留地、家畜、果树等，也都被收归社有。在各种"大办"中，政府和公社还经常无偿地调用生产队的土地、物资和劳动力，甚至调用社员的房屋、家具。这些实际上都是对农民的剥夺，这种现象造成了农民的惊恐和不安，纷纷杀猪宰羊，砍树伐木，造成生产力的极大破坏，给农业生产带来了灾难性的后果。

三年困难时期开批判会

我看历史

大跃进、人民公社化运动为什么会发生？给我们留下哪些教训？

1959~1961年，我国经历了连续三年的严重经济困难时期。面对严峻的形势，1960年冬，党中央提出了"调整、巩固、充实、提高"的方针，国民经济转入调整的轨道。到1962年底，国民经济形势开始好转，城乡人民生活有所改善。

1956~1966年，我国的社会主义经济建设虽然走了不少弯路，经历了许多挫折，但仍然取得了巨大的成就。

我讲历史

请你搜集并讲一讲十年探索中，中国社会主义建设取得的成就。

1960年，大庆油田召开油田技术座谈会

1964年中国第一颗原子弹爆炸成功

四、"十年文革"中的经济

1966年，正当国民经济的调整基本完成，国家开始执行第三个五年计划的时候，一场长达十年、给党和人民造成严重灾难的"文化大革命"爆发了。

在长时间的社会动乱中，国民经济发展缓慢，主要比例关系长期失调，经济管理体制更加僵化。这十年间，按照正常年份百元投资的应增效益推算，国民收入损失达五千亿元。人民生活水平基本上没有提高，有些方面甚至有所下降。自七十年代起，正是国际局势趋向缓和，许多国家经济起飞或开始持续发展的时期。但是，由于"文化大革命"的影响，中国不仅没能缩小与发达国家已有的差距，反而拉大了相互之间的差距，从而失去了一次发展机遇。

在"文革"中，党内外广大干部群众对"左"倾错误的抵制和抗争，对林彪、江青两个反革命集团的斗争，一直没有停止过。也由于他们在极端困难的条件下的顽强努力，经济建设仍取得了一定进展。

1971年"九一三"事件后，周恩来在毛泽东支持下主持中央日常工作。经过近两年的调整和整顿，各方面工作都有明显起色。

我读历史

针对无政府主义思潮对经济工作的破坏，周恩来指示国务院提出整顿企业的措施，恢复被破坏的各种规章制度；通过大力压缩基建规模、精简职工人数等措施，扭转国民经济下滑的趋势。他顶着江青集团大批所谓"崇洋媚外"的压力，努力开展对外贸易和经济技术交流，从国外进口了一批技术先进的成套设备和单机。在农村，党中央发出关于农村人民公社分配问题的指示，重申必须坚持按劳分配原则，不能把政策允许的多种经营和家庭副业当成资本主义的东西加以否定。在科学教育工作中，周恩来要求把基础科学和理论研究抓起来，并提议召开了"文化大革命"以来的第一次全国科技工作会议。他还抓了落实党的文化、民族、统战等政策的工作。

1975年周恩来病情加重。邓小平在毛泽东支持下，主持国务院和党中央的日常工作。受命于危难之际的邓小平，大刀阔斧地开始了整顿。

我读历史

他强调四个现代化建设是大局，提出要全面整顿，部署以铁路整顿为突破口，使堵塞严重的铁路全部疏通，运输状况开始好转。接着，开始整顿钢铁工业。中国科学院和国防科技工作也开始整顿。文艺进行了政策调整。教育战线的整顿同时在积极着手。

邓小平主持的全面整顿，是"文化大革命"中党的正确领导与"四人帮"的一场重大斗争。整顿中，大部分地区的社会秩序趋于稳定，国民经济由停滞、下降转向回升，工农业产品产量均有较大幅度增长，1975年是"文化大革命"以来国民经济发展较好的一年。

但是，毛泽东不能容忍邓小平系统地纠正"文化大革命"的错误，1975年底又发动了所谓"批邓、反击右倾翻案风"运动。使政治开始走向安定团结，经济刚刚回升的较好局面又遭到破坏，全国再度陷入混乱。

1966～1976年，"文化大革命"严重干扰和破坏了国民经济建设，导致人民生活水平长期在低水平线上徘徊。

我讲历史

请你运用所搜集的材料并讲一讲"文革"给党和国家带来了哪些损失，从中我们应该吸取哪些教训。

◎ 本课小结

新中国成立，为社会主义经济建设的快速发展提供了前提条件。三大改造和社会主义建设的实施，在一定历史时期内极大地焕发了人们的生产劳动热情。但是，经济建设并非一帆风顺，在成绩面前，中共中央和毛泽东错误估计了形势，提出了不切实际的发展口号。中国的社会主义现代化建设道路经受了风雨的考验，为我们留下了宝贵的经验教训。

第二课　社会主义市场经济体制的建立

一、工作重点的转移

1976年粉碎"四人帮"以后，在两年时间里国民经济仍徘徊不前，人民生活没有改善。1978年12月，中共十一届三中全会在北京召开。全会提出了"解放思想，开动脑筋，实事求是，团结一致向前看"的指导方针，重新确立了党的实事求是的思想路线。全会作出把党和国家的工作重点转移到社会主义现代化建设上来的战略决策，中国的改革开放从此拉开了序幕。

十一届三中全会是党和共和国历史上最具深远意义的历史转折，成为中国共产党探索建设中国特色社会主义道路的新起点。中国社会主义现代化建设从此进入一个新的历史时期。

1978年12月叶剑英、邓小平、李先念在十一届三中全会上

二、农村与城市的改革

十一届三中全会明确指出：实现工业、农业、国防和科学技术的现代化，要求大幅度地提高生产力，同时要求多方面地改变同生产力发展不相适应的生产关系和上层建筑，改变一切不适应的管理方法、活动方式和思想方法。

中国农村率先进行改革，改变了人民公社的集中管理模式和吃"大锅饭"的平均主义的分配方式，普遍实行了家庭联产承包责任制。

我读历史

家庭联产承包责任制是指在土地公有制基础上,把土地长期承包给各农户使用,农业集体生产变为分户自主经营,自负盈亏。用农民们的话简单概括就是:"交够国家的,留足集体的,剩下的都是自己的。"

以包产到户为主要特征的家庭联产承包责任制,使农民获得了生产和经营的自主权,极大地调动了农民的生产积极性。

我看历史

首创包产到户的小岗生产队所在的安徽凤阳县,长期以来属于贫困县,22年来没给国家贡献一点粮食,国家先后补贴救济1.9亿千克粮食,但在实行包产到户后,1979年凤阳全县粮食产量比1978年增长49%,卖给国家粮食4450万千克。

请你谈谈,我国经济体制改革为什么先从农村开始?

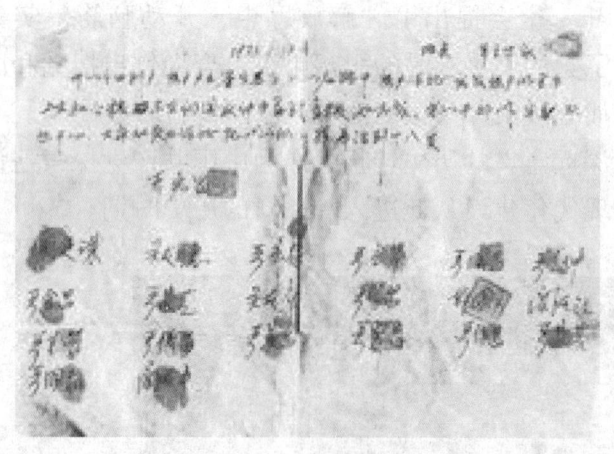

1978年第一份"包产到户合同书"20户手印

2006年全国取消农业税

我读历史

邓小平指出:"为什么要从农村开始呢?因为农村人口占我国人口的80%,农村不稳定,整个政治局势就不稳定,农民没有摆脱贫困,就是我国没有摆脱贫困……进行农村改革,给农民自主权,给基层自主权,这样一下子就把农民的积极性调动起来了,把基层的积极性调动起来了,面貌就改变了。"

到1982年,全国农村已有90%以上的生产队建立了农业生产责任制。1984年中国粮食产量突破4亿吨,基本解决了8亿农民的温饱问题。农村改革进入调整产业结构、大力发展乡镇企业时期。

农村乡镇企业的发展,进一步提高了农民的生活水平,有利于农业的现代化建设和农村经济的发展。

在农村改革的推动下,以增强企业活力为中心环节的城市经济体制改革也迈开了稳健的步伐。1984年10月,中共十二届三中全会通过了《中共中央关于经济体制改革的决定》,城市经济体制改革在全国全面展开。

国有企业改革增强了企业的竞争实力。随着市场经济的推进,逐渐形成了一批有实力和活力的大型企业集团,有利于国民经济的稳定和健康发展。

2012年《财富》世界500强TOP10

排名	公司名称	国家
1	荷兰皇家壳牌石油公司	荷兰
2	埃克森美孚	美国
3	沃尔玛	美国
4	英国石油公司	英国
5	中国石油化工集团公司	中国
6	中国石油天然气集团公司	中国
7	国家电网公司	中国
8	雪佛龙	美国
9	康菲石油公司	美国
10	丰田汽车公司	日本

2012年《财富》500强前十我国占三席

近年来央企赴海外进行资源类并购一览

时间	事件	最终结果
2005年6月	中海油以185亿美元收购美国优尼科公司	因美国反对而放弃
2005年8月	中石油41亿美元收购在加拿大上市的哈萨克斯坦PK石油公司	成功收购
2008年11月	中海油服25亿美元收购挪威海上油田服务公司	成功收购
2009年2月	中铝195亿美元增持全球第二大铁矿石企业力拓集团	本月初力拓单方面毁约
2009年6月	中国石油收购新加坡石油公司45%股权	收购完成

近年来中央企业海外资源类并购一览（截止2009）

我讲历史

请你搜集自己身边有关改革开放的资料并与同学们交流。

三、对外开放与加入世贸组织

随着科学技术和生产力的迅猛发展，经济全球化的趋势成为一股不可抗拒的时代大潮。

中国共产党十一届三中全会确定了对外开放的方针。从1980年起，我国先后建立了深圳、珠海、汕头、厦门和海南五个经济特区。

我读历史

1979年4月，中共中央工作会议期间，邓小平对广东省委主要负责人说："划出一块地方，叫做特区，陕甘宁就是特区嘛，中央没有钱，你们自己搞，杀出一条血路来。"1980年，第五届全国人大常委会第十五次会议批准了《广东省经济特区条例》，第一次正式使用"经济特区"这个概念。

在深圳、珠海、汕头、厦门四个地方建立经济特区，主要是因为它们是中国南方对外交通的重要陆路通道或重要海运港口，是著名侨乡，离香港、澳门、台湾较近，在历史上与海外有密切交往。

我读历史

我国的经济特区是指国家划出一定的范围，实行特殊的经济政策和经济体制的地区。其主要目的是为了更好地吸收和利用国外的资金、先进技术和管理经验，以促进我国经济的发展。"特"在实行特殊的经济政策和经济管理方法。

深圳在改革开放前，只是一个贫穷的渔村。改革开放以来，深圳发展的综合水平已在世界平均水平之上。1979年，深圳还只有一两座旧楼房，大多是一排排凌乱、破旧的黑瓦平房，到处是横七竖八的臭水沟、坑坑洼洼的瓦砾堆。改革开放30年来，这里发生了翻天覆地的变化，2007年，深圳的国民生产总值为6738亿元，外贸进出口总额为2846亿美元。

1984年，中共中央、国务院决定进一步开放大连、秦皇岛、天津、广州等14个沿海港口城市。随后，相继把闽南三角区(厦门、漳州、泉州三角地区)、长江三角洲、珠江三角洲等地辟为沿海经济开发区。

我读历史

20世纪90年代以来，我国新一轮对外开放高潮迭起，同时各地出现了一大批经济技术开发区、高新科技园区、保税区、金融贸易区和出口加工区等，对外开放的形式更加灵活多样。

1992年，开发上海浦东成为经济建设的重点，同时也成为中国进一步对外开放的标志。

2004年以来，天津滨海新区的开发建设引起世人关注，这一地区的进一步开发开放，可以有效地提升京津冀和环渤海地区的经济发展水平。

目前，中国的对外开放已经形成了从经济特区到沿海开放城市，再到内陆省会城市，从东部到中西部全方位、多层次的新格局。它有力地推动了中国经济的发展，越来越适应经济和科技发展的全球化趋势。

浦东夜景

首批沿边开放城市满洲里

2001年12月11日，中国加入了世界贸易组织（World Trade Organization，简称WTO），标志着我国对外开放进入一个新的阶段。

我读历史

世界贸易组织成立于1995年1月1日，总部设于日内瓦。它的前身是1948年1月1日正式生效的关税及贸易总协定(简称"关贸总协定")。该组织有一个关于关税和贸易准则的多边国际协定。这一市场规则由大家共同制定、共同遵守，包括国民待遇原则、最惠国待遇原则、非歧视待遇原则、互惠原则和透明度原则等，若发生争端，则按解决机制处理。越来越多的国家接受并遵守这一统一的世界贸易规则和公平的争端解决机制。

中国是关贸总协定的创始国之一。中华人民共和国成立后，由于历史原因，中止了在关贸总协定中的活动。1981年，中国首次派观察员列席关贸总协定主持召开的国际纺织贸易协议谈判会议。1986年7月，中国正式申请恢复在关贸总协定中的缔约国地位，并为此做了许多努力。经过长达15年的艰难谈判，中国终于在2001年12月成为世贸组织正式成员。

加入世贸组织是中国融入世界经济的必然选择，也是中国与世界经济实现全面接轨的一个契机，标志着世界大市场对中国的开放，总体上符合我国的根本长远利益。同时，中国经济融入世界，必将有力地推动全球经济的繁荣与发展。机遇和挑战并存，关键看我们如何去应对。

2001年11月11日,中国外经贸部部长石广生在中国加入世贸组织议定书上签字

我看历史

1999年11月,中美达成关于中国"入世"双边协议的时候,中国社会调查事务所进行了一次快速电话调查访问,有效样本为1156份。"您知道中美已经签订了双边协议吗?"96%的人回答知道;"您是否认同朱镕基总理访问美国时所说的中国加入世贸组织符合中国人的利益?"98.9%的人表示认同;另外有89%的人认同中国加入世贸组织后,可以在开放的世界中发展自己,可以享受双边和多边贸易的各种好处;80%的人认为进口关税的降低,有利于中国人民提高自己的生活水平;同时,也有86%的人认为加入世贸组织将带来一些压力和挑战,给国内的部分企业带来更大的竞争压力。

摩托罗拉公司高级副总裁兼摩托罗拉(中国)公司总裁赖炳荣说:"中国加入WTO对我们有什么不利影响?我想不出来!"通用电气公司认为,中国"入世"意味着为外国公司提供更多的贸易权和机会、更多的市场准入,中国市场将变得更加透明和规范。

思考:中国加入世贸组织面对怎样的机遇与挑战?

四、社会主义市场经济体制的确立

我读历史

传统观念认为,市场经济是资本主义特有的东西,计划经济是社会主义经济的基本特征。1985年,邓小平在会见外宾时指出:"在某种意义上说,只搞计划经济会束缚生产力的发展。把计划经济和市场经济结合起来,就更能解放生产力,加速经济发展。"

1992年初,邓小平南行深圳、珠海、上海等地,发表了重要讲话。邓小平的南行谈话对中国90年代的经济改革与社会进步起到了关键的推动作用。

我读历史

1992年邓小平南行讲话指出:"改革开放迈不开步子,不敢闯,说到底就是怕资本主义的东西多了,走了资本主义道路。要害是姓'资'还是姓'社'的问题。判断的标准,应该主要看是否有利于发展社会主义社会的生产力,是否有利于增强社会主义国家的综合国力,是否有利于提高人民的生活水平。"他还提出社会主义本质是解放生产力，发展生产力，消灭剥削，消除两极分化，最终达到共同富裕。从这个角度看问题，"计划多一点还是市场多一点，不是社会主义与资本主义的本质区别。计划经济不等于社会主义，资本主义也有计划；市场经济不等于资本主义，社会主义也有市场。计划和市场都是经济手段"。

1992年10月，中国共产党第十四次全国代表大会明确指出，我国经济体制改革的目标是建立社会主义市场经济体制。

1993年，全国人大将《宪法》第15条修改为"国家实行社会主义市场经济"。社会主义市场经济第一次写进我国宪法。1997年9月，党的"十五大"报告指出："非公有制经济是我国社会主义市场经济的重要组成部分。"这是对社会主义市场经济理论的进一步创新，对我国社会经济的发展起到了很大的促进作用。

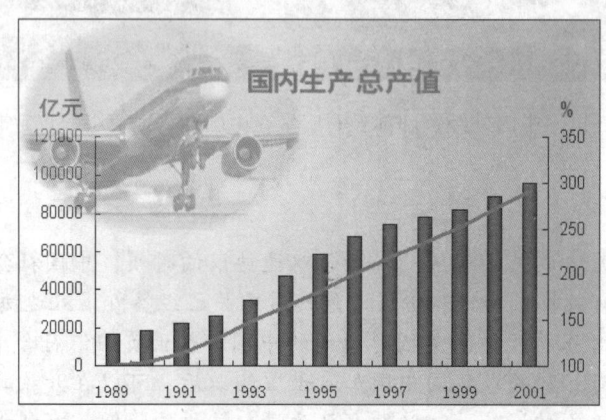

中国国内生产总值增长表（1989～2001年）

我讲历史

谈一谈你所了解的私营企业发展、管理情况。

到21世纪初，中国已经初步建立起社会主义市场经济体制，以公有制为主体、多种所有制经济共同发展的经济格局基本形成。

社会主义市场经济体制的确立，解放了中国的生产力，使中国经济与世界经济真正接轨，大大促进了中国经济的发展，加快了中国现代化发展的进程。

◎ 本课小结

中共十一届三中全会以后，党和国家的工作重心转移到以经济建设为中心的现代化建设轨道上来，开创了社会主义现代化建设的新局面：农村实行了家庭联产承包责任制，城市对国有企业进行了改革，并且逐步确立了社会主义市场经济体制，随着中国加入世贸组织，中国经济正以他的开放性和快速发展影响着世界。

实践活动课

从百姓生活的变迁看社会主义市场经济体制

改革开放以来，人民的生活发生了翻天覆地的变化，中国也逐步确立了社会主义市场经济体制。

实施课程的目的：

以学生的主体活动为主，通过自主活动、自主思考、自主探究、自主实践，引导学生在历史活动中去体验改革开放前后人民生活的变化，加深对市场经济体制的认识。

培养学生实践探究意识，锻炼学生自主学习、合作学习与实践创新能力，实现自我感悟和自我教育。

通过资料的搜集与整理，培养学生对资料的分析整理、对比分析和概括总结能力。

活动内容：

1. 以采访或其他方式搜集改革开放前后民众生活水平变化的资料。

2. 内容和形式要做到多样化，如：涉及百姓日常生活中使用的不同类型的卡（各种类型的信用卡、消费卡）；饮食的丰富多样化及餐饮文化的兴起，服饰的个性化及功能的演变，居住环境的改善及多样化家装热，交通工具及方式的变化，流行词语的变化及创新；通讯工具的变迁等。

形式可运用图片、实物、音像视频、文字等多种形式。

操作方案：

1. 学生分组，先确定一个选题，根据确定的内容，选定调查的对象，制定具体的行动计划。

2. 分类整理所获得的各种资料，进行比对分析，写出调查报告，并探讨自己在活动中的感悟。如关于自己学习能力方面有何提高，对市场经济的认识有何变化，对小组协作解决问题有何建议等。

3. 学生通过多种形式展示自己的成果，如，办板报、课堂讨论或进行多媒体展示的方式；培养学生用历史发展、社会进步的眼光看待新中国成立后人民生活水平的提高，体会市场经济的优越性，感悟经济文明的进步。

活动建议：

1. 建议可设计调查问卷，内容可细化，要照顾到不同阶层的社会生活实际。

如饮食方面可设计，食品结构、食物种类的变化，饮食消费习惯的变化，饮食方面消费金额的变化，对外来食物的认同与否等。

服饰方面可设计，服装来源的变化，面料的变化，对服装功能认识的变化（实用或美观），消费理念的变化，对名牌效应的看法等。

2. 可以按衣食住行分组。

第三单元

新中国的外交

导语：新中国成立后，奉行独立自主的和平外交政策，开始以平等的身份登上世界舞台，为谋求民族独立和世界和平作出了积极贡献。中国政府倡导的"和平共处五项原则"对当时和以后的国际关系产生了深远的影响。

20世纪70年代，随着世界局势的变化，美国转变对中国的遏制与孤立政策，中国抓住机会以"小球推动大球"的方式实现了中美关系的重大突破。随着中国恢复在联合国合法席位、中日建交、中美关系正常化，中国外交打开了新局面。

十一届三中全会以后，中国政府对外交政策做出重大调整，积极参加联合国和地区性国际组织的外交活动，为维护世界和平和促进人类的共同发展做出了重大贡献。

第一课　建国初期的外交

一、独立自主的外交方针

第二次世界大战后，世界上出现了以苏联为首的社会主义阵营和以美国为首的资本主义阵营之间的对立局面，两大阵营激烈斗争，成为当时国际关系的鲜明特点。

1949年10月1日，毛泽东在开国大典上向各国政府宣告："凡愿遵守平等、互利及互相尊重领土主权等项原则的任何外国政府，本政府均愿与之建立外交关系"，从而确立了新中国奉行的独立自主的和平外交政策。

我读历史

第五十四条　中华人民共和国外交政策的原则，为保障本国独立、自由和领土主权的完整，拥护国际的持久和平和各国人民间的友好合作，反对帝国主义的侵略政策和战争政策。

第五十五条　对于国民党政府与外国政府所订立的各项条约和协定，中华人民共和国中央人民政府应加以审查，按其内容，分别予以承认，或废除，或修改，或重订。

第五十六条　凡与国民党反动派断绝关系、并对中华人民共和国采取友好态度的外国政府，中华人民共和国中央人民政府可在平等、互利及互相尊重领土主权的基础上，与之谈判，建立外交关系。

第五十七条　中华人民共和国可在平等和互利的基础上，与各外国的政府和人民恢复并发展通商贸易关系。

——摘自《中国人民政治协商会议共同纲领》

事实上，早在1949年春夏之交，以毛泽东为首的中国共产党人就先后提出了"另起炉灶"、"打扫干净屋子再请客"和"一边倒"的三大基本外交方针。

1949年10月1日，毛泽东主席在开国大典上

"另起炉灶"指的是新中国不承认国民政府建立的一切旧的屈辱的外交关系，而要在新的基础上同各国另行建立新的平等的外交关系。这改变了旧中国半殖民地的地位，是新中国实现独立自主的基本保证，解决了新中国如何对待同帝国主义之间的不平等关系和不平等条约的问题。

"打扫干净屋子再请客"指的是新中国首先要清除帝国主义在华的残余势力和特权，巩固新生政权，然后再考虑与西方国家建立外交关系的问题。这一政策为新中国和世界各国尤其是资本主义国家建立平等互利的外交关系奠定了基础。

"一边倒"指在两大阵营尖锐对立的国际斗争中，中华人民共和国坚定地站在社会主义阵营一边。"一边倒"方针既体现了中国人民反对帝国主义的严正立场，又使新中国在保障人民革命胜利果实、捍卫民族独立和争取和平的斗争中不至于被孤立，有利于迫使资本主义国家无条件承认新中国，与新中国通过谈判建立平等互利的外交关系。

"一边倒"方针，是在帝国主义和反对派敌视新中国的历史条件下产生的，是为了打破帝国主义封锁新中国的重大战略举措。它既不意味着中国政府放弃独立自主权利、无原则地倒向苏联，也不意味着中国拒绝同英、美等资本主义国家的来往。

我读历史

一边倒，是孙中山的四十年经验和共产党的二十八年经验教给我们的，深知欲达到胜利和巩固胜利，必须一边倒。积四十年和二十八年的经验，中国人不是倒向帝国主义一边，就是倒向社会主义一边，绝无例外。骑墙是不行的，第三条道路是没有的。我们反对倒向帝国主义一边的蒋介石反动派，我们也反对第三条道路的幻想。

——摘自1949年6月20日毛主席的《论人民民主专政——纪念中国共产党二十八周年》

在独立自主外交方针的指导下，新中国积极开展外交活动，建国第一年就和苏联等17个国家建立了外交关系，冲破了美国对中国的外交孤立。

我读历史

有一天，斯大林突然喜欢起菠萝罐头来，他立刻指示马林科夫说："给中国人发个电报，说我希望他们拿出一块地方来让我们建立一个菠萝罐头厂。"

两天后，苏联收到中国的回电。在电报里，毛泽东说："我们接受你们的提议。假如你们对菠萝罐头有兴趣，可以给我们一笔贷款，由我们自己来建一个罐头厂。我们用这个厂生产的罐头来偿还你们的贷款。"斯大林听说后，立即咒骂和发起火来。

这件事极大地伤害了毛泽东的民族情感，也是毛泽东主席坚持独立自主、不屈服于苏联大国沙文主义的一个事例。

——摘自董保存的《钓鱼台往事追踪报告》

二、和平共处五项原则

1953年12月，中印两国就西藏地方的关系举行谈判。周恩来总理在接见印度政府代表团时，第一次提出了"互相尊重领土主权、互不侵犯、互不干涉内政、平等互惠、和平共处"[1]五

---

[1] 和平共处五项原则后来在措辞上作了修改，把"互相尊重领土主权"改为"互相尊重主权和领土完整"，把"平等互惠"改为"平等互利"。

1950年毛泽东赴莫斯科出席《中苏友好同盟互助条约》签字仪式

周恩来与印度总理尼赫鲁共商和平共处五项原则

项原则，作为处理两国关系的原则。第二年，周恩来总理访问印度和缅甸时，分别与印度总理尼赫鲁和缅甸总理吴努发表联合声明，双方一致同意以和平共处五项原则作为指导中印、中缅两国关系的基本原则。

我读历史

1954年4月29日，中印双方签署《中印关于中国西藏地方和印度之间的通商及交通协定》，将和平共处五项原则写入序言。这是和平共处五项原则第一次写入正式的国际文件。同年6月28日，中印两国总理发表联合声明，指出："最近中国和印度曾经达成一项协议。在这一协议中，它们规定了指导两国之间关系的某些原则，这些原则是：甲、互相尊重领土主权；乙、互不侵犯；丙、互不干涉内政；丁、平等互利；戊、和平共处。两国总理重申这些原则，并且感到在他们与亚洲以及世界其他国家的关系中也应该适用这些原则。如果这些原则不仅适用于各国之间，而且适用于一般国际关系之中，它们将形成和平和安全的坚固基础。"中印两国总理发表联合声明的1954年6月28日，成为和平共处五项原则的正式纪念日。

在中、印、缅三国总理的积极倡导下，和平共处五项原则在国际上产生了深远影响，被世界上越来越多的国家所接受，已经成为处理国与国之间关系的基本准则。

三、日内瓦会议和万隆会议

1954年4月至7月，为和平解决朝鲜问题和印度支那恢复和平问题，中、苏、美、英、法等国外长在瑞士召开日内瓦会议。

这是新中国首次以世界五大国的地位和身份参加讨论国际问题。

日内瓦会议最终就恢复印度支那和平问题签署了一系列协议，对50年代中期国际形势的缓和作出了积极的贡献。中国代表团在会议上的积极作用和周恩来总理出色的外交才能，大大提高了新中国的国际声誉和地位。

二战后，亚洲民族解放运动蓬勃兴起，一大批亚非国家赢得独立。1955年，众多亚非国家的首脑在印度尼西亚召开了万隆会议，讨论

1954年出席日内瓦会议进入会场的周恩来

我读历史

1953年7月《朝鲜停战协定》签订后，朝鲜半岛的战争状态并未结束，开始由军事斗争转化为政治外交斗争。

在美国的操控下，第8届联合国大会第430次全体会议通过关于朝鲜问题的两项决议，主张召开朝鲜问题政治会议，但是以中国不是联合国成员国将中国政府排除在外。面对美国企图废弃《朝鲜停战协定》的政治图谋，中国政府发表声明，主张政治会议应根据《朝鲜停战协定》第60款的规定，先行从朝鲜撤出包括联合国军及中国人民志愿军在内的一切外国军队，然后再讨论其他问题。随后，周恩来就政治会议的具体形式提出4点建议：参加会议的国家应为交战双方的全体国家，包括南、北朝鲜在内，还应邀请苏联、印度等中立国；会议采取圆桌会议的形式，但政治会议的任何决议必须得到交战双方的一致同意；第8届联合国大会在讨论扩大政治会议成员问题时，应邀请中国政府和朝鲜民主主义人民共和国政府代表；在政治会议的成员问题解决后，双方应讨论会议的地点和时间。美国坚持把参加会议的国家限定在是联合国成员国的交战双方，但是，远东地区重要问题的解决离不开中国的参与。

在苏联、英国和法国的推动下，新中国第一次以大国的身份参加了日内瓦会议。

1955年4月周恩来在印度尼西亚万隆召开的首届亚非会议上讲话

保卫和平、争取民族独立、发展民族经济等共同关心的问题。针对帝国主义的破坏和与会国之间的矛盾及分歧，尤其是一些国家对新中国的误解和疑惧，周恩来总理提出"求同存异"方针，促进了万隆会议的成功召开。

我读历史

万隆会议有29个不同社会制度和意识形态的国家参加。会上，有代表攻击共产主义甚至怀疑中国对邻国搞颠覆活动。针对这种情况，周恩来总理首先向与会各国表明："中国代表团是来求团结而不是来吵架的"，"中国代表团是来求同而不是来立异的"，他说"亚非绝大多数国家和人民自近代以来都曾经受过，并且现在仍在受着殖民主义所造成的灾难和痛苦"，"从解除殖民主义痛苦和灾难中找共同基础，我们就很容易互相了

周恩来出席万隆会议

解和尊重、互相同情和支持，而不是互相疑虑和恐惧、互相排斥和对立"，他强调"我们应该求同存异"。周恩来总理的发言得到了与会代表的热烈欢迎和拥护，促进了万隆会议最终取得成功。

万隆会议所体现出的亚非各国人民反对殖民主义、种族主义，争取和巩固民族独立，保卫世界和平，要求亚非国家之间和平相处、友好合作的精神，通常被称为"万隆精神"。

万隆会议是第一次没有殖民主义国家参加的亚非会议。万隆会议加强了中国和亚非各国的联系。会后，中国与更多的亚非国家建立了外交关系，扩大了中国在世界的影响。

四、中美关系正常化和中日建交

20世纪70年代初，世界局势发生深刻变化，美国在同苏联的争霸中处于守势。为了扭转不利局面，美国希望改善同中国的关系。

中苏关系恶化，苏联陈兵中国北部边境，严重威胁中国安全。毛泽东和周恩来从调整中、美、苏大三角关系的外交战略需要出发，也希望改善中美关系。

尼克松访华

我演历史

"乒乓外交"是世界外交史上的佳话。1971年4月，在日本名古屋举办的第31届世界乒乓球锦标赛上，美国选手科恩意外搭乘上中国选手的大巴，中国乒乓球运动员庄则栋主动上前搭讪并赠送杭州织锦给科恩，引发中美互邀乒乓球队来访，从此结束了中美之间20多年人员交往隔绝的历史，打开了中美交往的大门。

请你和同学们以历史短剧的形式，再现世界外交史上的这段佳话吧！

科恩展示庄则栋赠送的杭州织锦

1971年7月,美国总统尼克松的国家安全事务助理基辛格秘密访华,就尼克松访华一事达成协议。

1972年美国总统尼克松访华。访问期间,毛泽东主席会见了尼克松总统,周恩来总理同尼克松进行了会谈,双方签署并发表了《中美联合公报》,两国关系开始走向正常化。随着两国关系的发展,1979年元旦,中美两国正式建立外交关系。

1972年毛泽东在中南海会见来访的尼克松

我看历史

一直以来,台湾问题都是中美关系中最敏感的问题,结合《中美联合公报》中中美双方对台湾问题的各自表述,说一说你对此是如何认识的?

中国方面重申自己的立场:台湾问题是阻碍中美两国关系正常化的关键问题;中华人民共和国政府是中国的唯一合法政府,台湾是中国的一个省,早已归还中国,解放台湾是中国的内政,别国无权干涉;全部美国武装力量和军事设施必须从台湾撤走;中国政府反对任何旨在制造"一中一台"、"一个中国、两个政府"、"两个中国"、"台湾独立"和鼓吹"台湾地位未定"的活动。

美国方面声明:美国认识到,在台湾海峡两边的所有中国人都认为只有一个中国,台湾是中国的一部分。美国政府对这一立场不提出异议。它重申它对由中国人自己和平解决台湾问题的关心。考虑到这一前景,它确认从台湾撤出全部美国武装力量和军事设施的最终目标。在此期间,它将随着这个地区紧张局势的缓和逐步减少它在台湾的武装力量或军事设施。

——摘录于1972年2月29日《人民日报》刊登的《中美上海公报》

周恩来总理和田中首相举杯庆祝中日建交

中美关系的改善直接推动了中日建交。

1972年9月,日本首相田中角荣应邀访华,双方签署了中日两国政府联合声明,正式建立外交关系。

尼克松访华在政治上打开了西方国家与新中国交往的大门。随后,英国、荷兰、德意志联邦共和国、澳大利亚、西班牙等数十个国家纷纷和新中国建交,我国外交出现了新局面。

◎ 本课小结

1949年至1979年,是新中国成立后独立自主外交方针形成、确立并指导外交工作实践的三十年。在此期间,中国外交经历了从"一边倒"到"反帝反修"、"反两霸",再到"联美抗苏"四个阶段,先后取得了日内瓦会议、万隆会议和恢复联合国合法席位等重大外交成就,尤其是和平共处五项原则的提出,对解决国与国之间的问题产生了深远的影响。

第二课　新时期的外交

一、新时期的外交方针

我读历史

　　第二次世界大战后，战争与和平问题依然是国际社会面临的突出问题。20世纪六七十年代，毛泽东在科学分析国际局势的基础上，先后提出了两个"中间地带"[1]和"三个世界"[2]划分的战略，对中国加强同第三世界国家的团结、争取第二世界共同反霸起了重要的作用。

20世纪70年代以来，国际形势发生重大变化，新科技革命和世界经济不断发展，和平与发展成为世界的主题。

党的十一届三中全会把国家的工作重心转移到经济建设上来，我国进入社会主义现代化建设的新时期。为创造一个和平稳定的国际环境，我国的外交战略和外交政策随之做出调整，反对霸权主义和强权政治、维护世界和平成为我国外交政策的目标。

党的十一届三中全会制定了改革开放的方针

我读历史

　　"现在世界上真正大的问题，带全球性的战略问题，一个是和平问题，一个是经济问题或者说是发展问题。和平问题是东西问题，发展问题是南北问题，概括起来就是东西南北四个字。南北问题是核心问题。"

——摘自《邓小平文选》第三卷

20世纪80年代以来，国际形势发生重大变化，美苏争霸转入均衡相持阶段。随着改革开放政策的实行，中国经济迅速发展，国际地位也不断提高，成为世界政治舞台上的一支重要力量。邓小平根据形势变化，确定真正的不结盟政策，坚持奉行独立自主的和平外交方针，坚决反对超级大国争夺霸权，不依附于任何大国或集团。

---

　　[1]　两个中间地带：亚洲、非洲、拉丁美洲是第一个中间地带；欧洲、北美、加拿大、大洋洲是第二个中间地带。日本也属于第二个中间地带。
　　[2]　三个世界：美国、苏联是第一个世界；中间派，日本、欧洲、澳大利亚、加拿大是第二世界；亚洲（除了日本）、非洲、拉丁美洲是第三世界。

我看历史

中国一贯重视与不结盟运动[1]的关系，在国际事务中也与不结盟运动保持着良好的合作。那么，为什么中国没有加入不结盟运动呢？

20世纪八十年代末，随着东欧剧变、苏联解体，国际社会主义运动遭遇重大挫折。面对国际上的复杂情况，邓小平审时度势，及时提出了冷静观察、稳住阵脚、沉着应付、韬光养晦、善于守拙、决不当头、有所作为等对外关系指导方针，还确立了独立自主、完全平等、互相尊重、互不干涉内部事务的党际关系。

我读历史

1990年12月邓小平在同几位中央负责同志谈话时说："我们千万不要当头，这是一个根本国策。这个头我们当不起，自己力量也不够。当了绝无好处，许多主动都失掉了。中国永远站在第三世界一边，中国永远不称霸，中国也永远不当头。但在国际问题上无所作为不可能，还是要有所作为。作什么？我看要积极推动建立国际政治经济新秩序。我们谁也不怕，但谁也不得罪，按和平共处五项原则办事，在原则立场上把握住。"[2] 1992年4月邓小平又指出："我们再韬光养晦地干些年，才能真正形成一个较大的政治力量，中国在国际上发言的分量就会不同。"[3]

冷战结束后，国际局势复杂多变，世界多极化和经济全球化不断发展。

江泽民继承和发展了邓小平的外交思想，始终不渝地奉行独立自主的和平外交方针，反对霸权主义和强权政治，维护国家的独立、主权和尊严，在和平共处五项原则的基础上广泛建立伙伴关系，推动世界多极化，强调国际关系民主化，争取实现建立国际政治经济新秩序的目标。

亚太经合组织会议的经济体领导人在上海科技馆前

2001年10月亚太经合组织会议在上海举行。中国国家主席江泽民首先发表重要讲话，接着，与会领导人以"新世纪、新挑战：参与、合作、促进共同繁荣"为主题，讨论了世界经济形

---

[1] 不结盟运动是一个松散的国际组织，萌发于冷战时期，其成员国绝大部分是亚洲、非洲和拉丁美洲的发展中国家，奉行独立自主、不与美苏两个超级大国中的任何一个结盟的外交政策。

[2] 《邓小平选集》第3卷，河南人民出版社1993年版，第363页。

[3] 中共中央文献研究室编：《邓小平年谱（一九七五——一九九七）》（下），中央文献出版社2004年版，第1346页。

势和亚太经合组织未来发展方向等问题。会议达成了广泛的共识，通过并发表了《上海共识》和《领导人宣言：迎接新世纪的新挑战》等文件。

我读历史

亚太经济合作组织（Asia-Pacific Economic Cooperation，简称APEC）是亚太地区最具影响力的经济合作论坛，也是亚太地区最高级别的政府间经济合作机制。1989年11月，澳大利亚、美国、加拿大、日本、韩国、新西兰和当时的东盟六国在澳大利亚首都堪培拉举行亚太经济合作会议首届部长级会议，标志着亚太经济合作组织的正式成立。1991年11月，中国以主权国家身份正式加入亚太经合组织。

亚太经合组织现有21个成员，总人口高达26亿，约占世界人口的40%，国内生产总值（GDP）超过19万亿美元，约占世界的56%，贸易总额约占世界的48%，在全球经济中占有举足轻重的地位。自成立以来，亚太经合组织不断加强区域经济合作，开展经济技术合作，在推动全球贸易投资自由化和便利化、促进亚太地区经济发展等方面做出了突出贡献。

进入21世纪，世界多极化和经济全球化深入发展，国与国之间的联系越来越紧密，维护世界和平、促进共同发展成为各国人民的共同愿望。与此同时，国际恐怖主义活动日益猖獗，新的全球性公共安全问题层出不穷。面对世界出现的问题，我国提出了建设持久和平与共同繁荣的"和谐世界"理念。

"和谐世界"是胡锦涛主席在2005年4月参加雅加达亚非峰会时提出的，希望亚非国家"推动不同文明友好相处、平等对话、发展繁荣，共同构建一个和谐世界"。同年7月，胡锦涛主席出访俄罗斯时，"和谐世界"理念第一次被确认为国与国之间的共识，写入《中俄关于21世纪国际秩序的联合声明》中，标志着这一理念逐渐进入国际社会的视野。

2005年在纪念联合国成立六十周年的首脑会议上，胡锦涛主席对"和谐世界"理念的内涵进行了深入的阐述。

2005年胡锦涛主席在联合国成立60周年首脑会议上发言

我看历史

"和谐"是儒家思想的核心价值观，胡锦涛主席将"和谐"理念引入了不同文明之间相处的范畴。想一想，你是如何理解"和谐世界"理念的？

为实现构建和谐世界的目标，中国采取了反对国际恐怖主义、尊重相关国家主权；重视核不扩散条约的实施；反对美国威胁和入侵其他国家；践行"以邻为善、与邻为伴"的方针；重视发展同西方国家的关系；倡议中非论坛，重视落实对非洲的援助等措施。

2006年中非合作论坛北京峰会召开

我读历史

中非合作论坛是中国和非洲国家之间在平等互利基础上的集体对话机制，旨在加强平等磋商、扩大务实合作、促进共同发展。

1999年，根据部分非洲国家的建议，中国政府倡议于2000年在北京召开中非合作论坛——北京2000年部长级会议，以进一步加强中国与非洲的友好合作，共同应对经济全球化挑战，谋求共同发展。在双方共同努力下，中非合作论坛首届部长级会议于2000年10月在北京举行。会议通过《北京宣言》和《中非经济和社会发展合作纲领》两个历史性文件，中非合作论坛正式成立。

自成立以来，中非合作论坛已成为中非双方集体对话和务实合作的有效平台，中非多边、双边合作机制得到进一步加强，中非合作得以在更大范围、更广领域和更高层次上全面深入发展，特别是2006年召开的中非合作论坛北京峰会暨第三届部长级会议确立了中非政治上平等互信、经济上合作共赢、文化上交流互鉴的新型战略伙伴关系，在中非关系史上具有里程碑意义。

目前，中国已成为非洲第一大贸易伙伴国，非洲是中国第四大海外投资目的地。2011年中非贸易额达到1663亿美元，比2000年增长了16倍，非洲对华贸易顺差达201亿美元。

二、以联合国为中心的多边外交

在中美关系改善的同时，中国在联合国的合法席位得到恢复。1971年，第26届联合国大会以压倒多数的票数通过了阿尔巴尼亚、阿尔及利亚等23国的提案，恢复了中华人民共和国在联合国的一切合法权利，包括安理会常任理事国的席位。

恢复中国在联合国合法席位是新中国外交的重大胜利，从此新中国开始步入世界舞台，展开以联合国为中心的多边外交，在国际事务中发挥越来越重要的作用。

1945年董必武在《联合国宪章》上签字

我读历史

联合国是一个由主权国家组成的政府间国际组织。1945年10月24日,《联合国宪章》在美国加州旧金山签署生效,标志着联合国正式成立。中国是联合国的创始国和五大常任理事国之一,从1942年初到1945年5月,中国与美英苏一起为筹建联合国作了一系列准备工作,作为一个被压迫民族的代表和亚洲国家的代表,中国对联合国的组建提出了许多建设性的建议。中国是旧金山制宪会议的发起国和第一个在《联合国宪章》上签字的国家。新中国成立后,由于美国对新中国的敌视和阻挠,中国在联合国的席位一直被蒋介石集团所把持。

我演历史

重返联合国是新中国外交的一大盛事。

请结合相关资料和背景故事,然后以"乔的笑"为题目,编排一个包括"基辛格秘密访华"、"联合国大会表决通过2758号决议"、"乔冠华率中国代表团首次参加联合国大会"的三幕历史剧,展示中国恢复联合国合法席位这一新中国外交史上伟大盛事。

中国恢复联合国席位后乔冠华(左)兴奋得抚掌大笑

20世纪80年代以来,随着中国改革开放政策的实行和外交政策的转变,中国开始积极、主动参加联合国的各项行动。

参加联合国维和行动。中国1982年开始承担联合国维和费用,1988年正式成为联合国维和行动特别委员会成员国。1990年4月,中国军队向中东停战监督组织派遣5名军事观察员,是中国首次参加联合国维和行动。

我读历史

自1990年第一次向中东地区派出军事观察员以来,中国迄今共参加了16项联合国维和行动,共派遣维和人员8000余人次。而据联合国维和网站公布的资料,截止2008年1月底,中国共有1963人在执行13项维和任务,其中军人1714名、军事观察员70名、警察179名,是联合国安理会5个常任理事国中派出维和人员最多的国家[1]。

20多年来,本着对国际社会高度负责的精神,中国把参与国际维和行动视作维护世界和平,履行一个负责任世界大国应尽国际义务的重要途径。目前,中国是安理会5个常任理事国中派兵最多的国家,是缴纳联合国维和摊款最多的发展中国家。

积极参与多边经济与社会领域机构的活动。1980年中国恢复在国际货币基金组织和世界银行的合法地位;1984年中国成为国际原子能机构的正式成员国;1986年中国被接纳为亚洲开发银行的正式成员;2001年11月,中国成功加入世界贸易组织(WTO),成为世贸组织第143名成员国。

---

[1] 联合国维和网站:http://www.un.org/chinese/peace/peacekeeping/contributors/index.htm。

中国代表团团长石广生在多哈签署中国入世议定书　　　　　　　中美双方就中国加入世贸组织达成协议

我读历史

从复关到入世，中国整整走了15年。谈判过程中的磕磕绊绊不计其数，但是中美之间的较量无疑是最艰难的。

1999年4月，朱镕基总理访问美国，中美就农业等重大问题达成共识，但克林顿在这个关键环节却仍不同意签订协议。

1999年11月，到了谈判的最后关头，中美还剩七个问题无法达成共识。朱镕基总理当机立断，对中国代表团的代表们说："我跟他们谈。"

朱总理在谈判桌上着实让大家捏了一把汗。讨论前三个问题时，他都表示同意。中国入世谈判的首席谈判代表龙永图急了，不断给总理递条子，没想到朱总理沉着脸说："龙永图，你不要再递条子了。"当讨论第四个问题时，朱总理说："后面四个问题你们让步吧，如果你们让步我们就签字。"朱总理以退为进、诱敌深入的策略果然奏效，美方终于同意了中方的意见。

龙永图说："事实证明，后面四个坚持没有放弃的问题，正是我们最重要的底线，这就是对优先次序的判断。"

我看历史

中国成功加入WTO后，有人把龙永图视作"民族英雄"、"入世功臣"，也有人称他为"卖国贼"。中国入世是利大于弊还是弊大于利，一直以来，人们争论不休。请结合入世以来的中国经济社会发展状况，谈谈你对这一问题的看法。

中国深入参与联合国人权、环保等多个领域的活动。随着经济全球化和世界多极化的深入发展，尤其是中国改革开放的深入开展和综合国力的提高，中国已全面和深入地参与到联合国人权、环保等多个领域的活动中。

在维护人权方面，中国先后签署了《儿童权利公约》、《残疾人权利公约》等一系列国际公约。

2006年5月，第60届联大举行新成立的人权理事会的首次选举，中国以146票的高票成功当选新成立的人权理事会成员。中国主张人权理事会以公正、客观和选择性方式处理人权问题，加强不同文明、文化、宗教间的建设性对话与合作。

在环保领域，我国先后签署了《保护臭氧层维也纳公约》、《生物多样性公约》、《气候变化公约》、《京都议定书》[1]等联合国重要环境公约，开始在国际公约的框架下加强环境保护工作。2010年还在天津首次承办了联合国框架下气候变化的正式谈判会议。

2006年5月中国常驻联合国副代表张义山大使听取发言

我讲历史

2012年11月，党的十八大将"生态文明"提到了关系人民福祉、关乎民族未来的战略层面，环境保护得到了空前的重视。

请搜集资料，讲一讲我国在环境保护方面都采取过哪些措施？

◎ 本课小结

在科学判定和平与发展是当今世界两大主题的基础上，我国对外交方针进行调整，确立了真正的不结盟政策，在和平共处五项原则的基础上，同世界上一切爱好和平的国家和平相处，反对霸权主义和强权政治。

冷战结束以后，面对复杂多变的国际局势，邓小平提出了"韬光养晦、有所作为"的外交策略，全面参与联合国事务，积极开展多边外交，推动新型区域合作，为维护世界和平作出了重要贡献。

---

[1] 《京都议定书》是1997年在日本京都召开的《气候框架公约》第三次缔约方大会上通过的国际性公约，全称是《联合国气候变化框架公约的京都议定书》，是《联合国气候变化框架公约》的补充条款，为各国的二氧化碳排放量规定了标准，即：在2008年至2012年间，全球主要工业国家的工业二氧化碳排放量比1990年的排放量平均要低5.2%。

实践活动课

图说历史——图说新中国外交

外交是一个国家在国际上参与处理国与国之间关系的政治活动。俗话说"弱国无外交",旧中国屈辱的外交史充分说明了这一点。

新中国成立以来,我国在外交上取得了巨大的成就,其中既有强大的国家实力做后盾,又有外交家们对祖国的忠诚热爱和出色的才华与智慧。

如今,随着经济全球化和信息化时代的来临,国与国之间的关系越来越密切,影响国与国交往的不再局限于外交官,民间外交成为官方外交的重要补充,发挥着不可忽视的作用。了解中国外交不仅能增强民族情感,更有助于促进国际交流与合作。

活动内容:

以图说历史的方式交流新中国取得的外交成就和外交轶事。

活动目标:

知识目标,通过图说历史了解新中国取得的外交成就。

能力目标,通过搜集、整理图片、写解说词等环节,提高综合分析能力和语言表达能力。

情感态度价值观目标:通过参与活动增强团结、协作的意识和能力,感受新中国国际地位的提高,增强民族自豪感。

活动步骤:

1. 利用一周时间搜集反映新中国外交活动的各种图片和文字资料,并对每幅图片配上相应的文字说明。

2. 将全班搜集来的图片资料进行归类整理,然后按照不同历史时期给各个小组分派任务,组内分工对每一张图片资料进行细化加工,形成短小精悍、喜闻乐见的小故事。

3. 组织主题活动课,各组交流展示新中国的外交成就。

4. 将交流成果制作成展板,在校园内进行展示,或者制成简报校内发行。

活动建议:

1. 选材要积极正面,彰显新中国外交成就以及中国人民爱好和平、为维护世界和平作出的重要贡献。

2. 要给予学生充分的主动权,体现学生的主体地位。

3. 让每一个学生参与其中,注意分工合作。

活动延伸:

1. 根据学生的活动情况,可以进一步设计相关活动,如辩论会"中国还需要韬光养晦吗"?

2. 仿照《图说新中国外交》的形式,开展图说新中国的科技成就、新中国的国防建设、新中国的工业成就等活动。

第四单元

社会主义时期文化的发展和社会生活的巨变

> **导语：** 新中国成立后，由于缺乏经验、照搬苏联模式，我国的社会主义建设出现了严重失误。十一届三中全会以后，中国共产党重新确立实事求是的思想路线，先后提出邓小平理论、"三个代表"重要思想和科学发展观等重大战略理论，逐渐形成了中国特色社会主义理论体系。
>
> 20世纪四五十年代出现的以原子能、电子计算机、航天技术为代表的第三次科技革命，大大推动了生产力的发展和社会进步，也促进了新中国科学技术的发展。随着"863"计划的实施，中国取得了举世瞩目的科技成就，有些居于世界领先地位。
>
> 改革开放以来，我国经济飞速发展，物质极大丰富，人民的生活水平大大提高，文化教育事业迅速发展，民众素质稳步提升，科教兴国、创新立国成为新时期我国的发展战略。

第一课　建设中国特色的社会主义理论

中国特色社会主义理论体系是马克思主义中国化的最新理论成果。2007年召开的党的十七大，对马克思主义中国化的理论成果作出最新概括，指出中国特色社会主义理论体系就是包括邓小平理论、"三个代表"重要思想以及科学发展观等重大战略思想在内的科学理论体系。

一、邓小平理论的形成和发展

邓小平理论是马克思列宁主义同当代中国实际相结合的产物，是对毛泽东思想的继承和发展。

1956年底，社会主义改造基本完成，毛泽东向全党提出要探索马克思主义和中国实际的第二次结合，探索中国自己的社会主义建设道路。

我讲历史

由于缺乏经验、对社会主义本质认识不清和国内国际局势的影响，我国在社会主义探索阶段出现了严重失误。

请通过访谈或者查找资料，给同学们讲一讲"大跃进"、"人民公社化"或者"文革"时期，我国社会主义建设遭受的重大损失。

毛泽东对如何进行社会主义建设进行了艰辛的探索，他提出的"统筹兼顾，适当安排"的方针，社会主义可以区分为"不发达的社会主义"和"比较发达的社会主义"两个阶段等重要观点，对建设中国特色社会主义具有长远的指导意义，为中国特色社会主义理论体系的形成奠定了理论基础。

我读历史

1956年4月毛泽东的《论十大关系》，深刻阐述了正确处理重工业和轻工业、农业的关系；沿海工业和内地工业的关系；经济建设和国防建设的关系以及国家、集体和个人关系的基本原则。提出了改革过于集中的计划体制的初步构想，要求中央向地方分权和扩大企业自主权。

1957年2月，毛泽东《关于正确处理人民内部矛盾的问题》讲话，创造性地提出了社会主义社会基本矛盾和两类矛盾的学说，提出了"统筹兼顾，适当安排"的方针和发展工业必须与发展农业同时并举的工业化方针。

20世纪60年代，毛泽东还提出了社会主义可以区分为"不发达的社会主义"和"比较发达的社会主义"两个阶段、在社会主义经济占优势的条件下"可以消灭了资本主义，又搞资本主义"等重要观点。

毛泽东的许多观点尽管还不够成熟，有些甚至未付诸实施，但是具有十分重要的理论价值和实践价值，对我国的社会主义建设具有长远的指导意义。正如邓小平后来所说的："现在我们还是把毛泽东同志已经提出，但是没有做的事情做起来"，"把他没有做好的事情做好"，"今后相当长的时期，还是做这件事。当然，我们也有发展，而且还要继续发展"。

"文化大革命"结束后，人民欢欣鼓舞，我国社会主义建设百废待兴。

1978年5月，胡耀邦组织撰写的《实践是检验真理的唯一标准》公开发表，论述了马克思主义实践第一的观点，强调任何理论都要接受实践的考验，从而引发了一场关于真理标准问题的大讨论。

《光明日报》上刊登《实践是检验真理的唯一标准》

在邓小平的领导下，"关于真理标准问题"的大讨论，冲破了"左"的思想桎梏和"两个凡是"[1]的严重束缚，提出实践是检验真理的唯一标准，为党的十一届三中全会的召开做了思想准备，是建国以来党的历史上具有深远意义的思想解放运动。

1978年十一届三中全会期间，代表们举手表决通过重要决议

1978年12月，十一届三中全会在北京召开，纠正了"以阶级斗争为纲"的错误方针，作出把党和国家的工作重心转移到社会主义现代化建设上来和实行改革开放的战略决策，肯定了关于真理标准问题的讨论，确定了"解放思想，开动脑筋，实事求是，团结一致向前

---

[1] 凡是毛主席作出的决策，我们都坚决拥护；凡是毛主席的指示，我们都始终不渝地遵循。

看"的指导方针,实现了建国以来党的历史上的伟大转折。

1982年,在党的十二大上,邓小平第一次提出了"建设有中国特色的社会主义"这一命题,并正式提出从1981年起到20世纪末,在20年时间里实现全国工农业年总产值翻两番,达到"小康"水平的战略目标。

我读历史

1954年9月,在第一届全国人民代表大会上中共中央第一次明确提出要建设"强大的现代化的工业、现代化的农业、现代化的交通运输业和现代化的国防"。十一届三中全会后,随着对西方发达国家的了解,邓小平对到20世纪末中国的四个现代化目标作了新的解释。

1979年3月,邓小平在会见马尔科姆·麦克唐纳时说:"我们定的目标是在本世纪末实现四个现代化。我们的概念与西方不同,我姑且用个新说法,叫做中国式的四个现代化。"1979年12月,邓小平与日本首相大平正芳会面时说:"我们的四个现代化的概念,不是像你们那样的现代化的概念,而是'小康之家'……同西方来比,也还是落后的。"这是邓小平第一次用"小康"这个新名词来描述未来20年中国的发展前景,也是第一次用"小康"代替"四个现代化"的目标。

1979年3月,邓小平在会见马尔科姆·麦克唐纳

党的十二大以后,邓小平紧紧围绕"什么是社会主义、怎样建设社会主义"这一根本问题进行深入思考,逐步提出了在公有制基础上的有计划的商品经济、社会主义初级阶段、个体经济是社会主义市场经济必要的补充等重要论断。

1984年1月26日,邓小平为深圳经济特区题词

1987年党的十三大第一次比较系统地阐述了社会主义初级阶段的理论,制定了党在社会主

义初级阶段的"一个中心、两个基本点"的基本路线，明确提出我国现代化建设分"三步走"的战略目标。至此，党对建设有中国特色社会主义的理论有了比较充分的论述，标志着邓小平理论的初步形成。

我读历史

我国发展的三步走战略最早是由邓小平提出来的。1987年4月30日，邓小平在会见西班牙副首相格拉时，全面、系统地阐述了"三步走"的经济发展战略。他说："我们原定的目标是，第一步在80年代翻一番，以1980年为基数，当时国民生产总值人均只有250美元，翻一番达到500美元。第二步是到本世纪末，再翻一番，人均达到1000美元。实现这个目标意味着我们进入小康社会，把贫困的中国变成小康的中国。我们制定的目标更重要的还是第三步，在下世纪用30年到50年再翻两番，大体上达到人均4000美元。做到这一步，中国就达到中等发达的水平。这是我们的雄心壮志。"[1]

十三大以后，面对国内政治风波和苏联东欧剧变的严峻形势，党和全国人民顶住西方制裁的压力，保证了中国特色社会主义建设沿着十一届三中全会确定的正确方向不断发展。

1992年1月22日，中国改革开放的总设计师邓小平参观深圳仙湖植物园

1992年初，邓小平同志视察南方的重要谈话，从理论上深刻回答了经常困扰和束缚人们思想的许多重大问题，强调发展才是硬道理，"社会主义的本质，是解放生产力，发展生产力，消灭剥削，消除两极分化，最终达到共同富裕"。这次谈话对建设有中国特色的社会主义产生了深远影响，把改革开放和现代化建设推向了新的境界。

---

[1] 《邓小平选集》第3卷，河南人民出版社1993年版，第226页。

我看历史

谈一谈，你是如何认识"发展才是硬道理"这一基本理论的？

1992年10月，中国共产党第十四次全国代表大会召开，第一次使用"邓小平同志建设有中国特色社会主义理论"这一提法，并从九个方面系统的概括了这一理论的基本内容，标志着邓小平理论体系的初步确立。

1997年，党的十五大正式提出"邓小平理论"这一科学概念，深刻阐述了邓小平理论的历史地位和指导意义，把邓小平理论同马克思列宁主义、毛泽东思想一起确立为党的指导思想并写入党章；1999年载入我国宪法。

1997年9月党的第十五次全国代表大会在北京召开

二、"三个代表"重要思想的提出

针对世情、国情、党情的新变化，1989年邓小平提出了要"聚精会神地抓党的建设"。党的十三届四中全会以后，"建设什么样的党、怎样建设党"成为以江泽民为核心的党的第三代领导集体关注的重大问题。

2000年2月25日，江泽民在广东省考察工作时，第一次提出"三个代表"的要求。2001年7月，江泽民在纪念建党八十周年大会上的讲话，全面阐述了"三个代表"的科学内涵和基本内容，正确回答了在新的历史条件下"建设什么样的党、怎样建设党"这一重大课题。

我读历史

20世纪80年代末以来，中国共产党面临的世情、国情、党情都发生了重大变化。

从国际形势来讲，东欧剧变、苏联解体，世界社会主义运动遭到严重挫折；苏联解体以后，两极格局消失，世界多极化和经济全球化趋势日益明显；虽然和平与发展依然是时代的主题，但霸权主义和强权政治重新抬头，国际恐怖主义愈演愈烈；以信息技术为核心的高新技术快速发展，极大地改变了人们的生产生活方式和国际政治经济关系，综合国力竞争日益激烈。

从国内形势来讲，在胜利完成我国现代化建设三步走战略的前两步目标后，我国进入了全面建设小康社会、加快推进社会主义现代化发展的新阶段；改革开放取得了丰硕成果，人民生活水平大大提高，社会主义市场经济体制初步建立，改革进入攻坚阶段；加入WTO后，我国将在更大范围、更深程度上参与经济全球化，面对的压力和挑战前所未有。

就中国共产党自身而言，一方面，党的队伍发生了重大变化，新老更替不断进行，新党员人数大幅度增加；另一方面，中国共产党已经由建国之初的巩固新生政权的革命党变成了长期的执政党，如何提高党员素质和党的执政水平，提高拒腐防变和抵御风险的能力，成为党必须解决的两大历史性课题。

2001年7月，江泽民在纪念建党八十周年大会上讲话

"三个代表"指的是中国共产党要始终代表中国先进生产力的发展要求，代表中国先进文化的前进方向，代表中国最广大人民的根本利益。2002年11月，党的十六大把"三个代表"重要思想确立为党的指导思想并写进了党章，2004年又将其写进宪法。

"三个代表"重要思想是对马克思列宁主义、毛泽东思想、邓小平理论的继承和发展，是我国指导思想的又一次与时俱进，是指引全党全国人民全面建设小康社会的根本指针，也是推进我国社会主义自我完善和发展的强大理论武器。

我读历史

我们党要始终代表中国先进生产力的发展要求，就是党的理论、路线、纲领、方针、政策和各项工作，必须努力符合生产力发展的规律，体现不断推动社会生产力的解放和发展的要求，尤其要体现推动先进生产力发展的要求，通过发展生产力不断提高人民群众的生活水平。

我们党要始终代表中国先进文化的前进方向，就是党的理论、路线、纲领、方针、政策和各项工作，必须努力体现发展面向现代化、面向世界、面向未来的，民族的科学的大众的社会主义文化的要求，促进全民族思想道德素质和科学文化素质的不断提高，为我国经济发展和社会进步提供精神动力和智力支持。

我们党要始终代表中国最广大人民的根本利益，就是党的理论、路线、纲领、方针、政策和各项工作，必须坚持把人民的根本利益作为出发点和归宿，充分发挥人民群众的积极性主动性创造性，在社会不断发展进步的基础上，使人民群众不断获得切实的经济、政治、文化利益。

代表中国先进生产力的发展要求，代表中国先进文化的前进方向，代表中国最广大人民的根本利益，是统一的整体，相互联系，相互促进。发展先进的生产力，是发展先进文化，实现最广大人民根本利益的基础条件。人民群众是先进生产力和先进文化的创造主体，也是实现自身利益的根本力量。不断发展先进生产力和先进文化，归根到底都是为了满足人民群众日益增长的物质文化生活需要，不断实现最广大人民的根本利益。

——摘自《江泽民在庆祝建党八十周年大会上的讲话》

三、科学发展观

进入21世纪，我国社会主义建设取得了巨大的成绩，但依然处于并将长期处于社会主义初级阶段的基本国情没有变，人民日益增长的物质文化需要同落后的社会生产之间的矛盾这一社会主要矛盾没有变。

我读历史

自改革开放以来，中国经济快速增长，剔除价格因素，1978～2007年，中国国内生产总值（GDP）的年平均实际增幅高达9.8%，实现了连续29年的高速增长。经济的快速发展大大缩小了中国与西方发达国家的差距，2010年中国已经成为仅次于美国的第二经济大国。

随着改革的深入，我国经济社会发展不平衡的问题日益凸显，资源短缺、环境恶化、收入差距扩大等矛盾集中爆发，加上2008年金融危机发生后，国际竞争、国际排名以及强权政治对我国的压力加大，都对我国的发展提出了更高的要求。

我读历史

能源是关系到国民经济命脉和国家安全的重要战略物资，我国已经从改革开放初期能源出口国演变为世界能源进口大国。以石油为例，我国石油总量占世界的1.8%，人均是世界的1/25，消耗却占到世界的7%。1993年我国石油开始进口，2009年对外的依存度达到52%。

我国是世界上单位产值能耗最高的国家之一，每公斤标准煤创造的GDP仅为0.36美元，而日本为5.58美元，约是中国的15倍，我国主要产品单位能耗平均比国际水平高出约40%。

世界各国的发展实践表明，发展不仅仅是经济增长，而是经济、政治、文化、社会的全面、协调、可持续发展，是人与自然和谐的发展。

2003年8月，胡锦涛在江西考察工作时，明确使用了"科学发展观"概念。他指出，"要牢固树立协调发展、全面发展、可持续发展的科学发展观"[1]。

十六届三中全会

2003年10月，党的十六届三中全会通过的《中共中央关于完善社会主义市场经济体制若干问题的决定》增加了"以人为本"的提法，指出要"坚持以人为本，树立全面、协调、可持续的发展观，促进经济社会和人的全面发展"。

2007年10月，党的十七大报告深刻阐述了科学发展观的时代背景、科学内涵、精神实质和根本要求，明确提出科学发展观的第一要务是发展，核心是以人为本，基本要求是全面协调可持续发展，根本方法是统筹兼顾。

我看历史

以人为本是科学发展观的核心，对此你是如何理解的？

科学发展观是同马克思列宁主义、毛泽东思想、邓小平理论和"三个代表"重要思想既一脉相承又与时俱进的科学理论，是我国经济社会发展的重要指导方针，是发展中国特色社会主义必须坚持和贯彻的重大战略思想。

党的十七大把科学发展观写入了党章。

我读历史

唐山曹妃甸新区开发建设是中国十一五期间（2006～2010年)全国最大的项目集群。按照循环经济发展思路，曹妃甸的总体开发建设主要包括大型矿石原油码头、精品钢材生产基地、华北原油储备

---

[1] 《胡锦涛考察江西：发扬井冈精神建小康》

基地、大型火力发电厂四大主导产业，同时规划实施资源综合利用和工业废弃物重复利用项目，包括利用钢铁工业炼制焦炭的煤焦油，建设30万吨煤焦油深加工装置，发展煤化工及深加工产品；利用钢铁厂的工业废渣，建设年产240万吨的矿渣超细粉工程；利用发电厂的冷却海水建设海水淡化工程，海水淡化的浓缩卤水经加工用于氯碱工业。

作为国家首批发展循环经济试点产业园区之一，曹妃甸工业区将坚持以科学发展观为统揽，按照"减量化、再利用、资源化"原则，建立起循环经济产业体系、资源综合利用管理控制体系、生态建设和环境保护体系，形成完整的废旧物资和废弃物回收利用系统，最大限度地节约资源、保护环境，实现人与自然的和谐发展。

曹妃甸新区整体规划鸟瞰图

◎ 本课小结

党的十一届三中全会后，邓小平重新确立实事求是的思想路线，引导人们不断解放思想，建设有中国特色的社会主义，最终形成邓小平理论，解决了"什么是社会主义、怎样建设社会主义"的重大问题。

21世纪初，中国共产党提出"三个代表"重要思想，创造性地回答了新形势下"建设什么样的党，怎样建设党"这一直接关系党和国家前途命运的重大问题。2007年党的十七大召开，全面阐释了科学发展观的基本内涵，提出中国特色社会主义理论体系这一伟大旗帜，为建设中国特色社会主义事业指明了方向。

第二课　文化、科技与教育成就

一、"双百"方针与文化事业的曲折发展

社会主义改造基本完成后，为调动知识分子积极地投身社会主义建设，毛泽东先后提出"百花齐放"、"百家争鸣"的方针。

"双百"方针指的是在文艺创作上，允许不同风格、不同流派、不同题材、不同手法的作品同时存在，自由发展；在学术理论上，提倡不同学派、不同观点互相争鸣，自由讨论。毛泽东还强调要将"百花齐放，百家争鸣"作为党对科学文化工作基本的长期性方针。

"双百"方针一经提出，就受到科技、文艺界人士的热烈拥护，他们纷纷以极大的热情投入创作，一大批优秀作品涌现出来。著名的有长篇小说杨沫的《青春之歌》、梁斌的《红旗谱》、柳青的《创业史》；郭沫若的历史剧《蔡文姬》，田汉的《关汉卿》和《文成公主》；老舍的名作话剧《茶馆》；大型舞蹈史诗《东方红》、芭蕾舞《红色娘子军》、民族舞剧《丝路花雨》，歌剧《洪湖赤卫队》等都深受广大人民群众的欢迎。

与此同时，文艺期刊大幅增加，刊登的作品质量也不断提高，大大丰富了人民的业余文化生活。

1957年反右派斗争扩大化，一大批知识分子被划为右派，思想文化领域的各种批判铺天盖地；"双百"方针被严重扭曲，期间虽然出现过短暂的好转，但也只是昙花一现。

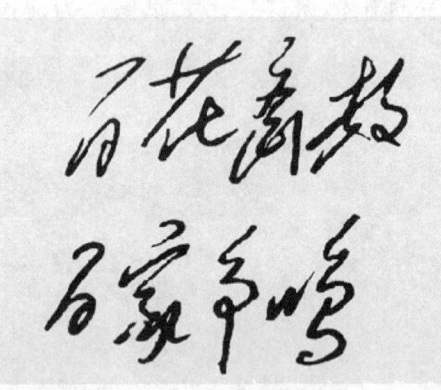

百花齐放百家争鸣（毛泽东手迹）

我读历史

1951年，毛泽东为中国戏曲研究院题词"百花齐放、推陈出新"；1953年就中国历史研究问题上提出了"百家争鸣"的主张。1956年4月，毛泽东在中共中央政治局扩大会议上说，艺术问题上的"百花齐放"，学术上的"百家争鸣"，应该成为我国发展科学、繁荣文学艺术的方针。此后，"双百"方针被中共中央确定为科学和文化工作的重要方针。

我读历史

"文化大革命"开始后，林彪、江青等人推行文化专制主义，很多学术问题被看做政治问题，甚至上升到阶级斗争问题上展开批判，许多知识分子、文艺工作者沦为被专政的对象，科学、教育、文艺界出现了万马齐喑的局面。

1966年12月26日,《人民日报》发表的《贯彻执行毛主席文艺路线的光辉样板》一文,首次将京剧《红灯记》、《智取威虎山》、《沙家浜》、《海港》、《奇袭白虎团》,芭蕾舞剧《红色娘子军》、《白毛女》和"交响音乐"《沙家浜》并称为"江青同志"亲自培育的八个"革命艺术样板"或"革命现代样板作品",在全国广为推广。一时之间,全国上下拍摄样板戏、学唱样板戏,几乎形成了样板戏一统天下的局面。

样板戏《白毛女》剧照

十一届三中全会以后,党认真总结了建国三十年来文艺工作方面的经验教训,重新把"双百"方针当做中国社会主义科学文化事业的指导方针。

为补救"文艺为政治服务"在理论和实践上的缺陷,1980年1月26日,《人民日报》在社论中,提出了"文艺为人民服务,为社会主义服务"的新口号。

在"双百"方针的指引下,中国文学创作重现生机,"伤痕文学"、"反思文学"、"改革文学"、"新诗潮"、"乡土文学"等各种文艺流派交相辉映,呈现出一派繁荣的景象。2012年中国作家莫言荣获了诺贝尔文学奖。

我看历史

对比十一届三中全会前后我国文学、艺术工作的遭遇,谈谈你对"百花齐放、百家争鸣"的认识?

我读历史

20世纪70年代末至80年代初的伤痕文学得名于卢新华的短篇小说《伤痕》,主要展示"文革"给人民大众带来的精神与肉体创伤,主要代表作有刘心武的《班主任》、张贤亮的《邢老汉与狗的故事》、古华的《芙蓉镇》和周克芹的《许茂和他的女儿们》等。与此同时,反映我国改革开放题材的文学作品纷纷出现,如蒋子龙的《乔厂长上任记》、路遥的《人生》和《平凡的世界》等体现了改革后人们生活的变化和对现代文明生活的向往。随着改革开放的深入,张平的《抉择》和周梅森《至高利益》、《苍天在上》等作品开始触及社会热点,在丰富群众文化生活的同时引发人们对现实的关注与思考。

电视连续剧《渴望》宣传画

影视作品取得迅速发展。《城南旧事》、《老井》、《红高粱》、《霸王别姬》等电影先后获得国家电影节大奖,还创作出《红楼梦》、《西游记》等一批思想艺术水平高、社会反响强烈的长篇连续剧。进入90年代,随着中国第一部长篇室内电视连续剧《渴望》的播出,中国电视剧走向了"基地化"制作和产业化运营阶段,警匪、谍战、军营、家庭伦理等题材被广泛采用,电视剧制作进入了繁荣阶段。

传统戏曲音乐遗产得到空前的重视,十年动乱中被取消的地方剧种和剧团纷纷得到恢复,《十五贯》、《白蛇传》等传统剧目得以重见天日。1979年7月1日,中华人民共和国文化部、中国音乐家协会联合制定了《收集整理我国民族音乐遗产规划》,发起对我国民族民间音乐全面、系统的收集、整理工作。截止2009年，完成了《中国戏曲音乐集成》、《中国民间歌曲集成》、《中国民族民间器乐曲集成》、《中国曲艺音乐集成》等集成志书的编辑出版工作。

思想大解放还推动了舞蹈艺术的创新和发展。大型音乐舞蹈史诗《东方红》是中国舞蹈进程中辉煌壮丽的一章。杨丽萍是第一个成功走向市场的中国舞蹈家，她以美轮美奂的《雀之灵》风靡世界，又以亲自策划、制作并主演的《云南映象》轰动舞坛。中国残疾人艺术团的舞蹈节目《千手观音》表演得天衣无缝、美轮美奂，以视觉的享受与心灵的震撼，通过电视走进了亿万观众的心中。

二、国运兴衰，系于教育

百年大计，教育为本。新中国成立之初，党中央就决定有步骤地对旧有学校教育进行改革。

我读历史

第四十六条　中华人民共和国的教育方法为理论与实际一致。人民政府应有计划有步骤地改革旧的教育制度、教育内容和教学法。

第四十七条　有计划有步骤地实行普及教育，加强中等教育和高等教育，注重技术教育，加强劳动者的业余教育和在职干部教育，给青年知识分子和旧知识分子以革命的政治教育，以应革命工作和国家建设工作的广泛需要。

——《共同纲领》

1949年12月，第一次全国教育会议在北京召开，决定"以老解放区教育经验为基础，吸收旧教育某些有用的经验，借鉴苏联教育建设的先进经验"来建设新教育，为人民服务，为工农兵服务，为当前的革命斗争和国家建设服务。

在这一指导思想下，1950年6月至1951年9月，教育部先后召开了全国高等教育、工农教育、中等教育、中等技术教育、初等教育、师范教育和民族教育会议，从加强对师生的思想政治教育、改革旧学制等方面进行调整和改革，从而形成了从初等教育到高等教育的一个新的教育系统，使全体人民都有通过各种渠道受到教育的机会。

新中国成立时，全国有3.2亿的人口是文盲，文盲率达80%。扫除文盲成为新中国教育工作的重中之重。1950年召开的第一次全国工农教育会议，明确指出要"推行识字教育，逐步减少文盲"。

毛泽东、周恩来和出席第一次全国高等教育工作会议的代表合影

我读历史

识字运动中,全国各地采取了工厂的"车间学校"、煤矿的"坑口学习小组"、农村的"地头学习小组"、妇女的"炕头学习小组"、运输队的"火车头学习小组"等多种方式,努力把更多要求学文化的人组织起来。到1953年为止,在职工中扫除文盲近100万人,农民中扫除文盲308万人。

演员利用闲暇时间在认字

为进一步落实全国扫盲工作,1955年12月6日,教育部发出了《关于筹办各级扫除文盲协会的通知》。1982年颁布的《中华人民共和国宪法》以基本大法的形式规定:"国家发展各种教育设施,扫除文盲。"1993年制定的《中国教育改革和发展纲要》提出90年代"全国基本扫除青壮年文盲,使青壮年中的文盲率降到百分之五以下"。

2001年1月1日,中华人民共和国向全世界庄严宣布:中国实现了基本扫除青壮年文盲的战略目标。至此,我国共扫除文盲2.03亿,成人文盲率由1949年的80%以上降到了15%以下,青壮年文盲降低到5%以下。

我读历史

"文化大革命"期间,我国各地的大、中、小学一度停课闹革命。1966年全国废除高考制度,大学停止招生。70年代初,高校以推荐的方式选派工农兵学员上大学,教育质量严重下滑。据统计,"文革"期间中国少培养了数十万研究生、100余万大学生和200万中专生。

"文革"结束后,邓小平高度重视教育工作,迅速作出恢复高考、尊师重教等重大举措,在教育战线全面展开拨乱反正,促进了教育工作的恢复和发展。

20世纪80年代,普及义务教育的工作提上日程。1982年颁布的《中华人民共和国宪法》提

1977年恢复高考后首届高考考场情景

邓小平为景山学校题词

出："国家举办各种学校，普及初等义务教育"，第一次以国家根本大法的形式对普及义务教育作出明确规定。1985年《中共中央关于教育体制改革的决定》指出要"有步骤地实行九年制义务教育"，这是中央首次提出实行九年义务教育。1986年《中华人民共和国义务教育法》通过，以国家立法的形式提出我国实施九年制义务教育，正式确立了我国普及义务教育制度的目标，开创了中国教育的新纪元。

在"科学技术是第一生产力"思想的指导下，1995年我国提出实施科教兴国战略，加快培育新的科技力量，构建一个完整的国家科技创新体系。

我读历史

为落实"科教兴国"战略，帮助贫困地区尽快实现普及义务教育，从1995年到2000年，教育部和财政部联合组织实施了第一期"国家贫困地区义务教育工程"，中央财政投入39亿元，地方财政配套87亿元，对22个省、自治区、直辖市及新疆生产建设兵团的852个贫困县进行扶持攻坚计划。到2000年底，一期"工程"结束，852个项目县中，有428个项目县通过了国家"两基"验收。

2001年，我国基本实现了普及九年义务教育的战略目标。随后，国家加大对义务教育阶段学生的资助力度，把实现免费义务教育作为新的目标。

从2001年秋季开始，国家试行为贫困地区家庭经济困难学生免费提供教科书。2003年，国务院提出要建立健全资助家庭经济困难学生就学制度，争取到2007年，全国农村义务教育阶段家庭经济困难学生都能享受到"两免一补"[1]政策。2007年9月，国家决定免除农村义务教育阶段的学杂费，同时确立中西部农村义务教育阶段家庭经济困难寄宿生的生活费基本补助标准（小学生每生每天2元，初中生3元）。2008年8月，国家决定免除城市义务教育阶段公办学校学生学杂费。至此，我国全面实现城乡免费义务教育。

我演历史

免除农村义务教育阶段学生的学杂费是继免除农业税后国家的又一项重大举措，解决了家庭贫困儿童入学的后顾之忧。请以"爷爷，我能上学了"为题，编排一个情景剧，展现贫困失学儿童重返学校的喜悦之情。

为推动我们国家高等教育的进一步发展，从1990年开始，国家酝酿实施"211工程"[2]。到2008年，我国已经建成国家级112所"211工程"大学。

与此同时，国家实施高校助学政策，帮助家庭经济困难的学生完成学业。到目前为止，我国已经在普通高校建立了以国家奖助学金、国家助学贷款、学费补偿贷款代偿、勤工助学、校内奖助学金、困难补助、伙食补贴、学费减免等多种方式并举的资助政策体系，并实施家庭经济困难新生入学"绿色通道"。

为落实党的十七大提出的"优先发展教育，建设人力资源强国"的

《国家中长期教育改革和发展规划纲要》

---

[1] "两免一补"指的是免费教科书、免学杂费、寄宿生生活补助。

[2] "211工程"指的是力争到21世纪（2000年）建成100所左右接近或达到国际一流大学水平重点高等学校。

战略部署，2010年教育部颁布《国家中长期教育改革和发展规划纲要（2010-2020年）》，提出"到2020年，基本实现教育现代化，基本形成学习型社会，进入人力资源强国行列"的战略目标。

财政部、教育部等部门为贯彻落实教育规划纲要，密集出台了一系列新的资助政策和措施，不断扩大资助范围，扩展资助领域，提高资助标准，力求从制度上基本保障"不让一个学生因家庭经济困难而失学"。

目前，我国已经建立起覆盖学前教育、义务教育、普通高中教育、中等职业教育和高等教育各个教育阶段的完整的学生资助政策体系，实现了广覆盖、立体式、多元化的资助局面，有效地解决了家庭经济困难的孩子上不起学的问题。

我读历史

十七大以来，国家采取了一系列措施完善我国的教育资助制度。

继2009年实行农村家庭经济困难学生和涉农专业学生免学费政策后，2010年又印发了《关于扩大中等职业学校免学费覆盖范围的通知》，将免学费政策覆盖范围扩大至城市家庭经济困难学生；2010年和2011年连续两年提高中西部地区农村义务教育阶段家庭经济困难寄宿生生活补助标准；2011年9月，财政部、教育部印发《关于建立学前教育资助制度的意见》，决定从2011年秋季学期起，建立学前教育资助制度；从2011年秋季学期起，中央财政还在特殊困难地区开展试点，为农村义务教育阶段学生提供营养膳食补助；2012年，在中西部地区启动高校家庭经济困难新生入学资助项目，为家庭经济特别困难的新生一次性提供从家庭所在地到录取院校间交通费及入学后短期生活费用，扩展资助领域，实现了高校家庭经济困难学生全过程资助。

《国家中长期教育改革和发展规划纲要》空前重视学前教育，首次提出了"基本普及学前教育"的目标。2010年11月，国务院又颁发《国务院关于当前发展学前教育的若干意见》，提出包括"实施学前教育三年行动计划"在内的加快推进学前教育发展的十条政策措施，促进了学前教育的快速发展。

我看历史

结合所学知识，谈一谈进入21世纪后，我国为什么提出"基本普及学前教育"的教育目标？

三、新中国的科技成就

第二次世界大战以后，世界上掀起了一场以计算机、原子能、航空航天技术、生物工程技术等为代表的新的科技革命，即第三次科技革命。在第三次科技革命的影响下，尤其是面对新中国成立之初美国的核威胁，中共中央决定发展原子弹和核工业。

1964年10月16日，中国第一颗原子弹试爆成功，从此我国跨入了核大国的行列。1967年6月17日，第一颗氢弹试爆成功。

中国历来重视和平利用核能造福人民，先后建成了秦山核电站、大亚湾核电站等核电站。截至2011年底，中国已有7个核电站投入运营，总装机达到1257万千瓦；在建核电站13个，在建装机容量3397万千瓦，中国已成为世界在建核电机组规模最大的国家。

1964年中国第一颗原子弹试爆成功

我读历史

1956年，针对美国当权者对中国多次进行的核威胁，毛泽东主席提出了研制原子弹、发展核工业的战略任务。

由于中苏关系恶化，1960年苏联撕毁了与我国签订的国防新技术协定，撤走全部在华专家，将重要图纸资料全部带走，并停止提供原来订购的配套设备，给中国经济带来巨大损失。在这种形势下，核工业一线的科学家和全体职工顶住压力，奋力攻关，先后排除数千个技术难题，终于在1964年10月取得了第一颗原子弹爆炸试验成功的辉煌成就。

研制原子弹的同时，我国还进行了火箭的研制工作。1960年2月19日，我国自制的液体燃料探空火箭首次发射成功。1964年6月29日，我国独立研制的中近程火箭发射成功，揭开了我国导弹、火箭发展史上新的一页。1966年10月27日，导弹核武器发射成功，从此中国拥有了原子弹和导弹相结合的战略核导弹，大大加强了国防能力。

1970年4月24日，用"长征一号"运载火箭成功地将我国第一颗人造地球卫星"东方红1号"送入太空，宣告我国进入航天时代。1975年11月26日，中国首颗返回式遥感卫星发射成功，成为世界上第三个掌握卫星返回技术的国家。

东方红一号

我读历史

20世纪80年代以来，美国里根政府提出了"星球大战计划"和"信息高速公路计划"，日本确立了"科学技术立国"战略。面对美国、日本的激烈竞争，西欧国家也制定了一项在尖端科学领域内开展联合研究与开发的计划，即"尤里卡计划"，对世界高技术发展产生了巨大的影响。

面对世界高技术蓬勃发展和日趋激烈的国际竞争，1986年3月，王大珩、王淦昌、杨嘉墀和陈芳允四位科学家联名上书中央，提出跟踪研究外国战略性高技术动向、发展中国高新技术的建议。邓小平迅速做出批示："此事宜速作决断，不可拖延。"国务院立即组织200多位专家，在充分论证的基础上，研究制定了《高技术研究发展计划纲要》，于1986年11月正式启动。因为该计划是1986年3月提出并批准的，所以简称"863计划"。

"863计划"选择对中国未来经济和社会发展有重大影响的生物、航天、信息、能源、自动化、新材料、激光7个对中国未来经济和社会发展有重大影响的领域15个主题项目（后来增加了海洋技术领域）作为突破重点，以追踪世界先进水平。

（右起）王淦昌、王大珩、杨嘉墀、陈芳允

我读历史

据不完全统计，截止2005年，"863计划"获得国内外专利8000多项，制定国家和行业标准1800多项，取得了一大批达到或接近世界先进水平的创新性成果，特别是在高性能计算机、第三代移动通信、高速信息网络、深海机器人与工业机器人、天地观测系统、海洋观测与探测、新一代核反应堆、超级杂交水稻、抗虫棉、基因工程等方面已经在世界上占有一席之地。

1973年，中国水稻专家袁隆平在世界上首次育成籼型杂交水稻，被国际科学界誉为"杂交水稻之父"。

1981年，袁隆平因成功育种籼型杂交水稻，获得中华人民共和国第一个"国家特等发明奖"，2001年荣获国家最高科学技术奖。

中国杂交水稻1979年首次走出国门，目前已在世界上30多个国家和地区进行研究和推广，种植面积达到150万公顷。由于增产优势明显，杂交水稻被冠以"东方魔稻"、"巨人稻"、"瀑布稻"等美称。杂交水稻不仅解决了中国人的吃饭问题，也对世界减少饥饿作出了卓越的贡献。

在田间研究水稻的袁隆平

我读历史

袁隆平是一个不断攀登科学高峰的人，正如他所说："我是一个从小喜爱跳高运动的人，现在搞科研，也是像跳高一样，跳过一个高度，又有新的高度在等着你。如果不跳，早晚要落在后头；即使跳不过，也可为后人积累经验。"

1986年袁隆平提出杂交水稻育种方法从三系向两系再向一系迈进的战略设想。1995年，"两系法"杂交水稻大面积生产，平均产量比"三系"增长了5%～10%。在农业界还兴奋于"两系法"成功的时候，袁隆平又提出了超级杂交稻分阶段实施的战略目标。2000年，超级杂交水稻亩产700公斤目标实现；2004年，800公斤目标实现；2005年，超级稻第三期小片试验田达到900公斤。

我看历史

袁隆平家有他自题的一首诗："山外青山楼外楼，自然探秘永无休。成功易使人陶醉，莫把百尺当尽头。"

结合你所知道的古今中外著名科学家的故事，谈谈你对这首诗的理解？

20世纪70年代，中国开始在计算机技术领域奋起直追。

1983年，中国第一台运算速度每秒亿次的巨型计算机——"银河-Ⅰ"型机诞生，中国成为少数拥有巨型计算机的国家。1997年每秒运算速度130亿次的"银河-Ⅲ"巨型计算机研制成功，标志我国高性能巨型计算机研制技术取得了新的突破，跨入世界先进行列。

2008年8月，曙光5000A高性能计算机的研制成功，标志着中国成为世界上继美国之后第二个成功研制出浮点速度在百万亿次超级计算机的国家，也标志着我国生产、应用、维护高性能计算机的能力达到了世界先进水平。

进入21世纪，中国航空航天事业不断取得新突破。

2003年10月15日，载人飞船"神舟五号"将杨利伟送入太空，实现了中华民族的千年飞天梦想，中国成为继苏、美之后第三个独自将人送入太空的国家。2005年10月载人飞船"神舟六号"发射成功，实现了多人多天飞行并独立进行出舱活动。

2007年10月，中国自主研制、发射的第一个月球探测器"嫦娥一号"探测器发射成功，实现了中华民族的千年奔月梦想。

"嫦娥一号"是继人造地球卫星、载人航天飞行取得成功后，我国航天事业发展的又一座里程碑，标志着我国进入了世界上具有深空探测能力的国家行列。

杨利伟　　　　　　　　　　　"嫦娥一号"月球探测器

2011年11月，"天宫一号"与神舟八号飞船对接成功，中国成为世界上第三个自主掌握空间交会对接技术的国家。2012年6月，"神舟九号"飞船与"天宫一号"目标飞行器成功实现自动和手动交会对接，中国3位航天员首次进入在轨飞行器。至此，中国成为继俄罗斯、美国之后世界上第三个独立掌握载人航天技术、独立开展空间实验、独立进行出舱活动的国家。

我讲历史

中国航天事业取得的伟大成就，离不开成百上千科学家和航天技术工作人员的默默无闻、无私奉献。

请查找资料，然后给大家讲一个你所知道的航天英雄的小故事。

◎ 本课小结

新中国成立后，毛泽东提出了"百花齐放、百家争鸣"的方针，推动了我国科技事业的发展，在原子能、计算机、航空航天领域取得了重大成就。

十一届三中全会以后，党中央重新把"双百"方针确立为中国科学文化事业的指导方针，促进了文艺的大发展。

进入二十一世纪，教育在经济社会发展中的重要性日益凸显，党中央相继提出科教兴国、人才强国战略，从此开始了我国优先发展教育、加快人力资源开发的步伐。

第三课　经济腾飞与生活巨变

新中国成立之初，中国经济远远落后于世界发达国家。改革开放三十年以来，中国经济发生了翻天覆地的变化，人民生活水平大大提高，实现了从满足温饱到总体小康的历史性跨越。

一、物质生活的丰富

由于生产力水平较低，在新中国成立后相当长的一段时期，我国生产依然不能满足人们的温饱需要。

我读历史

20世纪六七十年代，由于经济困难，物资极度匮乏，国家对人们的日用必需品采取凭票购买的措施，人们的吃、穿、用几乎全凭票证供应。吃饭要粮票、买糖要糖票、点心要糕点票、肉蛋要肉蛋票、喝茶要茶叶票、穿衣要布票、洗衣要肥皂票、烧火要煤票……各种票证五花八门，如煤票、烟票、灯泡票、脸盆票、炉子票、饲料票、化肥票、柴油票、钢材票、点心票、馒头票、红薯票、茶叶票、罐头票、手表票、自行车票、大衣柜票、缝纫机票等等事无巨细，皆有涉及，票证成了生活的必需品。

粮票、布票和糖票

十一届三中全会以后，随着家庭联产承包责任制的实施，我国的农副产品大幅增加，粮食、肉类、棉花等产量已经位居世界第一。

对内搞活、对外开放，三资企业[1]快速发展，我国乡镇企业也异军突起，加上中外贸易频繁，进出口贸易不断发展，如今的中国物质极大丰富，各种产品琳琅满目、数不胜数，极大地满足了人们的生活需要。

改革开放三十年，我国的国内生产总值（GDP）[2]大大提升，由1978年的3645.2亿元增加到2007年的249529.9亿元，增幅高达68倍。2010年，我国经济总量超过日本，跃居世界第二，成为仅次于美国的世界经济大国，中国经济总量，从2002年占世界经济总量的4.4%提高到了2011年的10%左右。经济发展带来人们收入增加的节节攀升。

---

[1]　三资企业指的是在中国设立的中外合资经营企业、中外合作经营企业和外商独资经营企业。

[2]　国内生产总值（Gross Domestic Product），简称GDP，指在一定时期内，一个国家或地区的经济中所生产出的全部最终产品和劳务的价值，是公认的衡量国家经济状况的重要指标之一。

我读历史

人民的收入水平明显提高，2007年城乡居民家庭人均可支配收入分别从343.4元和133.6元增加到了13785.8元和4140.4元，涨幅近40倍和30倍。城乡居民存款不断攀升，据《中国统计年鉴2012》数据表明，2011年居民存款余额高达343635.89亿元，比上一年增加了41656.6亿元。

随着收入的增加，人们的衣、食、住、行发生了巨大的变化。

饮食上，中国人不再满足于吃饱的需求，而是越来越讲究合理膳食、营养搭配，注重吃的科学、健康，绿色食品、有机食品等概念深入人心。

着装上，随着生活水平的提高和观念的变化，人们不再局限于单一的款式、色调，而是越来越讲究色彩、款式，年轻人讲究品牌、追求个性，中年人越来越注重穿出符合个人身份、场合、品位，不求多、但求精成为许多职场人士的不二选择。

值得一提的是，随着经济的快速发展，中华民族的民族认同感增强，中山装、唐装等传统民族服饰日益受到中外人士的欢迎，成为很多人出席重要场合的一种选择。

我读历史

我国的住房条件也得到极大的改善，不仅人均居住面积有了很大的提高，室内装修也越来越精致，彩电、冰箱、空调等电器从城市走向农村，成为家家户户日常消费品。

结婚"三大件"曾经是一个家庭的经济实力的体现，是中国人民几十年来不断的追求。"三大件"的变迁记录了社会的进步和发展，更折射了改革开放30年来人民生活的大变化。

我讲历史

查查资料，给大家讲一讲建国以来，我国结婚"三大件"的变迁史吧！

二、城镇化进程的加快

城镇化是世界各国工业化进程中必然经历的历史阶段，也是一个国家由落后的农业国向现代化工业国转变的必由之路。

新中国成立之初，我国乡村人口比例占到89.4%，到1978年依然高达82.08%。经过三十年的改革开放，2008年我国城镇化率达到45.68%。2011年我国城镇居住人口首次超过农村，城镇化率超过50%，但是依然远远低于发达国家近80%的水平。

2012年11月,党的十八大提出要在全面建设小康社会目标的基础上，努力实现"工业化基本实现，信息化水平大幅提升，城镇化质量明显提高，农业现代化和社会主义新农村建设成效显著，区域协调发展机制基本形成"，"坚持走中国特色新型工业化、信息化、城镇化、农业现代化道路"。

三、四通八达的交通和通讯

改革开放以来，我国不断加大基础设施建设，公路、铁路、水运、航空等交通条件得到了极大改善。

1988年中国大陆第一条高速公路——沪嘉高速公路全线通车，实现了中国大陆高速公路零的突破。2006年7月1日，青藏铁路全线通车，是世界上海拔最高、线路最长的高原铁路。

我读历史

从1988年沪嘉高速公路实现中国大陆高速公路零的突破，到2007年中国高速公路里程达到了5.39万公里，位居世界第二。2007年，中国铁路营运里程达到了7.8万公里，位居亚洲第一、世界第三。1999年，中国开始修建高速铁路，截止2010年10月底，中国国内运营时速200公里以上的高速铁路运营里程已经达到7431公里，已经拥有了全世界最大规模以及最高运营速度的高速铁路网。

青藏铁路

上海磁悬浮列车

经济的宽裕和交通的发展刺激了汽车的生产和销售，中国私人汽车拥有量不断增加，从1985年至2007年，年均增长速度高达23.34%。据社科院《汽车社会蓝皮书》（2012~2013年）公布，至2012年6月底，我国私家车数量已经达到了8613万辆，每百户家庭私人汽车拥有量超过21.5辆，中国正式进入了汽车社会。

汽车的不断增加对交通基础设施建设提出了更高的要求，也使地铁、轻轨等轨道交通成为众多城市公共交通的新选择。

随着对外交往的增加以及生活节奏的加快，

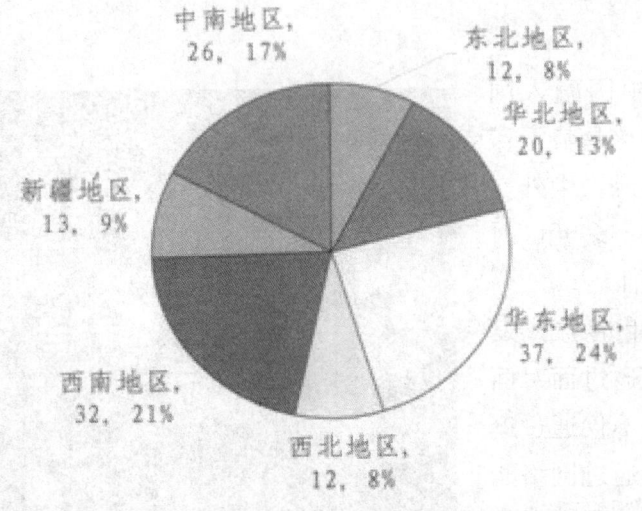

2007年各地区机场分布数量比例图[1]

注：东北、华北、华东、中南、西北、西南、新疆地区按照民航地区管理局划分

---

[1] 中国航空运输发展报告(2007/2008)。 中国民航局　www.caac.gov.cn

飞机越来越成为人们出行的选择，民用航空事业得到快速发展。截止到2007年，中国民用航空线达到1506条，其中国际航线290条，民用通航机场建设达到148个，遍及我国的大江南北。

改革开放之初，人们传递信息大多采用寄信和发电报等方式，打电话还只是城市和少数农村人的"权力"。20世纪末，寻呼机、固定电话、大哥大移动电话先后走进人们的生活，方便了人们的联系。

进入21世纪，移动手机的普及率越来越高，几乎人手一部，手机的功能也越来越多，也从通话、发信息到今天看视频、上飞信、浏览网页一应俱全。

随着网络社会的来临，网络成为人们沟通的重要方式。2012年，中国网民的数量超过5.64亿，互联网普及率达到了42.1%[1]，玩QQ、发微博、网上交友等成为人们习以为常的联系方式。

我读历史

据中国互联网络信息中心（CNNIC）发布的《第31次中国互联网络发展状况统计报告》显示：到2012年12月底，中国网民数量达5.64亿，互联网普及率为42.1%。 2012年手机网民的规模达到4.2亿人，我国手机网民规模为4.2亿人，较上年底增加约6440万人，网民中使用手机上网的比例提升至74.5%。手机网民规模在2012年增长迅速，并于年中超越使用台式电脑接入互联网的网民。

我国微博用户规模为3.09亿，较2011年底增长了5873万户，网民中的微博用户比例达到54.7%。其中，手机微博用户规模2.02亿，占所有微博用户的65.6%。手机端电子商务类应用也在迅速扩张，使用手机进行网络购物相比2011年增长了6.6%，用户量是2011年的2.36倍。

2005~2012年中国网民规模和互联网普及率

四、时尚的中国

开放的国门加快了中国融入国际社会的进程。经济全球化趋势下，"请进来"、"走出去"成为中外交往普遍方式，开放、包容、多元、时尚成为中国社会的典型特征。

网络时代，人们的生活方式发生了重大改变。人们不仅通过面对面交往，还通过网络交友，不仅通过逛商场、超市购物，还可以通过网络购物，网上支付、网上交友、网上视频成为人们习以为常的生活方式。

河南艺术中心

---

[1] 中国互联网络信息中心（CNNIC）发布的《第31次中国互联网络发展状况统计报告》。

注重休闲娱乐，文化生活丰富多彩。除了看电视、看电影、听传统戏曲以外，越来越多的人走进艺术大厅欣赏大型音乐会、歌剧等西方艺术作品；练瑜伽、健身、KTV成为年轻人和都市白领工作之余的娱乐方式；打太极拳、唱戏、跳舞的群众成为喜闻乐见的娱乐项目。

旅游不再为少数人专有，局限于商务、会务、考察等类型，日益成为一种大众化的生活方式，休闲娱乐、探亲访友、生态保健、文化寻根等成为旅游的主导方向，出境游逐年增加。随着人们对旅游个性化的追求，大量背包族和驴友族出现，直接推动了快捷酒店、家庭旅馆的出现和飞速发展。

瑜伽

我读历史

据国家旅游局《2011年中国旅游业统计公报》显示：2011年全国国内旅游人数26.41亿人次，比上年增长13.2%，其中城镇居民16.87亿人次，农村居民9.54亿人次；公民出境旅游市场继续加速增长，人数达到7025.00万人次，比上年增长22.4%。 其中经旅行社组织出境旅游的总人数为2021.92万人次,其中出国游1261.65万人次，比去年增长44.0%，港澳游760.27万人次。

除此以外，化妆、礼仪、模特、音乐会等时尚元素也相继涌入中国。靳羽西、郑明明等时尚人士引领中国人进入了化妆和美发的世界；宋怀桂创立了第一代中国模特并把中国模特带上了西方舞台；超级女声等娱乐节目带来了多元的审美价值，中国社会开始进入个性张扬和价值多元的时代。

我看历史

你认为，能够体现中国人越来越时尚的元素还有哪些？

◎ 本课小结

改革开放带来了中国跨越式的大发展，经济腾飞为国人提供了丰厚的物质保障，公路、铁路、民航等现代交通设施的完善方便了国人的出行，电话、手机和互联网的普及密切了人们之间的联系，信息化时代改变了人们的生活方式。随着社会的进步，健身、休闲、娱乐成为生活的重要元素，网购、旅游、微博成为时尚的生活方式，种种迹象表明：改革开放三十年，中国人的生活发生了巨大的变化。

实践活动课

服饰大赛——穿在身上的历史

随着历史的发展和人类的进步，服饰的功效已经远远超出驱寒遮羞的原始功能，还增加了美化功能，甚至成为区别人们身份的象征。

不同地区、不同文化对人们的服饰提出不同的要求；时代变迁，文化交流，民族融合，也会对人们的服饰产生影响，也使得不同朝代、不同民族有着不同的着装，进而形成了源远流长的服饰文化。

服装，可以说是穿在身上的流动的历史，体现了人类文明的发展历程。从服饰入手，更有助于我们跳出帝王将相、才子佳人的历史观，深刻体会发生在普通人身上的历史变迁。

活动内容：

以"穿在身上的历史"为主题，采用服饰大赛的方式，引导学生用废旧报纸等材料制成服装，演绎近代以来的沧桑巨变。

活动目标：

知识目标，通过制作服饰和编写解说词了解晚清、民国以及新中国各个时期的服饰特点及重大历史事件。

能力目标，通过搜集、整理相关故事和人物服饰图片，提高搜集信息能力，通过制作服装、写解说词等环节，提升设计能力、创新能力、手工制作能力和语言表达能力；通过排练、表演提高编排表演能力。

情感态度价值观目标，通过集体制作、排练、演出等活动增强班级间的团结协作的意识和能力，感受近代以来中国发生的巨大变化，增强学生的幸福感。

活动步骤：

1. 确定服饰大赛演绎的时段，清朝、民国、20世纪50年代、六七十年代、80年代、90年代、21世纪和新中国成立60周年大阅兵共8个时段，制定参赛规程和评选办法。

2. 动员宣传，组织班级抽签确定每个定班级参赛表演的历史时段。

3. 参赛班级按照分工合作的方式，组织学生搜集文字、图片资料和制作服装。

4. 组织服饰大赛，各班上台表演，评选出优秀班级。

活动建议：

1. 人物造型选择上要尽量选取正面人物占主导地位的情节，舞台表演要彰显中国人民的积极、乐观、追求进步的民族精神。

2. 服饰制作要尽量采用废旧材料，体现环保理念和学生的动手能力。

3. 服饰大赛最好有故事、有情节，充分发挥幼师学生多才多艺的特点。

活动延伸：

1. 撰写服饰大赛活动的新闻稿，在校园广播站和校园网上发布。

2. 结合幼儿园实习机会，组织幼儿搜集家里爷爷奶奶、爸爸妈妈和宝宝童年的照片，对比祖孙三代小时候的服装和照片，设计"我和爷爷比童年"主题活动。

3. 可参照此模式，举办"中国戏曲"、"民族风"等服饰大赛，开阔学生视野。

打造学术精品　服务教育事业
河南大学出版社
读者信息反馈表

尊敬的读者：

感谢您购买、阅读和使用河南大学出版社的一书，我们希望通过这张小小的反馈表来获得您更多的建议和意见，以改进我们的工作，加强我们双方的沟通和联系。我们期待着能为您和更多的读者提供更多的好书。

请您填妥下表后，寄回或发 E-mail 给我们，对您的支持我们不胜感激！

1. 您是从何种途径得知本书的：
　　□书店 □网上 □报刊 □图书馆 □朋友推荐

2. 您为什么决定购买本书：
　　□工作需要 □学习参考 □对本书感兴趣 □随便翻翻

3. 您对本书内容的评价是：
　　□很好 □好 □一般 □差 □很差

4. 您在阅读本书的过程中有没有发现明显的专业及编校错误？如果有，它们是：

---

5. 您对哪一类的图书信息比较感兴趣：

---

6. 如果方便，请提供您的个人信息，以便于我们和您联系（您的个人资料我们将严格保密）：

您供职的单位：
您教授的课程（老师填写）：
您的通信地址：
您的电子邮箱：

请联系我们：

电话：0371-86059712　0371-86059713　0371-86059715　0371-86059721

传真：0371-86059713

E-mail：hdgdjyfs@163.com

通讯地址：河南省郑州市郑东新区CBD商务外环路商务西七街中华大厦2304室

河南大学出版社高等教育出版分社